チェルノブイリの犯罪【上巻】

LE CRIME DE TCHERNOBYL

ヴラディーミル・チェルトコフ 著／中尾和美・新居朋子・髭　郁彦 訳

——核の収容所——

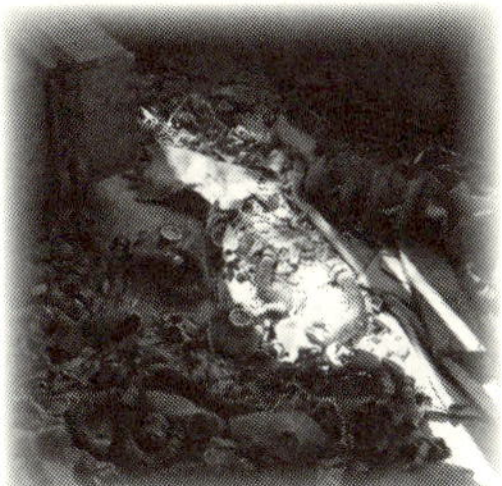

緑風出版

LE CRIME DE TCHERNOBYL
：Le goulag nucléaire
by Wladimir TCHERTKOFF

« Enfants de Tchernobyl Bélarus »
28 B rue de la République – appt. 21
F-22770 LANCIEUX

チェルトコフの作品

チェルノブイリについてのドキュメンタリー映画

『チェルノブイリの我ら』、*NOUS DE TCHERNOBYL*, 五四分、ＴＳＩ、一九九一年
『核の罠』、*LE PIÈGE ATOMIQUE*, 四七分、ＴＳＩ、一九九九年
『ユーリとガリーナ・バンダジェフスキー』、*YOURI ET GALINA BANDAJEVSKY*, 三〇分、フェルダー・フィルム、二〇〇〇年
『サクリフィス』、*LE SACRIFICE*, エマヌエラ・アンドレオリとの共作、二四分、フェルダー・フィルム、二〇〇三年
『核論争』、*CONTROVERSES NUCLÉAIRES*, 五一分、フェルダー・フィルム、二〇〇四年、日本語版『真実はどこに?』http://echoechanges-echoechanges.blogspot.de/2012/05/blog-post_23.html

アラ・ティピアコヴァ、
アナトリー・サラガヴェッツ、
そして
ヴァシーリ・ネステレンコ
の思い出に

謝辞

この本の実現を可能にしてくれたすべての友人、すべての犠牲者の方々に感謝の意を表したい。その数は無限である。

そして共に真実の地を目指したいというのならば、私たちの手は敵に差し伸べられている。私たちは皆、同じ船上にあるのだから。

目　次

第二部　知

第三部　投獄された研究

第四部　民主主義の顔をした収容所の看守

チェルノブイリ原発周辺600km圏のセシウム137汚染地図

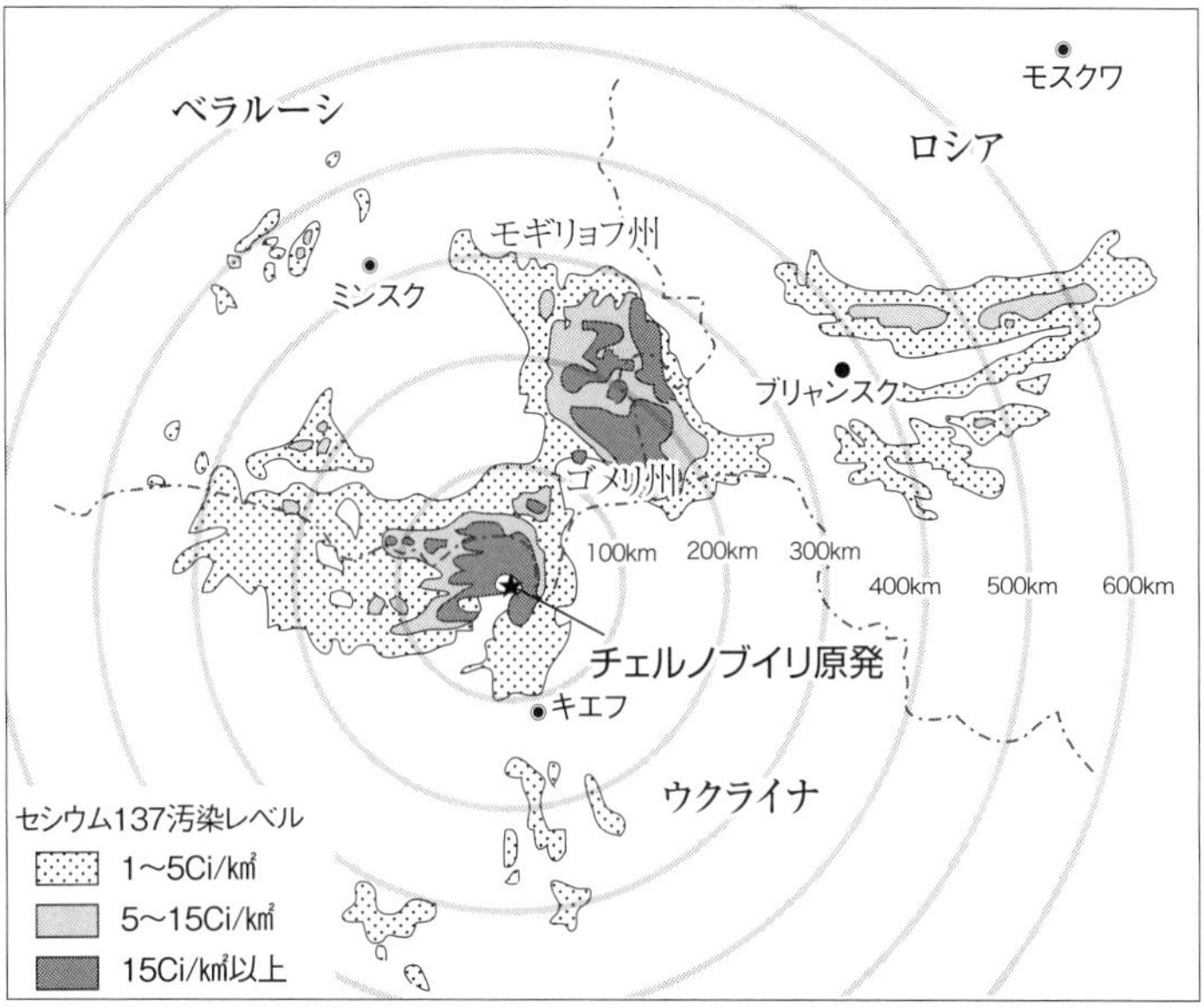

注）放射能汚染食品測定室発行「チェルノブイリ原発事故による放射能汚染地図」（1990）より作成。
出所）今中哲二編『チェルノブイリ事故による放射能災害――国際共同研究報告書』（技術と人間、1998年）352頁。

ベラルーシ地図

ラトビア
ロシア
リトアニア
ブラスラフ
ポラツク
ヴィテブスク
ヴィテブスク州
スモレンスク
レベリ
ムヤゼル
ドニエプル川
ソージュ川
アシュミャヌィ
ベラルーシ
ヘレジナ川
モギリョフ
リダ
ミンスク
フロドナ
マヒリョウ（モギリョフ）州
ミンスク州
フロドナ州
ビィホフ
スラヴゴロド
クラスナポーリエ
ブリャンスク
スロニム
ボブルイスク
デスナ川
ポーランド
ソリゴルスク
スヴェトロゴルスク
チェチェルスク
ブリャンスク州

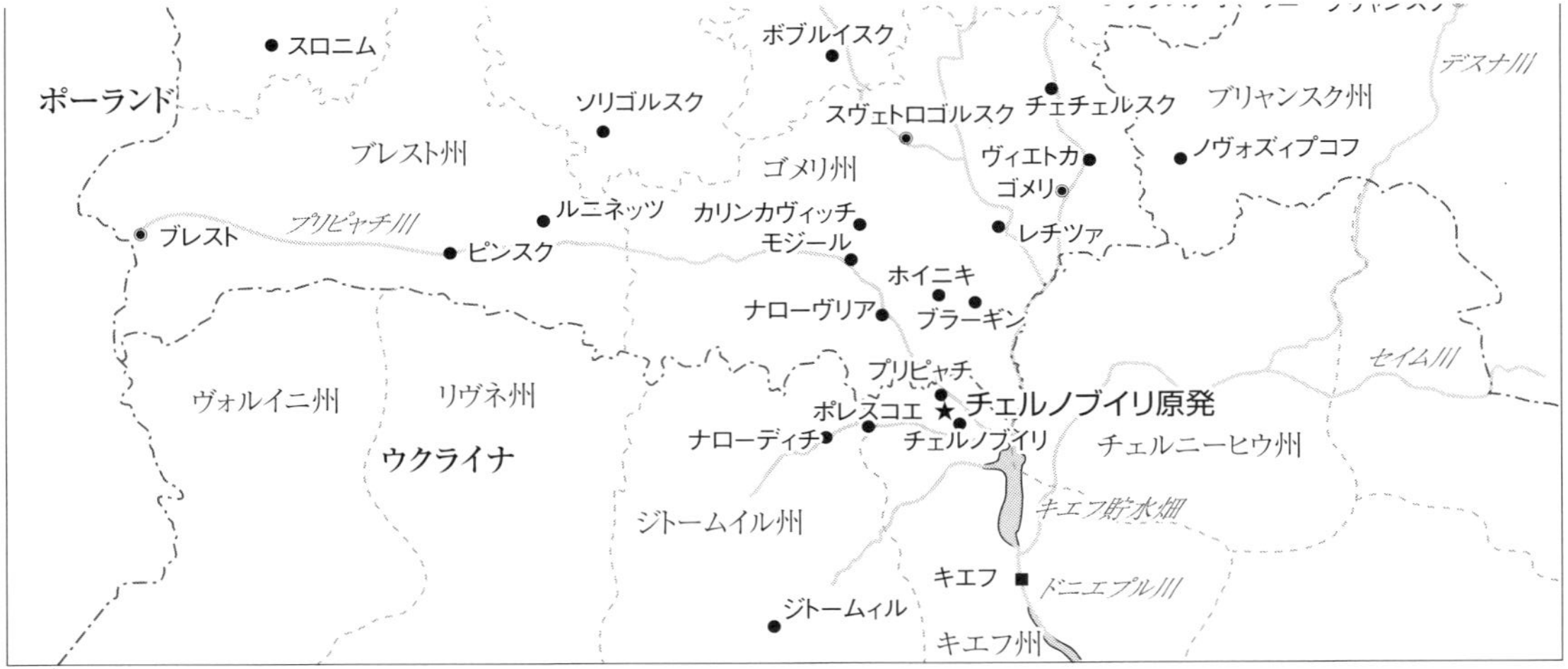
ポーランド
スロニム
ソリゴルスク
ボブルイスク
チェチェルスク
ブリャンスク州
デスナ川
ブレスト州
スヴェトロゴルスク
ノヴォズィプコフ
ヴィエトカ
ゴメリ州
ゴメリ
ブレスト
プリピャチ川
ルニネッツ
ピンスク
カリンカヴィッチ
モジール
レチツァ
ホイニキ
ナローヴリア
ブラーギン
プリピャチ
セイム川
チェルノブイリ原発
ヴォルイニ州
リヴネ州
ポレスコエ
ナローディチ
チェルノブイリ
チェルニーヒウ州
ウクライナ
キエフ貯水畑
ジトームイル州
キエフ
ドニエプル川
ジトームィル
キエフ州

序文

チェルノブイリの惨事に関しては、大小取り混ぜて数百冊の本が書かれた。歴史上最悪のテクノロジーの惨事は、この事件を注視していた人たちを無関心のままにしてはおかない。ヴラディーミル・チェルトコフの著作『チェルノブイリの犯罪――核の収容所』は、チェルノブイリ関連の書籍棚ではトップに位置するものである。

イタリア人のテレビドキュメンタリー監督ヴラディーミル・チェルトコフ同様、多くのジャーナリストたちが、一九八六年、チェルノブイリ（ウクライナ）における〈レーニン〉原子力発電所第四号機の爆発にともなう放射能の拡散により汚染された地域を見て、衝撃を受けた。そしてチェルトコフ同様、多くの証言者たちが、惨事後の科学界、政界における情勢の展開に憤慨した。しかし、この憤慨をすばらしい資料収集で裏打ちし、事実をまとめあげることができた者たちは少なかった。

チェルトコフの本は、単に、チェルノブイリの惨事の影響を喚起するだけではない。北半球では広大な土地が数百年にわたってストロンチウム９０やセシウム１３７による汚染で、ウクライナ、ベラルーシそしてロシアでは国土の大部分が数万年にわたり、プルトニウムによる汚染で、事故後の人の健康や自然界に及んでいる被害の事実が明らかにされていくのだが、本書は私たち各自が、チェルノブイリの惨事から自分自身の結論を導くことを要求しているのである。

チェルトコフの本は、そのタイトルや、事実を選択し提示する方法論から言って、アレクサンドル・ソルジェニーツィンの著作『収容所列島』を思い起こさずにはおかない。そのノン・フィクション的（名前、呼称、日付）側面、百科全書的（人々の運命と活動を医学的、歴史的、物理学的、生物学的、法的、政治的資料を並べて語る方法）側面と熱情をかけた（作者は外部の観察者ではなく、出来事に能動的に加担する者）側面によって。

こうした一連の事実すべてと、著述家としての作者の明らかな文才が、ヴラディーミル・チェルトコフの本をして、様々な国々の数知れない人々にとって重大な出来事に仕立て上げたのである。

汚染地帯に住む人々、あるいは何らかの形で、命にかかわるほどまでに人口放射性核種に被ばくさせられた人々は、この本に助けられて、自分自身や身内が放射能汚染の危険を前にして、どのように対応すればいいのかを深く理解することができるようになるだろう。チェルノブイリの影響に関する国や国際組織のあまりにも中途半端な反応にもかかわらず、〈原子力の平和利用〉がもたらす制御不能の影響――つまり電離放射線の日常的な低線量被ばくによる人為的放射性核種の健康への影響――を深く理解し、それを最小限に食い止めようと努めている人々にとって、この本は、精神的な大きな支えとなるのだ。

また本書は、現代社会史の上でも重要である。すなわち、この本は、二十世紀の四半世紀から二十一世紀の初頭にかけて、どうして政治声明と実際の行動がときとして全く食い違っていたのか、どうして原子力産業の同業組合的利害や短期の政治的楽観主義が何百万という人々の安全や生命にたいする利害より勝っていたのか、ということを、資料に依拠したやり方で示しているのだ。

さらに、本書は、人間の行動についての衝撃的な叙述に大量のページを割いている。それは、卑劣さと英雄主義、いやしさと自己犠牲、献身と罵詈、義務感と無責任についてである。

本書は、二〇〇六年の仏語版を改編し、たっぷり加筆した版である。ヴラディーミル・チェルトコフとエマヌエラ・アンドレオリ二人の二人三脚の取材班が二十年の間に作ったドキュメンタリー映画七本の数百時間に及ぶラッシュフィルムを資料として書かれたものなのである。

チェルトコフの本は、読んだ者を誰一人として無関心のままにしておくことはないと、私は確信する。本書の最初の仏語版のおかげで、〈世界保健機関の独立を求める会〉(インデペンデントＷＨＯ――健康と核)が誕生し、毎日欠かさずおこなわれるピケ（！）がはじまった。それは、ジュネーヴの世界保健機関本部前で、無期限に行われている。今では、六年以上に及ぶＷＨＯ前のヒポクラテスのヴィジー(見張り番)

は、チェルノブイリの帰結の真実を告げるためであり、今日では福島の真実を告げるためである。ＩＡＥＡと一九五九年に調印された合意に縛られたＷＨＯは、それをする勇気がない。私はこの刊行物が、原子力の嘘に対して真実を語るために、そして今の世代、そして未来世代の健康のために闘う新たな参加者たちを結集させるであろうと確信する次第である。

アレクセイ・ヤブロコフ
社会とエコロジー国際連合の原子力と放射線安全計画ディレクター
欧州放射線リスク委員会（ＥＣＲＲ）メンバー
ロシア科学アカデミーの通信会員
米国芸術と科学アカデミー海外名誉会員

二〇一三年七月十一日
ペトロチョーヴァ村（ロシア・リアサン地方）にて

プロローグ

犯罪という猛烈な執念に対抗する術として、証言することへの執念のほか、この世に何があるだろうか。
　　　　アルベール・カミュ
　　　　『時事論集II正義と犯罪』

誰よりも長い記憶を持つことのできた者こそ未来の人間である。
　　　　フリードリッヒ・ニーチェ

　この本の真の作者は、一九八六年四月二十六日に起こったチェルノブイリ大惨事の犠牲となった農村の住民たちである。私はウクライナ北部の村落、またベラルーシ南部の森林地帯で彼らの肉声を収録してきた。何百万人もの人間が、毎日のようにセシウム１３７に汚染された食物を口にしなければならない運命を課されることになった。若い母親たちは、被ばくをした体に新たな命を宿すために、母を信頼して生まれてくる赤ん坊を、知らずに毒で侵してしまう。一見健康に生まれた子供さえが、朝昼晩と放射性物質を摂取するうちに、成長を阻まれていく運命を宣告されている……。そして「リクビダートル」［事故処理作業員］たち。原子力がもたらす、ありとあらゆる未知の病に苦しんでいる彼らこそが、ヨーロッパを救済したという事実を、世界は今なお無視している。リクビダートルの何十万人もが体に障害をきたし、何万人もが若くして命を落とし、今この瞬間にも、想像を絶する苦しみのなかで死んでいく……。この本の真の作者のなかにはまた、原発ロビーに屈することなく、知力の限りを尽くして真実のために闘い続ける数少ない医師や科学者が含まれる。放射能汚染という罠に捕らわれた東側諸国で抵抗を続ける彼らと、それを支え、科学界の嘘に立ち向かう西側諸国の人々とを細々とつなぐ人間の鎖の中で、私はたまたま、禁じられた事実を伝える仲介者の役を果たすことになった。私はイタリアに生まれ、母語をロシア語とし、フランスで修学した後にジャーナリストとなった。本書のなかで私が公開する情報、資料そして証言は、こうした男女や子供たちの助けと協力のおかげで得ることができたものである。真実をできる限り明白に伝えること。私はもっぱらそれだけに専心した。史上最悪のものとなったこの科学技術の大惨事は、嘘と秘密に覆われ、人類の未来を脅かし続けているからだ。

本書はまた、ベラルーシの二人の科学者の闘いについても語る。自らのキャリア、健康、そして自分自身と家族の身の危険を冒して放射能汚染に苦しむ人々に救いの手を差し伸べてきた二人の人物である。彼らは、意に反して反逆者としての道を進まざるをえなかった。低線量被ばくの人体に対する影響を、ウィーンに本部を置く国際原子力機関（ＩＡＥＡ）が認めないようにしているためだ。物理学者ヴァシーリ・ネステレンコと解剖病理学者で医師のユーリ・バンダジェフスキーは、公式の学説に反論したために迫害される身となる。ベラルーシ科学アカデミー会員だったネステレンコは、自らのキャリアを棒に振って、汚染地域の村々で子供たちを放射能から守るために独自の闘いを続けた。[原注1] バンダジェフスキーは、食物を通して体内に取り込まれた放射性セシウムが、少量でも生命維持に必須な臓器[訳注1]に発病作用を及ぼすことを実証したが、そのために軍事裁判に掛けられ、八年間の禁固刑を宣告されることになる。アムネスティ・インターナショナルは彼を良心の囚人と認めた。

今なお世界の国際機関は、二人の科学者の研究によって得られたデータの有効性を精査することを拒んでいる。そしてせめてベラルーシの汚染地帯に残された五〇万人の子供たちを救うためにと、二人が勧告を続ける放射線防護対策を、頑として取ろうとしない。

原注1：運命はヴァシーリ・Ｂ・ネステレンコが、本書のロシア語訳出版を見ることを許さなかった。二〇〇八年八月二十五日、ネステレンコは他界した。「この偉大な男の不屈の精神、エネルギー、組織をまとめる手腕と忍耐は驚嘆に値する。チェルノブイリ大惨事の真に恐るべき被害状況が世界に知られることを恐れる公的権力から、前例を見ないような迫害を受けながら、彼はベルラド放射線防護研究所を設立したのだ。今日、ヴァシーリ・ネステレンコは、シュヴァイツァー、ガンディー、サハロフといった現代の偉人の列に並んだと言うことができる……」。アレクセイ・Ｖ・ヤブロコフの弔辞より。

訳注1：必須臓器とも言う。脳、心臓、肺、肝臓、膵臓、腎臓。

第一部

黙殺された知

第一章　海に投げられたボトルメッセージ

一九九〇年十一月二十九日木曜日の朝、私たちはアラ・ティピアコヴァと面会の約束をしていた。場所はポレスコエ小学校。チェルノブイリ原子力発電所から六八キロ西方に位置する［ウクライナ］。原発事故からは四年半が経過していた。私たちはティピアコヴァが担当する学級の生徒たちと話をし、その様子を撮影できることになっていた。小糠雨の降る中、校舎の外で待っていた彼女は、私たちのバンに乗り込むや、きっぱりと告げた。「この行動を起こすことで、私の教師生活に終止符を打つことになるかもしれないわ」。そして、これから自分の語ることをすべて収録するよう私たちに懇願した。

アラ・ティピアコヴァ　私は三十五年間小学校の教師を務めてきました。面倒を見ている子供たち一人一人の生活を熟知しています。担当するクラスには二二人の生徒がいますが、クラスの半数はいつも欠席です。入院中の女の子が一人います。二年の間に糖尿病があまりに悪化して、今では一日に二本のインシュリン注射を打たなければならなくなってしまったのです。あらゆる治療を試みてきましたが、もう運命の宣告を受けたようなものでしょう。別の男の子は、一年半前から激しい喘息の発作に見舞われるようになりました。息ができないほどの吐血を伴う発作です。子供たちは一〇〇％、ひとり残らず血液像が悪化しています。彼らのカルテに目を通したのですが、八〇％、ほとんどの子供が甲状腺に疾患があります。一期から二期の過形成です。[訳注1] めまいに襲われない子はいません。全員が吐き気を訴えます。失神もたいへん頻繁ですし、鼻血は日常茶飯事になってしまいました。昨日は、みなさんに会う心づもりをさせるために、子供たちに話をさせてみました。すると彼らは目を涙でいっぱいにして「道ばたでも、気を失ってしまうことがあるの」と話すのです。どの子も、体のどこに心臓があるかを知ってました。子供なのに心臓の位置がわかるなんて！　なぜなら心臓が苦しく、また痛むからです。小さな女の子がこんなことを話してくれました。「頭がまるで玉のように膨らむの。それから今度は縮んで、何もかもがパチパチして、もう死んでしまうのかと思うわ」。別の女の子は、極度の高血圧、または極度の低血圧のどちらかなので、横になるしかないと話してくれました。セリョージャという男の子が、どもりながら何か訴えようとしました。この子は既にかなり体調が悪く、見る影もないほど弱々しくなってしまいました。双子の弟がいるのですが、今では弟の方が兄さんきどりです。子供たちはあなた方にこうした話をするつもりでいたのです。というのも、子供たちはわかっているから……。

——どういうことです。子供たちに会わせてもらえないのですか。

訳注1：外来の刺激に対する正常細胞の反応として細胞増殖が起こることによって組織の体積が増加すること。例えば腫瘍様甲状腺腫の本体は過形成（結節性過形成）。

ティピアコヴァ ご説明致しますわ……。私は落ち着いて子供たちに知らせました。外国からお客さんが来ることを。「テレビが来てくれるのですよ。あなたたちの家族や自分の置かれた立場のこと、思っていること、心配ごと、健康状態のことなど、正直に打ち明けなさい」と。子供たちは同意しました。これまでにない、滅多にない体験ですもの。喜んで承知しましたわ。そして今朝、私は校長に面会し、訪問客のあることを知らせ、許可を求めました。すると校長は頑として拒絶したのです。「いったいなぜ私の許可もなしに見ず知らずの人が子供の健康について取材するのを認めたのですか」。私は言い返しましたわ。「見ず知らずの人ではありません！　私たちを助けに来てくれた方たちです」。

――でもあなたは許可を求めに校長の所にいらしたのでしょう。

ティピアコヴァ ええ。校長には即座にあなた方のことを知らせましたわ。職員室に入ってコートを脱ぐのもそこそこに「今日、ちょっとしたショーが行なわれることになりました！」と明るく告げたんです。すると校長は「なんですって！　私たちが仕事に励んでいるのにあなただけ遊びに興じるつもり？」と答え、それから誰かと電話で話をしました。その後再び私を職員室に呼びつけ、許可できないときつく言い放ったのです。おそらく教育省管轄の地方教育委員会が拒否したのでしょう。子供たちを直接あなた方に会わせてはいけないと禁じられてしまいました。これには言いようもないほど傷つきましたわ。私は生徒たちをよく知っています。彼らには不平や愚痴を言いつけようなんて気はまったくなかったのに……。それにたとえ不平を言ったとして、何が悪いのでしょう。いつまでもこんな卑屈な精神ではダメです。いい加減に自由を求めなければ。子供たちには取材が中止になったことを伝えましたが、皆子供たちも深く傷ついて家に帰って行きました。

けれども私は、もっと別のことをお話しするつもりでした。私どもは長い間、いつかは避難させてもらえるだろうと期待しながらこの地に住み続けて来ました。いつかはこの死のサイクルから逃れることができるだろうと。まず最初、私たちは黄金の山が約束されたのです。でも「なにもかも正常だ、大丈夫だ」「ここに住み続けることは理論的に可能だ」などと、とんでもない大ウソを私たちに聞かせている間にも、指導部の人間は、大方、とっくに別の地域に住居を取得していたのです。私たち大人は、多かれ少なかれなんとか生きていくこともできるかもしれません。ここは生まれ育った土地、私どもの根はここに張ってるのですから……。この地で生涯を閉じ、この地に埋葬されることになるでしょう……。けれど、子供たちは救わなければ！　今やポレスコエ村の避難が有り得ないことを、子供たちは家族の話を聞いて知ってしまいました。子供たちは私たちを信用しなくなりました。なぜならば騙されたからです。今日、女子生徒の一人にこんなことを言われました。「今、四年前の幸せだった子供時代について作文を書けと言われたら、とても私にはできないわ……」。私たちの周りからは、幸せな子供時代というものは消えてしまいました。子供たちは笑顔を忘れ、喜びを忘れました。彼らはもうかつての子供たちではありません。攻撃的で、言うことを聞かなくなりました。やらなければいけない宿題もやりません。何もかもが子供たちの胸を押し潰すのです。私どもにさえ時々、わが子が理解出来なくなるほどです……。

子供たちを救うために、彼らをここから避難させるために、みなさんの力が必要なんです。私たちは国際世論に訴えなければならないのですわ。世界中から寄付金が届いています。そのことには深く感謝しています。子供たちはフランスやイタリア、ドイツ、キューバ、ブルガリアに招かれました。アメリカ合衆国も子供たちに食料やビタミンを送ってくれました。でもこうした施しは、私たちを丸め込むためのものなのです。ここに留まることは確実に死を意味している。それが現実です。私たちは人質で、子供たちと一緒にこの地で死ぬということです。

どうか、私たちを支援してくださるすべての方々に、感謝を込めて「ありがとう」と伝えてください。地球に住む人のほとんどが懐の深い、感じやすい心の持ち主であると、私どもは確信しております。国境を越え、それに政治的野心や障害を越えて、そうした方々は私どもに心を開いてくれました。人々は心の感動に駆られたのです。けれども一方で私たちの問題を解決してくれるはずの政治は、どこか閉塞しているのでしょうか。私たちに関心を持ってくれる人間など、政治の世界には一人も居ないように思えてなりません。

もう一言、二言だけ、話させてください。私の孫のことです。一歳九カ月になる男の子ですが、この年で、あらゆる診療所に行きました。慢性扁桃炎、口蓋扁桃炎、慢性鼻炎、ありとあらゆる細菌性の感染症に罹るのです。年端もいかないうちから万病を患っています。「どこが痛いの」と聞くと口を開けて「のどがいたい」と二歳にならない子が言うんです。この子はまた、二日間まったく口が利けなくなっていたかと思うと、三日目にはバリトンのような声を出し、さらに日が変わるとネズミみたいな甲高い叫び声を上げます。両親はこの子のことをとても心配しています。私どもはこの子を救おうとあらゆる手を尽くしています。また、大家族のことを思うと言葉もありません。私のクラスには、五人兄弟や六人兄弟の子供もいます。三、四人はざらです。こうした家族の父親、母親は、一人一人の子の身を案じています。どの子も、早くも運命の宣告を受けてしまいました……。世界中に向かって私は声を上げたい。世界中の心ある方々に向かって。私どもにはもはや、子供たちがこの土地で救われるとは信じられません。助けが必要なのです。もしかしたらヨーロッパには、しっかりと治療のできる病院があるかもしれません。どうかお母さんと子供たちをそこに招待してください。ここではみんな、彼らを拒みます。この子たちは、社会の中でも最も守られていません。なぜならば、幼い子供や生まれたての赤ん坊に過ぎないものですから。この子たちには薬と専門の治療が必要なんです。

真実を、真実だけを、ありのままにお話ししました。きっとどの子も、同じことをお話したでしょう。どうかここでみなさんが見聞きすることを撮影し、語り伝えてください。この真実が世界中に響き渡りますように！　私は陰口を言う気など毛頭ありません。この村の娘ですもの。この地で生まれ育ち、この地で教鞭を取って来ました。何もかも否定しようなどとは夢にも思いません。さまざまな手が尽くされていることも承知しております。けれども非常識で混乱した、衝動的な政策ばかりなものですから、私どもの大きな問題はいつまでたっても解決されないのです。

たぶんこれで、私の教師生活は幕を閉じることになるでしょう。でも構いません。

一九九八年、私は再びスイステレビからチェルノブイリの地に派遣され、アラ・ティピアコヴァを探した。けれどもキエフに住む彼女の娘と婿に会うことしかできなかった。私は二人の手元にティピアコヴァの声と顔の写ったビデオカセットを置いてきた。アラ・ティピアコヴァは職を失うことはなかった。失ったのは命だった。絶望に満ちたこのメッセージを発して幾ばくも経たないうちに、彼女はがんで逝ったのだ。けれども彼女の嘆願は後世に残された。苦しみに満ちた囁くような声が、今でも私たちの耳にこだまする。

チェルノブイリの原子炉四号機が爆発したわずか五日後の一九八六年五月一日、物理学者ベラ・ベルベオーク[訳注2]は雑誌『エコロジー』に掲載された記事の中で次のように語った。「われわれは覚悟しなければならない。間もなく公的立場にある専門家連中は、この大惨事による犠牲者の数を最小限に見積もり、国際規模での陰謀を展開するだろう。民間及び軍事プログラムを続行するためには、すべての国家に暗黙の裡の了解が求められ、それはイデオロギー紛争や経済紛争をも凌駕する[原注1]」。

一九九〇年秋、チェルノブイリ事故に関するドキュメンタリー映画を準備するために初めてウクライナとベラルーシの汚染地帯を訪れた時、私は原子物理学や放射能、原子力産業にまつわる利権などについて大した見識は持ち合わせていなかった。物理学者ベラ・ベルベオークの如き知識は皆無だった。しかし私たちジャーナリストは職業柄、調査を行なっていく中で多くを学びとることができる特権を持っている。その上、私のような新参者の無邪気な視点は、時によって、専門家だけが知り得る問題点を新たに白日の下に晒すこともあるのだ。

私たちの義務は情報を伝播することである。一九九〇年から二〇〇二年の間、五度にわたって私は撮影調査を行なった。また五年間にわたって日々、東西の組織には所属しない医師と科学者との間で情報を媒介する役割を果たして来た。その中で収集してきた証言と資料を本書の中で公開する前にまず、アラ・ティピアコヴァが知りようもなかった基本事項について概略して書き留めておきたい。なぜ彼女の子供たちが、富裕な西側諸国から見放されたのか、その理由を解くためである。この子たちに課された運命は神意のせいでもなければ宿命のせいでもない。それはすべて人間の手が定めたものに他ならなかった。

原注1　ベラ&ロジェ・ベルベオーク、『チェルノブイリの惨事』、アリア出版、パリ、一九九三年／緑風出版、東京、一九九四年。Bella et Roger Belbéoch, *Tchernobyl, une catastrophe*, Editions Allia, Paris

訳注2：ベラとロジェ・ベルベオーク夫婦は共に一九二八年生まれのフランスの物理学者、原子力エンジニア。ロジェは加速器を専門としていた。ロジェ・ベルベオークは二〇一一年十二月二十七日死去。福島事故原発発生直後から、避難地域の拡大、農作物や食品の放射能検査強化を強く訴えた。

第二章　医学と核権力

「チェルノブイリ事故に関するすべてのこと、原因及び影響のすべてが公開されねばならない。絶対の真実が必要とされているのだ」

アンドレイ・サハロフ[訳注1]、一九八九年五月

「率直に話そう、人生は短いのだから」

アンドレイ・シニアフスキー

『合唱にまぎれた一声』

人類がまっしぐらに原子力時代へと突入して数十年が経つ。ところが未だに低線量の放射線が慢性的に人体に及ぼす影響についても、軍事用や産業用の原子力施設が大量に環境に放出する人工放射性物質の毒

性についても、何も知られずにいる。

チェルノブイリ大惨事によって何百万人もの人間が放射能汚染した食物を口にしなければならない運命に追い込まれ、今日なお放射性物質を慢性的に体内に取り込み続けている（セシウム１３７が完全に消滅するのには三世紀かかる）。これは人類にとってまったく経験のない出来事だ。イラクの《湾岸戦争シンドローム》[訳注2]も同じ状況を表すものだし、何トンものウラン２３８（通称《劣化ウラン》と呼ばれ、四十五億年の半減期を持つ）[訳注3]が砲撃された旧ユーゴスラビアに住んでいたセルビア系及びアルバニア系住民に課された運命も同様である。科学者たちは、放射線が人体や環境に与える影響について秘密裏に研究を重ねてきた。しかしそうやって彼らが得た知識の恩恵を人類に施すつもりは、未だにどの公的研究所にもないらしい。

なぜ世界保健機関（ＷＨＯ）は、チェルノブイリの土地で何も行なわなかったのか。なぜＷＨＯは放射

訳注１：アンドレイ・ドミトリエヴィッチ・サハロフ（一九二一年五月二十一日生〜一九八九年十二月十四日没）はソ連の核物理学者。ソ連の水素爆弾誕生に寄与した。その後、人権保護、市民社会の自由を求める運動に携わり、一九七五年ノーベル平和賞を受賞した。

訳注２：一九九一年の湾岸戦争に派兵されたアメリカ軍帰還兵の間に報告される症候群。慢性疲労、筋肉・関節痛、脱毛や脱歯、記憶障害等の体調変化が特徴。また兵士自身だけでなく、その子供たちの間にも多くの先天性奇形が報告されている。同様の体調変化は一九九四年のイラク侵攻後も報告され、使用された劣化ウラン弾の影響が指摘されているが、公式には認められていない。

訳注３：原子力発電所の核燃料に用いるためにウランを濃縮する際にできる副産物で、ウラン２３５の含有率が天然ウランよりも低くなったもの。弾体として利用され、湾岸戦争、ボスニア戦争で使用された。

線防護の仕事を原発推進機関の手に委ねてしまったのか。チェルノブイリ大惨事の結果、汚染地域に住む人々の健康被害に対処しなければならなくなったわけだが、これには国連の二つの専門機関が直接責任を追っている。しかし、この二つの機関の間に利権争いが存在することを、世界の多くの人々は知らずにいる。

一九五九年、WHOと国際原子力機関（IAEA）との間に協定が締結された。それによってWHOは、IAEAの合意なくしては原子力の分野において自由にふるまえなくなってしまったのだ。IAEAは医師ではなく物理学者によって構成される機関であり、世界中における原子力発電の推進を主要目的としている。このIAEAが唯一、国連の専門機関の中で安全保障理事会に直属している。つまりIAEAは、WHOに《強制条約》を押しつけることができる立場にあるのだ。たとえそれがWHOが掲げるあらゆる人々の健康を最高水準に導くという目的に反するとしても。

IAEAとWHOが今日までチェルノブイリ事故の被害として認めているのは、事故当初に発生した四四人の消防士の死亡（うち二人はトラウマが、一人は心臓停止が死因とされる）、二〇三人の高線量被ばく障害、そして二〇〇〇人の甲状腺がんのみであり、この二〇〇〇人の甲状腺がんは容易に予防できたはずだったとしている。一方国連は、事故の結果としての被ばくに起因することが今後検証されうる[原注1]計四〇〇〇人の死亡を予測した。それに対してさらに国連人道問題調整事務局は、長期的には合計九〇〇万人の人間が放射能の被害を受けるだろうと予測し、チェルノブイリの悲劇は今始まったばかりであるとするコフィ・アナンと見解を共有した。すると今度はUNSCEAR（原子放射線の影響に関する国連科学委員会）の委員長が、コフィ・アナンを科学者でないと厳しく叱責した。UNSCEARは、被ばく量の影響や危険について国際レベルで評価を行なうことを任務とする機関である。

こういったさまざまな事実や矛盾で紛糾したのが、一九九五年ジュネーヴの国際会議である。私たちは、続く二〇〇一年、キエフ国際会議の現場を撮影することに成功した。原注2 この映像のなかでは、チェルノブイリ現地の医師や研究者が、汚染地域の住民に現われた放射能による甚大な健康被害の様子を公表しようとするのに対して、原子力機関と旧ソ連の役人が結託して憤怒する様が映し出されている。どこにも所属しない科学者たちが汚染地域に住む何十万もの子供たちを守るために公表する放射線防護のデータや勧告が、傲慢な侮蔑の言葉でもって退けられる。話し合いすら、拒否されるのだった。

原注1：二〇〇五年九月五日に出されたWHO／IAEA／UNDP（国際連合開発計画）共同声明。前日までこの三機関の認める公式死者数は三二名だった。

原注2：この会議においてロシア連邦の医局長は、ロシアの医療用線量登録簿に登録しているリクビダートル総数のおよそ三〇％が身障者であり、およそ一〇％がすでに死亡していると公表した。この公式登録簿には一八万四七一五名のリクビダートルの情報が集められている。石棺の建設と地域の除染作業のためにソ連全土から召集された健康な若者たちから成るリクビダートルの総数は六〇万から八〇万人と見積もられる（彼らの権利を守るための諸協会はその数をさらに一〇〇万人にまで広げている）。一九八六年当時、リクビダートルの平均年齢は三十三歳だった。チェルノブイリ大惨事に関する情報は事故後の四年間（これはソ連邦最後の四年間にも当たるのだが）国家機密扱いとされており、また作業員の受けた被ばく量は計画的に最小限に測定されていたため、現在の公式数値は情報不足による誤りを免れない。リクビダートルの生き残りは、現在旧ソ連領土を分割する十一の時間帯に分散しており、その多くの存在は統計学者に知られずにいる。加えて、クレムリンと国連の原子力機関が結託して進めている情報隠ぺい計画のために、彼らは、なぜ自分が発病し、若くして死んで行くのか、その理由を知らずにいる。ロシア連邦が記録している公式の統計は、元リクビダートルのうちおよそ二〇万から三〇万人が身障者となり、六万から八万人が現在までに死亡したという推計を可能にする。

この二十年間というもの、ヨーロッパの中心部、政治の上層レベルで、果てしない科学的計画犯罪が遂行されてきている。それを可能にするのは情報の隠ぺいだけではない。技術的に発展した西側文明国特有の無関心でもある。チェルノブイリ事故によって汚染された土地は、広大な実験室と化した。そこでは何百万人という住民が、原子力ロビーと公式の医学とによって、故意にモルモットとして見殺しにされている。彼らは人体をむしばむ新種の疫病を研究する実験台なのだ。そのなかで、ベラルーシの独裁者ルカシェンコ大統領は、現地の支配者でしかない。彼は自らの権力を保持するために、国連安全保障理事会の常任《原子力》大国（アメリカ合衆国、フランス、英国、中国、ロシア）が要望し、ＩＡＥＡの専門家が《太鼓判を押した》政策を実行に移しているだけなのだ。欧州連合もまた共謀者である。二〇〇三年に開始されたプロジェクト《コール》ＣＯＲＥ[訳注4]に欧州連合は資金を提供している。この《人道的》と言われるプロジェクトには、隠された真の目的がある。それは「汚染地域を占有[訳注5]」することである。理事の一人が実際に口にした表現である。そしてこのプロジェクトには、住民の被ばくによる健康被害に対応するための科学的企画の草案は一つも含まれていない。プロジェクトの目的は、原子力に関連する国連の責任機関が、チェルノブイリ事故直後にソ連の指導部と合意して掲げたものとまったく変わらない。そのことは後に詳しく紹介しよう。「二〇〇二年二月に国連が発表したチェルノブイリに関する《合意》報告書の大半は、原子力ロビーの提案を引き継いだだけで、汚染地域を経済的に再生させ、住民の《発展》を支援し、さらには汚染地域へ住民を帰還させるといった楽観論ばかりからなる。住民の被ばく検査や現地で栽培される食物の汚染検査は一切考慮に入れられていない。《チェルノブイリは終了した》《住民の健康悪化の原因は、経済危機とストレスである》、住民は安心して日常生活に戻らなければならないということである」（ソランジュ・フェルネ『エコロジスト』二〇〇三年二月号)。

世界の軍事および産業原子力マフィアが人類の健康問題を掌握し始めたのは、後述するとおり一九五〇年代である。WHOが一九五六年と一九五八年に公表した二つの報告書を紹介しよう。それによって一九五九年、WHOが決定的に原子力ロビーに屈し、方向転換を強いられたことが立証されるからだ。一九五六年の報告書の中でWHOは、原子力産業の推進を選択することに、深刻な警鐘を鳴らしている。報告書を書いたのは、一九四六年にノーベル平和賞を受賞したH・J・ミュラーをはじめとする遺伝学の優秀な専門家グループである。また一九五八年の報告書は「原子力エネルギーを平和目的として利用することによって(住民に)引き起こされる精神障害の問題」を分析した研究グループが書いたものだ。フランスの代表者として、ヴィルジュイーフ市のがん専門家モーリス・チュビアナ博士が参加している。

一九五六年報告書:

「遺伝子という遺産は、人類が所有する最も貴重な財産である。それはわれわれの子孫の生命を決定し、未来世代の健全で調和に満ちた発展を決定するからだ。よってわれわれは専門家として断言する。原子力産業の発展、またそれに伴う放射能源の増加は、来るべき世代を脅かすものだ。(中略)また、人類に現

訳注4:「チェルノブイリ事故で汚染されたベラルーシの汚染地帯における生活条件の再建のための協力事業」Coopération pour la réhabilitation des conditions de vie dans les territoires de la Biélorussie contaminés par l'accident de Tchernobyl の略

訳注5:"Nous devons occuper le terrain"、エートスプロジェクトの立役者フランス核分野における防護評価研究センター(CEPN)ジャック・ロシャール(Jacques Lochard)の言葉。詳しくは第四部第二章参照。

われる新たな突然変異は、人類とその子孫に災いをもたらすだろうというのがわれわれの結論である」（WHO『放射能による人類における遺伝的影響――WHO招聘の研究チームによる報告書』ジュネーヴ、一九五七年、一八三ページ）

一九五八年の報告書：
「しかしながら原子力エネルギーの平和利用の将来を考察する上で、最も満足のいく解決法を、精神衛生上の観点から申し上げよう。その解決法とは、新しい世代の人間が、不確かな状況下でも無知に適応して生きていく術を身につけることである。十八世紀イギリスの詩人ジョゼフ・アディソンの言葉を借りれば《嵐にまたがり、暴風雨を統率する》ことのできる世代が必要になるということだ」（WHO『技術報告書』一五一号、ジュネーヴ、一九五八年、五九ページ）

ミシェル・フェルネ教授[訳注6]は、WHOが原子力の分野から撤退していく過程を注意深く見守ってきた。そのフェルネ教授は、チェルノブイリに贈られた《コール》というこの素晴らしいプロジェクトについて、慎重なコメントをした。「このプロジェクトは無知の擁護であり、人類への侮蔑に他ならない。そしてWHO自らの憲章の内容と形式に反している[原注3]」。

原注3:『現代ベラルーシ年代記』所収「チェルノブイリ惨事と健康問題」ラルマタン出版、二〇〇一年。"La Catastrophe de Tchernobyl et la santé", dans *Chroniques sur la Biélorussie contemporaine*, L'Harmattan, 2001

訳注6:Michel Fernexは、一九二九年ジュネーヴ生まれのスイスの医師で、バーゼル医科大学名誉教授、WHOの熱帯病理事会元メンバーである。日本で紹介される際に誤って「フェルネックス」と言う読みが普及してしまったが、実際には「フェルネ」と発音する。

第三章　核の罠

一　事故

私はグリゴリー・メドヴェージェフと直接面識はない。メドヴェージェフはチェルノブイリ原発建設当時の開発部チーフエンジニアである。けれども初めてチェルノブイリを訪れた時、私はまさに事故の現場で、彼の本[原注1]を紐解いたのだ。一九九〇年、私は事故をテーマに初めてドキュメンタリー映画を撮影することになっていた。事故から四年を経た後、現実がどのようなものであるのか、人々に理解してもらう試みだった。世間はなぜ、被害者たちを果てしない不幸に陥れる嘘の沼にはまってしまうのか、それを映像で示し、自分でも理解し、人々にも理解してもらいたかった。その鍵を私に提供してくれたのがメドヴェージェフの本であり、また、ロシア語で書かれたその書物を私に贈ってくれたウクライナの若い物理学者ヴォロディーミール・ティーヒだった。この二人の助けによって、私は事故に対して最大限のアプローチをすることができたのだ。汚染した村で今なお何が起こり続けているのか。病苦に苛まれるリクビダートルたちの間で、また心臓病や白血病の子供たちのいる医療施設で何が進行しているのか。ロケハンや撮影の合間に、『チェルノブイリ・ノート』を幾度も幾度も私は読み直した。徹夜で読み耽った翌朝、ロシア語ができることを幸いに、ウクライナやベラルーシのソ連放送局がジャーナリストに提供する調整を避けて、自分の力で理解の助けになるような出会いや状況を探し求めた。それは一九九〇年秋のことだった。おりしもペレストロイカ政策がチェルノブイリ事故と相まって、ソ連邦を内部崩壊へと導いていた。私は日々、さまざまな人間や場所、幾多の状況を目にし、罠にはまって逃げようともがく人々と直に接触し続けた。

メドヴェージェフの著書は、チェルノブイリ事故直後の様子すべてを刻一刻、みごとに綴っている。技術的、人間的観点から、火災を鎮火するための劇的な闘いの様子を描く。爆発直後に起こった直接的な被害について、ソ連の官僚主義の仕組みについて、科学者や設計者らの計算違いについて、検閲や嘘、そしてヒエラルキーによる圧力について彼は語る。それでいながら不思議なのは、メドヴェージェフがある一点については、決して触れないことだ。それはチェルノブイリ大惨事のまったく知られざる一面である。実は十日間続いた火災の最中、ソ連の原子力専門家たちは、核爆発が起こることを恐れていたのだ。メドヴェージェフと対照的なのが、私が一九九八年二度目のチェルノブイリ調査のおりに初めて対面し、インタビューを実現させることができたヴァシーリ・ネステレンコである。

原注1：グリゴリー・メドヴェージェフ、『チェルノブイリ・ノート』、序文アンドレイ・サハロフ。フランス語訳『チェルノブイリの真実』アルバン・ミシェル社、一九九〇年。Grigori Medvedev, *La vérité sur Tchernobyl*, Albin Michel, 1990.

ヴァシーリ・ネステレンコは一九七七年から一九八七年にかけて、ベラルーシ科学アカデミー核エネルギー研究所所長を務め、生涯、科学アカデミー会員だった。ネステレンコは、核物理学と放射線安全の分野で三百を越す特許権を所有し、ソ連時代には軍事上の理由から立ち入りが禁止されていた閉鎖都市へ赴く権利を有していた。彼が発明、製造したものの一つに、移動式ミニ原子炉がある。これはヘリコプターで搬送することができ、米国潜水艦の機動力に対抗する移動型大陸間弾道ミサイルの打ち上げ発射を可能にするものだった。ネステレンコは、火災中のチェルノブイリ原発を上空から視察した。そして原子炉の土台の下に液体窒素を注入することによって鎮火できることを突き止めたのである。数日後、炭鉱夫のチームが放射能と灼熱の地獄に潜って、これを実行に移した。ネステレンコ自身が大量の被ばくをし、生き延びたのが不思議なくらいである。チェルノブイリ上空をヘリコプターで飛んだ四人のうち、たった一人の生き残りだった。彼は事故後即座にソ連高官に情報を提示しながら、住民を保護しなければならないと訴えた。しかし誰も聞く耳を持たなかった。それどころかパニックを煽ると糾弾された末に所長の座を解任され、KGBによる弾圧の対象となる。彼は二度にわたる暗殺計画を命からがら生き延びた。

ヴァシーリ・ネステレンコは放射能の何たるかを知っていた。ヴァシーリ・ネステレンコはまた大の子供好きだ。彼は子供たちが強制避難させられる様子を目の当たりにした。ゴメリ駅で母親の腕から引き離され、車両に放り込まれる何千もの子供たち。まるで戦争だ。ウクライナの農家の子供として育ったネステレンコの脳裏に、ドイツ軍による占領時代の思い出が蘇った。ナチスドイツの国防軍が彼の生まれ育った村から撤退したときの様子を、ネステレンコは私に語ってくれた。赤軍が空爆を行なう中、ドイツ軍は女子供を戦車の前に集めて生きる盾とし、自分たちの身を守ろうと試みた。チェルノブイリ事故後、ミンスクにある彼の研究所に到着したのは、あの時の子供たちとそっくりの、怯えきった、長旅に疲れ果てた子供の群れだった。しかし今回彼らを追い立てたのはナチス軍ではなかった。

ネステレンコは、子供たちの体から放射される放射能の測定に取りかかった。測定器を洋服に近づけただけで、針が測定可能最大値を振り切る。この瞬間、彼にとっては明白となった。これほどまでの惨事を引き起こすテクノロジーには、二度と自分の科学者としての能力を奉仕させまい。まさにこの瞬間ネステレンコは、被害者を救援するため以外には二度と再び原子力には携わらないことを決意したのだった。

最近行なわれたインタビュー[原注2]の中で、万一チェルノブイリの火災が一九八六年五月八日までに制圧されなかった場合、ヨーロッパ全土を人の住めない土地に帰すほどの威力を持つ核爆発が起こりうることをソ連政府は恐れていたのだと、ネステレンコは認めた。フランスの科学者は、そんなことはありえないと、この仮説に疑念を唱えている。私はネステレンコに、当時のソ連の科学者たちが抱いていた危惧を科学的に裏打ちしてくれるよう頼んだ。二〇〇五年一月十七日に彼は答えてくれた。

二　核爆発の脅威

親愛なる同僚諸君

原注2：『チェルノブイリの沈黙』*Les Silences de Tchernobyl* 内に収録されたガリア・アッケルマンとのインタビュー。オートルマン社、二〇〇四年。

（略）そういうわけで、私は古い文書（一九八六年のメモ）を頼りに、当時の出来事を時間を追って再構築する試みに取りかかることにした。

私はＲＢＭＫ１０００原子炉の構造を熟知していた。この原子炉では中性子の減速材として黒鉛が何千トン単位で用いられる。ご存知のように黒鉛は、原子炉の通常運転時には、すべて鋼鉄製の円筒に封じ込められている。黒鉛が中性子を減速させることによって、原子炉総力の六から七％のエネルギーがつくり出される。そして黒鉛の温度を五〇〇から六〇〇度に保つために、円筒は不活性気体、窒素とヘリウムの混合物で満たされている。冷却材（水）は黒鉛ブロックの中を循環する。

事故の原因は、核の観点から見て危険な実験を行なっていた運転員のミスであることがわかっている。原子炉を緊急停止した場合に、どのように残留熱を利用してさらに電力を補給できるかが実験されていたのだ。

この原子炉で使用されていた制御棒は短縮されていたので、炉心から棒が取り出される際に配管を満たすはずの黒鉛先端部を持たなかった。そのため棒が取り出される瞬間、配管は冷却材（水）によって満たされた。

実験手順は、チェルノブイリ原発司令部から関係する省、主要原子炉メーカー、アカデミー会員ニコライ・ドレジャル、そして原子炉の科学責任者であるアカデミー会員アナトリー・アレクサンドロフに提出されていた。書面による承認が得られなかったのにもかかわらず、チェルノブイリ原発司令部は一九八六年四月二十五日、実験を予定通り決行することにした。

ＲＢＭＫ原子炉の特徴は、比較的低濃縮のウランを燃料としていることと（一・八％のウラン２３

5）、特に低出力領域で非常に大きい正の反応度係数を持つことである。

事故後の一九八六年夏、機械建設省のE・スラフスキーが私に実験の全プログラムを見せてくれた。それによると、実験では出力を八〇〇メガワットまで下げねばならず、制御棒を引き抜いた後、この出力領域においてタービン発電機の惰性回転を検証し、供給される電力量を特定しなければならなかった。

ところが実験中、原子炉の出力が六〇から八〇メガワットまで下がってしまったのだ。そのため、物理的法則に従って、原子炉は《ヨウ素ピット》という状態に陥った。この時取るべきだった行動は、原子炉を止め、半減期の短い放射性物質であるヨウ素が崩壊しきって、出力が正常な領域に戻るまで、二、三日待つことだった。

実験に参加した人たちの話では、原発の運転員は炉心の補正用制御棒を引き抜き、原子炉に給水すべく補助冷却水ポンプを発動させたのだ。配管内の蒸気は放射線分解して水素と酸素という爆発性の混合物を形成した。これが原子炉内部における最初の熱爆発を引き起こす結果となった。

原子炉内に中性子の流れのバイパスが発生し、制御棒が抜かれたときに配管を満たした水が沸騰し始めた。三秒から五秒の内に原子炉の出力は百倍に達してしまった。セラミック（二酸化ウラン）の燃料ペレットは熱伝導率が低いため、膨大な熱力によってアッという間に損傷した。

水の分解は、よく知られているように、燃料棒の破片の上では最も効率的に起こる。爆発性混合物が二度目の爆発を起こした。それによって黒鉛の密閉システムが引き裂かれ、コンクリートの天蓋が吹き飛ばされた（およそ一二〇〇トンの天蓋は今日でも六〇度傾いたままだ）。こうして黒鉛ブロックを収めた炉心に空気が侵入することになったのだ。空気中で黒鉛が燃えた場合、その温度は三六〇〇から三八〇〇度にまで達する。この高熱では、燃料ペレットの被覆管や黒鉛ブロック内を走る圧力管に含まれるジルコニウムは発火装置と触媒の働きをすることになり、事故がさらに深刻化することに寄与してしまった。

原子炉内の一七〇〇本の圧力管には一九二トンのウランが満たされていた（一・八％のウラン235で濃縮）。またメンテナンス用の圧力管には原子炉から取り出された使用済みの燃料棒がまとめて保管されていた。燃え盛る黒鉛の膨大な熱のために、（電弧の電極のように）燃料集合体は溶融して下方に流れ出し、電線のあらゆる隙間に浸透しはじめた。

原子炉全体は厚さ一メートルのコンクリートの土台の上に建てられていた。原子炉の下には、放射性廃棄物を集めるための頑丈なコンクリートの部屋がいくつもつくられていた。

運転員は相変わらず循環ポンプで炉に送水を続けていたので、当然この鉄筋コンクリートの地下室にも水が浸透した。このとき大変危険な状態が生まれたのだ。もしも溶融した塊がコンクリートの台を貫通して地下室に侵入することになったら、核爆発に絶好の条件が出来上がる。当時私が指揮していたベラルーシ科学アカデミー核エネルギー研究所原子炉物理課の職員たちは、一九八六年四月二十八日から二十九日にかけて次のような計算を行なった。一三〇〇～一四〇〇キロのウラン＋黒鉛＋水の混合物が臨界に達した場合、三～五メガトンの核爆発を引き起こす威力がある（これは広島原爆の五十から八十倍の威力に当たる）。このような爆発は、ミンスク市も含めた三〇〇から三二〇キロ周囲の住民に猛烈な放射線障害を与えるだろう。ヨーロッパ全土が日常生活が不可能になるほどの高濃度の放射能汚染被害を蒙る可能性もある。

一九八六年五月三日、私はこの計算結果を中央委員会の第一書記であるN・スリューンコフが招集した会議で報告した。私は次のような算定を提示した。核爆発が起こる確率は大きくはない。なぜならば熱爆発の際、炉心は粉々になり原子炉内部だけでなく発電所周辺全域に散らばったからだ。すると「それならばなぜチェルノブイリでは核爆発は一〇〇%起こらないと保証できないのか」と詰問された。私は次のように答えた。原子炉の下に横たわるコンクリートの状態がわからないためである。ひびも割れ目も一つとしてなく、後日裂け目の入る危険もないとわかって初めて、核爆発も起こらないと断言できる。

一つ私が確かな形で知っている事実がある。ミンスク、ゴメリ、モギリョフ[訳注1]など、チェルノブイリ原発の周囲三〇〇から三五〇キロ内にある数々の町の周りに、当時、何千と言う鉄道車両が集結されたのだ。万一その必要が生じた場合に住民を避難させるためだった。

爆発が起こるとしたら一九八六年五月八日か九日だろうと恐れられていた。炉内で燃え盛っていた黒鉛を何が何でもその前に鎮火するためにあらゆる手段が講じられたのは、そのためである。モスクワやドネス炭田周辺から何万人もの炭鉱夫が緊急にチェルノブイリに送られた。彼らの任務は、原子炉の下に坑道を掘り、コンクリートの土台を冷やすための冷却用蛇管を設置し、あらゆる形のひび割れを阻止することだった。炭鉱夫たちは、灼熱と高濃度の放射能地獄の中、コンクリート台を

訳注1：Могилёв、ベラルーシ共和国東部の都市でモギリョフ州州都。ベラルーシ語ではマヒリョウ Магілёў

守るために労働を強制された。核爆発の可能性を阻止するために自己犠牲に徹したこの男たちの真価は、評価してもしきれないものである。若者たちのほとんどが身障者となった。多くは三十、四十代で命を落とした。

私はV・ネステレンコの手紙をメドヴェージェフの表現と比較してみた。メドヴェージェフは「コンクリートの土台を冷却するための液体窒素」と表現している。「鎮火」のためとは書いていない。そして次のような補足がある。「私は炉心が、その台となっているコンクリートを貫通し、蒸気凝縮プールと接触することを恐れた。それは凄まじい熱爆発を引き起こすことになりかねなかった」〔強調は著者〕。メドヴェージェフは核爆発という表現は使っていない。再度私はネステレンコに問い正した。二月六日、ネステレンコはさらに細部を加えた返答を送ってきた。

私は一九八六年五月一日ミンスクのKGB本部に召喚されたことを覚えている。その場で私は、チェルノブイリにいるレガソフと[訳注2]《短波》（彼らは短波通信を使用していた）による交信を行なった。レガソフは私に破損した原子炉に液体窒素を注入する案が出されていると話した。液体窒素が蒸発することによって空気（酸素）の移動が促され、黒鉛の炎上が収まることが期待された。ところが科学者の間を一つの情報が巡りはじめたのだ。炉心に液体窒素を加えると、爆発が起こるかもしれないというもので、過去にイギリスで似たような事態が発生したという話だった。私のレガソフへの答えはこうだ。ソスニーにある私たちの研究所の研究用原子炉IRT—Mには、材料をテストするための水平管がある。私たちはこの管を使って、低温での金属サンプルにおける磁気やメカニズムの性質を研究したが、そのために管内に液体窒素を注入していた。しかしいかなる爆発も起こらなかった。この報告を、実験に加わった他の人間に検証させるよう命じられた。時刻は午前二時だった。私はB・ボイコ（彼は当時ベラルーシ科学アカデミーの物体及び半導体物理研究所所長だった）に電話をした。彼は確かに爆発が起こらなかったことを証言してくれた。このやりとりが終わると、ヘリコプターが迎えに来ると告げられた。現地に赴いて状況を査定するためだった。

事故後、原子炉の火災が続いていた間（十日間近い期間だが）、何百という専門家が現場を訪れた。それぞれが何かを調査しては、事故の拡大を防ぐために異なる計画を提案した。原子炉の廃墟の上に六〇〇〇トンの鉛が投下されたことをご存知だろうか。この鉛は蒸発して、周辺地域に降り注ぐことになった。ブラーギン、ホイニキ、ナロヴリア地区の子供たちの血液の鉛の含有率が高い原因の一つだ。原子炉の土台の下に炭鉱夫によって坑道が掘られたのも、さまざまな提案の一つだった。私たちはヘリコプターで原発を上空から視察しながら、原子炉の廃墟に液体窒素を注入するための特殊大型車用の通路を探した。液体窒素によって空気の移動を促し、黒鉛の火災を鎮火するためだった。

原子炉の爆発後も、運転員が八基のポンプを同時に作動させながら原子炉に給水を続けたことがわかっている。原子炉土台の地下室がすべて水で溢れているのは明らかだった。もしも炉心内構造物が溶融してできた塊がコンクリートを貫通し、燃料と黒鉛とが土台の下にあるコンクリート製の

訳注2：ヴァレリー・レガソフ（一九三六年九月一日生～一九八八年四月二十七日没）ソ連の科学者、科学アカデミー会員。

地下室に流れ込むことになったら、臨界状態に達し、核爆発を引き起こしかねないと、あらゆる物理学者が恐れていた。だからこそ最大の目的は黒鉛火災を収束させることだった。酸素を含む空気の除去はそのための手段の一つであり、それが液体窒素投入の目的だった。ヘリコプターからは何千トンという砂とドロマイトが原子炉の上に投下された。黒鉛の火災は十日後に収まった。ところが五月十五日から十七日にかけて、溶解した塊から再び火の手があがり、放射線量が跳ねあがった。チェルノブイリから七〇～一〇〇キロ離れたベラルーシのナロヴリア地方で私たちはそれを測定することができた。

レガソフやギダスポフら、すべての化学者は四月二十六日に二度にわたる熱爆発が起こったことを証言している。燃料棒は粉々に破裂し、水蒸気を酸素と水素に放射性分解させる絶好の条件が出来上がった。この混合物が一定の濃度（七～九％）に達すると、爆発が起こるのだ。もしも総量一三〇〇～一四〇〇キロの水、黒鉛、ウランがある特定の条件下で揃うことになったとしていたら、核爆発が起こる可能性があった。チェルノブイリは核爆発を危機一髪免れた。私はそう考えている。もしもそれが起こっていたら、ヨーロッパは人間の住めない地と化していただろう。

現在、西側諸国では危険な誤解が一人歩きをしている。チェルノブイリの原子炉は停止された、核爆発の危険は去ったという考えだ。しかし実際は、核燃料が壊れた炉内に存在する限り、ウクライナやベラルーシ、ロシアだけでなくヨーロッパにとっても脅威を現わしているのだ。ヨーロッパの人々は、命と引きかえに史上最悪の原子力事故から大陸を救った何十万人というリクビダートルたちに対していくら感謝をしてもしきれない。私はそう思う。

V・N・ネステレンコ
ベラルーシ科学アカデミー通信会員
科学技術博士、教授
一九八六年チェルノブイリ原発事故リクビダートル

チェルノブイリ原発から二キロの距離に位置するプリピャチ市では、住民たちは、目に見えない途方もない災害が森羅万象の上に降り注ぎつつあるなどとは、三十六時間の間、露知らずにいた。ソ連の報道機関は沈黙に徹したのだ。この年の春はひときわ暖かく、街の公園では、母親たちが子供を上半身裸にして散歩させていた。

三　核の罠、プリピャチ市の場合

「私はよくプリピャチ市に思いを馳せる」とG・メドヴェージェフは書く。「この《原発立地の町》は、とても住み心地の良いところだった。町の建設されるさまを、私は自分の目で見てきた。私がモスクワに赴任したときには、すでに三つの住宅街に人々が住みはじめていた。快適、清潔で、こじんまりとしていて、生活のレベルもとても高かった。新しく移り住んでくる人々は終始感嘆の念を洩らしたものだ。退役軍人の間でも、プリピャチ市への移住を希望する者が多かった。数々のハードルを越え、請願を行なった後に、ようやく何人かがこの楽園に住む許可を手にすることができるのだった。そこはまさに美しい自然と都市生活の快適さが同居する楽園だった」[原注3]。

チェルノブイリ事故前、プリピャチ市の住民は五万六〇〇〇人を数えた。今は住む人もなく、野草の生い茂るままだ。永遠のゴーストタウン。一九九〇年秋、霧の立ち込める湿った朝、スピーカーから流れるクラシック音楽が、ソ連全体主義の難破船のごときこの廃墟に、シュールレアリズム的狂気の色を添えていた。ユリア・ルカシェンコが、かつて住んでいた家、今では棄てられ、茨のはびこる建物の前に立って、事故当日の思い出話を私たちに語ってくれていた。事故の翌日、町の住民は全員、終生わが家から引き離されることになったのだ。彼女は、私たちと共にプリピャチに立ち入る許可を申請し、手に入れた。「町と和解する」、それが彼女の目的だった。四年前の事故以来、彼女がわが家に戻るのはこれが初めてだった。家の壁に近づくと、彼女は紙を一枚取り出して正面に貼り付け、大文字で書き綴った：「ごめんなさい！」私はその様子を遠くから見守った。彼女は泣いていた。

――なぜ謝るのですか。あなた自身は家に対して罪はないのに。

ユリア・ルカシェンコ　私は人間だから。すべての人間と同じように私だって、私たちの星、地球上で起こることに対して責任があるのです。だからこの家に対して、ある意味で、私にも罪があるのです。わかりますか。私は自分を個人としてではなく、人類の一員と捉えているのです。そのために罪の意識に苛まれるのです……。さあ、すこし気が晴れたわ。あそこに私の子供たちのおもちゃが見える。この家を追い出された時に、子供たちが窓から放り投げたものです。すこし楽な気がしてきました。こうしてもう一度、私の家に戻ってきたのですもの……。（家の正面の方を向いて）ほら、赤と黄色の積み木。それから小さい黄色い車輪。私の子供たちのおもちゃよ。そしてこの穴の中には、私たちのボールペンと鉛筆。ああ、いい気分だわ。（まるで謝るかのように彼女は微笑んだ）。

——事故当時、何が起こったかを理解したのはいつごろですか。はじめからわかっていましたか？

ルカシェンコ　いいえ。二週間後です。二週間もたって初めて、私たちは重大な事故が起こったことを知らされたのです。けれどもどれくらい重大なのかはわかりませんでした。四月二十六日の朝には、原発で何かが起こったことは伝えられました。学校の授業は中断され（これはほんとうに珍しいことです。ふだん学校の規律はとっても厳しいものでしたから……）、教員は一室に呼ばれ、そこで説明されたのは、原子炉の燃料交換の際に機械に故障が生じ、火災が発生したということ。「火災は管理下にあり（これは書面通りの引用です）、危険はない。しかし念のため、子供たちは校舎内にとどめ、外に出さないようにし、窓を閉め、床掃除をすること（私たちはこれを実行しました）。子供たちに話を伝え、子供たちから目を離さないようにすること」と。

パニックのあまりに何も目に入らなくなった事故責任者らは、現実を認めようとせず、はじめの三十六時間は原子炉が無傷であると思い込もうとしたのだ。住民を避難させる決断は宙に浮き、子供たちを守ろうとするあらゆる個人行動はパニックを煽るとして阻止された。武装した警官隊がプリピャチ市を包囲し、

原注3：メドヴェージェフ前掲書。

市を離れることは禁止された。ようやく全市民が避難させられたのは四月二十七日午後二時になってからだった。その間にも蒸発した核燃料は大気中に拡散し、細かい放射性物質の埃となって地上に降下し、住民たちは呼吸を通してそれを体内に取り込んでいた。給水車がすでに町の洗浄を始めていた。空は晴れ上がっている。五月一日のメーデーの準備に早めに取りかかっているのかもしれない。町の人々はそう考えた。しかしほんとうの理由は別だった。アスファルトや大気中、そして側溝の埃から採取された測量サンプルは、放射線の五〇％がヨウ素131由来であることを示していたのだ。アスファルト付近の線量は毎時五万マイクロシーベルトに達していた。一般に《平常》と見なされる自然放射線量の平均値は毎時〇・一一マイクロシーベルトであり、それは宇宙や地中のある種の岩石から発生するもので、人体との共存は可能である。プリピャチ市ではこの朝、ヨウ素131に由来する放射線が自然放射線量の四十五万倍に達していたのだ。そしてヨウ素131とは、ただちに安定ヨウ素剤を服用してブロックしなければ甲状腺を攻撃するものである。特に子供たちの。

ルカシェンコ　二時間目か三時間目の間だったでしょうか。はっきり覚えていませんが、午前十時から十一時くらいのことでした。子供たち、そして私たちに錠剤が配られはじめたのです。この時から私たちは、何か本当に深刻なことが起こっているのだと考えるようになりました。

それから私たちは帰宅しました。家には強力な望遠鏡がありました。そこでテラスに出て、半日の間、原発を観測したのです。直線距離で二キロもありません。火事の明かり。炎こそ見えませんでしたが、火事の明かりが町からも確かめられました。近所の人たちもテラスに呼び集め、望遠鏡は手から手へと渡ってゆきました。地上では子供たちが下着一枚の姿で砂遊びに興じているのが見えました。とても暑い日だったのです。お母さんたちは乳母車を押して、子供たちを裸にして散歩をしていました。

世界中で二十年来推進されている徹底した隠ぺい政策のおかげで、結局のところチェルノブイリはさほど深刻な惨事ではなかったと信じられるようになってきている。事故から十日後、モスクワで開かれた記者会見の席で、ソ連最高会議の副議長シチェルビナは、原子炉に隣接する地域の放射線量は毎時一五〇マイクロシーベルトであると断言した。しかし実際の数値は一億五〇〇〇万マイクロシーベルトだったのだ。その後取られた政策は、ロシアの西部、ベラルーシ、そしてウクライナ北部の住民にとっては、実に残酷な結果をもたらすものとなった。

プリピャチ市は今でこそ放棄されたものの、原子炉の爆発が十日間にわたって放出を続けた放射能は、雨風によって広大な地域に運ばれた。それはプリピャチ市から二〇〇キロ離れた場所にまで届いた。そこには今でも人々が住み続けている。そうした土地の線量は、私たちがプリピャチ市のメリーゴーランド広場で計測した数値よりも高く、それは自然放射線量の三十六倍に登る数値に匹敵する。

四　ポレスコエ市の捕われた人々

事故後五年間、ＷＨＯは一度もポレスコエ市［ウクライナ］に足を運ばなかった。アラ・ティピアコヴァが生まれ、教鞭を取り、亡くなった町だ。ティピアコヴァの子供たちを守るために、WHOは何一つ行動を起こさなかったのだ。しかし国連機関であるWHOの憲章は、以下の責務を果たすことを定めている。

――指導的立場にあり、調整役を負う権威機関として、健康の分野において行動し、

――相応の技術的援助を提供し、緊急を要する場合は政府の請願、また政府の受け入れについて必要な手助けを提供し、

――健康の分野におけるあらゆる情報、助言、援助を提供し、

――人々の健康に関する意識を啓発すべく手助けを行なう。

ポレスコエ市は今では放棄され、地図から抹消された。茨に埋もれた野生動物のすみかだ。しかし一九九〇年に私たちがこの町を撮影した当時には、まだ一万三〇〇〇人の住民が生活を続けていた。放射性物質は不規則なホットスポットを形成しながらこの地に積もり、その汚染量は一平方キロメートルで最低五から四〇、五〇、時には三〇〇キュリー[訳注3]に達していた。この町も本来ならば、プリピャチ市のように、ただちに避難させるべきだったのだし、ヴァシーリ・ネステレンコもそのように要求していた。しかしここを避難させることは、この地で栄えていた農業経済と小規模産業、そしてとりわけ地元指導層の終焉を意味していた。行政は、迅速かつ精力的に行動に出た。すなわち、一九八六年から一九九〇年の間、四〇〇〇万兌換ルーブル（当時〇・六〇ルーブルは一アメリカドルに相当した）が住民を引き止めるためにこの地区に投資されたのだ。新しい家、学校、プールが建設され、すべてのアパートに水道、ガス、暖房が設置され、給料は二倍に跳ねあがった……。

それから八年後、ネステレンコ教授が彼の見解を話してくれた。

ヴァシーリ・ネステレンコ　私からすれば、これは犯罪行為です。放射線を扱う職業に従事する人間には、一般市民の十倍の被ばく量が認められています。それはしかし、私たちの方が健康だからという理由からではありません。私たちは放射能に対する抵抗力が優れていることを買われてこの職に就き、きちんとした養成を受け、防護方法を身につけてきているのです。一般市民はこうした防護方法を知りません。チェルノブイリを訪れると、トラクターの運転手がのんびりと放射能で汚染された土地を耕している姿を見かけます。それから紙タバコを巻き、手も洗わずにそれを吸うのです。

ミンスク市には現在、汚染地帯からの避難民がおよそ三万一〇〇〇人ほど住んでいます。彼らは医療リストに登録されていて、毎年検査を受けていますが、彼らの間では、消化器官のがんや肺がんが、ミンスクの他の住民に比べて六倍も多いのです。さらに甲状腺がんの頻度は三十三・六倍にものぼります。どうしてでしょうか。彼らの避難が、一九九二年から九三年になってようやく実施されたからです。それまでは汚染地帯に住み、汚染した田畑を耕して、肺にたっぷりと放射性核種を吸い込んでしまった。その代価を今になって払わされているわけです。

訳注３：放射能による汚染濃度を表す古い単位。巻末用語解説を参照のこと。一キュリーは三七〇億ベクレル。また土地の汚染を表す場合、一平方キロメートル当たり一キューリ（Ci／㎢）は一平方メートル当たり三万七〇〇〇ベクレル（Bq／㎡）に相当する。

ソ連の高官たちは、共謀者である国連専門機関に守られながら、何年にもわたってポレスコエ市を放射能汚染の罠に仕立てあげたのだ。一九九〇年、同市の農業は中止されるどころか、田畑が高濃度の汚染を受けているにもかかわらず、事故の年の生産高を維持していることを、市の実行委員会は自画自賛していた。町の中央広場には、その年の生産高を讃える表彰状が掲げられた。ロスティスラフ・ザッヘイはウクライナ緑の党の活動家であり、医者であるが、彼と連れ立って私たちは近郊の村ヴラディミロフカを訪れた。避難が敢行された村だ。放棄されたロシア風の木造小屋《イスバ》の床に、瓦礫にまぎれて古い地元の新聞『共産党員の旗』が転がっていた。日付を見ると一九八六年六月十八日。ザッヘイが解説をしてくれた。

ロスティスラフ・ザッヘイ　この記事を読むと、いかに行政が住民の運命のことなど眼中になかったかがわかります。党の第一書記プリマチェンコいわく「われわれは全力をあげて、干し草の刈り入れと収穫用器具の準備、また農作物の貯蔵庫の準備に集中しなければならない」。一九八六年といえば、この一帯はどこも膨大なレベルの放射線量で、計測器が鳴りっぱなしだったときです。それでも農作物の収穫は当然のように行なわれ、おそらく、汚染されていない場所で生産された汚染のない作物に混ぜられたと考えられます。この手の不純物は、今でもソ連のいたるところに出回っています。そうした食品に含まれる低線量の放射能は、われわれにとって緩慢なジェノサイド（大量殺戮）を意味しているのです。ゆっくりと訪れる死、そして世代を継ぐごとに増加していく身体の障害になって表れるのです。

ポレスコエ市は、この地方の行政本庁がある重要な町です。周辺の町がすべて避難させられたのに対して、ポレスコエ市は行政の中心地として維持しなければならなかった。だから住民を避難させないことが当時決定されたのです。他の小さな村とはわけが違う。地方行政の中枢ポレスコエ市は守らなければならなかった。避難が公式に認められているにもかかわらず、この政策方針は今日でも続いています。もしもポレスコエ市の住民が汚染のない地域に移り住むために市を去ったら、あらゆる法的な保護を失ってしまいます。社会的地位を奪われ、何もかもなくしてしまうのです。一方、ここにとどまれば数多くの恩恵に浴することができます。給料は倍、食事はただ。家具もテレビもないこの物不足の時代に、この町では洋服も特別に配給され、買い物も可能です。長いこと待たずに自動車だって買える。これもポレスコエの住民に与えられた多くの特典のひとつです。

――なぜあなたは一九八七年、この汚染地帯にいらしたのですか。

ザッヘイ　私は、放射能汚染のないウクライナ西部リヴィウ市で医学の勉強をしました。一九八七年大学院を修了すると、国家から職務が割り当てられることになっていました。はじめ、私はオデッサ地方におくられるはずだったのですが、おそらく本能でしょう、この地方の方が状況が深刻だと感じたのです。マスコミはこの問題についてまるで情報を出さなかったからです。そこでこの地域に赴任する許可を求めたところ、ポレスコエに任命されました。悲劇の舞台であるキエフ地方に、私は赴任したかった。説明しずらいですが……。内的衝動のようなものでしょう。人の役に立てる気がしたのです。困難に立ち向かいたいという人道主義的な想いに駆られたのでした。けれどもこの町にやって来た当初は、受け入れられるのに苦労しました。何も知識がなかったからです。放射能はどれくらいなのか。手に入る情報や公的立場の医者はみんな「すべて平常通りだ、大丈夫、問題はない」と繰り返しているのに、私には反論するための道具ひとつありません。データもなければ、測定器もない。けれどもとうとう線量計を手に入れ、初めて測定に着手したところ、驚くほど高い数値が暴露されたのでした。そして間もなく子供たちの行動や健康状態に変化が見られるようになりました。私たちはそれを機に警告を発しました。このときから現場に介入することが可能となったのです。対処を求めるための圧力をどんどん加えました。

――この土地で活動を開始される以前は、どのような政治的考えをお持ちでしたか。あなたは共産党員でしたか。

ザッヘイ　むしろ反共産党でした。私の両親が逮捕されたのでね。父親も母親も若くして強制収容所で亡くなりました。そのことは私の心に大きな傷を残しています。私は妹と二人、養子にもらわれました。引き取ってくれたのは、一九三九年から四〇年にかけてウクライナ西部で起こった一大政治闘争[訳注4]に参加した人たちです。

――現在の闘いのなかではどのような困難に直面されますか。妨害は多いですか。

ザッヘイ　妻が幼い子供と一緒にまだここに住んでいた頃は、脅しの電話をよく受けたものです。私が帰宅途中襲撃されるというようなことを予告するものでした。扉を壊されたり、電話線を切られたりといったような目にも遭いました。けれどそういうことはリヴィウでも体験済みでしたし、乗りこえられます。それほど大変なことではありません。私にとって最大の困難は、人々が事態の深刻さに気付くのがあまりに遅いということでした。

――どのような病気を目にされましたか。

ザッヘイ　一般的な健康状態の悪化です。子供も大人も。止血がきわめて難しい鼻血ですとか。子供の二人に一人は目の水晶体が混濁しています。子供にとっては白内障、そして失明へ一直線です。次いで白血病。あなたと八月にお会いしたときお話した女の子ですが、彼女はもうこの世にはいません。イリーナ・スボタは亡くなりました。診断は白血病。血液像には極めて多様な変化が現われます。単細胞の形成や大型細胞の出現など、血液像中に新たな成分が現われ、血液にさまざまな病理的変容を起こし、それがすべての内臓器官の変質を誘発する。肝臓の肥大ですとか、その他同種の現象です。

——検閲にもかかわらずそうした分析結果の入手に成功されたのですか。

ザッヘイ　われわれがいた地域レベルでは、当初から真実を口にする勇気のある医者もいたのです。その人たちが、みんなに真実を知らせようと、できる限りの努力を尽くしていました。当時としては大変に困難なことでしたよ。党による圧力が彼らにかかりましたから。それでも地域の医者たちは良い仕事をしました。

私自身は、妻と一緒に高濃度汚染地域を歩き回って以来、健康を害するようになりました。線量計を使って汚染の激しい場所を特定しようとしたからです。避難の行なわれた村にも足を運び、長い時間とどまりました。私たちは建築の勉強もしていたので、この地方の風景を記憶に留めておきたいと思ったのです。おそらくこの時期に私は大量の放射性核種を溜め込んでしまったのでしょう。激しい疲労感や出血に見舞われることになりました。三日前歯を一本抜いたのですが、三日間出血が止まらず、止血剤を使ってようやく収まりました。そんなところです。急性被ばく症状はありません。病根は体内に潜んでいるのです。

訳注４：一九三九年十一月、ウクライナ西部がソ連に併合されたことによって反共産主義の激しいウクライナ民族運動が起こった。

インタビュー後、ロスティスラフ・ザッヘイは私たちがタラッシー村に行くのに付き添ってくれた。すぐそばにある避難の行なわれなかった村だ。

ザッヘイ　事故後ただちに村には、新たな学校や幼稚園を建設することが決定されました。さらに少し行ったところには公共浴場や洗濯場など、その他の施設も建設されました。この地区にある他の村落やポレスコエ市でも同じことが実行されています。バカバカしい。一九〇人用の真新しい大きな小学校を建てたのですよ。この村には小学生は五〇人程度しか残っていないのに。幼稚園は五〇人向けにつくられました。でも村には幼稚園児は一二人も残っていません。なぜこのような決断が下されるのか問い合わせてみました。すると《前向きに》考えなければいけないというのが、地元の役人の答えでした。広い視野を持てと。ポレスコエ市に多くの施設が建てられたのも、二つ目の小学校をまるまる建て直したのももちろん前向きに考えるためです。市民を避難させる決定が下っているのにですよ。子供たちはいなくなるんです。住民も。それなのに建設は続行されているんです。屋内プールを三つも備えた競技場を完全に建て直す決定もなされました。底なしに資本が投資されているんです。その理由はただひとつ。「ここは安全だ、ここに住み続けることは可能だ」と住民にアピールするためです。「これだけお金を投資してるのです。ご覧なさい。皆さんのため、住民の方々のために、先見の明のある私たちが建設に励んでるんです。皆さんにいっそう豊かな暮らしを味わっていただくためです」。でも本当に成すべきだったのは、汚染のない地域に投資をし、建設を行なうことだったんです。人々が移り住めるように。子供たちが危険のない場所で幼稚園や学校に通い、プールで泳いだりスタジアムを利用できるように。

西側諸国では、現地の住民に襲いかかる途方もない健康被害をとことん無視して、衣食足り、刺激に飢えた観光客相手に、チェルノブイリ原発ツアーを手配する旅行会社まで現われた。欧州連合は「復興」させるべき土地に二〇〇万ユーロという資金を地域の人々にふりかかる健康被害を全く無視して《放射能の質》なるものを謳うプロジェクト[原注4]に注ぎ込んでいる。欧州連合が推進するこのプロジェクトは、ペクチンによる放射能防護を拒否し、専門家の言うことをよく聞けば、汚染地域でも快適な生活を送れると主張している。

五　ポレスコエ市の幼稚園

一九九〇年に私たちが制作したドキュメンタリー映画『チェルノブイリの我ら』のワンシーンは、のろのろと児童の群れが、元気とは程遠い様子で幼稚園の中庭のコンクリートを通って校門に向かって歩く姿を映している。ナレーションが次のように解説する。「この子たちは、四年間にわたって目に見えない放射能の猛火に包まれたこの校庭を使い続けてきました。それは、ゴーストタウンとなったプリピャチに匹敵する汚染量です。一九八九年に初めてソ連で行なわれた民主主義的選挙の後、ようやく、地元の政治家は保護者の訴えに対応しはじめました。ところが、幼稚園を閉鎖するかわりに、彼らは除染チームを派遣

原注4：コール・プロジェクト、第四部第三章参照。

したのです。除染作業員は三度にわたって分厚いセメントを校庭に敷き詰めました。それでも線量は下がりません。今でもこの場所の線量は、自然放射線量の十七倍の数値に達しています」。

三名の教員による証言

「除染作業員はマスクをして働いていました。屋根の上に登る時も、校庭でもマスクをしていました。そのかたわらで、子供たちは普通に遊んでたのです」

「屋根は十回も除染されました。垣も取りかえられ、地面は何度もアスファルトで覆われました。だけどどっちみち放射能はなくならないし、私たちはいつまでもこの土地に釘付けです」

「全面立ち入り禁止にしなければいけないくらいの放射線量の場所さえあるんですよ。例えばここ、この一軒家の裏。ほら、子供たちが遊んでる。あのミズナラの木の近くもものすごい放射能の量です。そこでも子供たちが遊んでるでしょう。だってほかにどこに行けばいいんです」

「夏には一面砂埃が立ち、子供たちはそれを呼吸します。校舎のカーペットは汚染されているので、はがすことになりました。子供たちは床板の上にじかに座るほかありません。ぬいぐるみも放射性核種を吸着しているので、すべて処分しました。いったいどうやって生活すればいいんです。子供たちは体を動かし、遊びたくてたまらないのに。まるで囚人扱いです。われわれは生きてるんじゃない。幽閉されてるのです」

「子供たちは始終鼻血を出します。誰もが頭痛や脇の下の痛みを訴えます。視力も低下しました。年中疲れて、だるくてたまらないと嘆き、よく吐きます。問題を数え上げたらキリがありませんよ」

第四章　三つの出会い

一　スヴェトラーナ・サヴラソヴァ

一九九〇年十一月にチェルノブイリに赴く前、私はパリにある『ロシア思想』紙の当時の女性編集長に、調査を手助けしてくれる人間を紹介してくれるよう頼んだ。『ロシア思想』紙は一九四七年にパリで創刊された、初期ロシア移民のための新聞である。編集長はスヴェトラーナ・サヴラソヴァの名を挙げた。ベラルーシ人の女性ジャーナリストで、編集長は彼女に大変親しみを寄せ、また一目置いていた。私は電話で面会の約束を取り付け、ミンスク市にあるスヴェトラーナのアパートを訪れることができた。彼女は二五人の若い冒険仲間を招集して私を待っていてくれた。スヴェトラーナのイニシアチブのもとで、子供たちを外国へ放射能からの保養旅行に連れていく活動を始めた若者たちだった。

――みなさんはこの活動で集まる以前からのお知り合いですか。

スヴェトラーナ・サヴラソヴァ　いいえ。お互い、誰一人知りませんでした。私が知っていたのは夫だけです。

――集まるようになってどれくらい経つのですか。

サヴラソヴァ　一九九〇年七月からですから、四カ月になります。

――きっかけはどのようなものだったのですか。

サヴラソヴァ　それぞれがたまたまやって来たんです。

――やって来たとは、どこに。

トーリック　ここです。このアクションをたち上げたスヴェトラーナの家です。スヴェトラーナはジャーナリストです。けれど彼女の書いた記事を、勤め先の新聞社は掲載しようとしませんでした。その記事をポーランドの新聞社が取り上げてくれたのです。そしてポーランド人たちは、とても熱く反応してくれました。

サヴラソヴァ　私は、編集長からチェルノブイリの子供について記事を書けと言われました。でも「今後わが国では新しい怪物が生まれてくるかもしれない」といった類のセンセーショナルな記事にすりかえてしまうことはしたくなかったのです。そこでホイニキ［ベラルーシ、ゴメリ州］の学校を訪れ、生徒たちに手紙を書いてくれるように頼みました。昔からの友達に書くみたいに書いてみてちょうだいと。私は生徒たちとたくさんおしゃべりをして、彼らは信頼を寄せてくれるようになっていました。彼らの書いてくれた手紙には、心を揺さ振られました。それらを記事にした時も、子供たちがいかにこの手紙に真剣に取り組んだかを、とりわけ強調して書きました。彼らの手紙を読んでも、それが熟考の末にしたためられているることがよく伝わってきます。私は、書きながら女の子が涙を拭いているのを目にしました。別の子はハンカチを探していました。一番前の席に座っている男の子は、顎を震わせていました。「子供たちは避難のときのことを思い出してるのです」と校長先生が説明してくれました。そういう彼女自身も、ハンドバッグからハンカチを取り出していました。「避難は事故の一週間後に行なわれました。広場にバスが停車し、子供たちは両親から引き離されました。十二歳前後の子供たちです。号泣、叫び声……。バスにしがみつく母親を力ずくで引き離さねばなりませんでした。母親たちは窓を叩き、タイヤにすがりつくのでした……」。

私は十六歳の男の子が書いた手紙を忘れることができません。こんな内容です。「僕は十六歳で、ポレーシエ地方に住んでいます。ここが僕の祖国です。世界のどの場所と引き換えにも、ここを離れたくありません。僕は五月三十日に被ばくした三レントゲン[訳注1]のせいで、余命いくばくもないことを知っています。だけど、僕は文学のすばらしい世界を発見しました。人生最期の日まで、その世界に留まっていたいと思っています。僕が一番つらかったのは、ママが死んだ時です。ママは一年のうちに死んでしまいました。医者たちが無感情なままママの治療に当たっていたことが、何よりも僕にはこたえました。五月三十日には、学校中で畑にジャガイモを掘りに行かされました。土の中のジャガイモに混じって、ネズミの家族がたくさんみつかったのですが、なぜか子ネズミたちはみんな死んでいました。どうして子ネズミたちは死

訳注1：古い照射線量の単位。一レントゲンは一〇ミリシーベルトに相当する。

んでしまったんだろう。いったい何が起こったんだろうと、僕たちは首を傾げました。そんな僕たちの頭の上を、雲が流れていきました」。

手紙は次のように締めくくられています。「僕はこの悲劇の責任を持つすべての大人たちを赦します。原発の技師たちを赦します。彼らもまた、僕と同じように白血病に侵され、まもなく死んでいくのだから」。私にとってこの手紙は、《主の祈り》[訳注2]に等しい、何か背を向けることのできない存在なのです。人は、新聞記事を無視することができても、この男の子から目を背けることはできません。

――それがあなたの活動の出発点になったのですか。

サヴラソヴァ　そうなんです。ポーランドの読者はたぶん、私のジャーナリストとしての仕事ではなく、この思春期の子供たちの手紙に反応したのでしょう。どんな人間も、子供ほどには痛みを伝えることはできません。子供たちの簡素な言葉は、どんな大人にもみつけることができないものです。純粋な生の感情そのものだから。

――それでポーランド人は、子供たちを自国に招待するようになったのですか。

サヴラソヴァ　ある日、私が家に帰って郵便箱を開くと、七通の手紙が届いていました。ポーランドの切手にポーランドの言葉。すべてが私にとって初めてのことで、わけがわかりませんでした。私は自分の記事が新聞に載ったことさえ、まだ知らずにいたのです。翻訳の仕事をしているラリッサに手紙を訳してもらいました。それでわかったのは、子供たちのグループに付き添える人間が大至急に求められているということでした。それが初めてのグループでした。私とジャンナとが名乗りをあげ、その日にも出発しなければなりませんでした。旅はとんでもなく骨の折れるもので、私は泣き泣き帰ってきたことを覚えています。でも断ることはとても不可能でした。自分のなかで何かが変わったのがわかりました。何か、言葉では説明できないものです。

セリョージャ　僕はトーリックから電話をもらい、この活動について教えてもらいました。僕たちは同じ研究室で勉強していたのです。ヴェラも一緒でした。スヴェトラーナを訪ね、翌日にはもう出発しなければなりませんでした。ただちに出発しなければなりませんでした。僕個人としては、子供たちに会って、彼らの顔つきやふるまい、彼らが自分たちの思いを言葉にする様子に接したとき、初めてチェルノブイリという大惨事が何を意味しているか理解することができたのです。実感としてずっとよくわかるようになりました。子供たちとじかに接したことで、チェルノブイリ事故が招いた結果が目に見えるようになったのです。この活動の素晴らしいところは、僕たち自身が自己を発見できることです。ふだんの日常生活では出会うことのできない活動です。日々の馴れ合いや誰の役にも立たない会議などとはまったく別のもので、そこには《政治システム》は存在しません。イデオロギーは何の役割も果たさなくなるからです。別の世界、そして自然な世界なのです。そしてその中にいると、ずっと気分が良いのです。

サヴラソヴァ　私はまったくチェルノブイリのことなど考えない人間を山ほど知っています。私自身だって、はじめはそうでした。事故後の三年間、まったく考えもしなかったんです。立ち入り禁止区域を初めて訪れたのは、事故から三年も経ってからのことです。それまでは事故に関心はなかったし、事故関連の情報は邪魔にさえ思えて、このテーマに関するものは一切読もうとしませんでした。戯曲も本も新聞記

訳注2：最も広く伝えられているキリスト教の祈禱。

事もすべてです。その私が目を開かざるをえなくなったのは、しばらくたって、私自身の子供が実際に事故の影響を受けるようになったからです。それでも最初は、何もかもが大丈夫だと信じたい気持があまりに強くて、子供にアレルギーだとかありとあらゆる症状が現われても、事故との関連を考えまいとしました。私たちの体験したショックはあまりに大きなものだったので、自分自身にも嘘をつかざるをえなくなっていたのですね。今では、私はもうなんの幻想も持ってません。そのために悲しくなることもよくあります。だって、ずっと繰りかえし「君たちは誰よりも優秀なんだ」とか「誰よりも一番幸運な立場にあるんだ」と聞かされてきたんですよ。そうした言葉は、生きていくための支えになっていました。それは真実ではなかったのかもしれませんが、生きることは、以前の方がずっと楽でした。

本当はチェルノブリ事故直後から、妊婦に堕胎を説得する指令が出されていたのです。隠密の指令でしたが、当時妊娠中だった私は診療所に通っていたので知ってるんです。まるで稲穂を刈る鎌のように、誰もがその下を通るほかなかったのです。堕胎しろというために、「双頭の怪物を産みたいなら産んだらいいさ」と乱暴に言われたりしました。お母さんたちは初診のときからその手の脅しを聞かされ、それと付き合っていかなければなりませんでした。私の友達に七カ月間不妊治療をしていた女性がいますが、ようやく妊娠したところを堕胎させせられました。彼女は未だに子宝に恵まれずにいます。

チェルノブイリ事故に苦しめられた私たちは、その後は白衣の男たちに苦しめられたというわけです。わが国では普通の論理では説明できないようなことが起こるのですよ。この決断もおそらく保健省に勤める役人によって《なんとなく》下ったものだったのでしょう。彼らの言う《怪物》が何千と誕生するのを防ぐために。事態がどんな風に展開することになるのかなんて、彼らにはわかりっこありませんでした。

行政の判断というものが、科学的なデータなど考慮せずに下されることを、チェルノブイリ事故は見事に暴いたと思います。

事故後一年目は、パニックを防ぐために立ち入り禁止区域を離れることは公式に禁じられていました。ご存知のようにソ連では、国民は国内用のパスポートを所持し、場所を移るためには移動許可証が必要でした。汚染の激しい地区を離れる者は、他の場所の居住権を取得することは一切できませんでした。罰金が課され、子供たちは学校や幼稚園に受け入れてもらえませんし、女性は図書館に登録することができず、おばあちゃんは無料診療所に受け付けてもらえないので、薬を買うことができませんでした。まさに棄民でした。今日では移住こそ自由になりましたが、どこに行こうと人々は避難民を災いのごとく避ける雰囲気が国中に蔓延しています。子供は保育園の食堂でも別の場所に座らされ、寝る時も他の子供から離されます。汚染地域をいったんは出たものの、二年もすると戻ってきてしまった家族をいくつか知っています。どこに行っても抑圧され、迫害されるので、そうするほかなくなるのです。「汚染地域の人間は夜も光るんだぞ」みたいなデマが流布しているんですよ。素朴な人間というのは何でも真に受けるので、そんな風な反応をするのです。ここの子供たちがロシアのピオニールキャンプ[訳注3]から帰ってくると、血液像は改善されているのですが、今お話したような村八分にされた経験から、とても神経質になってしまっています。

——それでも人々がよその土地に移住したがっていることは実感されましたか。

サヴラソヴァ　ええ。ただ、最近は別の態度も見られるようになってきたのです。事故の一年目なら全

訳注3：**пионéр**、「開拓者」を意味し、旧ソ連や東欧共産圏の十から十四歳の少年たちが入団させられたボーイスカウトを真似た少年団。十四歳から二十九歳の青年はコムソモールに入団させられた。

員が移住していたでしょう。ところが今では絶え間なく国際援助が話題にされます。生涯同じ土地に暮らしてきて、家財も蓄積してきた人間に支給される手当てが、ここでは世帯単位でたったの三〇〇とか五〇〇ルーブルなのに、インドのボパール[訳注4]では犠牲者一人頭二万五〇〇〇ドルが支払われたと聞けば、人々の闘いは、ただ汚染されていない地域に新しい住居を取得するためだけでなく、社会的な公正を取り戻すためのものに発展します。ところが、そのことによってネガティブな側面も発生してしまうんです。人々は、金銭補償の権利を取得するためには、子供がある程度の被ばくをしても良いと考えるようになってしまいました。すでに存在するその他の諸々の問題に加えて、これはさらに大きな心理上の問題となっています。人々の心に、抑圧された物乞いの精神が根付くようになってしまうからです。例えば人は、わが子が死の床にあるというのに、助成金を心待ちするようにさえなってしまうのです。

――あなたはどのような考えで子供たちの国外旅行をオーガナイズされているのですか。

サヴラソヴァ　実際に国外滞在は子供たちの健康状態を改善させる効果があります。女性である私にとって、それは重要なことです。例えばポーランドに一カ月滞在すると、子供たちは汚染地域に戻ってきても三カ月間は病気知らずでいられます。もうひとつ私が願っていることがあります。それは、子供たちを受け入れてくれるヨーロッパの人々が、チェルノブイリが過去の出来事などではなく、彼らにとって明日の問題かもしれないのだと認識してくれることです。放射能は移動します。拡散プロセスには国境などありません。今は私たちの問題ですが、明日は誰しもの子供を襲いうる問題なのです。

あるとき私がホイニキの村を歩いていると、一人の女性が走り寄ってきて「牛乳を受け取りましたか」

と聞きました。意味を察しかねていると「受け取ったのなら、すぐに捨てて！」と続けます。規定によると、子供たちはそれぞれ汚染されていない[訳注5]牛乳を半リットル配給されることになっていて、それは一週間に一回から二回支給されるのですが、《きれいだ》と思っていた牛乳が放射能汚染したものとすりかえられていることがあるんです。すると女性たちは家から家へと子供たちに牛乳を与えないよう警告して走るわけです。たった今子供にミルクを飲ませてしまった母親の反応を想像してもみてください。汚染地域の農家は今でも働き続けています。牛たちは見たところ元気らしいんですよ。なぜ農業を中止させないのかと、ある大臣に尋ねてみました。すると答えは「われわれの社会主義体制下においては、失業はあってはならないものだ。ぶらぶらしている人間に金を支給するなんてとんでもない！」というものでした。行政は放射能汚染した牛乳や肉を生産する方が良いと考えているわけです。肉や牛乳やその他の《きれいな》製品

訳注4：一九八四年にインドのマッディヤ・プラーデシュ州州都ボパールで、アメリカの化学会社ユニオンカーバイド子会社の殺虫成分製造工場から有毒ガスが町に流れ、周辺住民を中毒させた史上最悪の化学事故。推定三八〇〇～二万五〇〇〇人が死亡し、失明、麻痺、内臓障害、不妊、また事故後に生まれた子供の先天性奇形や発育障害など、健康被害は現在も続いている。

訳注5：放射能汚染をしていない食料等を指すのに、フランス語原文では **propre**「清潔な」という表現を用いている。この表現についてロジェとベラ・ベルベオークは「汚染されていない食物が **propre**《清潔な》と命名されたことによって、あたかも放射能汚染がその他の日常的な汚れと変わらないものであるかのよう思わされた」と『チェルノブイリの惨事』（前掲書）の中で指摘している。チェルトコフによればロシア語でも、この表現が現われたのはチェルノブイリ事故後のことで、「汚染されていない」という面倒な表現を避けるために民衆の口から生まれたスラングの一種と思われるが、ベルベオークの指摘するように、イメージ操作目的のため、敢えてそのまま拡散されたことも考えられるという。本書では、**propre** は「放射能汚染されていない」と訳し、敢えて「きれいな」「清潔な」と訳す場合は《　》を使用した。

を他のところから、ここ、危険な汚染を受けている地域の住民のために調達することができるのに、なぜモスクワやレニングラードから薪を送らせないのでしょう。農婦がストーブに放射能汚染した薪をくべるさまは、ありありと想像できます。薪は燃えて、灰が少しスープのなかに落ちるかもしれません。燻製の香りのボルシチのはずだったのが、そうね……ストロンチウム風味のボルシチのできあがり……。ストーブの中に放射能が侵入することは、家の中に原子炉を持ち込むようなものです。これではストーブではなく家庭用原子炉だわ。そのうえ主婦は、ストーブの灰をバケツに汲んで、家庭菜園に撒くでしょう。彼女の母親も祖母も、農婦たちは昔からずっとそうしてきたから。放射性廃棄物は地中に埋めなければいけないんだなどとは、誰ひとり教えてはくれません。すると今度は、にわとりが撒かれた放射能汚染灰をついばみに来て、放射能汚染した卵を産むでしょう。こんな風に、汚染地帯の汚染は次々と連鎖して、際限なく拡散していくのです。それも、実験動物のように汚染地に住まわされている不幸な人々自身の手によって広がっていくのです。

――今ではすべて本当のことが知られるようになりましたか。

サヴラソヴァ　そうは思えません。少なくとも私の住んでいるところでは真実が知らされていないことを、私自身は知っています。それに第一、真実とは何でしょう。その人その人によって異なるものですわ。成長していく子供たちにもそれぞれの真実があります。十四歳の思春期の少女が私にこんなことを書いてきました。「庭に出ると妹が友達とどろんこ遊びしているのが見えたの。放射能をおもちゃにしているのよ。怖くてたまらなくなった。私たちはもう十分に生きたけど、妹たちはまだまだ生きなければいけないのに、なんで放射能で遊んだりできるのかしら」。十四歳の思春期の少女が「自分は十分に生きた」と書いてくるんです。これもまたチェルノブイリの真実のひとつですわ。数多くの運命があり、真実も多数存在します。ある人たちは情報を求める。別の人たちは耳を塞ぐ。可能な限り説明しようとしても、相手の頭に菜園のことしかなかったら、のれんに腕押しです。逆に情報を収集して、何かを理解しはじめる人たちもいます。私自身といえば、この惨事の本当の規模を、未だに掌握できずにいます。私が核技術研究所で勉強していた時代には、政府は核兵器の危険に関するプロパガンダを猛烈に吹聴したものでした。ところが今日では、私は毎日のように情報隠ぺいという奈落に墜落していく気がしてなりません。そんな風にして、宙ぶらりんの不安の思いのまま、人生はどんどん流れていきます。私のところに入ってくる情報は豊富です。自分が受けた養成のおかげでもあるし、常に科学者や子供たちとコンタクトを取っているせいでもありますが、それでもそうした情報が、悲劇の本当の規模を十分に明かしているとは確信できずにいるんです。いいえ、本当はわかっていません。

今年、私はポーランドに一五〇〇人の子供を休暇に送ることができました。その際、全員に血液検査を実施しようと思ったのですが、たくさんの子が「もう検査なんてうんざり！」と言って拒絶しました。それだけ検査されているのに、健康診断書を作成する段階になったら、何ひとつ記載する事項がないことがわかりました。「治療不要、子供たちは元気で健康である」という証明書を病院は交付していたのです。私はとにかくまず子供たちに検査を受けさせ、結果を診断書に記載しなければいけないと主張しました。すると検査のための医師が足りないという答えが返ってきました。医師の半分は移住してしまい、残った者も仕事に追われて、そんなことに構っていられないと。ところがモスクワからひっきりなしに医師がやって来ては子供たちの採血を行なっているのですよ。でも分析結果は何も知らされません。人々は次々と山のような検査を受けさせられているのに、何も知らされないんです。もしかしたらこの汚染地帯全域がとてつもない人体実験室なの？　という疑惑を懸命に振り払っています。空恐ろしい想像ですもの。ベラルーシ国民戦線党[原注1]は、国際レベルの協定が存在するんだと主張しています。原子力を推進する組織が結託して私たちの土地で今、大々的な実験を進行させてるんだと……。

サヴラソヴァは私がチェルノブイリで撮影した最初の証人だった。そのため、私は彼女が話してくれた《人体実験説》を真に受けなかったし、彼女自身がそんなことは信じまいと懸命だった。事故の悲劇に打ちのめされ、全体主義国家のなかで信用に足る情報を得ることを禁じられた国民の間で起こりやすい集団強迫観念が、「流言」という形になったのだろうと私は解釈していた。実際、一九八八年、レニナカン大地震の被害を受けたアルメニアで、そんな現象を観察したことがあるのだ。当時アルメニアでは、グラスノスト（情報公開）政策によって覚醒したばかりの市民社会が、ソ連の束縛から解放されようと国家主権を要求していた。そのような状況で、アルメニア人の多くは、レニナカン地震が、独立への道を妨害するためのモスクワ政府による攻撃だと解釈したのだ。彼らはソ連の報道などてんで信じていなかったし、人工的に地下爆発が引き起こされたのだというありえないような噂がまことしやかに広まっていた。スヴェトラーナの言う《巨大人体実験室》説も、この《人工地震》説なみにありえないように私には思えた。それでいながらその話は、つい一週間前に体験したある不快な対話と関連しているような気がしてならなかったのだ。それはミンスク市内のホテル最上階のレストランでの出来事だった。一人のドイツ人客が、私を西側の人間と認めてテーブルに近づき、あたかも《任務を受けた同業者同士》という口調で会話を始めた。実際にはこのドイツ人はジャーナリストではなく、現地経済コンサルタントといったような肩書きを名乗った。会話は口論に終わった。彼はチェルノブイリ事故被害の「真相」について、私に訓辞を垂れはじめたのだ。放射能のせいで健康被害が出ているなど、大げさな話だ。しつこく嘆願を繰り返す貧しい国民が同情を買うためにでっちあげた空言に過ぎない。経済危機だとかアルコール中毒、あるいは共産主義政権の情報隠ぺいからくるストレスが住民の健康を改善させているとは言い難いが、チェルノブイリ事故は住民の健康状態には何ら関係ないと彼は熱弁をふるった。私はその揺るぎない断定口調にショックを受けた。彼は身なりの整った、《清潔》な食べ物をたっぷり食べている西側諸国の人間だ。その人間が、これからまだ調査が必要とされる課題を十把ひとからげに、侮蔑を込めて否定している。《植民者》、《占領者》、《任務遂行中の諜報員》……。そんな役割が私の脳裏に浮かんだ。この一件の後もたびたび、私は似たようなタイプの人に出会うことになった。やがて私は物思いに沈むようになった。まさか本当に彼らは諜報員なのだろうか。だとしたらいったい誰のため、何のために働いているのだろう。戦時下のように、本職の諜報員が任務遂行のために送り込まれて来ているのだろうか。さすがにそれはありえそうにない。そうでないとしたら、上層部に有利なイデオロギーにかなう調査を請け負った高給取りの公務員か。「悪とは凡庸なものである」。ナチスドイツの親衛隊中佐だったアイヒマン[訳注6]の性格を説明するためにハンナ・アーレント[訳注7]が用いたこの表現が、私の頭に浮かんだ。それでも私は、実験のための核の《収容所》という途方もない説は信じられずにいた。ただし食事に同席したドイツ人と調子を合わせて断定的な判断を

原注1：ベラルーシの独立を求める政党

傲慢に下すことも絶対にしなかった。私に決定的な解明をもたらしてくれたのは、後日キエフで会ったユーリ・シチェルバクである。この時彼が話してくれたフランスのある教授が口にしたという言葉が、再び私にハンナ・アーレントを思い出させることになるのだ。

二　ユーリ・シチェルバク

ユーリ・シチェルバク、医師、作家、一九九〇年ウクライナ緑の党指導者、ソ連邦初の《民主主義的選挙による人民代議員大会に選出された議員。彼はチェルノブイリ事故をめぐる嘘や改竄を初めて暴いた人間の一人である。私が彼をインタヴューしてから十五年の歳月がたった今日でも、このインタビューはその歴史的価値を保っている。その中では、短い民主化時代に喚起された当時の希望が語られ、またベラ・ベルベオークが先見の明を持って予告したように、事故直後数週間もたたないうちに西側諸国とクレムリン双方の専門家が結託を始めていた事実が明らかにされている。

ユーリ・シチェルバク　一九八六年という年は、私たちの社会にとてつもないショックを与えた年でした。けれどチェルノブイリの爆発事故が私たちの土地や住民に与えた影響に本当に気づいたのは、一九八七年になってからです。実際、反対派の政党が結成されたのもその時期のことで、当初は政治的というより環境保護的な意味を持つ野党でした。私たちは核心的な要求と一連の原則を掲げましたが、その概要は次のようなものです。「事故の規模と起こりうる影響についてすべての真実を述べ」、「環境と食品の放射能汚染レベルについて国民に真実を告げ」、「現在及び二十年、三十年後の将来に起こりうる健康被害について真実を述べ」、そして「国際社会に援助を求めるための呼びかけを行なうこと」。野党は他にも要求を突きつけましたが、これらの要求は、完全に政府に無視されました。国民に真実を打ち明ける気も、また、チェルノブイリを国際的なレベルで議論のテーマにするつもりも毛頭なかったからです。数々の会議こそ開催されましたが、具体的な数値は伏せられたままでしたし、西側諸国から専門家が訪れても、わが国の専門家は虚偽の報告をしました。国民の健康を守るのが義務であるはずの保健省は、臆面もなく嘘をつき続けたのです。そんな状態が何年も続きました。しかしチェルノブイリ問題は拡大する一方で、いつ

訳注6：**Adolf Eichmann.**（一九〇六年ゾーリンゲン、ドイツ〜一九六二年、テル・アヴィヴ、イスラエル）。第二次世界大戦中ナチスドイツの親衛隊（SS）中佐。ユダヤ人の逮捕、強制収容所への移送を指揮し、約六百万人のユダヤ人殺害に最も深く関与した責任者の一人。戦後、アルゼンチンに亡命していたが、イスラエル諜報特務庁に発見、連行され、エルサレムで裁判後、絞首刑に処された。

訳注7：**Hannah Arendt.**（一九〇六年ハノーヴァー〜一九七五年、ニューヨーク）。政治思想家。ユダヤ系のためにナチス政権の迫害に遭い、ドイツ国籍を剥奪される。一九五一年にアメリカ国籍を得るまでは、無国籍だった。戦後、全体主義社会の形成について深く考察する。エルサレムのアイヒマン裁判から死刑までを『エルサレムのアイヒマン、悪の陳腐さについての報告』*Eichmann in Jerusalem: **A Report on the Banality of Evil*** に描き、アイヒマンは特別な極悪人ではなく、職務に忠実な凡庸で小心者の役人に過ぎなかったと分析した。チェルトコフは、原発推進にかかわる多くの人間が、このようなタイプの人間であることを指摘している。アーレントによるアイヒマン分析をもとにスタンフォード大学は一九七一年、監獄を舞台にした心理学実験を行ない、特殊な肩書きや地位を与えられた普通の人間がやがてその役割に合わせた非人間的な行動を取るようになることを実証しようとしたが、数日で実験者、被験者共に役に呑まれ、暴走を始めたために中止された。

までも臭いものに蓋をしていられなくなり、国内の状況にも変化が現われました。沈黙を破り、自由な発言をしようという人々が次々出てきたのです。いくつもの政治組織が結成され、三、四年もするとついに政府と共産党は、自分たちの地盤が失われていく一方であることを認めざるをえなくなりました。多数の野党勢力が、共産党と闘うためにチェルノブイリ問題を利用したことが功を奏したわけです。共産党はソ連人民代議員大会選挙において、多くの地方で敗北を喫し、ついに指導政党として、この問題が非常に深刻であることを認めざるをえなくなりました。ウクライナでも同じように、議会の三分の一が野党議員で占められました。その結果、共産党も社会の要望に耳を傾け、一連の事実や数字を公表したり、国際社会に対して支援を求めたりするようになったのです。

事故から五年が経とうとしている今、完全な秘密が保たれていた最初の数年に比べて、私たちは事故被害に関してずっと多くのことを知るようになりました。政府は方針を転換しました。まず第一に事故が地球規模の、二十世紀最悪のものであることを認めました。この問題がソ連国家だけの手に負えるものでないことも、それまで政府は認めようとしなかったのですが、容認せざるをえなくなり、支援を求めて国際社会に呼びかけるようになりました。国連加盟国であるウクライナとベラルーシが国連のフォーラムで呼びかけました。そしてソ連邦もです。チェルノブイリ問題は今日ではオープンな国際問題となりました。チェルノブイリを忘れかけていた国際社会に対して、今までとはまるで違う解釈のもとで事故は紹介しなおされています。最初の数年、特に一九八六年には、ソ連政府は事故はすべて政府がコントロールしており、何もかも順調、悲劇的なことなど何もないというプロパガンダを推進していました。そんな政策が三年半も続けられたのですから、西側諸国では、チェルノブイリ問題が再び話題にあがったことに驚いたくらいです。なぜ、今再びチェルノブイリなのだと。なぜ三、四年もたってから突然援助を求めるのだ。以前は援助は必要ではなかったのか。われわれは国家政策が変わったことを説明しなければなりませんでした。こうしたことはすべて野党の活躍のおかげです。

――今ではすべての真実が語られていますか。

シチェルバク　いいえ。例えば事故の最初の三日間、国際社会に爆発の事実を隠すことを命じたのが誰なのか、未だにわからずにいます。ゴルバチョフか、ルイシコフか、政治局か、あるいは閣僚会議か。わからない。この期間に優先された事項が何だったのか、わかりません。

――もしかしたら誰でもなかったのかもしれませんね。

シチェルバク　それはありえます。

――共産主義国家体制そのものが原因だったのかも……。

シチェルバク　それは考えられます。共産主義という体制は匿名のまま自らのために機能し、自己統制されているものですからね。まったくありうる。私たちはソ連最高会議内に事故当時のすべての状況を追求するための事故調査委員会を設置しました。ウクライナの最高会議にも同様の調査委員会が設けられました。ウクライナの議員が入手しできるのはウクライナの書類だけですが、私たちはもっと重要な資料も照会することができることになりました。いくつかの事柄についてはもっと詳細が明らかにされると思います。すべてを知っていたシチェルビナやレガソフ[訳注8]のような非常に重要な証人がすでに他界しているのは残念ですが……。

――イリーン教授とは何者ですか。

シチェルバク　医学アカデミーの元副総裁、また秘密組織である医学アカデミー生物物理研究所所長、そしてソ連の放射線防護委員会会長です。つまり科学者、放射線防護専門家、医者というわけです。レオニード・イリーン氏はどこから来たのか？　核兵器の製造を行なっている軍事産業複合施設の出身です。彼のような医者は、この複合施設で働く技師、物理学者、科学者らと同様、秘密のヴェールに包まれています。彼らは、核爆発による影響や核産業に従事している人間の病理を研究しています。国防機密に保護された集団というわけですね。レオニード・イリーン氏はそうした軍事産業施設の医療部門を代表する輝かしい人物です。白衣を着た原子力ロビイストと言ったところですね。チェルノブイリ事故に際しては、彼が極めて反動的な人間であることが暴露されました。それを裏付ける信用できる筋からの証拠もありますよ。私の見た機密文書によれば、レオニード・イリーンとイズラエル教授の二人が五月初旬の時点でウクライナ政府とウクライナ共産党政治局に子供たちを避難させないよう助言したのです。

——二人は公式のアドバイザーなのですか。

シチェルバク　二人は科学者です。レオニード・イリーン教授は立派な肩書きを持つ科学者、優秀な専門家です。私たちが政治家連中の責任追及調査を始めた時、誰が政治家にアドバイスをしていたのかが問題でした。どの国家にも必ずアドバイザーがいます。政治家は放射線についての知識を持つ必要などないのですよ。例えばスターリンのアドバイザーは、有名なアカデミー会員リセンコでした。彼の助言にどのような重みがあったのかはよく知られています。あるいは誰がフルシチョフに助言を与え、それがどのような結果をもたらしたのかもわかっています。それと同じ連中が今ではゴルバチョフやルイシコフに助言を与えているわけです。だからこそこういった連中の役割について考える必要があるのです。重大な役割ですから。イリーンが果たした任務は今では火を見るより明らかです。われわれウクライナ緑の党は、イリーンがキエフ市とウクライナにおいて《好ましからざる人物》（persona non grata）であるという宣言を行ないました。イリーンのキエフ市訪問を許さないし、彼が来る時には抗議デモが組織されます。

――今でも彼は影響力があるのですか。

シチェルバク　あるはずです。なにしろ、チェルノブイリ事故において社会主義に貢献したかどで英雄の称号を授かったほどですから。国民の外部被ばく許容基準値を定めたのはイリーンと彼の幹部たちです。生涯三五レム[原注2]の被ばくをしても何も危険はないと主張し、これを除染作業のための許容基準値に設定しました。彼らは、人間は一生のうちに合計三五レムの被ばくを受けても大丈夫だという理論を練り上げたのです。この理論のせいで、避難の行なわれなかった汚染地域の住民は、たとえようもないほどの受難と緊張を負わされています。これは政治的な理論です。イリーン本人が、医学的指数ではなく政治経済的な配慮からこの数値を提案したのだと認めています。

――三五レムという許容基準値は国際的には、放射能発生源とは直接接触することのない、原子力発電所に従事する専門の職員に課されているレベルであるように思いますが。

シチェルバク　その通り。チェルノブイリ事故後にイリーン教授が導入したこの基準は最近ではイギリ

原注2：生体によって吸収される放射線量を表す古い単位。一〇〇レム＝一シーベルト。巻末用語解説参照［訳注：従って三五レムは三五〇ミリシーベルトに相当する］。

訳注8：ヴァレリー・レガソフは原子力ロビーの圧力に屈して自殺した。第一部第六章四、一四六ページ参照のこと。

スで採用されましたが、そのとき年間の被ばく許容基準については、一レムから〇・五レム[訳注9]に引き下げられました。別の言い方をすれば、ポレーシエの子供たちはイギリスの原発作業員と同じ扱いを受けているということです。しかもイギリスの作業員たちは、まったく汚染されていない食品を食べることができるという大変な違いがあります。それに原発作業員が受けるのは短期間のガンマ線による外部被ばくのみですが、今日のチェルノブイリではるかに深刻なのは内部被ばくです。この二つは並べて比較できるものではありません。ウクライナ科学アカデミーも、ウクライナ保健省も、またベラルーシ科学省及び科学アカデミーも、断固としてイリーンの理論に反対しています。さらにモスクワでも多くの放射線専門家がこの理論は批判に耐えうるものではないと考えています。

――彼の理論は具体的にどのように構築され、あなたはそれをどのように評価されますか。

シチェルバク　イリーンの理論によれば、五〇レムさらには一〇〇レムの被ばくさえ人間にいかなる健康被害をもたらさないのです……。

――本当ですか。

シチェルバク　いいえ。そもそも厳密には医学的なルールというものは存在しません。医学でも生物学でも、個々のケースによる反応の差異の幅は非常に広いのです。唯一絶対の答えというものは存在しません。これがまずイリーンの理論が正しいとは言えない理由の一つです。さらに私たちは、低線量被ばくがもたらす被害のデータを今では手に入れています。そのことからもこの理論が誤りであることがわかっています。例えばイギリスの核廃棄物再処理施設セラフィールド（旧ウィンズケール）には、たった一レム［一〇ミリシーベルト］の線量の有毒性を明示しているデータもあるのですよ！

それではこの三五レムという理論はどう成り立ったのでしょう。まず第一に彼らは人体が過去に吸収してきた線量を無視し、平均七十歳まで生きる人間は一年に〇・五レムの被ばくを受けても大丈夫だと主張しているのです。そこから計算して、生涯の累積被ばく量は三五レムになるのだと。その結果として、汚染地域に住み、汚染食品を食べ続けたとしても、外部からの被ばく量がこの基準を超さない限り、人々はその地域に住むことが可能だということになり、避難させてはいけないことになるのです。三五レムを超して初めて避難が必要になります。これは完全に抽象的な論法です。なぜならば、もっと別の側面の問題があるからです。その土地に住む農家の子供たちは森に遊びにも行けない、草の上を歩いてもいけない、川で泳いでもいけない、自家製牛乳を飲んでもいけない、基準値を超さないためには禁則だらけの生活をしなければなりません。そのうえ、土の汚染度が高すぎるので農作物の作付けさえできない。三五レム理論とはこのようにまったく不条理なもので、これはもはや普通の生活ではありません。さらにはウクライナでは、地方によっては事故後最初の年に一〇レム、二年後に五レムの被ばくをすでに受けた可能性のある人々がいるという事実も無視してはいけません。こうした人々は事故後二、三年の間に大変な累積被ばく量を受けているのかもしれないのです。原発に働きに行く元気な若者とは大違いです。作業員の許容量は、彼らに合った医療基準を考慮して決定されているわけですが、そうやってつくられた三五レム理論を、すでに被ばくをしている子供に適用するのは常軌を逸しています。犯罪以外のなにものでもありません。

――国際原子力機関（IAEA）はそれに対してどのように反応してますか。彼らの見解に賛同できま

訳注9：五ミリシーベルト。二〇一五年現在、福島県の住民の年間許容基準値は事故前の年間一ミリシーベルトから二〇ミリシーベルトに引き上げられままであり、チェルノブイリの四倍に当たることになる。

すか。

シチェルバク　私たちのＩＡＥＡに対する考えは非常に否定的なものですし、そのことをハンス・ブリックス事務局長やゴンサーレス氏[訳注10]にもはっきり告げました。彼らはウクライナを訪問した時、われわれ緑の党にも会見を求めたので、ＩＡＥＡに対する不満をすべてぶちまけました。彼らの釈明は、ＩＡＥＡは分担金を支払う国家に仕える組織なので、分担金を払うソ連を含め、それぞれの国の内政に干渉することはできないというものでした。言い換えると、ＩＡＥＡはそれぞれの国が卑劣な政策を遂行しているのを目にしても、口出しはできないということです。それにしてもなぜソ連政府の嘘を頭から信じたのかと尋ねました。なぜ稼働中の原発の監査をもっと徹底して行なわなかったのか。なぜチェルノブイリ事故後の状況を未だに評価していないのか。ＩＡＥＡからはわが国に専門家が派遣され、彼らは土壌見本を採集し、住民の健康状態の評価を試みています。われわれはＩＡＥＡに、いかなる原子力マフィアにも仕えないことがわかっている、信頼できる独立した専門家に呼びかけるよう提案しました。彼らは表面上は了解しましたが、現在にいたるまで、われわれが提出したリストに記載されている専門家の一人として彼らの委員会に登用されたのか、私は知りません。目下のところウクライナとベラルーシの人々は、ＩＡＥＡに対して非常に疑いの目を向けています。敵意とさえ言えます。

――ＩＡＥＡは原子力《ロビー》の圧力下にあるとお考えですか。

シチェルバク　もちろん！　ＩＡＥＡは純粋に文字通りの原子力ロビーです。国際原子力ロビー。だからこそわれわれは、独立した専門家による独立した評価を平行して行なうことが絶対不可欠であると考えているのです。

――つまりIAEAは、例えばレオニード・イリーンが代表するグループと繋がっていると結論することができるでしょうか。

シチェルバク　当然です！　彼らは直結しています。同僚同士ですね……。もっとお話しましょう。アメリカやフランスなどの原子力大国を代表する人々が、われわれのところに来ましたが、彼らの多くがイリーンと同じ考え方をしています。これはよくわかります。彼らもまた、自国の軍事産業施設にどっぷり浸かって養成を受けた人間なんですよ。みんな同じ思考回路です。私はあるフランスの学者にチェルノブイリ事故で最も重要なことは何だと聞いたところ、こんな答えが返ってきました。「実に興味深い事故です！　研究室でこんな実験に着手することなどとてもできませんでしたが、今やこの目で実際に観察することができるのですよ！」この連中の厚顔ぶりは想像を絶します。

――汚染地域の住民は実験動物ということですか。

シチェルバク　汚染地域の住民は不安に押しつぶされてしまった哀れな人々です。その不安も、実際には自分の身を思ってのことではない。子供のための不安です。彼らは嘘をつかれ続けた結果、何を信じて

訳注10：**Hans Blix** は元スウェーデン外相で、一九八一年から一九九七年までＩＡＥＡ事務局長、二〇〇〇年から二〇〇三年にかけて国際連合監視検証査察委員会会長を務める。アベル＝フーリオ・ゴンサーレス（**Abel Julio González**）は、アルゼンチンの海洋環境科学アカデミー会員で、二〇〇九年より国際放射線防護委員会（ＩＣＲＰ）副委員長の他、「原子放射線の影響に関する国連科学委員会」（ＵＮＣＥＡＲ）アルゼンチン代表、アルゼンチン原子力当局顧問等を兼任。ＩＡＥＡの理事も経験し、チェルノブイリの他にも、米ビキニ環礁核実験、フランスの仏領ポリネシアでの核実験、カザフスタンのセミパラチンスク核実験等における放射能による環境への影響調査に携わった。二〇一五年現在のＩＡＥＡ事務局長は二〇〇九年に就任した日本の元外務官僚、天野之弥（あまのゆきや）。

いいかわからなくなり、途方に暮れています。そのうえ、多くは、そもそも中性子とは何か、白血球とは何かもわからない、最も基本的な事柄さえ知らないような人々なのです。だからといって、彼らを批判することはできません。彼らは自分たちの土地に住み続けてきた農民なのです。今、四方八方から迫る脅威を感じながら、目に見えず、音もせず、手で触れることもできない脅威に対してどうしていいかわからないのです。

チェルノブイリ事故が証明したのは、完全に平和的な手段で地上の生活を破壊することが可能だということです。爆弾を投下したり核兵器を製造したりする決断を下すのは将校や政治家です。それは彼らの選択、彼らの意志で実行されるわけです。チェルノブイリの場合、誰ひとり悪意があったわけではありません。ところがこの惨事の影響とその規模を見ると、これもまた人類を消滅させるため、一国または複数の国家の遺伝的遺産を破壊するためにもってこいの方法であることがわかります。これは未来に向かって投下された爆弾です。なのに世界はまだそのことに気づいていないのですから、極めて深刻です。自分自身が被害を受けない限り、なかなか理解できないものなのですね。自然が人間の敵に豹変しうることを理解するのは非常に難しい。この地では、自然は私たちの敵になってしまったのですよ。これまで私たちを守ってくれていた草木や森のふところに、今では危険と脅威が潜んでいる……。水もまた危険です。自然の中に生まれ、常に自然に親しんできた人間にとっては、そんな角度から自然を見ることはとても難しいのです。何もかもが突然、激変してしまったのです。目を覆うばかりです……。

原子力というものは、はかり知れないぼど凝縮された力を持っていることを常に念頭に置かなければいけません。それは想定不可能な状況と連動する可能性を秘めているのです。例を挙げましょう。ヨーロッパも全世界も知らないことですが、私が話をした屋根の上にいた二人の消防士は、チェルノブイリ原子力発電所と呼ばれる巨大な施設全体を襲ったかもしれない火災を防いだのですよ。というのは、タービンがある機械室の屋根の上でアスファルトが発火したのです。二人がこれを鎮火しました。たった二人の人間です。もし外装が燃え続けていたら、大量のオイルと水素のためにタービンが爆発していたでしょう。世界にとってそれがどんな被害をもたらすことになっていたか、想像を絶します。このように想定不可能な出来事がたまたま重なることによって悲劇が起こりうるのですよ。人類はチェルノブイリ事故に対してもっと襟を正した態度を取るべきです。この事故は全人類にかかわるものです。ことに産業が高度に発展している国々の人々にとっては、人間のコントロールを逃れた出来事が次々に重なることは十分に考えられるのですから。例えばエネルギー設備に生じた損傷が化学設備に飛び火して制御不可能な状況を招くことだってありえます。チェルノブイリ事故は、原子力というテクノロジーが人間の手に負えなくなり、地球を滅ぼす破壊力を秘めていることを初めてわれわれに見せつけたのです。

石棺は、そのつくりの上からいって予断を許さないものです。膨大な量の放射能が降り注ぐ非常に困難な状況下、安全な建物の建設が現実的に不可能な時期に仕上げられたものだからです。今のところは持ちこたえていますが、すでにひびや亀裂が多数生じています。しかも内部には高濃度の放射性ダストが三五トンも存在するのですよ。もしもこれが崩れた日には、再び放射能雲が発生して、大変な被害をもたらし、新たなパニックの原因となるでしょう。ですから石棺もまた解決しなければならない問題なわけです。しかしどうやって。ひとつ考えられるのは、建物すべてを解体してしまうことですが、これは人類がまだ体験したことのない領域です。もうひとつの可能性は、今ある石棺を覆うさらに大きな巨大石棺を建設することです。これには一五から二〇億ドルの費用が掛かるでしょう。二百年の年月を持ちこたえることができる石棺です。

普通のヨーロッパの国ならば、私は楽観的でいられるのですが、今のソ連の状況はまったく惨憺たるもので、いったい血も流さない、暴力にも全体主義にも頼らないでどのように現状を打開できるのか、まるで想像がつきません。民主主義！……民主主義にたどりつくまで、まだまだわれわれの社会は成熟する必要があることを、思い知らされる一方です。民主主義！……民主主義のレベルにまで成熟していないのです。わが国の民主主義論者には文化が欠けています。私は今日、彼らと話をしてきたのですが、まるで全体主義の最後の信奉者みたいに互いに足を引っ張り合っていました。民主主義というものは内的な自己規律の上に成り立つものなのですが、われわれにはそれが欠けるのです。熾烈な政治闘争と権力闘争のなかで、生き延びるための問題はどれも忘れ去られてしまうんです。権力を保持するために、昔ながらの反動主義に戻って、あらゆる手段に頼ろうとします。彼らは目下ゴルバチョフの解任を目論んでいます。モスクワの状況はまったく憂慮するべきものです……。

このインタビューは一九九〇年十一月に行なわれた。今日、状況は一層憂うべきものとなっている。以下は二〇〇五年四月二十九日付のモスクワの通信社ノヴォスティが発した公文書だ。

専門家たちは警鐘を鳴らしている。事故を起こしたチェルノブイリ原発を覆う石棺が由々しき状態にあるのだ。日刊紙『トゥルード』によれば、壁はひびに覆われ、コンクリートの屋根は歪みはじめている。

科学者らは、石灰化した燃料が雨や雪にさらされれば再臨界が起こる恐れもあると懸念している。石棺の壁は恒常的に高温状態にあり、内部が光っていることが明らかに確認できる。万一、屋根が崩壊することになったら、何トンもの放射性ダストが大気中に舞い上がることになる。その高さは二キロメートルにまで達し、ウクライナ、ロシア、ベラルーシに降下するだろう。

二〇〇四年四月、すでにウクライナの原子力専門家、元チェルノブイリ原発所長補佐ヴァレンティン・クプニーが、チェルノブイリの覆いはいつ崩れてもおかしくないと訴えていた。さらに十六年来チェルノブイリ原発を監視しているアカデミー会員ドミトリー・グロジンスキーは、事故基内部に残された燃料の温度が再び上昇しており、中性子線や放射性ダストの漏洩が検出されていると主張している。石棺内には一七〇トンの放射性燃料が存在し、石棺自体が合計一キロ平方メートルを越える穴や亀裂でひびわれている。この建物は突貫工事で建設され、鉄骨抜きでコンクリートが注入された。グロジンスキー氏によれば、この地方には放射性廃棄物置き場が八〇〇カ所以上存在し、何十万立方メートルもの放射性物質が保管されている。これらは事故発生直後、五、六年の耐性を目安に建造されたものだ。そこから今ではストロンチウムよりも危険な放射性核種、アメリシウムが漏れている。また農業用水として使用されているプリピャチ川とドニエプル川の水はストロンチウムを含有している。

当地方では突然変異が増加する一方である。目のない子豚や頭の二つある子豚、ひよこの代わりにモンスターが生まれてくる。ダウン症の赤ん坊もますます増えている。子供の甲状腺がんは事故前の千倍という比率で発生するようになった。高線量の放射能はなくなったものの、遺伝的不安定は続いていると、ドミトリー・グロジンスキーは語る。

今日、最初の石棺を覆うべき第二の石棺建設計画は出来上がっている。これは今後百年にわたって原子炉を隔離するべきものである。しかしながら、現場の高い放射線量とおよそ七億五〇〇〇万ドルと推定される工事費用の不足のために、未だに着工できずにいる。

3 アナトリー・ヴォールコフ

私がアナトリー・ヴォールコフ[訳注11]の存在を知ったのは『イズヴェスチヤ』紙（ソ連最高会議幹部会発行）のおかげだ。この新聞はゴルバチョフ政策の恩恵を大いに受け、グラスノスチ（情報公開）政策に影響を受けた共産党員らの主張を根こそぎ覆す情報を発信し続けていた。私の目にとまった記事は、ベラルーシの汚染された森や田園地帯で孤軍奮闘を続ける一人の男性について語ったものだった。彼は当局による情報隠ぺいに立ち向かい、敵意に満ちた地方行政と衝突する一方で、地域住民の支持と、地元の《除染作業》のために動員されていた軍隊の支持を勝ち取っていた。

私がアナトリー・ヴォールコフに電話でコンタクトを取ることに成功したのは、夜もすっかり更けてからだった。そのとき彼は、私たちのいる場所から四五〇キロ離れたピンスク市［ベラルーシ南部、ブレスト州］にいた。面会できる時間は限られている。私たちは翌日にはベラルーシを去り、ウクライナで撮影を続ける予定だったからだ。彼はその晩一晩旅をして、十一月十九日未明クラスナポーリエ［ベラルーシ東部、モギリョフ州］の駅で私たちと合流してくれた。チェルノブイリの北部、ロシアとの国境から二五〇キロ離れた小さな町である。噂によると、事故後北東に向かって進んでいた放射能雲がモスクワに達するのを防ぐため、ちょうどブリャンスク[訳注12]を通過中に、地上から化学物質を砲撃して雲は潰されたということだった。著しく放射能に汚染されているこの地方の事情に、アナトリー・ヴォールコフは精通していた。しかし大御所レオニード・イリーンに率いられるモスクワの放射線防護局は、ブリャンスク州一帯への放射性物質の降下が桁外れに広がっていること、高濃度であること、また被ばくした住民が現地に引きとめられていることに関して、一九九〇年初めまで、完全に情報を封じ込めることに成功していたのだ。

アナトリー・ヴォールコフ　会議は翌日の午前中に予定されていました。私は七時に起床し、二時間の間に村中の線量を測定したのです。まずは冠水しやすい田畑に行き、それから学校の近く、それからガソリンスタンドに行きました。そこが一番線量の高いホットスポットでした。測定結果を大急ぎで書き込んで汚染地図を完成させました。汚染状況は当局が主張する事実とはかけ離れていることを見せるための準備を万全に整えて、私は会議に臨んだわけです。

――彼らはあなたの行動を知らずにいたのですか。

訳注11：ベラルーシ、ポレーシエ地方農業研究所所長。
訳注12：**Брянск**、ロシア連邦ブリャンスク州州都。モスクワから三八〇キロ南西に位置し、西はベラルーシ東部（クラスナポーリエ）、南はウクライナ北部と接する。

ヴォールコフ　誰ひとり知っている者はいませんでした。私たちは地方執行委員会の事務局に赴きました。委員長は、こうした問題に向き合う心構えのある、いわばその役職にふさわしい人物でした。除染作業責任者が私に「すでにわれわれがすべての対策を行ない、中央にも報告を送っている。われわれの土地は大丈夫だ」と告げました。私は何食わぬ顔でおもむろに地図を広げ、数値を読み上げました。反論開始です。「これでも対策を行なったと言うんですか」。返答、「民家からは遠い場所じゃないか！」私、「人々はどこの場所の《表土が剥がされ》、砂が撒かれたかなど気にしやしません。人々は生活を送り、あちこちに移動します」。私は彼らに事実を突きつけました。「あなた方は嘘をついて現実を清算しようとしている。住民を騙しているんだ。そんな権利などないはずです！」私自身はベラルーシ民族を決して裏切らないという誓いを立てていました。「私をどのような目に遭わせようと構いません。でも私は人々に真実を知らせる義務があります」。農機具は人民のものです。土地も人民のものです。そして私自身は人民に育てられました。どうして人民を騙せましょう。私はどうしても諦めることなどできませんでした。だから真実を告げたのです。それだけのことです。

ある日突然、諜報機関の職員が私にコンタクトを求めてきました。軍に勤める軍人です。「アナトリー・グリゴリッチ[訳注13]、何かお困りのことはありますか。われわれは貴殿が誰からも煩わされないようにするために指令を下しました」と言われました。実は電話による脅迫をよく受けていたのです。それでも私は自分の仕事を続け、このとき以来、彼ら軍人は、私が測定を完遂できるよう力になってくれるようになりました。誰ひとり私の邪魔をすることはなくなったのです。そのようにして、この地方の放射能汚染地図を完成させました。

——あなたの仕事を妨害していたのは地元の役人ですか。それともアカデミー会員レオニード・イリーンのような中央の人間が指令を出していたのでしょうか。

ヴォールコフ――　イリーンから指令が出ていたとは思いません。ここ、モギリョフ地方を支配していた地元の空気みたいなものです。「何も大したことは起こっていないんだ。ここは原発から遠いし、住民に警告を発する必要もない……」というような空気です。それで私の到着後、執行委員会副委員長コスチュケヴィッチは、まず私に対して目を光らせたのです。私は考えました。唯一の逃げ道は、彼を私の宿泊先であるチェリコフ保養所に招待することです。真夜中近くに、私は汚染地図を彼の鼻先に広げて見せました。「ご覧ください。あなた方の行なっていることを。なぜ私のこの仕事を邪魔するんですか。これが私が実際に目にしている事実なんですよ」。彼は実に注意深く話に耳を傾け、それから立ち去りました。翌日再び電話が鳴ります。私は党の地方委員大会に招かれたのでした。党員全員が出席する集会です。そこでレオノフ書記長（これは非常に興味深い人物です）が「この男の話を聞いてみようではないか」と告げました。私は話をしました。情報は真実そのものです。一人一人が心の中で動揺しているのがわかりました。世の中、人民の敵ばかりがいるわけではないのです。そう思いませんか。

——彼らはこれまで無知ゆえにそのような行動をとっていたのでしょうか。

ヴォールコフ　彼らは単純に本当の状況を知らなかったのです。気象庁もモスクワ政府内のイリーンのような連中も、みんな口を揃えて、たいしたことはない、大丈夫だ、住民が被ばくすることはないと繰り

訳注13：ロシア語で敬意を込めて相手を呼ぶときに用いる父称。相手のファーストネームに父親のファーストネームを組み合わせる。ここでは「グリゴリーの息子、アナトリー」という意味になる。

返していたのですから。

――あなたはどういうわけでこの地方にこんな詳しいのですか。

ヴォールコフ　私は昔からこのポレーシェ平野を熟知していました。というのは、事故の起こったプリピャチ川流域の産業化と浄水化が環境に与える影響について経済学的な目的のために勉強をしていたからです。湿地帯が多く、地下も地上も水量が大変豊かで、地域全体の水の動きが非常に激しいために、極めてデリケートな地域です。加えて流域には、ドニエプル川に沿って数々の発電ダムが建ち、黒海に流れ込む南部の水域と密接につながっています。四〇〇〇万人の住民を抱える地域です。当然そこに汚染が大きく拡散していく可能性があります。水量が豊富なためです。プリピャチ、ソージュ、ドニエプル三河川の支流であるネスヴィッチ川、イプチ川、ベシアッド川、ブラヒンカ川、コルピタ川、ポコート川は、今日、ドニエプル川に向かって放射能汚染した泥土を運んでいます。キエフ市の水源は徐々に《時限爆弾》化しています。水は清潔でも、泥土が《放射》しているのです。その総量は六〇〇〇万トンです。

当時私はすでに二十五年間、この地域の調査を経験していました。放射能汚染を除いては、土地に関するすべてを知り尽くしていたわけです。もっとも事故以前の包括的な放射性物質降下量データは所有していました。けれども私は、それに対してはある程度の関心しか持たなかったのです。私の興味は、水域の浄化という点から、主に化学汚染だったためです。原発事故は、まさにこの水域の中心部で発生しました。なのに事故が発生した時、誰も私に声をかけませんでした。私以上にこの水域とその水路に通じている者はないのに。定期的に水没する土地は、水の移動を助ける大きな水路の役割を果たします。すべての水流がそこを通過するからです。地球科学の法則は不変で、それは何世紀にもわたって維持されます。そして放射性核種の移動もまた、この法則に従うほかないのです。

もちろんこの土地に来た当初、自分自身の仕事がある意味理解できなくなることもありました。測量用の標杭を設置して何の意味があるのか、住民や家畜を大至急避難させなければいけないときに測定などして何の意味があるのか……。住民の避難はそれは驚くべきものでした。誰も自分の身に起こったことがわからず、うつろな目をしていました。見るに耐えない光景でした。まず子供たちが車に乗せられ、続いて年寄り、そして家畜。順番に連れて行かれました……。と同時にヘリコプターが私に標杭を搬送してくるのです。標杭は空から投下され、しかるべき場所に設置され、私は測定を行なって図面を引きました。こんな地図に興味を持つ者は当時誰もいませんでしたが、私にはそれがいつか役に立つときの来ることがわかっていました。この地図が私たちの基礎データになること、事故直後の日々、さらに数日後、十日後、それぞれの時点において、どれくらいの放射性物質が降下したのかを教えてくれること、そのことによって後々計算が容易になることが私にはわかっていました。私はこうしたことの重要性を完全に理解していました。

——あなたはソ連アカデミー会員の態度をどのように評価されますか。

ヴォールコフ　数名の科学者とアカデミー会員がそれぞれの専門分野に従って興味を示したことは事実です。とりわけ生物学者や環境学者たちですね。そのことを過小評価してはいけないと思います。

——その人たちはどのような事態が発生したのか理解していましたか。

ヴォールコフ　いいえ、まったく。彼らはこのテーマについてはまったく無知でしたし、そもそも私自身もそうでした。しかし一平方メートルずつ土地を具体的に検査していくうちに、私は状況の深刻さに気付いたのです。またソ連科学アカデミーが、私が作成した汚染地図に当たるようなものを何ひとつ持っていないこともわかりました。私は自分の地図を彼らに披露しました。

――即座に共同研究者として迎え入れてくれましたか。

ヴォールコフ　とんでもない！　彼らは私を完全に無視しました。実際に私がこの地域に立ち入ることを禁止された時期すらあったのです。私が情報を拡散しはじめていたせいです。

この地域一帯は非常に放射能で汚染されています。私はくまなく検査しています。今、私たちがいる廃校になったこの小学校の近くの汚染は二〇〇キュリー［七四万ベクレル］です。チェルノブイリ原発の周辺で計測される汚染レベルとほぼ同じですね。原発周辺には、放射性核種としてプルトニウムもありますし、ストロンチウムのようなその他の重たいウランの核分裂生成物も存在します。それに対してこの土地を汚染しているのはセシウム１３７です。原発敷地内と同じセシウムです。原発から二〇〇キロ、三〇〇キロも離れたここのような場所でも、放射能汚染があることを私たちは発見したのです。ですから誰も思ってもみない場所にホットスポットが存在する可能性も否定できないわけです。すでに事故から四年が無駄に過ぎてしまいました。子供たちを守るために表土を三回も削ぎ取りましたが、子供たちは猫の額ほどの場所に閉じ込めておけるものではありません。森にブラックベリーを摘みに行ったり、ボール遊びをしたり、そこら中活発に走り回ります。ちょこっとだけ除染をして「何もかも大丈夫」などと言うわけにはいかないのですよ。この地域全体が危険なのです。この小学校は永遠に廃校のままでしょう。二〇〇キュリーもの汚染ですから！

私はホールボディーカウンターで子供たちの発している放射能を測定した時、すべての人々、すべての医者に真実を告げる決意をしました。ポレーシエ地方の住民は豊かな遺伝子に恵まれてきました。人口はポーランド人、ベラルーシ人、ウクライナ人から構成されています。子供たちはとても美しい容姿をしています。それにこの土地はまだアルコール中毒の魔の手を逃れているのです。人々は今でも勤勉です。ここは西洋なのです。私は何千人という子供たちが体内被ばくの検査に来るのを目にしました。母親は子供たちを正装させていました。髪にリボンを結った黒い瞳の女の子たちの美しさといったらありません。その彼女たちがホールボディーカウンターの椅子に腰掛ける……。するとスクリーンには《放射能検出》《放射能検出》と現われる……。まぎれもない悲劇でした。彼らの瞳を眺め、彼らが絶えず嘘をつかれ、真実を知らされずにいることを思うと、私は胸が張り裂けそうでした。誰一人その責任を負おうとしない悲劇が進行しているのです。私は倫理観に苛まれました。子供たちは、この行事がお祭りとは程遠いことを察した悲しい眼差しを私に向けていました。その眼差しの前に、私は決意したのです。絶対に彼らを裏切ることはすまいと。どんな代償を払うことになっても構わない、彼らに真実を告げようと。そして医師に「子供たちをよく検査して、被ばくしていない子がいないかどうか確かめてください。何よりも子供たちがこの地域を去ることができるよう手を貸してください。遺伝子という彼らの宝を守ってやってください」と伝えました。私たちはすべてを失う危険にさらされているのです。いつかこの土地に人間が一人もいなくなるときが来るかもしれません。古代から変わらずこの地に栄えてきた美しい民族が、モンスターに取って代わられてしまうときが……。

ここの田園地帯に住む農婦が私のところに来て言いました。「豚を飼っても今までのような喜びはなくなってしまったよ。肉やソーセージを町に住む子供たちのところに届けても、私がいなくなると、みんなすぐ捨ててしまうんだ。嫁は私の目の前で肉を捨てる。娘は私がいなくなるのを待ってから捨てる。私の肉は誰の役にも立ちゃしない。村では、孫たちにも会えなくなった。親が連れてこないんだ。怖いから。

子供たちの声が聞こえない。この土地から子供たちの声が消えたってことは、この土地の未来が消えてしまったってことだ!」文盲の農婦が私にそう語るのです。子供たちの声を聞かなくなったと。「昔はたくさんの子供がいた。そこら中走り回ってた。庭に行ったり、学校に行ったり、絶えずにぎやかな声がしていた。その声が消えてしまった。生活が止まってしまったんだ」。彼女が言った言葉です。

ある日、年配の女性が彼女の《ハタ》[原注3]に私を招きました。彼女は始終、頭痛に悩まされていました。ストーブには森で集めた薪がくべられていたのですが、そこから毎時三〇〇ミリレントゲン〔三ミリシーベルト〕の放射線量が計測されました。汚染地域では、森林もすべて放射能で汚染されています。森林の木は家屋や家具の建設にも、暖房の燃料にも使用するべきではありません。泥炭も放射線を発しているんです。ではいったいどうやって家を温めればいいんでしょう。

私は幾度も《死の地帯》（原発周囲三〇キロの立ち入り禁止区域）に足を運びました。今では廃棄物処分場と化していて、放射能で汚染された農機具や洋服、家具などが乱雑に積み上げられています。放棄された家々はまるで教会の大きな蝋燭のように《光って》[訳注14]います。乾燥した泥炭が発火して火災が起こるために、悲劇はますます深刻化します。煙は放射性物質を遠くまで運んでいくものです。どうやってそれと闘ったらいいのでしょう。

――人々には二通りの態度が見られます。あなたのように「一キュリー〔三万七〇〇〇ベクレル〕」たりとも生活するのには安全ではない、住民を避難させなければいけない」と訴える人と、レオニード・イリーンのようにその正反対「ここに住むのはまったく問題でない。それどころか快適な生活が送れるはずだ」と言う人々です。

ヴォールコフ　イリーン自らここに住みにくるべきです。私は彼をよく知っています。原発マフィアの一員です。こういう連中は、今のポストからとっくに追われているべきなのです。イリーンやチャーゾフといった連中のせいで、わが国は大変な損害を蒙りました。国中の医者は逃げてしまいました。除染作業がいかにバカげたものかを理解して私に手を貸してくれたのは軍人だけです。私の心は重かった。そして「気をつけなさい、決して国民を騙してはいけません。国民は無力で何も知らないのだから」と繰り返してきました。

――しかし国民に情報を隠ぺいする一方で、除染の努力は懸命に行なわれ、大々的な資金が注がれていたのですよね。除染作業の有効性については、どのように評価されますか。それはどんな内容の作業なのでしょう。そしてどんな結果をもたらしたのでしょう。

ヴォールコフ　お答えする前にもう一度確認しておきたいのは、誰よりも私の仕事に手を貸してくれたのは軍人だということです。全面的にです。将校も連隊長も、力になれる人はとやかく言うことなく独り残らず協力してくれました。その点について、私は彼らに大変感謝しています。まさに彼らが除染作業を請け負わされていたわけですが、彼らはその作業が無意味であることも完全に理解していたのです。何の効果もないことを目の当たりにしていたのですから。初日から私は集まった下士官全員に、無駄な作業であることを説明しました。「連隊を送って作業を遂行してください。その後私が計測をして、数値を地図

原注3：khata ウクライナの農村の家のこと。ロシア語では isba「イスバ」。
訳注14：フランス語の briller には「光る」という意味と「放射線を発する」という二重の意味がある。

に書き込みますから。千年働いたって何の成果も得られないことを証明してみせます」。この地域は広すぎますよ。地表を削ぎとって、運搬するなど不可能です。どこか別の所に埋めたとしても、放射能が一カ所に集中することになってさらに危険です。二年たってようやく軍部は、何百万もの資金を注いだ作業が無駄だと私が証明したことに感謝しました。原発の周囲だけでも、二八〇〇万兌換ルーブル（またはドル）が毎年除染作業のために支払われたのです。

――無駄な作業とはどういう内容だったのですか。

ヴォールコフ　まず道路に散水します。家々の周囲の表土を削ぎ取り、砂を撒くのです。ところがちょっと離れた場所は元のままです。作業員たちはその他にも屋根や家を洗浄していました。放射性物質は小川を通って川に流れ込みます。そして泥土の中に蓄積するのです。放射性物質は別の場所に凝縮するだけなのですよ。例えば屋根を壊して別のところに埋めれば、その場所に放射性物質が溜まる……。つまりは無駄な作業です。それを証明しなければなりませんでした。それが私の行なった仕事です。人々は理解してくれました。そして今では誰も除染作業は行なわなくなっています。

――《赤い松林》も地中に埋められましたね。

ヴォールコフ　私は《赤い松林》の話をよく知っています。ご覧ください、私の地図にも示してあります。この松林は原発のすぐそばに生えていて、放射性火災の影響で赤くなってしまったのです。私は自然が作用するのを待って、すぐには手を付けないように忠告しました。しかしアメリカ製の強力な機械が持ち込まれて、片っ端から伐採されてしまった。輪切りにされた木は穴を掘って埋められました。埋められた木片は、水が上に浸透する妨げとなり、早速、砂地の侵食が始まりました。この周辺一帯が砂地で、プリピャチデルタを形成しています。広域に渡って沖積層[訳注15]が広がっており、砂丘さえ見られます。浸食は風によってさらに促進され、何も育たなくなってしまいました。新たに植樹が行なわれましたが、地中に埋められた木片が地下水の上昇を妨げているためになかなか育たずにいます。松林は伐採するべきではありませんでした。

――地下水が放射能で汚染される危険もあるのですか。

ヴォールコフ　放射能汚染が最終的に地下水にたどりつく可能性はあります。原発付近には大きな断層がいくつもありますから、汚染が最終的に地下水に達することはありえます。自然の働きに人間が介入するべきではありませんでした。松林は保存するべきだったのです。自然が自らの手でなんとかしていたでしょう。風による侵食を防ぐためにもこの一帯には、なるべく早く植樹をしなおす必要があります。なぜなら、四月と十月には強い嵐が起こって、砂埃のせいで車はヘッドライトが必要なほどですから。もちろん放射性物質も遠くまで吹き払われて行き、よその地域に汚染が広がります。

――放射性廃棄物を埋めた穴も危険なのですか。

ヴォールコフ　何も考えずにつくってるのです。ほかの原発所有国では、放射性廃棄物の地下埋蔵場は、石やコンクリート、鉛等のプレートの上につくられます。わが国では、単純に容量の大きな天然の窪地が選ばれ、そこに廃棄物がすべて放り込まれました。放射能はそこから浸透していきます。ポレーシエ地方の地層はとても軽く、地下水脈は地表に近いところを流れています。ですから汚染は起こりうるので

訳注15：約二万年前の最終氷期最盛期以降に堆積した地層。

す。そんなわけで放射性廃棄物の地下埋蔵もまた危険なのです。

とにかく真実をすべて明らかにすることが必要です。わが国の新聞は五〇〇〇万キュリーの放射能が放出されたと繰り返してきました。IAEA（国際原子力機関）と同じ主張です。けれども本当の放出量はおよそ一〇億キュリーなのです。一〇億キュリーですよ！　世界でも前代未聞の惨事です。イギリス、セラフィールドの事故さえたった二万キュリーの放出でした。比較になりません。

――ソ連は事故の規模を国際社会に対して認めなかったのですね。

ヴォールコフ　もちろん！　数字を見れば一目瞭然です。

当時私もヴォールコフも、一九八六年八月にウィーンで非公開のうちに開催された会議[原注4]の紛糾するなか、西側諸国がソ連に対して、事故の健康被害予想を十分の一に縮小するよう強制した事実をまだ知らずにいた……。

――住民を見殺しにしたわけですね……。

ヴォールコフ　私もそう思います。彼らが言うところの《放射能恐怖症》なるものを鎮めるために、新しい住居、田畑が建設されました。あらゆる手を使って注意を逸らそうと試みたのですね。その間にも私はすべてを測定しました。私には現実が見えていました。ある時ついに我慢しきれなくなって、地図の出版に踏み切りました。住民たちは地図を目にするとすぐに言いました。「気象士やわが国のブレーン、この件に対して責任を負う者を全員招集するんだ。それにヴォールコフもだ。誰が正しいかを決めるのは住民だ」。私は招集に応じました。しかし他には誰ひとり姿を現わしませんでした。もう一度私は地図を見せました。「これが私の地図です。無料で差し上げましょう。三カ月にわたる努力の結晶です。無料で差し上げます」。後日私のデータは認められました。ソフホーズは閉鎖され、住民の避難が始まりました。一歩また一歩と変化がはじまり、今では状況は一変しました。そしてこのようにお話しする私の心は穏やかです。今では私は国会議員だからです。私は選出されたのです。人々が私に票を投じたのは、私の行ないが正直だったからです。チェルノブイリでは、誰ひとり私を知りませんでした。ある日突然、電話がかかってきて、議員に選ばれたことが告げられたのです。議員になったとき、もう一度私は誓いました。決して後戻りはするまいと。真実のみを告げようと。

――海外の科学者のアプローチは客観的だと思われますか。それとも原子力産業の利権に左右されているのでしょうか。

ヴォールコフ　私はＩＡＥＡと仕事をしました。彼らはレベルの高い専門家ではありますが、いかんせんこの組織を代表する人間です。組織の教条から距離を取ることができないのです。繰り返しますが、彼らは優秀な専門家です。しかしこのような状況は彼らにとっても未知なのです。考えても見てください。一九二トンの核燃料棒を詰め込んだ原子炉が十日間燃え続けたのですよ！　しかも上から鉛や砂利やら砂やらが撒かれました。これらがすべて蒸発して、再度放出されたわけです。私たちは人工的に放射能の放出量を増大させてしまったのです。そのことに対してはいっさい口が閉ざされています。けれども私は、

原注４：第六章一四二ページ参照。

土壌を検査することで、その現実を確認しました。原子炉周辺、原発敷地内、そしてその周辺のありとあらゆる場所で。原子炉からは三〇〇種以上の放射性核種が放出されました。それらは散々に被害を撒き散らしてから消えていきました。現在残っているのは半減期の長い核種だけです。この複合問題を前にして、今日、科学は沈黙したままです。

——外国の科学者もですか。

ヴォールコフ　科学者は全員沈黙しています。このような状況を体験したことなど一度もないからです。彼らがやることと言ったら、住民がどれほど累積被ばくをしているのか、またどれほど外部被ばくを受けているのかを測定し、体調はどうかと尋ねたあげく、「ここに住み続けることは可能だ」と告げることだけです。

——いったい今の世の中、このような規模の事故の影響について、あらゆる利権や圧力から自由な立場で科学的に向き合うことは可能なのでしょうか。

ヴォールコフ　目下圧力は非常に大きいですね。ひとつ例をお話しましょう。私はソ連最高会議の公の場でＩＡＥＡ事務局長ハンス・ブリックスと話す機会を得ました。「ＩＡＥＡ事務局長という立場にあるあなたはご存知ですか。現在一七〇〇万人のロシア人、ウクライナ人、ベラルーシ人が汚染地帯に住んでいることを。そのうち五〇〇万人は子供だということを。ベラルーシに限って言えば、五〇万人の子供を含む二〇〇万人です」と言うと、一九八九年まで何も知らなかったと彼は答えました。このような情報がただちにＩＡＥＡ事務局長の耳に入らないとはどういうことかと聞くと、「私が知っていたのは事故の技術的な側面についてだけです」とのことでした。知らなかったふりをするのは彼らの常套手段です。科学的にこの問題に向き合うことが可能かどうかというご質問でしたね。私は可能だと思います。もしも世界中の科学技術と正直な科学者をここに集めて研究所を開設すればできると思います。それは膨大な仕事ですし、さらに踏み込んだ研究が必要です。今までのところ、この悲劇を前にわれわれは最初の一歩を踏み出しただけです。それも率直に言って大した一歩ではありません。本当はこの地ではあらゆる分野での科学研究が必要なのです。人体について、農業について、また土壌内の放射能に関する正確な知識も必要です。そしてそこから全世界のために結論を導き出さなければなりません。しかし誰も必要な資金を提供してくれる者はいないでしょう。われわれは技術機器を入手しなければなりません。世の中にある最高水準の機器を購入しなければならないのです。それには資金が必要です。ここソ連では、出資してくれる者は誰もいません。

——外国はどうですか。

ヴォールコフ　外国もダメです。ブリックス自身が、ソ連は重武装した大国だから経済援助はできないと言っていました。お金は発展途上国にしか払えないそうです。私たちに資金を提供してくれるところなど今日どこにもないのです。それでも希望は捨てたくないと思っています。

——チェルノブイリ以来、人類は新しい時代を迎えたと言えるでしょうか。

ヴォールコフ　人類は何も理解していません。世界の終焉になっていたかもしれないということをわかっていないのです。もしも四号機の火災が鎮火されずにいたら、もしも一、二、三号機に飛び火していたら……、ヨーロッパは人間の住めない土地になっていました。ヨーロッパ全土が放射能に覆われ、われわれにはもう手の尽くしようがなかったでしょう。原子力エネルギーとはそのような結末を招きうるものなのですよ。

われわれは多くの国土を失いました。失われた土地には、今後長い年月戻ることはできません。住民たちは生きる喜びを失いました。かつては……。ご存知のように、ベラルーシは実に美しい自然を誇っていました。人々は干草を刈り、白樺の樹液を集め、生き生きと生活していました。ベラルーシ人は大変興味深い民族です。その彼らから陽気さが影を潜めてしまいました。何もかもを恐れるようになってしまったのです。土も、ジャガイモも、森のイチゴも放射能に汚染されてしまっている……。あらゆるものを怖がっています。あなたのおっしゃるように世界中で新たな意識が芽生えはじめているのかもしれません。もしも放射能が地球全体を覆うことになってしまったら、いったい生きることになんの意味が残るでしょうか。

——外国から来る科学者たちは住民の不安を感じとっていますか。

ヴォールコフ　彼らはまるで別の惑星からわれわれを観察に来ているみたいですよ。私たちはまるで捕虜みたいなものです。こうした専門家連中は彼らなりの結論を出すのでしょうが、それは決して私たちの役には立たないものばかりです。私たちが必要としているのは具体的な評価です。ところが彼らは、悲劇的なことは何もない、ここに住み続けても平気だという結論を繰り返すばかりです。私は議員としてソビエト最高会議に請願書を提出し、ＩＡＥＡの専門家が出す結論の一言一言について最高会議が再検証するように求めました。ＩＡＥＡの影響力は甚大ですからね。もしもＩＡＥＡの結論が国連に提出されてしまったら、その反対を証明することは私たちにとって至難の業です。彼らは真実は口にしませんから。彼らは調査も何も行なっていません。ただ原子力産業の利益を守ろうとしているだけなのです。

——現代科学はチェルノブイリ事故が人類に投げかける試練に立ち向かうだけの高みにあるのでしょうか。

ヴォールコフ　ないと思いますね。今の段階ではまだそこまで到達していません。しかしながら科学には答えを出す義務があるのです。ここ現地で、住民たちの苦しみと向き合い、彼らに耳を貸さなければいけません。そうやって初めて科学者たちは理解に到るでしょう。一国だけではこの問題に立ち向かうことはできません。世界中の力を現地に集め、取り組まなければいけません。それも即座に。国際社会全体の意識を目覚めさせるためにも。

――資金はどこから調達したらいいのでしょうか。

ヴォールコフ　世界には正直な人間もいます。そうした人々が出せるお金を出してくれるかもしれない。私はそう信じています。けれどもそのためには、彼らが実情を知らなければなりません。みんなが耳を閉ざし、目を閉じてしまったら、誰にも何も理解はできません。チェルノブイリの悲劇を世界のために活用しなければなりません。チェルノブイリを軽く扱ったら、それはいつかわれわれ人類の終焉というしっぺ返しになって返って来るでしょう。

――チェルノブイリ事故を前にして、現代科学は誰にでも理解出来る一貫して明白な答えを出す力のないことを認めるべきではないでしょうか。そして今こそこの試練にふさわしいレベルの研究に取りかかるべきだと。

ヴォールコフ　この土地で必要なのはもっと踏み込んだ研究です。手始めには人間が学習しなければいけません。今後もはや行なってはいけないことについての学習です。核兵器と原子力の平和利用が人類、環境そして地球に対して意味している危険についての学習です。あなたは先ほどここではまるで新しい環境が形成されたとおっしゃいましたね。それは人間にとって適応不可能な環境です。われわれは月に移住するわけにはいきません。人間は地球上に住むことを定められています。それならば何をなすべきなのか。

解決策を探る必要があります。もしかしたらベラルーシ民族はこの一帯を捨て、汚染のされていないよその共和国に移住しなければいけないのかもしれません。三〇キュリー、一五キュリー、一〇キュリー、いや五キュリー、一キュリーの汚染地からも、全住民を避難させるべきなのです。森林を植樹しなおしてから、土地を棄てるのです。棄てるとは言っても、土地にとって理想的な河川や森といった条件を植物園のように保存しながら。そして専門家に調査を続けさせるのです。まさかヨーロッパのど真ん中に放射性廃棄物の野外処分場をつくるわけにはいきませんからね。地球を見捨てるわけにはいきません。私たちのせいで地球が汚れ、病んでしまったのならば、治療を施さなければなりません。それはつまり最大限の投資をするという意味です。

もう一度繰り返しますが、世界中誰ひとり、この土地の真実を知っている人はいません。この問題の複雑さ、底知れなさをとことん知り尽くしている人間は一人もいないのです。世界には資金に恵まれた研究所があるというのに、不思議です……。

アナトリー・ヴォールコフの絶望に満ちた訴えに耳を傾けていた当時、私は、汚染地域で同じ闘いに身を投じているさらなる二人のずば抜けた才能を持つ孤独な男が存在することを知らずにいた。物理学者で放射線防護専門家ヴァシーリ・ネステレンコ、そしてソ連で最も若い解剖病理学医のユーリ・バンダジェフスキーである。バンダジェフスキーの研究は、原子力産業にとっての悪夢となり、彼を牢獄に導くことになる。二人の研究者はこの時点では、まだ互いの存在を知らずにいた。後年、二人は西側諸国の人々と連帯していくことになる。チェルノブイリ大惨事を覆い隠す無知と嘘に立ち向かうために……。

第五章　黙殺という戦略

「この土地には、まるきり新しい環境が形成されたのです。それは人間にとって適応不可能な環境です。われわれは悪あがきを続けています。しかし月に移住するわけにはいきません。地上に住むことを定められています。どうしたらいいのでしょう。解決策を探らなければいけません。この環境を調査し、国際社会のためにも大々的な研究を実施しなければなりません……」。アナトリー・ヴォールコフは当時これ以上のことを訴えることはできなかった。一九九〇年十一月当時、私もヴォールコフも未だに知らずにいた事実があった。それは、一九八六年、原発事故から四カ月がたった八月二十五日から二十九日にかけてウィーンで開催された会議の場で、チェルノブイリ事故を原因として予想される死者数を、三万から四万人とソ連側が推計したのに対して、西側諸国は四〇〇〇人[原注1]という《安心できる》数に大幅縮小させることを、最終合意していたことだ。ソ連は、予想死者数を十分の一に削減することを西側によって強制されたのだった。がんによる死者四〇〇〇人ならば《容認できる》し、チェルノブイリ事故を原因とする健康被害に関して、真剣な科学調査も実施せずに済む。それが西側の専門家たちの目論見だった。

西側諸国から冷戦時代には《悪の帝国》呼ばわりされていたソ連だが、そのソ連を代表する科学者たちは、チェルノブイリ事故によるショックがあまりに大きかったためか、このときは、正直に状況を分析しようという努力をしていたようだ。しかしその結果、彼らの出したデータは、原子力産業の終焉を意味するものだった。かくして原子力産業は、このデータを《黙殺》するという戦略を選んだのである。この黙殺戦略によって、今でもチェルノブイリ事故は、科学に見せかけた粉飾のもとに、健康にはまったく害のない《他と同じなんの変哲もない》事故だとされている。「(略) 健康という面から言えば、[チェルノブイリ地方の]大多数の住民にとって未来像は一般的にポジティブだと言うべきだ[原注2]」。WHOがチェルノブイリ事故後五年の間、いかなる活動も行なわなかったのもそのためだ。WHOは定期的に《専門家》なる職員をソ連に派遣し、似非科学的な《報告書》を仕上げ、事故による被害評価を最小化し、その結論として汚染地域における住民避難の縮小を正当化した。

ヴァレリー・レガソフ教授は、ヴァシーリ・ネステレンコと共に火中の原子炉上空をヘリコプターで視察した一人だが、この非公開会議のソ連側報告官でもあった。予想被害者数の縮小が強制決定されたのは、彼の意に反してのことだった。一九八八年四月、チェルノブイリ事故二周年の記念日、レガソフ教授は自殺した。

一九八六年八月に開かれたこの会議において、ソ連の科学者たちは西側諸国の政治に都合よくつくられた学説に屈従し、降参してしまったのである。以後、国際原子力機関は現実を無視し、科学の仮面をまとった真実を捏造し、それを権威として世界に押し付けることになっていく。

それはどのような論理のもとに立っているのだろうか。

一　科学的トリック

チェルノブイリの汚染地域の住民の間で新たに観察されるさまざまな疾患と、彼らが日常的に口にしている食物から慢性的に起こっている低線量内部被ばくとの関係は、そんな因果関係が存在することは不可能だという理由から否定される。その論拠は、原爆を生き延びた日本人に散見される病理と被ばくとの間には関係が見られないというものだ。原爆被ばく者が受けたのは、爆発の瞬間の高線量の外部被ばくだ。そうした広島の被ばく者たちと比較して、チェルノブイリの住民が受けた放射線量は、罹患には不十分であると彼らは主張するのである。この論理が一つの教条、先見的推論、公式見解、すべての大前提と化し、それについてはとやかく議論を行なわないことが、現在では原則となってしまっているのだ。しかし今日、チェルノブイリの問題を広島をモデルで説明することは、まったく科学的な思考から逸脱した逃げ口上、トリックに過ぎない。この二つの大惨事を比較すること自体が間違っているのだ。これは二つの異なる出

原注1：チェルノブイリ事故十九年を記念して二〇〇五年九月五日に刊行されたWHO、IAEAとUNDP（国際連合開発計画）の共同声明においてもこの数が採用されている。

原注2：『チェルノブイリ事故による被ばくと影響』（付録J）UNSCEAR第四九セッション、ウィーン、二〇〇〇年五月二～十一日。二〇〇一年六月キエフ会議においてUNSCEARのジャントネ氏によって繰り返し主張される。W・チェルトコフのドキュメンタリー映画『真実はどこに』参照。

来事であり、健康に影響を及ぼすメカニズムもまったく異なるからだ。

チェルノブイリでは核爆発は起こらなかった。チェルノブイリで起こったのは数秒間を隔てて起こった二度の熱爆発と十日間に及ぶ火災である。今日、原子炉周辺の自然放射線量は低い。しかし熱爆発に際して、膨大な量の人工放射性物質が放出され、風雨の向きに従いながら遠方まで拡散していった。中には何世紀も待たなければ消滅することのない放射性核種もある。例えばセシウム137とストロンチウム90は三百年、プルトニウム239は二十四万一千年。こうした放射性核種は環境、植物、動物、そして人間を汚染する。すでに何十万人もの若いリクビダートルの生命と健康が破壊された。彼らは原発周辺での作業のなかで、こうした放射性核種を吸い込み、体内に取り込んでしまったからだ。来るべき世代もまた汚染され続けるだろう。彼らの親は二十年間にわたって放射性核種に汚染された食物を食べることを強いられ、ますます頻繁に罹患するようになっているからだ。チェルノブイリとは、日本の二都市に投下された原爆とは比較できない性質を持つ惨事なのだ。

広島との相違を理解するためには、核爆発を司るパラメーターを知る必要がある。核爆発は標高に応じてさまざまなタイプに分けられる。

—地下爆発（大気中への放射性物質の放出はない）。

—地表での爆発（最大量の放射性物質の降下、いわゆるフォールアウトを伴い、最も重度の汚染をもたらす）。

―低い標高での空中爆発（地表から爆発地点までの距離が火の玉の半径と同等の場合）。ローカルな範囲の放射性物質の降下が起こる。

―中程度の標高での空中爆発（地表から空中爆発地点までの距離が火の玉の半径を越える場合。広島原爆はこのケースであり、標高六〇〇メートルで爆発した）。この場合周辺地域への放射性物質降下量はほとんどない。原注3

―高い標高での爆発、火の玉の半径よりも遥かに高い地点での爆発。放射性物質の降下は地球規模での

原注3：とはいえ広島では、後日入市して、爆発時の被ばくは直接受けていないはずの人々の間でも多くの死者や重度の疾患が記録された。爆弾が爆発することによって発生する中性子誘導放射能［訳注：物質に中性子が放射されることによって、その物質が持つようになる放射能］の残留放射能に被ばくした可能性がその説明として考えられる。すべての物質、建物の残骸や灰、石さえもが一時的に放射能を持つようになる。実際『日本化学会欧文誌』一九九五年七月号に掲載された「核爆発によって発生する放射性ダスト」文中において、M・ホリオとT・キクチは、広島原爆投下日、広島市西部に核分裂生成物が降下したこと、また長崎では西山地区全体が明らかにある種の核分裂生成物を含む放射性ダストに覆われたことを指摘している（ジャン＝フィリップ・デボルド著『アトミック・パーク』中に引用、アクト・シュッド社、二〇〇六年、**Jean-Philippe Desbordes**, *Atomic Parc*, Actes Sud, 2006）。嘘と黙殺の政策はすでに一九四五年に組織された。アメリカ軍はあらゆる証言の出版を禁じただけでなく、ＡＢＣＣ［訳注：原爆傷害調査委員会、**Atomic Bomb Casuality Comission** の略］を設置し、この機関は極秘のうちに放射能が人間に及ぼす健康被害に関するデータを、特に原爆を生き延びた《ヒバクシャ》らの間において収集しながら、彼らにいかなる医学治療も施さなかった。同機関は一九五二年に日本から引き上げた後、ＲＥＲＦ［訳注：公益財団法人放射線影響研究所、**Radiation Effect Research Foundation**］と改称し、日本人の科学者と組んで活動を続けることになる（『広島五十年』オートルマン社、一九九五年、八〇ページ参照、*Hiroshima, 50 ans*, Autrement, 1995）。

み起こる。

もうひとつ知っておく必要があるのは、核爆発においては温度が摂氏一億度まで上昇する可能性があることだ。これは太陽の表面温度およそ六〇〇〇度よりもはるかに高い。このことによって中程度の標高での核爆発（広島のケース）では、即座に《火炎による排気塔》のようなものが形成され、とてつもないスピード（音速の二倍）で大部分の放射性物質が成層圏に排出されるのだ。そして《キノコ雲》によって放射性物質は地球規模に拡散し、垂直に降下する放射性物質の量はチェルノブイリに比較すれば最小限に留まる。[原注4]

二　近接効果[訳注1]

放射能の基本的な原則またメカニズムとはどんなものなのか。放射線は物質内を通過していくうちにエネルギーを失う。このとき物質が吸収するエネルギーの量から放射線のレベル、いわば吸収線量が推算される。線量はラド（rad）またはグレイ（Gy）という単位で計測される（一グレイ＝一〇〇ラド）。高線量の外部からの被ばくを全身に均一に受けたケースをもとに物理学者らが考案した広島モデルは、数式しか念頭においていない還元主義的で、極端に単純化された見方である。それは量的概念のみに基づいており、一キログラムより重い固体に適用することができるが、細胞レベル（組織学）に取り込まれた同位体や放射性核種によって、低線量の内部被ばくの影響を受けた有機体に対しては適用することはできない（またその調査も行なっていない）。ヒロシマ・モデルは、未だ研究の行なわれていない事柄を、自分のパラメーターでは掌握できないからと言って、はなから否定しているのだ。それだけではない。新しいモデルを受け入れることを拒み、代替研究の妥当性を検証することすら妨害し、チェルノブイリの汚染地域で明らかに起こっている大規模な健康被害という事実を否認し続けている。チェルノブイリと広島という二つの《現象》の違いは、低線量の内部被ばく（チェルノブイリの場合）においては、問題となるのは線量の大小ではなく、体内組織における放射性核種の蓄積が細胞レベルで引き起こす近接効果だということだ。このレベルでの現象を説明できるのは物理学者ではなく解剖病理学者である。正直な物理学者にできることといえば、せいぜいこの手の研究が必要だと認めることくらいである。チェルノブイリ事故に先立つこと十年、一九七六年に出版された記事のなかで、モーリス・E・アンドレは、この二通りのアプローチの違いについて次のように説明していた：

原注4：ベルギー空軍NBCR（NBCRは核、生物学、化学、放射線学の四つの頭文字）兵器防護専門官モーリス・E・アンドレ元将校による記述。

訳注1：《近接効果》とは、ここでプルトニウムを例に説明されている、体内に取り込まれた放射性核種による近接する細胞への慢性的な集中放射作用のことを指す。この効果によってたとえ低線量でも、放射性核種は体内に取り込まれた場合、生体に対して甚大な破壊力を持つことになる。また近年では、直接放射性核種による被ばくを受けていない近接する細胞でも被ばくをした細胞と同様の被害が現われる現象《バイスタンダー効果、Bystander Effect》が報告されている。

プルトニウムは、直径一ミクロン（一メートルの百万分の一）の粒子が肺に侵入しただけで人間を死に至らしめることが、後述するように技術の発展によって明らかになった。この放射性核種は実際、侵入した肺の中で自らを中心点とする直径十分の一ミリメートルという極めて小さな球状の中で、一年間に一〇万ラド［一〇〇〇グレイ］以上のエネルギーを放射するのだ。

私は原発推進の立場にある科学者たちが、他分野の学者や一般人をごまかすために使用している計算トリックを暴露する必要があると思う。厳密な計算は後に紹介しよう。その前にまず、こののトリックの論法がいかに罪深いかを示すために、別の分野に置き換えた一例を挙げたいと思う。その例とはこうだ。銃弾は命にとって危険なものではないという論を擁護することは可能である。着弾点（無論ここが弾丸の全運動エネルギーを吸収するわけだが）を除外し、全運動エネルギーがより広い表面積、例えば体全体の表面積によって吸収されるものと推定しさえすればいいのだ。もしもそういうことが起これば、肉体にはまったく傷ができないことが実証できるはずだ。この例からも明らかなように弾丸は体表全体、あるいはひとつの内臓全体に拡散するのではなく、体の特定の一点を攻撃するという事実を考慮に入れない論法には欠陥があることが、ただちに理解されると思う。弾丸が肉体の一点を裂くのは、全エネルギーがその小さな部位に集中されるからである。エネルギーの量が同等の場合、その部位の面積が小さければ小さいほど、裂傷は確実となる。

プルトニウムについても、この放射性核種が一定の時間内に放射するエネルギーが肺全体に拡散すると算定したのでは、手酷く人を騙すことになる。実際にはプルトニウムは肺のごく限られた一点を攻撃し、それゆえに大変危険であり、またそのために人を死に至らしめうるからだ。

科学者でない読者のためにつけ足しておこう。直径一ミクロンのプルトニウム239の粉塵が肺に沈着した場合、攻撃を受ける部位（粒子の周りの小さな球状部分）は、ほぼ毎分（正確には千分ごとに一四一四発）粒子による射撃（ヘリウム原子核が毎秒二万キロのスピードで肉体に向かって放射される）を浴びることによって裂けるのだ。このように繰り返し攻撃を受けるために、いかに傷ついた部位が小さくとも、破壊は息をつく間もなく持続し、人体は回復することが不可能となるのだ。たとえて言えば、予告なしに毎分四方八方砲撃をしてくる機関銃の周りに大工が家を建てようとするようなものだ。

ここで《大工》とは実際には修復しなければならない傷ついた部位に運ばれる体内の自然成分に当たり、《家》とは治癒が必要な肺に当たる。そして《機関銃》の役はプルトニウムという放射性核種が見事に果たしているわけだ。プルトニウムは間断なく一定のリズムで何年にもわたって砲撃を続けることができる（プルトニウムの放射リズムが減速するのには非常に時間がかかり、二万四千年後という気の遠くなるような時間をかけてようやく二分の一になるのだから人間の寿命とは比較にならない）。（中略）この間断ない集中砲撃の現象はごく微細なレベルでしか起きない。しかしそのことによって肺がんが発生する事実は変わらないのだ。

ここで確認できるのは、連続的かつ局所的な被ばくが有害であり、命にかかわる影響を持つということだ。いかに微細な箇所とはいえ、十分に長い時間集中的に被ばくを受ければ、その場所からがんが発生し、全身に増殖していく。それは繰り返し破壊を受けた末に、被ばく箇所の修復能力が失われた結果起こる身体の反応なのだ。

実際、被ばくの中でも重要視すべきは、全身被ばくとは全く異なったケースである。全身被ばくとは約六〇〇レントゲン（致死率一〇〇％）を超す放射線量にさらされた肉体が全身の回復能力を失うケースで、原子爆弾や隔絶が不十分な大きな放射能源を扱ったり、それにさらされたりすることによって起こる短時間の集中的な被ばくのことだ。ところが原子力発電所の危険について語るときに、未だに、《専門家》が広島のような短期間の集中的全身被ばく（軍部の古い資料を情報源とする図式である）のみを例に挙げて語るのをよく耳にする。原子力発電所や核産業、また《平和的》（であろうがなかろうが）な核実験によって世界中に降下したフォールアウトのために、食物や空気を通して起こる放射能汚染が身体組織に対して持つ作用は、これとはまったく別なのである。

私たちは今後、局部に集中する慢性的な内部被ばくの犠牲になっていくわけである。そこでは特定の放射性核種を優先して蓄積する特定の内臓器官（集中作用：例えばヨウ素に関しては甲状腺という具合に）が犠牲になる場合もあれば、（大気中の塵が肺に取り込まれる循環サイクルや傷口などを通して）肺やその他の部位を起点に人体組織全体が犠牲になる場合もある。二五レントゲン〜六〇〇レントゲンの放射線量が人体に与える影響を段階的に表示している有名な表は、この慢性被ばくに関してはまったく適用することはできない。原子力産業が現在一般市民に対して与えている放射能の《攻撃》は一般的に知覚不能であり、恒常的に累積していく慢性的なものである。風によって放射性物質は二十四時間内に一〇〇〇キロメートルの距離を運ばれる。誰一人としてプルトニウムだとかその他の放射能からの贈りものを携えた粉塵を吸い込まないと保証されることはないのだ。これはまさに《攻撃》であり、深刻な《攻撃》なのだが、前述の通りほとんど知覚が不可能であり、苦しみも伴わないために、それを検出することもまた不可能なのである。これは私たちがどこにいようと、何をしていようと関係なく襲ってくる、全面攻撃だと言える。そう、人類に対する産業核戦争はすでに何年も前から始まっているのだ。私たちが死を宣告される前に、これを完膚なきまでに叩きのめすためには、どうあっても徹底した対抗措置を取らなければならない。この表現を過激だという者もいるかもしれない。しかし現実を目の前にしたら、ほかにどうすることができるのか。必要性こそが法をつくるのではないのか。それとも未来の世代、いや自分自身の現在の現実的利益を無視してまで、巨大な資本を扱う一握りの人間のために、現実を足蹴にすることが許されるとでもいうのだろうか。[原注5]

三　軍事的起源

この章のテーマである黙殺するという戦略は、当初からこれほどの規模で想定されていたわけではない。この戦略は、第二次世界大戦、そして核による脅威によって二つの陣営が均衡を保っていた冷戦時代の産物なのである。ナチスドイツの核武装を恐れたアメリカは、一九四五年七月に最初の核兵器を所有す

原注5：モーリス・E・アンドレ、『研究と発展』、年四回発行、二七六号、一九七八年五・六月号、Maurice E. André, *Études et expansion*, trimestriel, no276, mai-juin 1978.

ることになり、三発の爆弾を製造した（マンハッタン計画）。一発目は核に関するすべての原則の有効性を確認する実験に用いられ、残った二発は日本に投下された。ソ連もまたアメリカの軍事力に対抗するために同様の計画に着手した。一九四九年八月二十九日には大気圏での核実験を成功させて、自らも核の威力を誇示し、アメリカを仰天させた。[原注6] このようにして巨大な脅威に対する相互的な恐怖感から、絶対兵器の開発競争の火蓋が切られたのである。従って、史上初の原子力による大量虐殺から時の経過すること五年、アメリカが広島と長崎の生き残りグループにおいて、彼らが爆発の瞬間に浴びた被ばく量を推計し、その影響を評価するための研究を開始したのは偶然からではない。競争の優位性を保つためには兵器の改良を続けなければならず、そのためには敵に与える被害、実験がはらむ危険について知ることが必要だった。しかし核爆発が人間に与える被害を評定するためにアメリカが実施した科学調査は中途半端なものだった。彼らが重点を置いたのは軍事的な側面だけであり、研究は実質的には、戦争というシナリオにおける被害にのみ限定されたからだ。爆発が後年もたらす被害や、世界中に降下した放射性物質による《低線量》と呼ばれる被ばくを受けた遠地の住民の運命は、まったく問題にされなかった。ロザリー・バーテルの手記には次のようにある。

重要なのは、即座に殺せる人間の数と戦闘能力を奪われる人間の数を知ることだった。今や研究者の関心はこの一点に限られ、彼らはそのための計算を行なった。流産、堕胎、死産や小児病、長期にわたる健康被害は、まったく彼らの興味を引かなかった。研究は非常に限られており、認定される健康被害は最小限にとどめる必要があったのだ。[原注7]

このようして《ヒロシマモデル》が確立し、このモデルが考慮に入れる被害は瞬間的な核爆発がもたらすもののみに限定された。これが六十年もの間、公式に存在する唯一のモデルとして、放射線を原因とする病理の認知に用いられているのが現状である。このモデルが計算に入れているのは、ガンマ線による一瞬の閃光と一秒以内に発生する高熱及び爆風だけであり、高熱及び爆風は放射能とはまるで関係がない。二度の原爆投下によって、また大気圏で行なわれた約五百回の核実験によって、さらにはチェルノブイリ事故、そして近年の戦争で用いられている《劣化》と呼ばれるウラン弾によって世界中に降下している何トンもの放射性物質を人々が呼吸し、摂取することによって起きている被害は顧みられることはないのだ。

原注6：ジャン＝マリー・コラン、『軍事用原子力』、Jean-Marie Collin, *L'Atome militaire* 参照。

原注7：ロザリー・バーテル『チェルノブイリ人民法廷』エコディフ社、一九九六年、緑風出版、二〇一三年。Rosalie Bertell, *Tribunal permanent des peuples sur Tchernobyl*, ECODIF, 1996。アメリカの疫病学者、放射線研究家であるロザリー・バーテルはチェルノブイリ国際医療委員会ＣＣＭＩＴ（本部トロント）のコーディネーターでもある。

「ラッセル法廷を継承する《人民恒久裁判》は声をあげる権利を剥奪されている人々のために設立された法律的伝統の一端をなす。放射能による被害者は五十年もの間、沈黙を強いられてきた。広島原爆、ビキニ環礁やムルロア環礁核実験の犠牲者、核実験を間近で見ることを強制され、生殺しにされていった兵士、またプルトニウムを投入されて人体への影響を研究する実験台にされた犠牲者たち等……」以上はチェルノブイリに当てられたセッションの議事録前書きからの引用である（エコディフ社、一九九六年）。このセッションは一九九六年四月、ウィーンで開催された。まさに国際原子力機関（ＩＡＥＡ）が『チェルノブイリ後十年』と題し、事故被害を否定するための会議をドナウ川の向こう側で閉会したのと同じ時期であった。

原注8：ロザリー・バーテル、前掲書。

（チェルノブイリ原発火災によって放出された人工放射性核種はその数四〇〇以上、また劣化ウラン弾の半減期は四十五億年である）。

私は放射能の犠牲者の数をおよそ三二〇〇万人と推定している。これは控えめな数だ。その内訳は原発作業員、日本の住民、大気圏での核実験による犠牲者、さまざまな事故やトラブルによる犠牲者などである。その中でも最も深刻なのがチェルノブイリ事故であり、それは今日なお進行中の身の毛もよだつ大惨事である。[原注8]

広島の原爆とチェルノブイリの火災を並べて語ることはできない。一方によってもう一方を解説することは不可能なのだ。広島原爆で起こったのはガンマ線の非物質的閃光による非常に強い外部被ばく、チェルノブイリで起こっているのは生体組織に侵入したミクロレベルの物質による近接効果である。しかし《科学》にとっては後者のケースは存在しないことになっている。科学が認知している知識には含まれず、また有効と認められている報告書に発表されることもない。ペンタゴン、国連安全保障理事会、ＩＡＥＡ、ＵＮＳＣＥＡＲ、ＷＨＯ、フランス原子力・代替エネルギー庁（ＣＥＡ）、アレヴァ社、コジェマ社、核分野における防護評価研究センター（ＣＥＰＮ）、ジーメンス社などといった世界の原子力コンソーシアムにとっては、チェルノブイリの罹患と放射能との間には、《ヒロシマモデル》の教条が認める以外のいかなる因果関係も観察されないのである（二〇〇一年キエフ会議におけるＵＮＳＣＥＡＲのゲントナー氏による発言）。《正式に認められた知識》の所有者たちにとって、罹患の原因となるのは、唯一、ガンマ線の閃光による非常に強い放射線量である。チェルノブイリでは線量が低過ぎるため、因果関係は先験的に存在するはずがないのだ。

今日、冷戦時代の論理はもはや通用しない。チェルノブイリ事故を原因とする惨劇的な健康被害が明らかになって以来、これを黙殺する政策は、原子力ロビーの手によって推進される犯罪的な戦略であると言うほかない。これは軍事的また民間の原子力ロビーによる「真実を言わないことによる嘘」なのだ。彼らは自分たちの目的のために、国連の原子力と保健にかかわる諸機関さえもまんまと服従させた。また原子力大国の大臣は、自らは必ずしも専門家ではないのにもかかわらず、ヒロシマモデルを、自国の政治判断を正当化するのに必要な科学的保証と見なしている。なんと自殺的な政治判断であることか。

第六章　チェルノブイリを黙殺する国際機関

国際放射線防護委員会（ＩＣＲＰ）の前身は、一九二八年に設立された「国際Ｘ線及びラジウム防護委員会」と言い、その使命は医者や患者が検査を行なう際の安全を保証するために、放射線医学の専門家や技師を防護するための規定を制定することだった。この組織が現在われわれの知っているＩＣＲＰに転身したのは一九五〇年になってからのことである。

現在のＩＣＲＰの使命についてはインターネットの公式サイトで次のように紹介されている。「ＩＣＲＰによる勧告は強制的な意味を持つものではない。しかしながらその科学的価値、放射線防護問題に対する慎重で現実的な姿勢を評価され、国際的なレベルで準拠されるところのものとなっている。そのためＩＣＲＰの勧告は国連、世界保健機関（ＷＨＯ）、国際原子力機関（ＩＡＥＡ）のほか、欧州連合及び多くの国が規定を設ける際のガイドラインの役割を果たしてきた。ＩＣＲＰが権威ある組織であるからこそ、放射線防護に関する国際的な規定がヨーロッパ、アメリカ合衆国、ロシア、中国など各国間で類似しているのである。（中略）ＩＣＲＰの組織だった取り組みは、これまでは医学的データを主要な基盤としてきたが、今後はそれらに加えてさらに技術的、経済的また社会的要素を考慮に入れていく必要がある。ＩＣＲＰの取り組みは多次元化してきているのである」。

ここで忘れてならないのはＩＣＲＰの真の起源が実は医学的ではなく、アメリカに由来する軍事的なものだったことである。この「国連からも認められた非政府組織」は一九五〇年に設立され、うわべは中立を装っているものの、実はほとんど知られていない別の歴史を持つ。ＩＣＲＰの歴史もまた原爆とともに始まる。それはアメリカが広島や長崎で行なった研究調査と時を同じくするのである。

ＩＣＲＰは核兵器を包む秘密のヴェールの中で生まれ、誕生当初から国家安全保障機密の洗礼を受けていた。この組織は一三名の男性によって構成され（一九九〇年に初の女性メンバー、Ａ・グスコヴァ[原注1]が参入する）、あらゆる定義を定め、あらゆる決断を下す。現会員が次の会員を選出するというシステムによって、この組織は自動的に恒久化している。放射線防護の基準に関する勧告を練りあげるのは彼らであり、その勧告はすべての国々に採用され、特にＩＡＥＡが適用している規定の基礎となっている。それはチェルノブイリをはじめとしたあまりに多くの場で、極めて残酷に作用してきた。ＩＣＲＰの書類を検証することは非常に重要である。例えば一九九〇年のＩＣＲＰ刊行物において私が大きな衝撃を受けたのは、彼らが放射能の影響を過渡的なものであると表現し、放射

原注１：下巻第六部二章「キエフ会議」参照。二〇〇一年六月に私はこの会議を撮影した。

能の影響は認知し賠償を行なうほどには重大なものではないと評価していることだった。ところがこれこそがまさに人々を苦しめ、全世界に知らせなければならない問題なのである。こうした問題の存在することはICRPも認めているのだが、IAEAは常にこれを否定してきた。ICRPは非常に控えめで、慎重な姿勢を取らざるをえない。そこには自らの信憑性がかかっているからだ。一三名のメンバーは、《専門家》である以上、さすがに放射能はまったく影響を持たないとか、被害は放射能とは全く関係がないと不誠実に断言することはできない。そこで放射能が健康に及ぼす影響に関しては、IAEAの技師や物理学者たちに代弁させることにしている。(中略)IAEAという組織はつまり、あらかじめお膳立てされた仕組みを、理性を無視したやり方で実行に移す警察のようなものなのである。(中略)チェルノブイリは科学的な問題であるかのように紹介されるが、これは間違っている。われわれがチェルノブイリで目にしている惨劇的な結果を招いたのは政治的決断と弾圧である。

一九五一年以来神話が出来上がっている。それは低線量による被ばくの被害を見抜くことは不可能だというものだ。一九五一年とは非常に重要な年である。この年にネバダ州における大気圏での核実験の口火が切られたからだ。(中略)この年以来、狡猾に練りあげられた大々的なプロパガンダによって、低線量による被ばくはまったく害をもたらさない、いかなるマイナスの作用も低線量の被ばくに帰すことはできないという布告が下されたのである。[原注2]

一　ＩＣＲＰのアメリカ起源について

私が次に掲載するのは、ＩＣＲＰがアメリカの軍備を起源とすることを立証するＥＣＲＲ（欧州放射線リスク委員会）の文章を要約したものだ。[原注3]

日本で原爆実験を行なったアメリカ政府は一九四六年、、即座に核科学というものが微妙な性質を持つことをはっきりと理解した。そこで核物資を私的に保有することを禁じ、アメリカ原子力委員会（ＡＥＣ）を発足させ、核の分野の管理を任せることにしたのだ。このとき同時に設立されたアメリカ放射線防護審議会（ＮＣＲＰ）がＩＣＲＰの直接の前身なのである。

ＮＣＲＰはＡＥＣから圧力を受け、被ばく許容基準を核の研究と発展を阻害しない程度に制定していたことを示す証拠が今では数多く存在する。

ＮＣＲＰは「Ｘ線及びラジウム防護諮問委員会」〔これは前出の一九二八年設立の機関のアメリカ版である〕を再編することによってつくられた。もともとは医学の専門家が放射線防護の分野において助言を与えるために設けられたものだった。しかしさまざまな研究契約を通して、軍部やアメリカ政府、

原注２：ロザリー・バーテル、前掲書、一九九六年、チェルノブイリ惨事のための人民常設法廷における宣言。
原注３：『欧州放射線リスク委員会』フリゾン・ロッシュ社、二〇〇四年、三七～四〇ページ、CERI, Ed.Frison-Roche, 2004

そして私企業が打撃を受ける危険が生まれるようになり、早急に新たな機関を設置し、放射線リスクについて十分に信頼に値する絶対的権威として宣言させる必要が出てきた。X線による被ばくに関する既存の基準を見直し、その適用範囲を核兵器の開発や核実験によって新たに生じたガンマ線による外部被ばくのもたらすリスクにまで拡大することが大至急求められたのだ。同様に新たに発見された数々の放射性核種によって起こる内部被ばくに関する許容基準も設けなければならなかった。そうした放射線核種は作業員たちの手によって製造、処理された後に環境に廃棄されていた。

NCRPに帰属する八つの下部委員会のうち二つが特に重要な意味を持っていた。G・ファアリャを委員長とする第一委員会。これは外部被ばくの許容基準設定を担当していた。そして、カール・Z・モルガンを委員長とする第二委員会。内部被ばくリスクの評価担当だ。NCRPは外部被ばく許容基準値を、一九四七年に早くも決定した（それは今日作業員に適用されている基準の二十倍に当たる）が、完全な報告書が発表されるのには、一九五三年まで待たなければならなかった。遅れた原因は、モルガン率いる第二委員会（内部被ばく）の内部で、人体の細胞や内臓がどれくらいの内部被ばくを受ける可能性があるのか、リスクを評価し、また、どのような方法論や数値を用いて基準値を定めるのかについて、意見が極端に分かれたことだった。それぞれの臓器、またそれを構成する細胞内で、さまざまな放射性核種がどのように拡散し、蓄積されるのか、当時は、まだ知識が不十分だったのだ。そのことが、委員会がなかなか意見の一致を見ることができなかった理由のひとつだったと思われる［著者注：内部被ばくはまさに、Y・バンダジェフスキー教授がチェルノブイリ汚染地帯で九年間にわたって実施していた生物学的研究のテーマである］[原注4]。内部被ばくリスクの結論がなかなか出ないことに業を煮やしたＮＣＲＰは、一九五一年、執行委員会の権力を行使して、報告書が発行期限に間に合うよう、第二委員会の話し合いをむりやり簡潔に終了させてしまった。このような強硬手段が取られたのは、当時、内部被ばくのリスクに関する一定の方針が間もなく必要とされる状況にあったためではないかと思われる［著者注：同時期にネバダ州で大気圏での核実験サイトが開かれることになっていた］。

　このときをもってして、放射能リスク評定システムの理論が封印されたと言えるわけだ。被ばくリスクを簡便に評価する方法を大急ぎで確立させるために、執行委員会の政治的圧力の下、理論が組み立てられた。このようにして出来上がったリスク評価モデルは、低線量の被ばくを扱うことはできず、また、体内に不均等に吸収された放射線量[原注5]にも対応していない。つまり内部被ばくに対して、正確に適用できるものではないのだ。

　ところが今日でもなお、放射線リスクの評価に関してはこの理論が使われ続けており、それがＩＣＲＰが使うモデルのベースになっている。これはまさしく問題である。ＮＣＲＰの会長ローリストン・テイラーはＮＣＲＰの国際バージョンであるＩＣＲＰの設立に貢献したが、新たにＩＣＲＰを設立したのは、ＮＣＲＰとアメリカの原子力テクノロジーの発展との間に癒着関係が見られることを示す明らかな証拠から注意を逸らすためだったと考えられる。また、放射線リスクに関するさまざまなファクターについて、独立した国際的な一致のようなものが存在することを強調すること

原注４：第三部一、二章とその続き参照。

原注５：ユーリ・バンダジェフスキーは細胞レベル（低線量）での研究を行ない、放射性物質の蓄積量が臓器によって異なることを実証した（放射線量の不均等性）。

も目的のひとつだろう。新たに設置された機関は国際放射線防護委員会（International Commission on Radiological Protection）と命名された。つまりICRPである。

これで振り出しに戻った。《ヒロシマ教条》というブラックボックスができあがり、錠がおろされたのだ。その開かずの箱の中には、独立した立場の研究者や組織的に黙殺されることになった犠牲者たちが閉じ込められた。かつて一九二八年には、同じICRPという名のもとで、人間の健康を保護することを断固至上命令としていた機関が（当時はまったく妥協なしに医師と病人とに奉仕していた）、こうして、一九五〇年代からは戦争と原子力産業のための政治的、経済的要求を擁護する側にまわったのだ。確かにICRPは多次元的になったと言える。と同時に、その独立性は疑わしくなったのだ。

テイラーはICRPの会員であるだけでなく、NCRPの会長でもあった。またNCRP内に設けられてい外部被ばくと内部被ばくを担当する二つの委員会も、ICRP内にそっくりそのまま同じ委員長を筆頭に設置された。ファリア氏とモルガン氏だ。これらの組織の立役者は、常に同じ顔ぶれであり、そのために今でも、それぞれの放射線防護機関が負っている責任は曖昧なままである。例えばICRPの会長はイギリス国立放射線防護委員会（NRPB）の委員長を兼任している。この二つの組織双方に属しているメンバーは他にもいる。さらにUNSCEAR（原子放射線の影響に関する国連科学委員会）とBEIRⅦ委員会（電離放射線の生物学的影響に関するⅦ委員会）についても同じことが言える。それにもかかわらずNRPB（イギリス国立放射線防護委員会）はイギリス国内の監査機関である環境局に対してUNSCEARとICRPは「互いにまったく独立している」と申告した。環境局はこの申告を受容した。放射線リスクに関する彼らの発言は、ひとつの組織の発言を別の組織がそのまま引用することを繰り返しているだけにその信頼性が疑わしい。そのうえ、これらの組織がどれも同じ前身を持ち、同じモデルで機能しているのだから問題である。そのモデルとは、戦後ICRP／NCRPによって確立され、その後一度たりとも再検討されたことも、精査されたこともない。ブラックボックスのようなものである。このような歴史については、テイラー自身が細部にわたって報告している。[原注6] また、NCRPとICRPを同時に辞職したモルガンは、戦後の放射線リスクの発展についてのインタヴューの中で、これらの組織とその衛星組織について次のように答えた。「私はまるで自分の子供を恥じる父親のような気分だ[原注7]」。

一九五五年来、ICRPに科学的知識を提供しているのはUNSCEAR（原子放射線の影響に関する国連科学委員会）である。UNSCEARを設けたのは国際連合総会であり、その目的は世界レベルでの放射線被ばく量とその影響、リスクを評価することである。二一カ国から集められた優秀な科学者が構成するこの組織は、放射線に関する情報を提供する任務を負っているが、自ら安全基準を設けたり勧告を行なったりすることはしない。UNSCEARの提供する情報をもとに基準値や勧告を作成するのはICRPの他、産業国、とりわけ原子力エネルギー関連産業が発達している国の所管委員会である。

原注6：テイラー、一九七一年。
原注7：前掲書『欧州放射線リスク委員会』から要訳して引用。

WHO（世界保健機関）は、原子力分野での政策において、技術と科学面をUNSCEARとICRPという二つの組織に依拠している。しかもこのWHOもまた、自由な立場にはないのだ。WHOの進める活動が、原発推進を目的とするIAEA（国際原子力機関）にとってマイナスであると判断された場合、IAEAはWHOに対して拒否権を行使できるからだ。一九五九年五月二十八日に採択されたIAEAとWHOの協定文書の第一条には次のようにある。「一方の計画または事業が他の一方にとって重大な利害を表す分野で行なわれる場合、前者は後者と話し合い、相互に合意できる形で問題を解決せねばならない」。また第三条には両者が「提供を受けた情報の秘密性を守るために、なんらかの制限の措置を取ることを求められることがある」とある。

二　チェルノブイリを科学的に黙殺する役人たち

彼らは何者なのか

事故を惨事へと発展させ、その惨事をさらに終わりなき悲劇へと導いた悪魔的な連鎖の原動力となっているのは、WHOとIAEAとの間に結ばれた協定文書である。この悲劇においては、たった一握りの役者たちが、日々、何百万人もの人間の運命を決定している。[原注8]

原子力とその影響を研究をする名だたる専門家、エキスパート、科学者は国連機関の職員でもあり、かつ前述の通り、各国の国立原子力機関や公立の放射線防護組織内にポストを兼任している。またそうした組織の上層部は、たいてい前述の国連機関の出身者である。彼らはその科学的専門知識ゆえにこうした国際機関の専門家として、議論をはさむ余地のない権力と権威を与えられている（同僚科学者たちによる評価は別だが）。例えば一九八六年と一九八七年にＩＡＥＡやＵＮＳＣＥＡＲが開催したチェルノブイリに関するさまざまな会議で、ソ連代表団を率いていたモスクワの原子力エリート、レオニード・イリーン教授は、自身ＩＣＲＰの会員でもある。

ここで次のことを指摘しておくことは無駄ではないだろう。ＷＨＯは国連専門機関で働く公務員が享受する規約特権を公務員以外の専門家にも与えているのだ。つまり彼らが「公的任務にある期間中に行なった行為は、口頭、書面にかかわらず、すべて法的追及から免責される」のだが、ＷＨＯはその特権をさらに特別付帯条項のなかで強化し、こうした専門家らが、**ＷＨＯの任務を遂行している場以外でも、そしてまったく任務を負わなくなった場合でも**［著者による強調］適用している。国際公務員や国際組織の委任を受けた専門家が特別に保護される必要があるのは、彼らが任務を遂

原注８：イヴ・ルノワール『チェルノブイリ、悲劇の最大利用』ビュル・ブルー、アミ・ドゥ・ラ・テール、CEDI、アンヴィロヌマン・サン・フロンチエール、一九九六年、Yves Lenoir, *Tchernobyl, l'optimisation d'une tragédie*, Bulle bleue, Amis de la Terre, CEDI, Evironnement sans fontirère, 1996

原注９：イヴ・ルノワール、前掲書。本書の一五一ページも参照のこと。

行している期間である。逆に、その後のいかなる法的追及も禁ずることは、WHOの職員を事後あらゆる監査から保護することを意味する。それは法と民主主義の基礎を奪うことである。一九八九年にチェルノブイリの放射性降下物に汚染された地域を訪れ、住民を避難させない方針を支持した三名の専門家ペルラン、ウェイト、ベニンソンの諸氏は、何十万人もの人間の命を危険にさらすことに手を貸したにもかかわらず、わが身の心配をする必要はまったくないのである。[原注9]

彼らはいかなる方法で、何を実行したのか

彼らはアラ・ティピアコヴァの子供たちの声に耳を貸しにも行かなければ、その子供たちを治療する絶望した医師らを訪ねることもしなかった。「現地に行って住民の声に耳を傾け、彼らの苦しみに目を向け、そして活動しなければいけないんだ……」と言うアナトリー・ヴォールコフの忠告は守られなかった。

彼らが手を貸した相手は、ソ連の原発エリートである。フランス人研究者を感激させた《大いなる実験室》での実態を調査することもなく、研究をすることもせずに、彼らはヒロシマモデルをもとにチェルノブイリを説明した。広島の爆心地で被爆し生き延びた日本人の健康被害を拡大解釈した計算でもって、机上の空論を展開させたのだ。

この方針に抵抗するソ連を屈服させるのには一九八六年から一九九一年まで五年の歳月を要した。ソ連はとうとう嘘を受け入れ、やがては彼らに手を貸すことになる。しかしその道のりは決して容易ではなかった。ペレストロイカ政策、そしてソ連邦の解体と平行して、征服は段階的に進められていき、つ

いに一九九一年五月、ウィーンで、ＩＡＥＡが主導する国際調査委員会《チェルノブイリ国際プロジェクト》は最終報告を発表することに成功したのだった。「放射能は住民にいかなる被害も与えないであろう」と。

三　ソ連の政治的背景

当時ソ連はこれ以上ない矛盾に満ちた、そしてひょっとすると同国の歴史上最も危うい行程を歩んでいる最中だった。そのために西側諸国の大使館は、この巨大原子力国家が内部崩壊することを非常に恐れていた。ゴルバチョフによる開放政策のおかげで、一九一七年以来ソ連が体験したことのなかった表現の自由が芽生え、それが、絶対的権力を握るＫＧＢの血も涙もない極秘活動と同居していた。《反ソヴィエト的プロパガンダ》を厳しく罰する刑法がまだ効力を発揮している一方で、非公式の《組織》や即席で発行される反体制新聞も許容されるようになっていた。ゴルバチョフ大統領は、初めての《民主主義的》選挙によって選出される人民代議員大会の発足を決定したが、そのための選挙活動期間には、一九八八年十二月から一九八九年三月二十六日までの四カ月があてられた。この期間、信じられないほどの数の発行物や議論、新たな組織が不安と希望に満ちて、雨後の筍のように出現した。当時パステルナークの『ドクトル・ジバゴ』の出版がようやく許された一方で、コピー機の使用は相変わらず一般市民には禁じられていた。また電話帳も未だ存在しなかった。そのような物は、あらゆる個人行動と自由思想を禁じる警察国家においては、無用とされていたからだ。七十年間にわたる弾圧政治、官僚主義のもとで、公けの嘘で塗り固められたソ連国内では、人々は集団的無気力状態に陥り、受け身の生き方がすっかり身についてしまっていた。社会は閉塞しきっていたのだ。西側世界が第三次、第四次産業技術改革を進めている間、ソ連は社会的、経済的危機に瀕していた。当時三五〇〇万人のソ連人が四六時中、空っぽの店先で行列をすることに専心していた。世界で最も天然資源に恵まれた国でありながら、それをドブに捨て、官僚マフィアは、農村や町にわずかに残されていた経済機構を、特権やコネ、恐喝、殺人によって支えられていた闇市の世界で、ことごとく食い潰そうとしていた。このように自滅の道を邁進していた共産党は、ゴルバチョフに喝を入れられて、ついに渋々と認めざるをえなくなった。国民こそが、国家にとっての真の富なのだと。三世代にわたって彼らが足蹴にしてきた国民の大切さに、ようやく共産党員の多くは気づいたのだ。賢明な者は、時すでに遅過ぎたかと憂慮した。だが大方は、権力にしがみつくことに必死だった。周知のように一九九一年八月、ソ連政権はやすやすと崩れ落ちた。解放されたばかりの民衆はしかし、国家が崩壊した瓦礫の下敷きとなっていった。彼らは今後、自らの力で貧困を生き延びていかなければならない。その一方で共産党国家の国庫金は、南仏コート・ダジュールやスイス、バハマなど、地球の裏側に忽然と消えていった。

冷戦の二巨頭が消滅し、新旧ソ連の保健省を征服することに成功すると、西側世界の原発ロビーは瞬く間に唯一絶対の覇者となった。以来二十年間、彼らは危険にさらされているチェルノブイリの住民の救済を拒む犯罪的政策を推進してきたまぎれもない責任者なのである。

ここで私は、歴史的現実と科学的虚言を対比させるため、参考までに、西側世界の原子力権力機関がいかに科学を隷属させてきたのか、その年譜を紹介したいと思う。そのためには、義憤にかられたベラ・ベルベオークが『ベラルーシ、ウクライナおよびロシアにおけるチェルノブイリ事故の健康被害に対する西側世界の責任』内で綿密に再構築した年譜を借用することにする。[原注10]

四　嘘に服従するまでの道のり

ソ連の嘘については多くのことがこと細かに書かれてきた。[原注11／訳注1] ソ連の嘘など目新しいものではない。一九一八年のロシア革命時であろうと、一九二一年クロンシュタット水兵の反乱を鎮圧するための大虐殺（トロツキーとレーニンの指令で反乱者側の評議会がまったく空になるまで虐殺は行なわれた）のときであろうと、ソ連の指導者は平然と国民に嘘をついてきた。その歴史はチェルノブイリ大惨事まで続く。

原注10：ベラ・ベルベオーク、『放射線防護と原子力法』、ゲオルグ社、一九九八年、二四七～二六一ページ、Bella Belbéoch, *Radioprotection et Droit nucléaire, Entre les contraintes économiques et écologiques, politiques et éthiques*, Sous la direction d'Ivo Rens et Joel Jakubee, SEBES Ed. Georg, 1998

原注11：アラ・ヤロシンスカヤ、『チェルノブイリ、禁じられた真実』、アルテ・エディション・ドゥ・ローブ、一九九三年、Alla Yarochinskaya, *Tchernobyl, vérité interdite*, Arte-Editions de l'Aube, 1993

訳注1：Ярошинська Алла Олександрівна、一九五三年生まれのウクライナのジャーナリスト、政治家。チェルノブイリ事故の真相解明に携わり、一九九四年には、『チェルノブイリ極秘――隠された事故報告』（和田あき子訳、平凡社）を出版した。

チェルノブイリで何年にもわたって起こったこと、また事故後に起こった事実を覆ってきた沈黙を破るための調査をここ数年間手掛けているソ連最高会議チェルノブイリ事故調査委員会は、ベラルーシの元保健大臣サフチェンコを最近尋問した。それによれば、彼らはルイシコフ首相に召集され、次のように告げられたそうだ。「チェルノブイリの惨事に関するすべての情報、すべての放射能数値は秘密ではない。極秘事項だ」。被ばく量に関する計算が行なわれなかったのはそのためである。仮に計算されることがあっても必ず少なく記録された。嘘をつくことが上から指示されたのだ。[原注12]

しかし今日、私たちがはるかに注目すべきなのは、自由で民主主義的と言われる西側世界のついてきた嘘である。チェルノブイリ事故を取り上げただけでも、西側世界の情報隠ぺいによって、何百万人もの農民とその子孫たちが核に苦しみ、そして残虐な死を宣告されてきたのだから。

事故から四カ月がたった一九八六年八月二十五日から二十六日の間、チェルノブイリ事故とその結果を分析するためにIAEAが主催した、ウィーンでの国際会議では、立役者はダン・ベニンソン（ICRP会長、アルゼンチン原子力エネルギー責任者）とM・ローゼン（IAEA安全保安局局長）両氏だった。

調査班が集まる会議は非公開のうちに行なわれ、ジャーナリストの傍聴は許可されなかった。議論は白熱した。ソ連側が主張する予測と西側が受諾する覚悟をしていた数値とがあまりに乖離していたせいである。ヴァレリー・レガソフ教授は膨大な報告書を提出した。本文の他に七つもの付属資料を添えたものだった。

その中の七〇ページにも及ぶ資料七が扱った医療問題と生物学的問題こそが、西側陣営との一番の衝突の原因だった。ソ連は住民の被ばく測定値も生物学的データもないまま、紙上の数学的試算から、ソ連のヨーロッパ側人口七五〇〇万人に対して四万人のがん死者増加を予測した。

西側諸国も同じく住民の被ばく測定値も生物学的データも欠いたまま、この総数は多過ぎると判定した。チェルノブイリは、科学の歴史において前古未曾有の事故であり、事故から四カ月しかたっていないこの時点では、本格的な調査も、一貫した測定も行なわれていなかったのだから、これは科学とはまったく関係のない両陣営の力比べであった。

翌八月二十六日の記者会見において、健康被害の調査班を率いていたダン・ベニンソンは、ソ連側の提示する数値を「極端な過大評価である」と断定した。一方、M・ローゼンは、予想される死者数の上限を二万五〇〇〇人とした。やはり客観的データによる裏づけのないままだ。

争いは続く。二日後、上限は一万人にまで下り、ダン・ベニンソンはといえば、相変わらず科学的裏づけが欠けているのにもかかわらず、死者数はせいぜい五一〇〇人であると主張した。ベニンソン氏はICRP会長であり、氏の意見には重きが置かれた。氏がソ連の試算を過大評価とした理由は、放射性セシウムによる内部被ばくが、氏の所見によれば「重視され過ぎている」からであった。

この国際会議後、《資料七》は忽然と世の中から姿を消した。その存在を知っていた者はほとんどおらず、まるでそんなものは一度も存在しなかったかのように、ソ連の科学者も西側の科学者も、この文書を

原注12：チェルトコフ監督ドキュメンタリー映画 *Nous de Tchernobyl*『チェルノブイリの我ら』（TSI、一九九一年）の中でのリクビダートル、アナトリー・ボロフスキーの言葉。本書第二部第二章参照。

参照することはまったくなくなった。

つづく数カ月の間、次々と広報が印刷され、新聞各紙はその内容をオウム返しに報道した。欧州共同体の刊行物（COM、六〇七、一九八六年十月号）においては、内部被ばくを原因とする被ばく量が十倍も過大に計算されていると、何人かの専門家が批判を加えた。またIAEAの指導層は一九八七年一月に、チェルノブイリを五日間（たったの五日！）訪問した後、「事故直後の健康被害に対する予測は悲観的過ぎた」、「五倍から七倍は過大に見積もられた」と報告した。

一九八六年十月八日にはフランスの『ル・モンド』紙が次のように報道した。「IAEAのフランス理事ジェラール・エレーラ氏の言葉通り、チェルノブイリ事故によってIAEAの信頼性と支持はいっそう堅実なものとなった。（中略）ウクライナで起こったこの原発事故後、IAEAは事務局長の仲介を通して、事態を収束させようという確固たる意志をはっきりと表明してみせた。（中略）原子力の安全を保証する活動全体に今後はよりいっそうの重点が置かれることになるのは疑いの余地がない」。

このとき、WHOは置いてけぼりを食らった。

ウィーンで始まった推定死者数をめぐる権謀術数は、相変わらず科学的根拠のないまま、ますます激化していった。推定数の下方修正に対する疑いを払拭し、足並みを揃えるためには、この数値がソ連側の専門家自身から提示されるように仕向ける必要があった。

一九八七年、WHOがコペンハーゲンで主催した会議（WHO、一九八七年五月十三〜十四日）の席においてA・モイセイエフは、相変わらず具体的な論拠を欠いたまま「放射能汚染の現状にポジティブな傾向」が認められるとし、従って住民の被ばく量を、当初推計された数値を外部被ばくに関しては一・四五で、内部被ばく量に関しては七から一〇・五で割ることができると主張した。実はこの時期、ベラルーシの農村ではセシウム137が基準値を大幅に上回る牛乳が現地の消費ルートから外され、遠隔地の《きれいな》牛乳に混入されたことがわかっている。このいわゆる被ばく量の《民主化》によって、一人一人の被ばく量は低くなったものの、被ばく者総数は増加したことも判明している。結果としては、予想される被害者総数は変わらないはずであった。

一九八七年九月、ソ連のレオニード・イリーンとO・パヴロフスキーは、IAEAウィーン本部にチェルノブイリ事故による放射能被害に関する胡散臭い報告書を提出していた。その副題には、「事故の影響を抑えるための大規模な活動が効果を発揮していることをデータの分析は示している」とあった。報告書には一七〇万人の子供を含む五四〇万人の住民に放射性ヨウ素に対する予防として安定ヨウ素剤が配布されたと記されていた。これは事実と完全に異なる。ネステレンコ教授がベラルーシ科学アカデミー核エネルギー研究所所長の座を追われた理由の一つは、まさに彼がこの予防策を大々的に実施することを求めたことだった。[原注13] それも安定ヨウ素剤が効果を発揮するためには事故が起こった数時間後ただちに配布しなければならないと主張したのだ。ネステレンコの勧告は却下され、パニックを煽ると糾弾された末に、彼は所長ポストを解任されたのだった。

イリーンとパヴロフスキーの報告書によれば、子供の罹患率増加は見られず、汚染地域と比較対照地域との間にはいかなる健康被害の差も現われていない。その代わり初めて《放射能恐怖症》という表現が登

原注13：第二部第一章参照。

場し、それが汚染地域での一般的な罹患率上昇の原因とされた。いったい堕胎された子や新生児の《放射能恐怖症》とは何なのかと聞きたくなる。

最後にこの報告書のなかに見られるずさんな数字の改竄を指摘しておこう。実効線量は、七十年間という期間について、ソ連邦の全人口（二億七八〇〇万人）に適用して計算された。一方、一九八六年の《資料七》では、ソ連のヨーロッパ側に限られている汚染地域の人口七五〇〇万人が計算に使用されていた。この差によって集団積算線量は十八分の一にまで縮小されたのである。

一九八八年四月、シドニーで開かれた会議で、レオニード・イリーンは、前回彼が十八分の一に縮小した数字（イリーンとパヴロフスキーによる報告書）をやや訂正した。しかし一九八八年の総会でUNSCEARは、イリーンの出した二つの数字の《平均値》を採択することにし、その結果、レガソフが一九八六年の資料七で提示していた数字を九分の一に下方修正してしまったのだ。かくしてウィーン会議から二年後「ベニンソンはついにほくそ笑むことができたのだ」とベラ・ベルオークは結ぶ。しかも「イリーンとバヴロフスキーは資料七の共著者だったのだから、これはまさに自己批判的行為と呼ぶことができる」とつけ足した。ヴァレリー・レガソフ教授はモスクワで迫害を受ける身となり、シドニー会議でイリーンの発表の行なわれた四日後、自殺した。

一九八八年九月、ソ連閣僚会議は経済的負担が大きすぎる大規模な住民避難を回避するために、イリーンが編み出した《生涯七十年で三五レム》の被ばくを受けても安全だとする理論を採用し、それをもとに《居住に危険のない地域》や《生活の安全な地域》という目安を定めた。

レムとは体内に吸収された放射線量の単位で、放射線の身体に対する生物学的破壊効果を表す。放射線の身体に対する生物学的破壊力を評価するためには、放射線が生命組織に対して発揮する破壊効果力を表す効果比率を、吸収線量にかける。非常に破壊効果の強いアルファ線を放射する放射性核種には、ベータ線（またはガンマ線）[原注14]を放射する放射性核種の二十倍に相当する比率を掛ける。何百万年もの年月をかけて、生体メカニズムは自然放射線に適応してきた。自然放射線とは恒常的に存在する非常に弱い非物質の放射線から成るもので、その源泉は太陽であったり、宇宙であったり、地球誕生時からある種の岩石や生物が摂取するカリウムの中にごく少量含まれる放射性核種の残滓である。こうした自然放射線に比べて、原子力産業から発生する人工放射能ははるかに量が多く、攻撃的な性質を持つが、それは軍事実験や原子力発電所、そしてチェルノブイリ原発事故などによって大量に環境に放出された。この人工放射能が非物質として環境に存在していたのは、チェルノブイリ事故初期に起こった激しい火災時とその《覆い》(oukrytie)である石棺の建設時の放射線量が極めて高かった期間だけである。今日、環境中に存在する人工放射能は岩石に閉じ込められているわけではない。それは細かな粒子の形で環境に散在し、食物や呼吸を通して体内に入り込み、体内の細胞レベルで破壊活動を行なうのである。

　なんと医者でもあるイリーンの科学的推奨によって採用された三五レムという生涯被ばく許容基準値は、それ以前は原子力産業従事者のみに適用されていたものであり、彼らは基本的に放射能防護策を受けている。それと同じ基準値が、子供も妊婦も年寄りも病人も関係なく、すべての国民に課される値として

原注14：巻末用語集五八二ページ「放射線アルファ、ベータ、ガンマ」項目参照。

適用されてしまったのである。原子力に従事しない一般市民に放射線防護の国際権威が認めている許容基準値は、実際にはその五分の一である。旧ソ連では住民は国内用の旅券によって居住地に縛り付けられていたために、生涯線量三五レムという原則を適用することは、事実上彼らを放射能の強制収容所に閉じ込めることを意味していた。コフィ・アナンの見積もりによればそのような土地に取り残された住民は九〇〇万人にものぼり、彼らは自然放射線量の五倍にまで達しうる線量と日々闘い、体内に侵入してくる放射性核種や《ホット・パーティクル》[訳注2]の《近接効果》による恐るべき生体組織への攻撃に苦しめられる運命を宣告されたのだ。

それにもかかわらず、生涯線量三五レム政策は、国際的勧告に従ったものとして紹介された。これに異議を申し立てたのが、ベラルーシ科学アカデミー内の科学者グループである。チェルノブイリ事故にまつわる数々の沈黙や嘘が、当時のグラスノスチ（情報公開）政策によって暴かれ、大いに社会を活性化させていた様子は、先にユーリ・シチェルバクがわれわれに語ってくれた通りである。ベラルーシのアカデミー会員たちは、ソ連政府が定めた三五レムという生涯線量を、七十年間で七レムに下げるように要求した。それは、一九八五年のパリ宣言以来、ＩＣＲＰが勧告する国際基準（年間〇・一レム）[訳注3]にほぼ相当する値である。

一九八九年三月から七月にかけて、ソ連の政局は危機に瀕していた。この時期に、チェルノブイリ大惨事は一度再認識され、同時に、否定されることになった。

モスクワとベラルーシの科学者の対立は、一九八九年三月、ベラルーシの評議会においてすでに表面化していた。その対立は、中央権力に対して、世論の支持を得たアカデミー会員が歯向かうという構図のものだった。一九八九年三月二十六日、ソ連で初めて民主的な選挙による人民代議員大会が発足したわけだが、その選挙運動の間にも議論は盛り上がった。そして「生涯線量七十年三五レムを問う」と銘打った特別セッションが、六月にミンスクのベラルーシ科学アカデミーで開設されることになったのだ。

ソ連全体主義体制の危機は、政治の中枢においても、また連邦の辺境地域においても深刻化していく一方だった。ロシア以外の連邦内の各共和国で民族主義意識が目覚め、市民社会は自由と主権とを要求するようになっていた。しかしこうした反体制気運は、生まれつつある民主主義に対する弾圧を正当化しようとするペレストロイカの敵対勢力に煽られ、操作されることにもなっていった。ソ連人民代議員大会の選挙が行なわれた三月二十六日と国会でのセッションが開かれた五月二十六日の間に当たる一九八九年四月九日、トビリシ[訳注4]のルスタヴェリ大通り官邸前で、祈りを捧げるグルジア人デモ隊が虐殺される事件が起こった。ゴルバチョフがイギリス訪問で留守のすきを狙って、モスクワの保守派エゴール・リガチェフ、国防大臣ドミトリー・ヤーゾフ、KGB議長ヴィクトル・チェブリコフが計画、実行したものである。

しかしこのソ連版《天安門事件》は、北京とは逆の結果を招くことになった。ゴルバチョフが着手した

訳注2：高い放射能を含んだ微粒子。核爆発、原発事故の際に放出されるが、通常稼働中の原発周辺でも発見されている。非常に微細なため生体組織に侵入して、生体を内部から被ばくさせる。
訳注3：一ミリシーベルト。福島原発事故前の日本での年間許容基準値と同じ。
訳注4：グルジア共和国首都

制度改革によって、数週間後、ソ連初の人民代議員大会で、国民は合法的に意思表明を行なうことができたからだ。十二日間にわたる討論はテレビで全国に放映され、三億人の視聴者の前でトビリシ市民弾圧事件をはじめとしたソ連国家の犯罪や嘘の数々が道徳的、政治的に糾弾された。同時にチェルノブイリ事故の真の姿も暴かれはじめた。この大惨事が、国防機密だけでは隠し切れない規模のものであることが世界の目に明らかになっていった。それにもかかわらず、数カ月後には、ソ連当局そして国連によって、事故による環境と住民健康に対する被害は否定されることになってしまうのである。

一九八九年五月、ソ連最高会議の討議の場で、代議士たちは、事故直後、政治局と共産党が国民に対してチェルノブイリ事故後の現状に関する情報を隠ぺいし、事故から時間を経た後にも必要な防護措置を取らなかったことを糾弾した。それに対して、国のトップは、いくつかの地域の汚染に関しては、自分たちは何も知らなかったこと、また科学者たちが住民の放射線防護について何も提案しなかったと保身のために弁明した。

アンドレイ・サハロフはヴァシーリ・ネステレンコに電話で問い合わせた。ネステレンコは次のことを語った。事故の数日後から一年間にわたって、自分がソ連当局宛に一〇〇〇ページに及ぶ手紙や報告書を送付したこと。そのコピーを彼がアーカイヴに保存していること。それらの書類は、ネステレンコがあらゆる汚染地域の放射線量を説明し、原発周辺一〇〇キロ圏の住民を避難させ、子供たちの甲状腺を守るために大量の安定ヨウ素剤を配布することを政府に対して終始求めていたことを証明していること。サハロフはその書類を公開するようにとネステレンコに頼んだ。それに対してネステレンコはチェルノブイリに関する情報はすべて国家機密であること、許可なく公開することは自殺行為に等しいこと、ただし、人民代議員の議員であれば、国家機密指定解除ができることを話した。「チェルノブイリに関するあらゆる情報の国家機密指定を解除してくれ。そうすれば私の書類を公開できる」とネステレンコは言った。アンドレイ・サハロフは機密解除を実現させた。その一部は一九九〇年『ラドニク（泉の意味）』誌の五、六、七号に掲載された。

一九八九年六月。イリーンの言う三五レムではなく、生涯線量七レムを要求するベラルーシ・アカデミー会員たちが開いた突破口を塞ぐべく、WHOのメンバー三名（前回と同じ顔ぶれ）が、ミンスクの科学アカデミーで開催された特別セッション「生涯線量七十年三五レムを問う」に派遣された。WHO事務局放射線防護課課長のP・ウェイト、ICRP会長ダン・ベニンソン、そしてフランス保健省所轄フランス放射線防護中央局（SCPRI）局長ピエール・ペルラン教授の三氏は、権威の重みに物を言わせ、思うがままにセッションの結論を導くことに成功した。一九九八年五月二十八日、ネステレンコは当時の状況を次のように振り返った。

一九八九年六月にICRPとWHOの専門家がベラルーシにやって来た。科学アカデミーで丸一日かけた会議が行なわれ、多くの人が発言を行なった。私も現状を説明し、所見を述べた。するとICRP会員が次のように反論した。「インドのボパール化学工場事故が起こったマッディヤ・プラデーシュ州の三〇〇万人の住民も避難させるべきだったと言うのかね」。私はインド政府に意見を求められたわけではないし、インド政府に説教をするのは私の役目ではないが、わが国の政府に私見を伝えることは私の義務であると言い返したうえで、《きれいな》食物の供給を保証できないすべての地域では住民を避難させなければいけないと主張した。今日、国民の被ばくの八〇〜九〇%が食物を介して起こっているからだ。するとこの専門家はこう答えた。「どのみち、あなた方には住民を避難させるための金などないのでしょう。ならば目下設定されている三五レムの代わりに七〇レムでも一〇〇レムでも甘受せざるをえないのです」。彼らの発言はどれもこの手のものばかりだった。こうした態度を説明できるものとして私が唯一考えられるのは、実は彼らの関心が、低線量の被ばくによる健康被害の実験データを入手することにあるのではないかというものだ。彼らの興味は科学データであって、人間の健康ではない。臆面もないようだが、それが事実なのだ。私たちは彼らにモルモット扱いされている。これは私にとっては犯罪行為だ。[原注15]

西側世界から来たこの三名の専門家による報告書は、一九八九年七月十一日付の『ソヴィエツカヤ・ビエロルシア』紙上に「専門家の視点」と題して掲載された。彼らはソ連中央権力が定めた生涯の被ばく基準値に対して異議を唱えるアカデミー会員を次のように誹謗した。「放射線の分野について十分な知識を持たない科学者連中が、自分たちが観察した多種多様な生物学的、医学的トラブルのすべてを放射能のせいにしている。こうしたトラブルが放射線の作用を原因として発生することなどありえない」(WHO、一九八九年)。そしてさらには「一生の間に体内に累積される放射線量の限界値をわれわれが提言するとしたら、三五レムの二、三倍の値を支持していただろう」とつけ足した。法的追及から免責されている身分を良いことにWHOとICRPの《専門家》諸氏は何の心配もせずに、言いたい放題言うことができるのだ。彼らはそのうえでこうした健康トラブルを説明するものとして、心理的要因やストレスを挙げた。

これに対してベラ・ベルベオークは次のようにコメントしている。「こういった専門家のやり口には身の毛がよだつ。チェルノブイリ事故がこの分野における医学上の初体験であるという悲しい特権さえも否定し、新たな体験から教訓を得る唯一可能な道まで、彼らは閉ざしてしまったのだから。あらゆる生物学的、医学的情報を第一に記録することが本来不可欠だった[原注16]」。これはアナトリー・ヴォールコフが要求するところでもあった。そして何よりもヴァシーリ・ネステレンコとユーリ・バンダジェフスキーという二人の不屈の科学者が自らの手で、体系的、総合的に実施していったことでもある。

一九八九年七月下旬、ベラルーシ社会主義共和国最高会議のセッションで、政治及び保健問題の責任者たちは、前述のウェイト、ベニンソン、ペルラン三氏が六月に提出した報告書を後ろ盾に、自国のアカデミー会員たちによる抗議をまんまとかわした。ベラルーシのアカデミー会員が放射線の分野においては無知だと三人の大御所が断定してくれたおかげである。

それでもなおベラルーシ国内の反対気運は、モスクワやウィーンの権力者を安心させなかった。こうなったら、自国ソ連の科学者自身によって反対派の信頼を失墜させなければならない。

原注15：チェルトコフ、ドキュメンタリー映画『核の罠』、TSI、一九九九年五月、*Le Piège atomique*, TSI, mai 1999.

原注16：ベラ・ベルベオーク、前掲書。

一九八九年九月十四日「チェルノブイリ事故によってもたらされた状況に関する医学上また放射線防護上の仕事に携わる科学者」九二名が、ミハエル・ゴルバチョフに連名書簡を送った。九二名にはもちろんレオニード・イリーンも含まれたが、筆頭署名者としては、S・ヤルモネンコ、A・グスコヴァ、M・サフキン、そしてウクライナのV・ベベシュコといった名が連なった。私たちは十二年後の二〇〇一年六月、キエフ国際会議で、同じ連中が獰猛にチェルノブイリ事故否定論を貫き通そうとする様子を撮影した。[原注17]

九二名は、生涯線量三五レムを採択する決定を擁護した。その理由は「この基準値は、制定されるまでの各段階において、一貫してIAEAやWHO、UNSCEARといったさまざまな国際的な権威機関によってあらゆる角度から精査され、承認されたものだ」からだった。

国際原子力ロビーが、放射線防護や基準値を計算するモデルとして用いている、例の疑わしい唯一の科学的論拠が、次のパラグラフによって明らかにされる。

生涯線量三五レムを正当化する最も重要な論証は、非常に高い放射線量の被ばくを受けた住民の健康状態を長期追跡した結果から得られたものだ。つまり原爆の被害者となった広島と長崎の住民が対象だ。（中略） 日本人犠牲者たちにおいてがんの増加が確認できるのは、一〇〇レム以上の瞬間被ばくがあった場合だ。また白血病と骨髄腫の増加は、五〇レム以上で初めて見られた。放射線に関連した遺伝的変異の増加はまったく観察されていない。

生涯線量を七〜一〇レムに引き下げることを求める科学者に反論するために、ゴルバチョフ宛書簡の署名者らが引き合いに出す論拠は大変意味深い。「何十万（一〇〇万人にまでなる可能性もある）という人々を移住させる」ことによって引き起こされる深い心理ストレスが、その健康を損なう恐れがあると彼らは主張するのだ。（中略）「七～一〇レムという被ばく許容値を避難の基準に適用した場合、多くの都市や地方の行政中心地域の住民の間でこうした精神問題が出現すると考えられる」。さらに「一〇〇万人の人々を避難させた場合」、医療の質も保証もできなくなるというのだ。

これで明らかだ。一九八九年九月の時点で、生涯線量七～一〇レムを適用していたら、数十万から一〇〇万人の住民の避難が必要となるはずだったのだ。放射線管理下におかれた地域の住民に関する公式データを比較してみると、管理下の地域（一平方キロメートル当たり五キュリーの汚染レベル）に住むすべての住民がこれに相当していたことがわかる。[原注18]

ジャーナリストのN・マツコフスキーは一九九〇年三月二十六日付の『イズヴェスチア』紙でE・ペトリアエフ博士にインタビューを行なった。博士はベラルーシ第五レーニン国立大学放射線化学科の教授である。

人間の生涯にこのような閾値を設けるとは言語道断だ。その理由とはこうだ。被ばく許容基準値を設けるためにはセシウム137しか考慮されていない。ところが被災地にはストロンチウムやプルトニウム、そしてウランの分裂生成物がふんだんに存在し、これらはミクロレベルの噴霧スプレ

原注17：下巻第六部第二章参照。
原注18：ベラ・ベルベオーク、前掲書。

ーのように拡散し、呼吸を通して人体に侵入するのだ。最も恐ろしいのは一ミクロン程度の大きさのホットパーティクルである。国の南部やゴメリ地方の土壌にはこうしたホットパーティクルが一平方センチメートル当たり一から一〇個程度存在する。こうした要素がすべて三五レムには換算されていないのだ！

率直に言おう。科学的議論とやらが計算に入れているのはキュリーやレムではない。避難させるべき住民の数と彼らの住んでいる地方だ。もっとはっきり言えば、これはルーブルの問題なのだ。避難のためにいったい何十億ルーブル払うことができるのか。一〇〇億か、一五〇億か、二〇〇億か。これは偽善ではないのか。人の命に価格はないと言いながらこの有様だ……。

ソ連代議員大会は委員会を設け、チェルノブイリ原発事故原因の分析と事故後に効果的な防護措置が取られなかったことに対する中央権力の責任追及を行なった。このチェルノブイリ事故調査委員会で中心となって活躍したのは、科学を無視したモスクワ路線に反旗を翻す専門家からなる常任のグループであり、彼らは原発事故被害を受けた三共和国において多岐にわたる科学技術分野を代表する約二〇〇名の専門家だった。また二〇名あまりの代議士も専門家グループに含まれた。ユーリ・シチェルバクの他、アラ・ヤロシンスカヤ、作家のアレス・アダモヴィッチといった面々で、彼らはアンドレイ・サハロフと共にヴァシーリ・ネステレンコが独立した施設、ベルラド放射線防護研究所を創設するのに手を貸した。ネステレンコは、チェルノブイリ事故調査委員会によるベラルーシでの調査を主導することになる。一九九一年のソ連崩壊後には、ベラルーシ、ウクライナ、ロシアの二〇〇名の専門家から成る専門家統一委員会が、ソ連代議員大会チェルノブイリ事故調査委員会の後を引き継いだ。

一九八九年十月、ソ連の原子力ロビーたちは、再び西側世界の同業者に援護を求めた。市民社会が彼らの代議員を通して抗議を続けるなかで、ソ連政府は、権威を挽回すべく、ＩＡＥＡにチェルノブイリ事故被害を評価し、ソ連政府が取った対処措置の有効性について国際監査を実施するよう依頼したのだ。一九八六年八月、ウィーンでの非公式会議がレガソフ教授の資料七をゴミ箱に捨て去ったのを機に、ソ連中央政府は、従来の態度に戻っていた。不協和音を唱える科学者を監視し、それに対する褒美をＩＡＥＡに求めたわけだ。ＩＡＥＡはチェルノブイリ国際プロジェクトという調査委員会を設け、調査団長に広島の公益財団法人放射線影響研究所[原注19]（ＲＥＲＦ）理事長の重松逸造博士を据えた。これはアメリカ政府と日本政府の資金によって運営されている研究所で、日本に投下された原爆の犠牲者における被ばくの影響を研究している。国際調査委員会の定めた計画に従って、一九九〇年三月から一九九一年一月にかけて、五〇あまりの使節団がソ連を訪問した。ソ連人のほか、ＩＡＥＡ、ＵＮＳＣＥＡＲ、ＷＨＯ、国際連合食糧農業機関（ＦＡＯ）、欧州連合委員会[訳注5]を代表する二五カ国二〇〇人の専門家が参加した。彼らの最終報告書は

原注19：本書一一七ページ原注3参照。

訳注5：欧州連合（ＥＵ）の政策執行機関。

一九九一年五月二十一〜二十四日、ウィーンで開催されたＩＡＥＡ会議の場でまとめられた。国際専門家らによって発せられたこの基本声明は、チェルノブイリにおいて、放射能は周辺住民にいかなる健康被害も及ぼさなかったというものだった。

一九九一年五月二十一日、ＩＡＥＡは専門家の結論を含む五七ページからなる議事録の概要（IAEA, 1991a）を発表した。議事録そのものの刊行は遅れた。同年十月になるまで報道陣も独立した立場にあった研究者たちもその内容を知ることはできなかった（IAEA, 1991b）。その間にも議事録概要とプレスリリースは新聞の見出しをにぎわせていった。「国連委員会によればチェルノブイリの不幸の主犯は放射能ではなく心理ストレスである」（『ワシントンポスト』一九九一年五月二十二日付）、「チェルノブイリによる被害は生物学的ではなく心理学的」（『アソシエイティッド・プレス』一九九一年五月二十一日付）。同紙はさらに次のように引用する：

「無論、チェルノブイリ汚染地域の住民は自分たちが病気だと思っています」と調査の医学分野を担当したリン・Ｒ・アンスポーは語る。「しかしそのすべてが放射能を原因としているわけではありません。放射能に対する恐怖心が原因なのです……」。しかしこのアンスポーなる人物が、旧原子力・代替エネルギー庁会が帰属する合衆国エネルギー省で働いていることについては、『アソシエイティッド・プレス』紙は一言も触れなかった。リン・アンスポーこそ、原子力発電所事故の被害を評価する際の《ゼロ・リスク・モデル》を作成した三名の中心人物の一人なのである。[原注20]

原注20：ジョン・W・ゴフマン、『チェルノブイリ事故、現世代および未来の世代への放射能被害』、一九九三年、John W. Gofman, *Chernobyl Accident, Radiation Consequences for this and Future Generations*,1993

第二部　知

第一章　ヴァシーリ・ネステレンコあるいは物理学者の誠実さ

スヴェトラーナ・アレクシエーヴィッチが著した『チェルノブイリの祈り』[訳注1]のフランス語訳者であるガリア・アッケルマン[訳注2]は、ヴァシーリ・ネステレンコが、ソ連の水爆発明者であり、ノーベル平和賞受賞者でもあるアンドレイ・サハロフに比肩しうる人物であると、チェルノブイリについて記事を書いたときに指摘した。「サハロフと同様、ヴァシーリ・ネステレンコは原子力の分野でソ連軍のための仕事を行なった。（中略）しかしネステレンコが忠実に仕えてきた国家体制は、かつてサハロフも体験したように、別の顔を露わにするときが来たのだ。それはチェルノブイリ事故によって現われた顔だった。そのときネステレンコは、未だ全体主義体制下にあった国において、前代未聞の行動をとったのだ。（中略）彼は上司になんの承認も得ることなく、ベラルーシ核エネルギー研究所の学術的な仕事を中止する決定を下し、（中略）その代わりに研究所の職員を全員、チェルノブイリ事故被害を調査し、被災した人々を救援する政策を練るために当てたのである」[原注1]。その結果更迭されることになったネステレンコは不安定な境遇に甘んじながら、汚染地帯に住みつづける五〇万人ものベラルーシの子供たちのために飽くことなく闘い続けたただ一人のベラルーシアカデミー会員だった。

一　ヴァシーリ・ネステレンコの選択

一九九八年五月、私たちはスイス・ルガーノ・テレビのための二度目の取材のおり、チェルノブイリ近郊でヴァシーリ・ネステレンコに会うことができた。自らの原子力に対する信仰を捨て、輝かしいキャリアが約束する数々の特権を放棄し、命を賭けてクレムリンとの対決に臨んだこのアカデミー会員の急激な方向転換は、私たちの興味をそそった。彼の中で何が起こったのか。その変化はどこからきたのか。彼は何者なのか。人が極限状況において決定的な選択を行なう瞬間は、混乱に満ちているものである。その瞬間、人は自分が本来あるべき人間に戻るか、あるいは本来の自分の姿をごまかし、自分から逃れていく。その綱渡りのような行動を見つめる証人は、自分以外に誰もいない。ヴァシーリ・ネステレンコは彼の選択について、気取りもためらいもなく私たちに話してくれた。それは自らが民衆の間に生まれ、その民衆

原注1：『チェルノブイリの沈黙』、オートルマン社、二〇〇四年、*Les Silences de Tchernobyl*, Autrement.

訳注1：Svetlana Alexievitch, *La Supplication*, 邦訳は、松本妙子訳『チェルノブイリの祈り：未来の物語』、岩波書店、二〇一一年。
訳注2：Galia Ackerman、ロシア系フランス人の女流作家、歴史家、翻訳家、ジャーナリスト。

に対して借りを感じ、誠実であり続ける人間の言葉だった。彼が自らキャリアを棄て去るには、勇気などほとんど必要なかったかのように思われた。しかし実際には、二十年来、彼は勇気を実践する日々を送っているのだ。ロビーに抵抗するために、そして被ばくによって傷ついた自らの身体を守るために。彼は私たちヨーロッパ人を守るために身を呈して働いた八〇万人（一〇〇万人とも言われている）のチェルノブイリのリクビダートルの一人なのだ。

ヴァシーリ・ネステレンコ　ロシアの昔の諺に、「不幸を知らせる者は斬首される」というものがあります。そうわかっていても、私はこのように行動せずにはいられませんでした。義務感というものは、ロシアの《インテリゲンチャ》にとって、生来の特質だからです。今でこそ流行らなくなってしまっていますが。私は、一九八七年に所長の地位を罷免されても、アカデミー研究所の実験室で放射線防護に関する仕事を続けていました。でも、「おまえのための仕事じゃないぞ」、「官庁がすでにしっかり働いている」、「おまえは科学研究に専念すべきだ」と言って、まわりの連中は私を執拗に攻撃しつづけました。こうした声に納得できませんでした。私は、ベラルーシやロシア、ウクライナ、いずれの土地の民衆に対しても、多くの借りがあるからです。私たちが属する国家の頭脳をなすエリート層の養成費や生活費を負担してくれているのは、民衆である彼らです。

私はウクライナで育ち、モスクワで十二年学業を積み、ベラルーシで生活するようになって三十五年になります。三十三歳から三十四歳のときに、博士論文の口頭試問を受け、教授の資格を得ました。一九七二年に、ベラルーシの科学アカデミー会員に選ばれ、アパートを持つことを許され、素晴らしい生活条件を与えられました。民衆は、彼らに負担できるものを私に提供してくれたのです。チェルノブイリで不幸が起き、人々が苦しんでいる今、自分たちの能力と可能性を駆使して彼らを放射能から守るために調査することは、どうみても私たちの義務なのです。

私はそうしたことに専念しようとしたのですが、アカデミーはそれを妨げました。ある日、アンドレイ・サハロフがモギリョフ州に関する私のデータを公表するよう電話をかけてきました。当局が汚染の実態を認めようとしなかったからです。「君のデータを私たちに送ってくれ。公表しないといけない。モスクワのイズラエル教授とイリーン教授はモギリョフ州の汚染問題について何も知らないと主張しているんだ」。「なんだって！　私たちは汚染地図を作成して、ただちにそれを教授らに送ったのに。この件に関して《トップ・シークレット》として分類されている政府との間の書簡の全コピーを保管している」。私は、ソ連最高会議議員であるサハロフに、チェルノブイリに関する情報の機密指定を解除するように頼みました[訳注3]。一九八九年五月、ソ連最高会議は国家機密扱いを解除し、私は『ラドニク』紙上に発表するために、これらの書簡を譲渡しました。ところが一九八九年夏、私は中央委員会に召喚され、政府を転覆させる恐れがあるためこれらの書簡を編集部から回収すべきだと申し渡されました。私は、人々には真実を知る権利があり、そんなことは決してしないと答えました。そのすぐ後、電話で、「ベラルーシから出て行け、さもないと痛い目に遭うぞ！」といった脅迫が始まったのです。しかし気にしませんでした。ペレストロイカ高揚の時期でしたし、誰も私が言いたいことを言うことを禁じることなどできないと思っていたから

訳注3：本書第一部第六章四参照。

です。その少し後、ニコライ・イグナトヴィッチが電話をくれました。彼はベラルーシの検事で、かつてソ連最高会議の選挙が行なわれたときに私の研究所が立候補者[訳注4]として推薦した古い顔なじみです。「新聞にデータを渡したのか」「渡した」「君は毎日研究所に車で通っているらしいが、何カ月間かはハンドルを握らない方がいい」「ニコライ・イヴァノヴィッチ、まったく君は新たな職務に就いたおかげで、妙なことで気を揉むようになったな」「私の任務は君に警告することだ」と述べ、彼は電話を切りました。それが八月二十五日のことでした。

　九月八日、私はいつものように車でニュータウン《ソスニー》にある研究所に向かっていました。ミンスク市の外縁にあるドラズニア地区を抜ける一番の近道をとります。道路は両側にそれぞれ三車線がありました。私は一番右側の車線を走っていました。左側の二車線は空いています。目の前の交差点で、信号が赤に変わりました。ブレーキを踏み、いつもの癖でバックミラーに目をやります。すると右側車線の後方から、猛スピードで突進して来る救急車が見えたのです。赤色灯も点滅させず、停車する気配も、空いている左側の車線に移動しようという気配もまったくありません。私はブレーキを踏むのをやめ、ギアを切り替え、加速しました。なんとか交差点内に数メートル入ったところで、救急車が猛スピードで私の車に衝突しました。この衝撃で私の車は、交差点のおよそ三〇メートル向こう側に飛ばされました。もしもあの瞬間、車を動かしていなかったなら、すでに私の横で動き出した車の往来によって押しつぶされていたでしょう。そして、「不注意な教授がブレーキを早く踏み過ぎて、命を落とすことになった」と言われていたかもしれません。

　むち打ち症になっただけでしたが、今もその後遺症が残っています。

数日後、また電話が鳴りました。「これで今後はおとなしくするんだな」。私は電話を切りました。

このとき、彼の妻、イルザ・ネステレンコが話しに割って入ってきた。

イルザ・ネステレンコ　私は夫の命が心配でした。何度、脅迫電話を受けたことでしょう！　彼らは自宅に電話をかけてくるので、受話器を取るのは私でした。「何が起こるか分らんぞ……」「介入を止めろ！」と脅されました。細かくはもう覚えていませんけれども。電話の音とあの声だけは忘れられません。最後まで聞かずに切ってしまい、受話器を放り出して、心のなかで震えあがっていました。実際に何が起きるかわかりませんでしたもの。たとえば事故ひとつでおしまいです。あの頃のことは思い出したくありません。ずっと後になって、こういったことすべてが多少なりとも落ち着き、私たちを取り巻く環境がずっと静かになったとき、ある日ヴァシーリがこんなことを言いました。「あの頃はまったくひどい状態で、何もかもなるようになれと、車ごと壁に突っ込みたい気持ちだった。そんなことをしたら君がアリョーシャ[訳注5]

訳注4：一九八九年に選出されたソ連人民代議員大会については第一部第六章四を参照。人民代議員大会の代議員の三分の一は全国規模の社会団体から選出されたが、科学アカデミーもそうした団体の一つだった。ソ連最高議会は人民代議員大会の常設機関。

訳注5：アレクセイの愛称。ヴァシーリ・ネステレンコの息子で核物理学者のアレクセイ・ネステレンコのこと。父親の死後、ベルラド放射線防護研究所所長を引き継いでいる。アレクセイ・ヤブロコフ、ヴァシーリ・ネステレンコと『調査報告　チェルノブイリ被害の全貌』（邦訳は岩波書店、二〇一三年）を共著。二〇一二年十月に来日し、福島原発事故被災地を視察した。

を一人ぼっちで育てなければいけないという思いが僕を止めてくれたんだ」。あの頃一番つらかったのは、夫がいらだった様子で家に帰ってきて、「まるで耳の聞こえない連中と話をしているようだ。この壁に話すのとなんの変わりもない。奴らに話しても、なんの答えも返ってこない。少なくとも好奇心から質問をしたり、反論したり、おまえは間違っていると言ってもいいじゃないか。なのにだんまりだ。奴らには耳がないんだ。壁と同じさ」と言うのを聞くときでした。

ヴァシーリ・ネステレンコ　最近、また同じようなことが起きました。去年、一九九七年のことです。ベラルーシで原発を建設することに反対する国会での発言を用意していたときに、電話が鳴りました。「一九八九年のことを忘れるな」。今回も気にかけませんでした。

国会での私の発言は十五日に行なわれました。十六日、私は自宅から二〇キロメートルの所にあるガソリンスタンドに行かなければなりませんでした。私は一九八四年製の旧型のプジョーに乗っていますが、エンジンをかけると、奇妙な音がして、ハンドルが揺れるのです。音は右のタイヤから聞こえてくると思われました。ボルトを点検しましたが、しっかりと締められています。再び出発し、車道がでこぼこしているので時速五〇キロメートルで高速道路に入ったときに、左のタイヤが突然はずれ、前方に転がっていったのです。

私は物理学が最も進んだ科学だと信じてきました。人類はこの分野において大いなる成果を成し遂げたからです。しかしそう信じていられたのはチェルノブイリ事故までです。

チェルノブイリ事故が起こり、この技術が今の人類のモラルのレベルとは両立しないことを理解しました。こうした状況下で国家は何をしなければならないでしょうか。真実をあるがままに語るべきなのです。「われわれを襲った事故は、残念ながら最後のものとはならない。他国でもいずれ同様の事故が起こる。そのための保険基金を設立するべきだ。今はわれわれを援助してほしい。その代わりいつか必要となる日がきたら、われわれが基金設立に参加した国を援助しよう」というような提案を国連に示すべきでした。あのときこうした決定を下さなかった人々は、事故の犠牲者に対して道義的責任を負っています。国民を守るために必要な防護措置を取らなかったことに対して法廷で答弁するべきです。しかし今なお彼らはメンツを失わないためにだんまりを決め込んでいます。これほど長い歳月にわたって口を閉ざしてきたことを非難されたくないからです。

また一方で、もしも国家が今、真実を口にしたならば、人々は国がその真実に見合った行動を取ることを期待するでしょう。しかしわが国にはそのために必要な財源がありません。だからこそ「この地域に住むことはできる、危険はない」と繰り返し、ダチョウが頭だけを砂に隠すように、現実から目をそむける政策ばかり取っているのです。年のいった役人たちがあえて嘘をつく心理はまだしも理解できます。被害が深刻化する頃には、彼らはすでに現役を引退しているか、あるいはこの世からもいなくなっているでしょうからね。

しかし権力機構にはたくさんの若者がいるのに、よくわかりません。私が上層部に送った情報や手紙、報告書が、老獪な官僚に邪魔されて上層部まで届いていないのではないかと、ときどき疑いたくなります。

国際社会もまた無策でした。このことを私はまったく理解できません。私は国連がIAEAの活動の半分でもいいから、放射線防護政策を監督すべきだと信じています。今日、国連がかかわっているのは、核兵器拡散防止問題のみです。それも役に立たないやり方で。大体、インドの核実験は、国連の核兵器拡散防止活動がいかに無益かを見せつけました。放射線防護にいたっては、国連はまったく何もやってません。一九八九年、国連はチェルノブイリ事故に対する資金援助を呼びかけました。ベラルーシを支援するために七・八億ドルを集める予定で、それは相当な援助金になるはずでした。しかし、日本だけが一〇〇〇万ドルを送ったきりで、後の援助はすべて中断されてしまいました。「チェルノブイリ事故は深刻な被害を及ぼすことはなかった」という、例の国際的な専門家たちの有名な結論は、このような援助が不要だと示すために、絶妙なタイミングでもたらされたわけです。

原発保有国にとって、この事故の健康被害について認めるのは得策ではありません。わが国では、犠牲者に対する賠償は行なわれませんでした。しかし、もし不幸にも他の原発保有国でこのような事故が発生したら、何百万ドルもの賠償金を犠牲者に支払わなければならないでしょう。彼らは司法上の先例ができてしまうことを避けたいのです。西欧諸国では、原子力発電所周辺の人口密度はソ連の五倍もあります。

ドイツの専門家が概算したところによると、もしもチェルノブイリのような大事故がハノーヴァー地域で起こったとしたら、八〇〇万人を超える住民が被害に遭い、ドイツ経済に甚大な打撃を与えることになります。これは私のデータではありません。ドイツの専門家の試算です。でも、こうした情報が人々に知らされている様子はありません。国際原子力ロビーは、わが国の大惨事の規模を否認しようとしているように私には思えます。それを認めてしまったら、原子力エネルギーが存在することができなくなってしまうからです。

二　荒廃した土地にひとつの声

ヴァシーリ・ネステレンコ　二つの劇的な状況に直面したことが、私のものの見方を根本から変えることになりました。ひとつは世の中の無責任な態度、もうひとつは、子供たちの放射能汚染です。

私はちょうどモスクワにいました……。事故が起こったのは四月二十六日の土曜日です。しかし事故は隠ぺいされました。核エネルギー研究所を指揮していた私に対してさえも隠されたのです。日曜日、私は飛行機に乗りました。毎週モスクワに出張していたのでいつものことだったのですが、常に小型のガイガーカウンター、つまり線量計を携えていました。突然「いったいなにごとだ？」という数値が目に飛び込んできました。しかし線量計が壊れているのだと思い、ポケットにしまい込んで、そのことは忘れてしまいました。モスクワに着くと、クレムリンに赴き、ペトロヴィッチ（軍事産業委員会の職員）を訪ねました。「局長に面会せねばならない。是非とも彼に会って話し合い、いくつかの問題を解決したいんだ」と告げると、「それどころじゃない。チェルノブイリが燃えているんだ！」という返事です。二十八日の月曜日のことでした。私は「ユーリ・ペトロヴィッチ、冗談はよしてくれ。休日はもう昨日終わったぞ。今日は月曜日だ」と返しました。「冗談じゃないんだ。原子炉が本当に燃えているんだ！」ようやくそれが真面目な話であることに気づき、たちまち事態の深刻さを理解しました。私はアメリカのスリーマイル島の事故を知っていましたし、またチェリアビンスク事故[訳注6]とそれに伴うさまざまな放射線防護の問題のことは、専門家として熟知していました。チェルノブイリの原子炉もよく知っています。防護用ドームがなく、全体が外に開かれているのです。私は受話器をつかむと、ミンスクのアカデミー総裁を呼び出しました。アカデミーの人々は何が起きたか未だに知らずにいましたが、ガイガーカウンターが強烈な放射線量を示しているために、私たちの研究所が原因なのではないかと恐々としているところでした。このときすでに、チェルノブイリ関連情報は極秘扱いとなっていたのです。私は「うちの研究所で問題を探しても仕方がない。問題は南にあるんだ、われわれの南隣の地域だ」と伝えるのが精一杯でした。《チェルノブイリ》の名を口にして、通信が妨害されることを避けなければならなかったからです。「事故が起こったんだ。要人たちに知らせ、南部の住民を避難させなければならない」。するとアカデミー総裁は「君はあのスリューンコフを知ってるだろう。私に彼を説得するのは無理だ。君自身が電話したまえ」と答えました。スリューンコフはソ連共産党のベラルーシ中央委員会第一書記で、当時の事実上の大統領、つまりナンバーワンでした。仕方がありません。私はスリューンコフの秘書に電話をしました。一回、二回、三回。「お取り込み中です。お繋ぎすることはできません」と繰り返されるばかりです。「緊急事態だ！　そう伝えてくれ！」私はしだいに声を荒げていました。そしてとうとう彼に繋いでもらうことができ、「ニコライ・ニキートヴィチ、災害発生です。南部の国境地帯で。非常事態です。即座に住民を避難させ、あの原子力発電所の半径三〇〇から四〇〇キロメートル圏で安定ヨウ素剤を配布する防護措置を取らなければなりません」と叫びました。「何を騒いでいるんだ。話はすでに聞いている。火災が起こったが、すでに消し止められたそうだ」。「それは違う！　黒鉛というのは鎮火しなければ、長期間、何カ月も燃え続けるんです」。「では、明日来たまえ。実際にどういうことなのかわかるだろう」。このやりとりが行なわれたのは二十八日の月曜日午前十時から十時半くらいのことでした。つづいて私は研究所に電話をし、「即刻、すべての学校や職員に事態を知らせ、彼らが家族に知らせるようにするんだ。すべての窓を閉め、水で洗浄を行ない、子供たちの外出を禁じ、学校に行かせないようにしなければならない」と命じました。つまり、基本的な放射線防護手段です。それに安定ヨウ素剤の配布による防護措置を指示しました。研究所の職員は誰もがいつも安定ヨウ素剤を一揃い手元に持っていました。全員即座にそれを服用しなければなりません。

私は夕方の飛行機でミンスクに帰ってきました。運転手が空港で迎えてくれ、私はアリョーシャにヨウ素剤を届けるため、家にちょっとだけ立ち寄りました。

原子力発電所はミンスクから三二〇キロメートル離れています。私は計測器をいくつか携え、夜中に出発しました。まず、ブラーギンに行き、マジィルを通ってナロヴリアに戻りました。現状を調査したのです。たとえば、ホイニキでは、毎時一五〇～一八〇マイクロシーベルト[訳注7]が測定されました。ブラーギンの線量は毎時三〇〇～三五〇マイクロシーベルトに達していました。ナロヴリアは毎時二五〇～二八〇マイクロシーベルト。これは自然界の放射線量の数千倍に当たります。どんな基準に従っても、人々を避難させなければならないことは明らかでした。すべて二十八日の夜中に計測したものです。私は無作為に、食べ物や卵、土や草をサンプルとして集め、研究所で分析するためにすべて持ち帰りました。二十九日の明

訳注6：一九五七年九月二十九日、ソ連ウラル地方チェリアビンスク州にあるマヤークの核産業施設で放射性廃棄物のタンクが爆発した事故。キシュテム事故あるいはウラル核惨事とも呼ばれる。大量の放射性物質が環境に放出され、国際原子力事象評価尺度でレベル六と認定された。福島原発事故、チェルノブイリ原発事故に次ぐ史上三番目の規模の原子力苛酷事故ということになるが、汚染がソ連領土内に限られていたため、長い間西側世界には知られずにいた。またインサイダーによる報告を西側世界は信じようともしなかった。

訳注7：原文では単位にレントゲンを使用している。「一万五〇〇〇～一万八〇〇〇レントゲン」等。

け方にはミンスクに戻り、朝八時に中央委員会を訪れました。実際に決定権がある人々に面会するためです。ところが誰もいないんです。誰もですよ……。それから、私はサンプルのスペクトル測定結果を確認するために研究所に赴きました。研究所はミンスクから二〇キロメートルのところにあるソスニーという小さな村にあります。サンプルは土壌と食品が放射性核種にひどく汚染されていることを示していました。緊急に放射線防護措置を取らなければなりません。私は線量計を手にミンスク市の端から端まで歩きました。線量計は時には高くかざし、時には低く持ちましたが、高さによって線量に大きな違いがありました。ミンスク市の上に、忌まわしい放射能が降り注いでいたのです。暑い日でした。外では《ピロシキ》や肉、アイスクリーム、その他あらゆる物が売られていました。私は再び中央委員会に足を運びました。中央科学委員会の書記であるクズミーンが、スリューンコフとの面会を取りつけてくれようとして、三度も彼のところに走って行ってくれました。しかしスリューンコフは私に会おうとしません。とうとう私は意を決しました。待合室に入って行き、心の中で自分に言い聞かせたのです。「こうなったら強行手段だ。彼の部屋に押し入るしかない」。どなりつけられたとしても、追い出されたとしても、もう選択の余地はありません。時刻はすでに十七時近くで、私は朝の八時から待たされているのです。そのとき、部屋からニル・ギルヴィッチが出て来ました。わが国では名のある詩人です。ちょうど私が待合室の中を行ったり来たりしているところでした。彼は私だとわかると声を掛けてきました。「やあ、やあ、元気かい。私はニコライ・ニキートヴィチとベラルーシ文化を発展させる方法についてじっくりと話をしたところだよ。一時間半たっぷり！」「今すぐ人々を避難させなければ、君たちの文化とやらを受け継ぐ人は誰もいなくなるぞ」。「一体君は何を言っているんだ。スリューンコフは、あそこではすべてが正常だと保証しているぞ」。私は部屋に入っていき、「これこれこういった事態です」と説明しはじめました。「たわけたことだ。あそこではすべてがいつも通りだぞ……」。「それは嘘です。あなたには間違った情報が伝えられているのです！」執拗に繰り返すうち、彼の眼に恐怖の光が宿るのが見て取れました。彼は首相に連絡を取りました。わが国の法律では、非常事態や避難などの宣言を行なえるのは国民保護局長官、つまり共和国首相だけなのです。彼は受話器を取り、「ミハイル・ワシーリッチ、私のところにネステレンコが来て、君が聞いたこととはまるで違うことを話している。彼の言い分を聞いてくれ」と言いました。私にも受話器の向こうの声が聞こえてきました。「なんだってネステレンコはパニックを煽るんだ。彼の部下が街中を歩き回ってパニックをふりまいているそうだ。やめさせるように彼に命じるんだ」。「それでもとにかく彼に会ってみてくれ」。「ネステレンコに命じられて測定を行なっている職員を全員引き上げさせろ！」「いや、とにかく彼に会ってくれ」。私は首相がいる閣僚会議の場に向かいました。到着したのは十八時三十分頃です。すでに四月二十九日になっていたことに注意してください。大きな会議室、四階だったと思います。みんな勢ぞろいしていました。首相、副首相、国民保護局長官、衛生医療長、そしてミンスク市長。私の研究所の放射能防護課の技術者たちは現状評価を行なうために、街中をまわって人々の甲状腺の汚染具合を測定していました。これは放射能汚染の度合いを知るための理想的な指標になるのです。線量計を甲状腺に当てると、それがどれくらいの放射性ヨウ素を取り込んでしまったかが即座にわかります。技術者たちは、すでに市の医局長を説得し、七〇〇キログラムの安定ヨウ素剤溶液を用意させていました。

市長も会議に参加するように私たちが要請したのは、市で安定ヨウ素剤を配るよう指示できるのは彼だったからです……。しかし、彼らが怖気づいているのを見て、私は次のように説明しました。「ごく簡単なことです。飲料水に塩素を投入している浄水場で、安定ヨウ素剤溶液も加えればいいのです。乳製品も同じように処置して下さい。そうすればすべての住民が自動的に守られるはずです」。これは、私たちが科学アカデミーから書面で伝えたことでもあります。その場には全員が顔を揃えていました。しかし決定しなければならないのは首相です。私が会議室に入室したとき、彼は苛立った様子で「さて、どんな話があるのかね」と尋ねました。私は次のように答えました。少なくとも半径一〇〇キロメートル圏の住民を避難させること、安定ヨウ素剤による防護策を実施すること、外気にあたった食品生産物の販売を禁止すること、市場の露店を閉鎖すること、メーデーのパレードを中止させること、等々……。つまりしなければならないことすべてを挙げ、この状況に直面して研究所で私が取った対策について話したのです。そのとき、机の上に広げられている一枚の地図が目に入りました。地図の上には、まるで軍隊の作戦計画のように、放射能の広がりを示す矢印が描かれていました。私は自分がすでに現地に赴き、どのような汚染状況を目の当たりにしたかを話しました。この地域では毎時二八〇マイクロシーベルト、この別の地域では毎時一八〇マイクロシーベルト、ほかではおよそ毎時三〇〇マイクロシーベルトなど……。四月二十九日、中央委員会と閣僚会議のある建物の横では、毎時八マイクロシーベルトの放射線量が計測されました。私が発言している途中で、保健大臣のM・サフチェンコが席を外して、控え室に出て行きました。そしてモスクワにいる政府の放射能防護顧問イリーンに電話を掛け、私の提案をどう思うか聞いたのです。「何もする必要はない」というのがイリーンの返答でした。保健大臣は私の方に向き直ると「医者が大したことはないと言っているのに、君はパニックを煽るのかね」と告げ、同時にアカデミー総裁が金属的な声で言い添えました。「同志ネステレンコ、君の研究所では君のいいようにすればいい。しかし、われわれはここでは、君なしでもうまくやれる！」「ミハイル・アレクセーヴィッチ、私の研究所では、もうすでに必要な指示をすべて出してあります。それが私の職業上の義務ですからね。研究所では、あなたの指令など必要ありません。全員がすでに安定ヨウ素剤による防護策を取っています」と応じると、「考えておこう」と彼は言い、議論は続きましたが、私の意見はことごとく彼によって妨害されてしまいました。私は会議室を後にし、心のなかで呟きました。「ダメだ、このままではいけない！」私は研究所に戻り、政府宛にメモを作成し、それをコード化しました。放射能汚染に関するあらゆる情報は機密扱いにすることがすでに布告されていたからです。[原注2]そして、私は研究所の第一課課長に「明日、三十日の朝に、スリューンコフの手元に届くようにするんだ」と指示しました。四月三十日にも報告書を書き送りました。それから五月三日、それから七日……。調査旅行を実施するに従って、もたらされる知らせは悪くなるばかりでした。しかし私は惨事を目の当たりにしながら、政府に報告書を送り続けることしかできなかったのです。

無責任というものが、これほどのレベルに達しうるものだということを想像するのは、健全な精神を

原注2：ここにミハイル・ゴルバチョフによる証言がある。「前代未聞のあの事故においては、広島原爆の十倍の量の放射性物質が降下し、何百万人という人間が放射能汚染の犠牲となりましたが、私は惨劇の状況をもっとよく知り、もっと多くの時間をかけて対応策を練り、もっとまともな防護策を取ることができていたらと思わずにいられません。想像するのは難しいでしょうが、事故当初、科学者も含めて誰一人、事故の規模を評価することができなかったのです。科学者たちはあの状況を収束させうると思っていました。そしてわれわれ政治家は、何をなすべきかわからずにいたのです……。（中略）こうした事故の被害者となりえない人間など一人もいません」（『月刊ジョナス』二〇〇一年八月二十四日のインタビューから抜粋）。情報の隠ぺいは今も続いている。政府高官らは秘密でがんじがらめになった無知の状態から逃れられずにいるのだ。

もった人間にとっては難渋でした。科学者が仕事をするときには大変責任のある行動をとるものです。しかし、私たちはある一つの事実を見落としていました。それはちょうど社会主義のもとでは労働における物質的な動機づけが否定されてしまったことに似ていますが、私は「人間は良心を持っているはずだ」と思い込んでいたのです。新しい技術が発展していくなかで、私は、誰もが大いに責任ある行動をとるだろうと信じていました。チェルノブイリ原発内には、まさに今回発生してしまったような事故の拡大を防ぎ、大惨事に至ることを妨ぐために制御棒が用意されていたのです。ところが誰かがそれを抜いてしまった。いったいこんなことが現実に起こるなど、誰が予想することができたでしょうか。「愚かしさに対する防御はない」、これはわが国の格言です。繰り返しますが、原子力というテクノロジーは、現在の人類の成熟度には見合わないのです。私はチェルノブイリの汚染地域を訪れました。そしておびただしい数の子供たちをこの目で見たのです。私たちはその子たちの被ばく量を測定しました。今でも記憶に蘇ってきます……。

私たちが測定を行なっているその横では、人々が放射線源に直接触れるままにされているのを目の当りにしなければなりませんでした。これは悲劇でした。放射線源に近づくときは、体を防護服で保護しなければならない、人々を放射線源から守らなければならない、生物学的な防護策を取らなければならないと、私は生涯にわたってとことん教え込まれてきました。ところがチェルノブイリでは、人々は歩けば被ばくをする状態に置かれていたのです。問題は、人間に放射能を感知する器官がないということです。私たちは人々が無防備のまま取り残されている姿を目にしました。このときから私は、行政機関と激烈な論争を繰り返すようになったのです。

チェルノブイリの資料がソビエト最高会議によって機密扱いを解除されたとき、ヴァシーリ・ネステレンコは、彼がベラルーシとソ連政府に必要な緊急措置を提示するために送った報告書の一部を公表した。それは彼がアーカイブに保管しておいた一〇〇〇ページ余りのコピーから抜粋したものだった。以下は、一九八九年七月に『ラドニク』紙上に、短い序文と共に公刊されたその報告書の冒頭部分である。

暴いてはならない秘密など何ひとつない

チェルノブイリ資料が物語る

チェルノブイリを巡る情報の隠ぺいと、何よりも「ベラルーシの科学者たちは、チェルノブイリの悲劇が起こったときに、いっさい沈黙してしまった」というつくり話が繰り返し口にされ、すっかり日常化してしまっている事実に（中略）背中を押され、私は資料を整え、これらの文書を『ラドニク』紙上に公開する決意を固めた。

いったい何者が、いかなる理由によって自分自身の犯した過ちを無実の人間に押しつけているかを見極めることは、さして難しくないだろうと思う。それはわが国では日常茶飯事のゲームだからだ。しかしながら、今回のゲームにおいては、賭け金があまりに高過ぎる。国家の未来、国家の存立自身がかかっているからだ。だからこそ私は今回のゲームについては、無関心に傍観していることができないのだ。ゲームの勝者は常に決まっている。彼らは都合の良いタイミングで、都合の良い色の切り札を《イデオロギーの忠実な常連》に配ることができるからだ。彼らは真実の独占権を監視する番人なのである。

今日、チェルノブイリについてつかれる嘘は、明日また新たなチェルノブイリを招く危険性がある。それゆえ、私はこれらの資料を公開することが義務であると考える。各人が自分自身の力で、誰からも押しつけられることなく、われわれにとっての永遠の疑問に対する答えを見出すことができるように。それは「いったい誰の責任なのか?」という問い、そしてとりわけ「どうするべきなのか?」という問いである。

V・ネステレンコ

一九八六年四月三十日

N・N・スリューンコフ殿

ベラルーシ・ソビエト社会主義共和国の科学アカデミー核エネルギー研究所は、ベラルーシ・ソビエト社会主義共和国の保健疫学総局の要請により、ミンスクの保健疫学局、またゴメリ地方に位置するチェルノブイリ事故被災地に隣接する地域の保健疫学局から送られた外部環境のサンプル(土壌、水、牛乳)のスペクトル分析を実施しました。ホイニキ、ナロヴリア、ブラーギン地区の村々で採取された土壌サンプルを、放射線測定器及び分光器によって分析した結果、前述の地域の住民が

上：1950年代、ジャガイモを収穫する学生たち。ヴァシーリ・ネスレンコ（左端）
中、下：若き日のネスレンコ

上：若き日のイルザ
右：ヴァシーリ・ネスレンコとイルザ（モスクワにて）

左：ヴァシーリ・ネステレンコとアナトリー・アレクサンドロフ

右：ベラルーシ科学アカデミー・原子力研究所所長時代のヴァシーリ・ネステレンコ

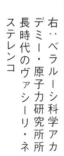

ボディカウンターとともに汚染地帯を巡回するヴァシーリ・ネスレンコ

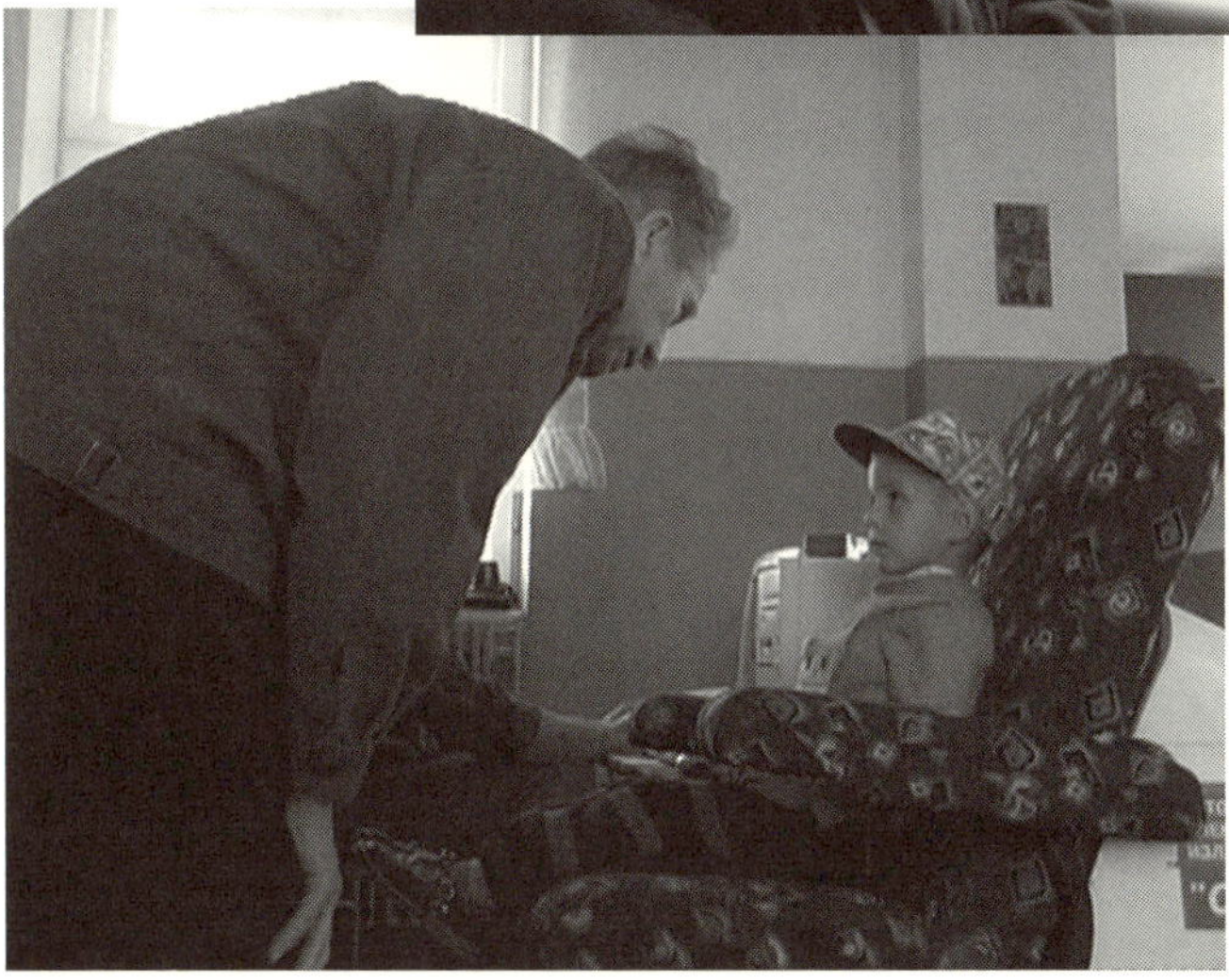

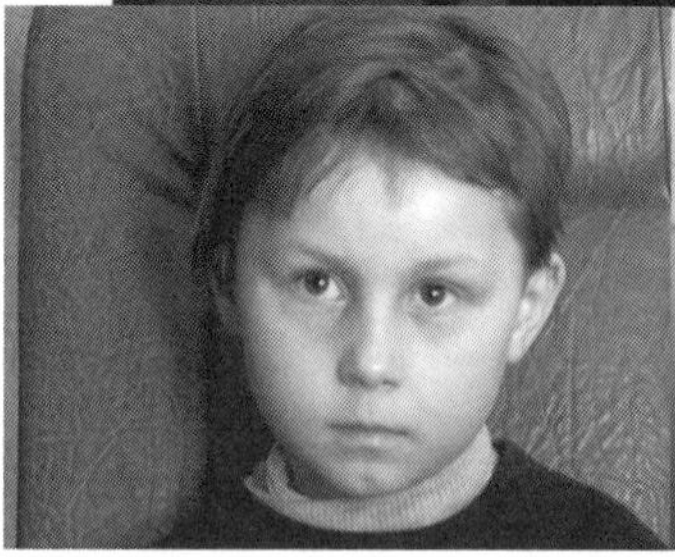

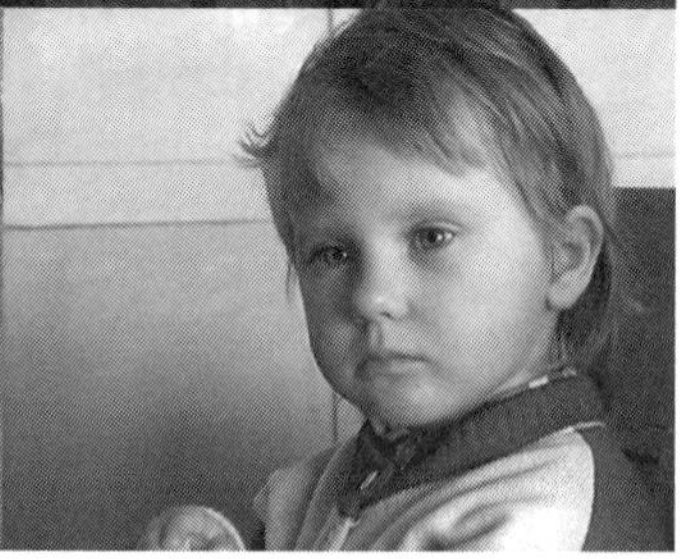

オルマニー村での子供たちの測定

イルザ・ネステレンコ

ヴァシーリ・ネステレンコ

事故発生時から一九八六年四月三十日までの期間、高い放射線量を浴びていることが示されました。土壌サンプルを分析した結果からわれわれが評定するこれらの地区における予想被ばく量は、住民の健康に甚大な被害の現われる可能性があることを示しています。

住民の予想被ばく量と土壌サンプルに含まれる放射性核種を考慮のもと、以下のような組織立った措置を大至急検討し、実施する必要があります。

(1) 共和国内の放射能汚染影響下にある地域の住民に予防のための安定ヨウ素剤を配布する。
(2) 住民の皮膚、衣服、公共機関や住居を除染するための保健衛生的措置を取る。
(3) 包装されていない食品の供給と販売を制限する。
(4) 屋根のない飲料水源を保護する。
(5) 国民への健康教育をオーガナイズする。
(6) 共和国内の市町村を衛生的に洗浄する。

V・ネステレンコ

一九八六年五月七日の報告書

N・N・スリューンコフ殿

(前略) われわれは以下の事項が必要であると考えております。

(1) 避難地域を事故発生地点の周囲、半径五〇~七〇キロメートルに広げる(後略)。
(2) 国民の受けた被ばく量を概算するためにソビエト連邦保健省・生物物理研究所と協力の上、放射線生物学者のチームを編成する。
(3) 科学者代表、農工業専門家、保健省、食品産業省、商業及び公共機関省の専門家からなる委員会を設置し、彼らに穀物、野菜、また汚染地域で生産されるその他の植物性、また動物性食品の放射能汚染量を評定し、今後の土地の使用に関する勧告を提示させる。
(4) 緊急事態期における被ばく量の検査レベルを定めるためにソビエト連邦の保健省に問い合わせる。

V・ネステレンコ

三　地獄

ヴァシーリ・ネステレンコ　四月三十日から五月一日にかけての夜、私は国家安全保障理事会の通信センターに呼び出されました。そこには特殊電話回線があるのですが、受話器の向こうにはレガソフがいました。彼はすでにチェルノブイリに入っていました。私は火災を鎮火するために液体窒素を使用しても、爆発を引き起こす恐れはないと彼に保証しました。「それは素晴らしい。これからヘリコプターが君を迎えに行くから、原子炉を鎮火するためのプランを一緒に練ろう」。迎えのヘリコプターが私のダーチャ[訳注8]の近くに着陸し、私は出発しました。もしも信仰のある人々が言うように、地獄が存在するなら、私はまさにその地獄という場所に行きました。私たちは高度およそ三〇〇メートルのところで空中に浮いた状態でした。ヘリコプター内部の線量は毎時およそ一〇〇〇ミリシーベルト、もの凄い量です。夜明けでした。ちょうど朝日がくっきりしたコントラストを生み出す時間です。視界は良好でした。原子炉内の黒鉛は、少なくとも半分に減っているように思われました。厚い煙を通して見えるのは、日を受けて少し光るコンクリートの壁面だけです。それはおどろおどろしい煙でした。暗い赤色をし、少なくとも高さ一〇〇メートルまで上がっているのです。ヘリコプターは四号炉のまわりを飛んでいました。垂直に真上を飛ぶわけにはいきません。それはもちろん、確実な死を意味していましたから。しかし煙は扇形に広がったため、私たちにもこの煙が当たることになってしまったのです。当時ヘリコプターの機内は放射線に対して防護されていませんでした。私はもっとよく見ようと身を乗り出そうとまでしたので、顔面にセシウムによる火傷を負ってしまいました。放射線量もこのレベルに達すると、身体的に感知されるのです。放射性粒子が皮膚に触れると、強烈な日焼けに似た感覚を引き起こします。私たちはたぶん、特殊な状況下におかれたために、極度の緊張感に襲われていました。私が身を乗り出そうとすると、レガソフに首を摑まれました。「何をするんだ。自分の息子のことを考えろ！　まだ十二歳なんだぞ！」私たちの家族は互いに親しくしていたのです。「万一のことが起こったら、国がアリョーシャの面倒を見てくれるとは思わないか」と言うと、彼はまたも私の首を押さえながら「冗談を言うな」と言い放ちました。今でこそ私も、わが国がリクビダートルたちに対してどのように振舞っているのかを目の当たりにしています。一緒に事故現場にいた多くの人たちはもうこの世にはいません。レガソフもカラシオフ博士もいません。みんな死んでしまいました。
私たちは約十五分間、原子炉の上空を飛行しました。その後、除染を受けました。気管にチューブを入れ、肺を洗浄するやり方です。粒子を吸い込んでしまったのは明らかですから。私の火傷は三年間消えることがありませんでした。被ばくの影響は、後日、さまざまな異なる形で現われるようになりました。私たちの胃の中には、さまざまな栄養素を分解するための消化酵素がありますが、残念ながら、私はこの酵素の一部を破壊されてしまったのです。大量の被ばくをしたリクビダートルの多くも同じ被害に苦しんでいました。ドイツやスイスには、この酵素を回復させることのできる病院があることを知っています。治療には三カ月かかります。でも、目下のところ、私にはその費用は負担できません。名誉教授、科学技術博士、アカデミー会員という多くの称号、さらには特別職に対する国家の手当てにもかかわらず、私が現在毎月手にしている額はおよそ八五ドルです。この種の病院に一日入院するのにさえ足りないことがおわかりでしょう。

この飛行の後、私とレガソフは装着していた線量計を捨てることにしました。というのも、私たちの被ばく量は許容基準値を超してしまったので、こんなに長い間戸外に留まることを許可した人物は罰せられることになってしまうからです。私たちが受けた被ばく量はおよそ一シーベルトほどだと思います。しかしはっきりわかっているのは、出発時に八四キログラムあった私の体重が、二カ月後には六一キロしかな

訳注8：旧ソ連圏などによく見られる家庭菜園つきの簡易別荘で、おもに都市住民が週末や夏季休暇を過ごすために使われる。

かったことだけです。
原子炉は十日間燃え続けました。事故の重大性と規模は、私には火を見るよりも明らかでした。科学アカデミーから、放射能汚染状況調査の責任者に任命されたため、私はすぐさま汚染状況を評価し、放射能汚染地図作成のために研究所の職員一二〇〇人以上を動員しました。スリューンコフへの最初の手紙を出してから数カ月間、私が政府に宛てた一〇〇〇ページに及ぶ報告書のすべてが、「われわれは某地域で放射線量測定し、これがその結果であり、われわれは以下のような措置を提案する……」という形式をとっていました。──

ネステレンコのこうした報告書の効果は、実質的にはまったくゼロだったと言える。彼が勧告した事項のなかで、実行されたものはただひとつ。それは五月一日のパレード前に通りを除染すること、というものだけだった。ネステレンコによるこの証言を書き写しているうちに、ふとある考えが私の脳裏に浮かび上がった。西側、東側両世界にまたがる人間砂漠の真っただ中で、二十年間にわたる闘いを繰り広げてきているネステレンコが、この世にまったく存在しなかったと仮定してみよう。ベラルーシという国の五〇万人の子供を含む二〇〇万人の農民たちは、今日、世界に住む私たちにとって存在したであろうか。チェルノブイリの土地で何が起こり、今後何が起きようとしているのか、歴史の記憶に刻んでいくために、いったい私たちが彼らを意識することがあっただろうか。優れた才能という武器を手にネステレンコという証人が、原子力ロビーを相手に果敢な闘いを挑んでいなかったとしたら、これらの子供たち、女たち、男たちは沈黙の中で、一人また一人と黙殺され、否定され、原子力ロビーの嘘によって消し去られていったことだろう。そして今後も地球上で他の人々の日常生活が、原子力ロビーによって破壊されていくだろう。同様の破壊行為が繰り返されることは、統計学的に見て十分にありうるのだ。「どうせいずれは誰もが死ぬ。何も今さら目新しいことではない」というのが、人間モルモットに対する冷淡な官僚たちの暗黙の言い分である。彼らは潤沢な手当てを得て、汚染地帯をほんの数日間ほど訪問し、彼らの言いなりになる共謀者である政府役人に対していくつか科学的な警句を述べ立てると、すぐまた立ち去っていく。正気の沙汰ではないこの夢が、いつの日か原子力ロビーにとって悪夢に転じるかどうか、それは、私たちの手にかかっている。しかし残念ながら、ポレスコエ村[原注3]のレジスタンス活動家である、ザッヘイ博士が指摘したように、「人々が事の重大さに気づくのには、あまりに時間がかかり過ぎる」のである。

ネステレンコ　私の人生をほんとうに変えてしまったのは、子供たちの被ばくという衝撃的事実でした。私たちは五月の初めから子供たちを避難させるように主張していました。しかし、避難が始まったのはやっと五月十日になってからです。中央委員会の事務室で行なわれた夜間会議を今でも思い出します。私はアカデミー総裁と二人で、放射線防護措置を実施し、子供たちを避難させるよう繰り返し要請したのです。しかし誰一人耳を貸す者はありませんでした。その少し後で、私はホイニキの現状を調べに行きました。帰還すると、アカデミー総裁は報告を聞くために各研究所の所長を招集しました。ホイニキでの状況について彼らに話しているうちに、私は突然、神経的な発作に襲われ、泣き出してしまったくらいです。

原注3：第一部第三章六〇ページ参照。

まるで耳の聞こえない人々に話しているような気がしたからです。誰も何もしようとしません。それでもとうとう私の危惧は人々に伝わるようになり、五月十日、彼らは動きはじめました。

私が任務のためにゴメリに赴いた時、ちょうど子供たちが避難させられるところでした。そのとき目にした衝撃的な光景が、私の人生の流れを決定的に変えることになりました。当時は、キエフからもゴメリからも脱出が不可能な状況でした。人々は町から逃れるために、あらゆる交通機関に文字通り殺到していたのです。両親や子供は駅に連れて行かれ、多くの輸送車両が待ち受けていました。どんな風にして彼らが駅に連れて来られたのか、私にはわかりません。おそらく力ずくでしょう。子供たちが母親から引き離され、車両に投げ込まれ、知らない場所へと送られていきます。ウラル、バシコルトスタン、ウドムルトなど……。子供たちは一万人という単位でこうした輸送列車に押し込まれ、連れ去られて行きました。私の中で、子供時代の戦争の記憶が蘇りました。ドイツ軍は退却するに当たって、自分たちの軍隊を守るために、恐怖におののく女子供を生きる盾としたのです……。つまり彼らを戦車の前に並べて……（涙を押し殺しながら）わが国の軍用機に爆撃されないように……。あたり一面、泣き声と叫喚……。それでもとうとう盾にほころびが生じ、わが軍はやはり爆撃を行ない、多くの人が殺されました。その死体を埋葬するのに一週間かかりました。私はゴメリで、再び同じ光景を目にすることになったのです。子供たちは無理やり親から引き離され、輸送車に詰め込まれ、泣き叫び、ヒステリックに声をあげているところを連れ去られて行きました。それが私の最初に体験した衝撃でした。

後になって、さらなる衝撃を受けることになりました。私たちの住む《ダーチャ》の近くを通る町の外環道を、バスの列が際限なく走って行くのが目にとまりました。私は自分の車に乗り、近くのサナトリウムまで行ってみました。バスはそこで停車していました。そして、憔悴しきった子供たちがバスから降りてくる姿が見えました……。想像してみてください。水も食べ物もあてがわれず、着の身着のままで、六時間も八時間もバスに揺られてきたのです。彼らはへとへとに疲れ、すっかり打ちひしがれていました。目の前に、その子供たちの進んで来る姿があったのです。彼らを測定すると、全員が被ばくをしていました……。

三度目に衝撃を受けたのは、アカデミー総裁に召喚されて、研究所から遠くないラコフにあるピオネール加盟員[訳注9]のキャンプ地に送り込まれた子供たちを検査したときでした。どの子も持っているおもちゃや着ている洋服を線量計で検査する必要がありました。どれも汚染されており、すべて廃棄しなければなりませんでした。私たちは新しい服を子供たちに買い与え、子供たちからは何もかも取り上げ、放射性廃棄物用の溝に捨て去りました。このときに私は思ったのです。原子力というテクノロジーが何十万もの人間をこれほどまでの不幸な目に遭わせるものならば、それはこの世に存在する権利を持たないと。

すべての原子力発電所に、規定が遵守されるよう監視を行なうのに十分に有能な科学者を配置することは不可能です。チュルノブイリで運転員が制御棒を引き抜いてしまわなかったら、この事故は起こらなかったでしょう。しかし、事故は起きたのです。人類の道徳意識は、これほどまでに危険なテクノロジーを扱える水準に達していません。そしてそれは世界中どこでも同じなのです。

一九八九年から一九九三年にかけて、私は、ロシア、ベラルーシ、そしてウクライナの二〇〇名の科学者、医師、遺伝学者、農業専門家、物理学者、放射線防護の専門家から成る独立の事故調査委員会の議長

訳注9：旧ソビエト連邦における少年団。

を務めました。この委員会は国際的な専門家の委員会と区別する目的で設置されたものです。チェルノブイリ国際プロジェクトの結論として国際委員会は、「チェルノブイリ事故は深刻な被害はもたらさなかった」と主張していたからです。IAEA事務局長ハンス・ブリックスは「チェルノブイリのような事故が毎年起こっても人類は大丈夫だ」と宣言したほどです。ベラルーシだけでも一〇〇〇万の人口のうち五〇万人の子供を含む二〇〇万人が、今日もチェルノブイリ事故の汚染地帯で生活しており、国家は相変わらず国民の安全を保証できずにいるというのに、これこそ暴言ではないでしょうか。チェルノブイリ事故の被害を解決しない限り、私たちは原子力エネルギーを推進しつづける権利はありません。

原発保有国はどこも、チェルノブイリ事故から何の教訓も引き出していないようです。実際、今日チェルノブイリ原子力発電所の二〇〇〜三〇〇キロ圏に住んでいる住民の安全さえ保障できる状況ではないのです。チェルノブイリ発電所から二〇〇キロ以上離れたところにあるブレスト州オルマニー村を例に取りましょう。この村で生産される食物の放射能汚染は、住民の健康を深刻に脅かすくらい酷いものです。村の子供たちは重病に苦しんでいます。私はイギリス、フランス、ドイツ、アメリカ合衆国などを訪問しました……。そして各国の原子力発電所を見学しました。どの国でもみんな口をそろえて言うのです。「われわれの国では万事順調だ。ソ連で起こった事故は、ソ連製原発の欠陥が原因である」と。さらにどの国でも住民の防護政策は、原発の半径二〇〜三〇キロ圏しか考慮に入れていません。私はチェルノブイリ原子力発電所の科学所長だったアレクサンドロフ教授の言葉を思い出しました。あるとき彼はこう言い放ったのです。「この発電所は絶対に安全で、モスクワの赤の広場に建ててもいいくらいだ」。幸い、そんなことは実行されませんでしたが……。いかに安全措置が整っていようと、人為的ミスが起こらないと保証することは不可能です。誰かが自動安全装置をブロックしてしまう可能性、安全装置を無効にしてしまう可能性は常につきまといます。ちょうどチェルノブイリで起こったように。そしていかに万全を期しても、やはり大惨事は再発するでしょう。原子力技術を発展させる計画に巨額の投資を行なってきた政府が、その努力が報われることを望むのは理解できます。また、原子力発電所の建設をめぐっては、巨大な利権が絡んでいます。つまりそれはロビーなわけです。ＩＡＥＡに中立的態度を求めるのは困難です。この機関は原子力発電所を所有する国々の支援によって成り立っているのですから。しかし私が理解できないのは、医師たちの立ち位置です。国際放射線防護委員会（ＩＣＲＰ）の医師にしても、ＷＨＯの医師にしても理解できません。――

四　健康上の破局的事態

甲状腺がん、乳がん、糖尿病、放射能エイズなど

ヴァシーリ・ネステレンコ　私は四十年前から原子力産業で働いており、一九九〇年以降は何人かの医師と共同で、放射線防護研究にフルタイムで専念しています。現在では、以下のことが全世界で認知されています。チェルノブイリ事故の十〜十五年前、ベラルーシの子供の甲状腺がんの例は二、三件しかありませんでした。ところが一九九八年現在、九二〇人の子供がすでに甲状腺がんの手術を受けています。現在のベラルーシで甲状腺がんが発症する子供の数は、世界のどの国よりも多いのです。この現象はとても早くから現われました。毎年、ベラルーシでは新たに八〇～一〇〇人の子供が甲状腺がんを発症し、減少傾向は見られません。事故から十二年が経過して、当時の子供たちが成長すると、今度は成人グループにおいて甲状腺がんが同様に増加するようになりました。私の知っている統計によれば、一九九八年現在、すでに三〇〇〇人以上の大人が甲状腺がんの手術を受けています。二番目に発症例が多いのは女性の乳がんです。この現象はチェリアビンスク事故後にもすでに観察されていたのですが、今ではここ、ベラルーシでも見られるようになりました。子供の糖尿病が頻発するようになり、とくにゴメリ州で多く見られます。極めて重要なことを確認しておきますが、放射能は、免疫システム全体に打撃を与えるのです。ここで問題となるのは、事故直後に放出された半減期の短い放射性核種の作用だけではありません。とりわけ深刻なのは、事故から今日にいたるまでの長い年月、人々が半減期の長い放射性核種に汚染された食物を食べ続けているという事実です。身体器官はもはや感染症に抵抗できる状態にはありません。言ってみれば、これは放射能によるエイズのようなものです[訳注10]。

目

ゴメリから八〇キロのところにあるスヴェチロヴィッチ村を例に取りましょう。チェルノブイリ原子力発電所からは、およそ一八〇キロ離れています。この村の子供たちは体重一キロに対して平均一五〇から二〇〇ベクレルの放射能を体内に蓄積しています。二〇〇〇Bq／kg以上の子供もいます。医師がこの子たちを検査したところ、彼らの二三％において、放射能を原因とする白内障や視力の低下が診断されました。ヴェトカ地区の六六一人の子供の視力検査では、四八％の子供に白内障が見られ、特別な治療が必要であることが示されました。

心臓

放射性セシウムは食品を通して人体に入ると、カリウムの代替物としてとりわけ心筋に沈着し、刺激電動系[訳注11]を変容させます。同じスヴェチロヴィッチ村では、八四％以上の子供が不整脈に苦しんでいます。この子たちは、現在すでに心臓の問題に苦しんでいるだけではなく、不幸にも、将来の心筋梗塞患者の予備軍です。

血圧

ほぼ半数の子供たちが体内への慢性的な放射性核種の蓄積が原因で、心血管系のひどい変調に苦しんでいます。この子たちは、一般に極度の高血圧です。十三歳から十五歳の子供の血圧が水銀血圧計で一八〇～一九〇水銀柱ミリメートル[訳注12]もあるなんて、わが国以外であり得るでしょうか。しかしこれが、私たちが目にしている悲しい現実なのです。

訳注10：汚染地帯の住民の間で見られる感染症に対する抵抗力の減退は「チェルノブイリ・エイズ」とも呼ばれる。アレクセイ・ヤブロコフ、ヴァシーリ・ネステレンコら著、星川淳監訳、『チェルノブイリ被害の全貌』、岩波書店、二〇一三年、参照。
訳注11：心臓の拍動となる刺激を引き起こし伝える心筋細胞の系。
訳注12：原文では一八～一九水銀柱センチメートル。

消化器官、酵素

医師たちは、胃の内視鏡検査によって、子供たちの食道、胃、十二指腸などの胃腸器官の状態を調べました。八〇％の子供たちに胃炎があり、胃潰瘍さえ確認されました。また、十二歳から十五歳の子供の胃の粘膜が、まるで七十歳の老人のもののように、早急に衰えていることが観察されました。放射能の影響を受けた身体は、急速に疲弊してしまうのです。この子たちは今すでに苦しんでいますが、将来は重病人となっていくでしょう。

——あなた自身も同じ問題を抱えているのですか。

ヴァシーリ・ネステレンコ　ええ。これはリクビダートルたちのほとんどを襲っている現実です。例えばモスクワのブーラコヴァ教授のような人たちの研究は、消化器系のがんと酵素が欠乏する症状が著しく増加していることを示しました。これはリクビダートルたちに特に見られる症状です。私も酵素欠乏に苦しんでいて、リンゴがどんなものだったか、キュウリやトマトなどがどんなものだったかわからなくなって久しいです……。私が食べられるものの数なんて、片手の指に収まってしまいます。一九八六年以来こんな風に生きていますが、もう慣れっこになってしまいました。

白血病

事故現場の近くで大量の放射線を浴びた人は、事故直後からすぐに白血病を発症しました。予想通りのことです。しかし今後は、別の原因から発症する白血病も現われるでしょう。地上に拡散したのは今お話したセシウムだけではありません。ストロンチウムも大量に降下しました。ストロンチウムは体内に侵入すると、カルシウムと化学的に等価であるために、骨に送られ、造血システムの中枢である骨髄に蓄積するのです。ベラルーシでは残念ながら、すでにこの手の白血病が現われています。私たちは今ちょうど、この白血病が広がりはじめる時期にいるのです。

生殖能力、胎盤

医師たちによって確証された別の事実があります。私は一九九七年十二月に、バンダジェフスキー教授のいるゴメリ医科大学の年次会議で、産婦人科医の報告を聞きました。周知のように、妊婦の胎盤は、胎児を重金属から守る働きをします。同じように胎盤は、放射性セシウムも吸着します。ところが母なる自然は、この物質がガンマ線を放射することを計算に入れていなかったのです。かくして胎児は被ばくをし、出産は遅れ、出産に際してさまざまな問題が発生することになります。なによりも深刻なのは、子供が発育していくなかで、多種多様な障害に遭うことです。ゴメリの医師たちが実験によって確証を得ています。彼らはゴメリ市で十八歳〜二十三歳の女性二五〇人を検査しました。彼女たちは、汚染された食品を摂取し続け、放射性物質が体内に慢性的に蓄積した結果、生殖器官に異常が起きてしまいました。彼女たちの二〇％は、一生母親になることはできないでしょう。

脳

コンドラシェンコ教授は、十年間にわたって、チェルノブイリの汚染地帯で生活している子供たちの心理学的調査を行なっています。彼の研究結果は次のようなものです。汚染地域に住む子供の四二%において、三~四年の精神発達の遅れが観察されました。この子たちは残念ながらやがては知恵遅れになるでしょう。六〇〇〇人の子供が生まれながらの知恵遅れでした。脳にダメージを受けたのです。『イズベスチヤ』紙が最近詳しく報じたところによると、キエフの精神病院に、すでに六〇〇人もの市民が駆け込んで「なんとかしてください。字が読めなくなり、お金を数えることもできなくなってしまいました」と訴えているそうです。私はこのことについて精神医学研究所の医師と話し合いましたが、彼はこの現象を以下のようなメカニズムによって説明してくれました。放射性核種の侵入を受けた脳組織は、免疫システムに体外異物と認識され、攻撃されるのです。つまり簡単に言えば、免疫システムはその脳組織を殺してしまいます。もしも何の対策も立てられず、子供たちに汚染していない食品を提供できず、放射線防護も行なわなければ、今から三世代もしくは四世代後には、ベラルーシでは高等教育を受ける能力を持つ子供はいなくなってしまうだろうというのが、コンドラシェンコ教授の意見です。教授はこのことを公表しています。

第二章　犠牲にされたリクビダートル

リクビダートルたちは、彼らが救った人々によって、少なくとも四度見捨てられ、裏切られた。(1)彼らには、十分な情報も防護も与えられていなかった。(2)自らの人生と命を代償にしたこと、今なおその代償を支払いし続けていることが認知されていない。(3)治療を受けることができていない。(4)まるで歴史上の廃品のように世論から忘れられている。

事故後にチェルノブイリ原子力発電所の屋根の上に飛散した黒鉛とウランは毎時二〇万ミリシーベルトにも及ぶ放射線を発していた。一片の黒鉛を一秒半手に持っただけで、リクビダートルたちは、自然放射能による生涯被ばく許容量と同等の線量を浴びることになったのだ。最新の見積もりによると、八〇万人から一〇〇万人の若者がソ連全土から《リクビダートル》として召集され、爆発した原子炉に送り込まれた。彼らの任務は、十日間続いた火災を鎮火することであり、また、溶解した二〇〇トンあまりの燃料棒の残骸を、猛烈な放射線量を浴びながら、即席でつくった《石棺》の中に閉じ込めることだった。そうした燃料棒の残骸は溶岩のように固まって、コンクリートの瓦礫や捻じ曲がった鋼鉄が織り成すこの世のものとは思えない迷宮の中に散在していた。また彼らは、汚染地域、すなわち、放射能の雨を浴びた田畑や道路、村の家々を《除染》しなければならなかった。

彼らはシャベルやホースのほかは、まったく素手で放射性核種と闘った。まるで、ざるで水をすくうような「ダナイデス樽」[訳注1]の不条理、わが子を食らう古代神話サトゥルヌス王の時代の理不尽である。受刑者とも言えるこうしたリクビダートルたちは、膨大な量の被ばくを受けながら、公的に認知されることなく、病苦に蝕まれている。すでに何万人もが命を落とし、今なお死を迎えようとしている。

なぜ原子力発電所が事故を起こすと、まるで軍隊のような数の人間を動員しなければならないのかとよく問われる。統計学的に予想可能な事故は、産業活動に内在するリスクとは言えないのだろうか。チェルノブイリでは、この放射能事故のスケールと持続性に対応できる防護方法が存在しないことから、戦時下の論理が選択されたのだった。これほどの放射能レベルに対しては、有効な防護方法を確保することは不可能である。そこでソ連政府は、この放射線量の処理を、できる限り多数の人員に振り分けるという方法を選択したのだ。そのため被ばく時間は、危険に応じて、分刻み、時には秒刻みで計算された。多くの人々が、計測器の限界値を超える量の被ばくを受けた。予測も準備もまるで行なっていなかったところに、パニック状態に陥った責任者たちが下した行き当たりばったりの決断である。人間を蔑み、大義名分のためには無制限に国民を動員できる全体主義権力の自由を享受する彼らの精神を抽象化したのがまさにこの計算方法である。権力保持者にとっては好都合な一連の条件が揃っていたわけだ。一方、《召集された側》は、防護も情報も与えられず、近代技術の思い上がりが開いた傷を、身を挺して塞ぐために利用されたのである。それはソ連という国家体制が賄うことのできた最後の歴史的贅沢であり、この贅沢のおかげで西側世界の私たちも守られたのだ。次の大事故が西側諸国で起こったとき、《自由世界》と呼ばれる体制が果たしてどのように事態を切り抜けることができるのか、疑問に思わざるをえない。ＩＡＥＡ自身が、次の原発事故はおそらく西側世界に起こることを、統計学的に予想しているのだ。[原注1]

チェルノブイリ事故から二十年が経過した。ＩＡＥＡ、ＵＮＳＣＥＡＲ、ＷＨＯは理解不可能なやり方によって、チェルノブイリ事故被害者の統計からリクビダートルを除外してしまった。そして未だに事故による死者数を三二名ないしは四〇名に限定している。膨大な放射線量を浴びた八〇万人にものぼるこの人々に対しては、いかなる追跡調査、免疫学的調査も行なわれていない。公的立場にある科学の沈黙に守られながら、原発保有国と《国際社会》は、あらぬ方向に目をやり、リクビダートルたちが波風を立てずにこの世から消え去っていってくれるのをじっと待ちわびているのだ。彼らを《忘れた》と言うことはできない。なぜなら、誰かを忘れるということはその人がかつて存在していたと認めることだからだ。そ

原注1：「チェルノブイリから十年」という名で一九九六年四月八日から十二日の間、ウィーンで開催されたＩＡＥＡの会議では、「必ず起こるはずの次回の事故に際して、責任産業のコストを削減するという明確な目的のために取るべき措置」について重点的に討議された。このことは、この会議で発表を行なったミシェル・フェルネが *La Catastrophe de Tchernobyl et la santé*『チェルノブイリ大惨事と健康問題』で報告している。《障害のメカニズム》、《放射能測定器》、《免疫学的アプローチ》、《将来の事故》という四つのテーマが、欧州委員会とアメリカ合衆国エネルギー省の後援のもとに一九九六年にミンスクで行なわれた会議「放射線障害による生物学的影響」のプログラムに載せられた。

訳注1：ギリシャ神話に登場する決して満たすことができない樽。

うではなく、旧ソ連領にまたがる十一の標準時間帯のなかに無名のまま散逸して住む彼らは、人間社会から排除されてしまったのだ。私たちを救い、「ただ単に人間として処遇されること」を望んでいた彼らは、存在しないことにされてしまった。

以下は私たちが、一九九〇年に初めてインタビューを行なうことのできた六人のリクビタートルたちによる証言である。

一九九〇年

一　動員

ピョートル・シャシコフ　六月五日のことでした。私は三交替の夜勤で任務についていたのですが、午前二時、私のもとに迎えが来ました。「シャシコフ、隊長が執務室であなたに会いたいそうです」「なんの用だ」「わかりません」。出頭してみると、大佐が一人、少佐が一人、大尉が一人待ち受けていて、「同志上級大尉、召集がかかった」と告げられました。「すぐにですか」「そうだ。すぐにだ。着替えたまえ。バスが待っている」。私は事故があったことを知っていました。「どこに行かなければならないのでしょうか」と尋ねると、「清掃作業だ」。「それなら着替える必要はありません。作業着で出向します。どっちみち服は後から捨てることになるのですから」。そうやって私は作業着のまま出発しました。拒否することは不可能でした。交付された召集令状には赤色のラインが引かれていましたから……。軍令には従わなければなりません。事故後、国防相は総動員を伴う《非常事態》を宣言しました。その召集令状には赤いラインが引かれていたのです。もしも拒否したら、軍法会議にかけられていたでしょう。

M・ボイコフ　私たちの国では、すべての男性が予備役軍人ということになっていて、いつでも召集可能なのです。国家はこのことを大いに利用してきました。農地改良作業、建設作業、修理作業などのために、軍隊の枠を使って　たびたびこうした予備役軍人が動員されてきたのです……。要するにただで使える労働力です。賃金を支払う代わりに、彼らを徴用し、労働力が必要な場所に送りこむのです。

祖国防衛はすべてのソ連国民にとって神聖なる義務です。それは憲法の中に書かれてあります。服従しないことは、脱走を意味します。選択の余地はありません。

アレクサンドル・グールディーノ　最初、私は自分が原発に連れて行かれることを知りませんでした。私たちが召集されたとき、小麦の収穫のために畑に行くのだと思いました。ブラーギンに着いたとき、すべて明らかになりました。それは帰路のない旅だったのです。それがソビエト連邦でした。召集されたら、戦いに行くほかありません。アフガニスタンであろうと、グロズヌイ［チェチェン共和国の首都］であろうと……。祖国のために死ぬんです。私は怖いとは思いませんでしたが、自分の置かれた立場は自覚していました。要するに戦地に送られたのです。でもそれは、爆弾も、砲弾もない戦場でした……。いや、それが本当はどんな戦争なのか、私たちにはわかりませんでした。

二　作業

シャシコフ　私たちはバスに乗せられ、基地に連れて行かれました。そこでブルドーザーを受け取りました。私は戦車の操縦士だった経験があり、あらゆる軍用車に精通していたので、この事態のために改造された歩兵部隊用の装甲車をあてがわれました。それは、前方にはシャベル、そして後方のキャタピラの上には可動式の荷台が取りつけられたものでした。私の仕事は、表土を二〇センチ掻き削って、山積みにし、さらにそれをトラックに移すことでした。積み上げ作業が終わるとトラックはただちに出発します。そしてその後、私は自分の持ち場を別の作業員に受け渡すのでした。全部で四十分ほどかかる作業でしたが、非常に強い放射能の下でしたから、時間としてはすでに大変な長さです。しかし「装甲車の壁が放射能から守ってくれるさ」と言われていました。

私は四日間、原発の屋根の上でも働きました。最初の日は、水を流すために石材の縁に溝を掘るよう命じられました。つるはしとハンマーを持って、約三分間。二日目には、七人がかりでセメントの塊を持ち上げ、屋根の下に投げ捨てました。この作業には五分かかりました。三日目には、排気管の分解です。そして四日目は、黒鉛の破片を処分するよう命じられました。シャベルはありません。手で破片を掻き集め、屋根の下に投げ捨てなければなりませんでした。私は自分がだいたいどれくらいの被ばくを受けているか知っていましたが、彼らはそれを減らして記入をするので、とうとう抗議をしました。しかし彼らの返答は「つべこべ言わずに、出て行け」というものでした。私はまた、衣類の着替えをする倉庫でも働きましたが、そこの放射線レベルは非常に高いものでした。つまり、私が《パルチザン（仲間）たち》に渡した防護服は、どれも放射能汚染されていたわけです。

原発の屋根の上で立派な仕事を成し遂げた褒美として、帰還後私たちは、大佐から証書をもらうことができるのでした。原発の屋根に登るときには、「猟犬のごとく走ってゆき、脱兎のごとく逃げ帰ってくるように」と、忠告されていました。とにかく三分以上屋根の上にとどまることだけは絶対にしてはならなかったからです。三分間で線量計は三〇〇ミリシーベルトまで記録するのでした。でも、彼らは私たちのカードに五〇から七〇ミリシーベルト以上の数字を記入することは決してありませんでした。最初の日、私の線量計は三四〇ミリシーベルトを記録していたのに、彼らがカードに記入した数値は九〇でした。二日目はおよそ三〇〇でしたが、今度はたったの五〇です。三度目、線量計は四〇〇近くを記録していたのに、記入されたのはたったの二〇！　彼らが私たちのカードに記入する被ばく量は、私たちが実際に浴びた量の十分の一以下だったわけです。私はそのことを大佐に指摘しました。「われわれのやるべきことは、お前よりもよく承知している。出て行きたまえ！」私だって、副官です。「あなたにそんな権利はありません。私が受けた量を書いてください！」と反駁すると「出て行け！　そして二度と顔を見せるな」と言われ、それでおしまいでした。

ヴィクトール・クリコフスキー　私も事態をはっきりさせようと試みました。放射能の影響はすぐに感じました。吐き気、めまい、気分の悪さ、突然の虚脱感などです。そのため、自分の被ばく量を知りたいと思いました。でも放射線測定室に行くと、彼らはさっさと私の線量計を取り上げ、扉の向こうに持って行き、それから戻ってくると、「君の被ばく量は平均一一九・二ミリシーベルトだ」と言い放ったのです。

私は「それはおかしいです。上官に会いに行きます」と答えました。「ご自由に」。上官のところに行くと、彼はソファに腰掛けたままニヤニヤ笑って「ハハハ！　彼らの記入してくれた値は上等ではないか。つべこべ言うなら、もっと減らしてしまうぞ」と言い放ったのです。

グールディーノ　私は原発で二度働きました。八月二十五日と八月三十日です。石棺の建設を始める前に、まず爆発の際に屋上に積もったウランと黒鉛の瓦礫を片付けなければなりませんでした。初めこの作業には、ロボットの使用が試みられたのですが、ロボットは放射線に耐えきれず、内部の電子機器が溶解して、停止してしまいました。それで、彼らは人間を送ることに決めたわけです。私たちは、ガスマスクとバイクのゴーグルで顔を防護した以外は、軍服姿のまま、屋根に上りました。それから私は、原子炉そのものの上でも作業を行ないました。機械室の屋根を片付けなければならなかったのです。私たちは屋根の上のウランと黒鉛を、時には手で、時にはシャベルを使って投げ捨てました。一回目、四十秒間しかその場にとどまることが許されませんでした。四十秒の間に上に駆け上がり、もしも手の届くところにシャベルがあればそれを使い、なければ手で黒鉛の破片を摑むのです。そしてそれを原子炉の中に投げ捨て、全速力で逃げ出すのでした。タイムリミットを知らせるためにサイレンが鳴りはじめます。私は逃げる途中でも、床に破片が見えたら、サイレンにもかかわらず、やはりそれを拾い、全速力で逆方向に走ったものでした。二度目に屋根に上がったときには、放射線量は毎時八〜九シーベルトの間でした。放射能汚染から少しでもわが身を守ろうと、私たちは鉛板を斧で切り分けて急場でこしらえた鎧のようなものを着用したりしました。

——事故後四カ月たってもまともな防護服がまだ配布されていなかったということですか。

グールディーノ　そうです。自分たちで急ごしらえした物以外は、何もありませんでした。屋根から降りると靴を脱ぎます。すると次の人は、その靴がたまたま自分のサイズに合えばそれを履いて、今度は自分が屋根に登るのでした。

クリコフスキー　私は、直接四号炉で働きました。照明を設置する仕事です。作業は昼夜休みなく行なわれました。夜間照明を確保するためでした。いくつかある電力パネルからケーブルを引くのですが、五～一〇人の男がケーブルを摑み、全速力で走って行って、それを放り投げるのでした。すると、次のグループがそれに続きます。与えられた時間は文字通り二分です。原子炉には鉄階段がありましたが、私たちは事故直後からこの階段を伝って原子炉の壁を登り、照明を設置したのです。

――そして二分以上はとどまってはならなかったわけですね。

クリコフスキー　そう……。それが放射線測定士によって指示された時間でしたから。「現場の放射線量はこれだけですから、あなた方にはこれだけの時間があります」と言われるだけです。しかしいったい二分間で何の仕事ができるでしょう。走って行って、任務を果たし、また駆け戻るのに全部で二分だなんて、まったく非現実的です。私たちは五分間、七分間、ときには十分間もとどまりました。測定士のなかには、むりやり私たちを現場から引き離す人もいました。バスに押し込められ、連れて行かれました。文字通り追い払われたわけです。私たちが働いていた場所は、今では石棺の内側にあります。

ある日、仕事の後、私は服を取り替えてもらうために倉庫に行きました。測定士は私のもとに来て放射線量を測ると、「平常」と宣言しました。「原子炉の壁に登っていたのに平常だって?」「平常ですよ。あなたにとってはこれで平常値です」。私たちは、五、六人の仲間と一緒に、線量測定課課長の事務室まで強引に押し行っていき、司令部に訴えるぞと脅してようやく、私たちの服が汚染されており、汚染していない服と交換する必要があるという証明書を交付してもらったのです。

チェルノブイリの町の食堂に行くときは、下着以外はいっさい服を脱がなければなりませんでした。「全部脱げ！　おまえの服は放射能で汚染されている！」という具合に。更衣室が割り当てられるまでそんな状態が続きました。みんな下着一枚で食事をしていたのです。食事が終わると同じ服を着て原発に戻り、また一日か二日働くのでした。そんなざまだったのに「おまえの服は汚染されていない……」ですと。

アナトリー・サラガヴェッツ　最初、私は放射能汚染された地表を掻き削ることになっている村々に赴き、放射線量を測る仕事をしました。ガイガーカウンターを渡されたのですが、どこへ行って計っても振り切れてしまうのでした。放射線量が高すぎるのです。こんな恐ろしい状況を見るに耐えかねて、私はガイガーカウンターを返却してしまいました。「これはお返ししますので、他の物を貸してください」と。すると今度は大きなシャベルを渡されたので、それで少し働きました。次いで私は、タンクローリーを運転させられることになりました。放射性廃棄物を処分するための穴や村の道路を除染するために使う水を運ぶのです。ある日、柵で封鎖された空き地を横切る道路の近くに、汚染水でいっぱいの大きな貯水池を発見しました。見るのも恐ろしいような濃い緑色の水です。消防士たちが私に近づくよう合図をしました。そして彼らは、この緑色の水を含有物もろともにポンプで私のタンクローリーに汲み上げたのです。「この水をどこに捨てればいいのでしょう。汚染されているのですが」と聞くと「黙って村に運ぶんだ」と言われました。そして消防士たちは、この汚染水で家々を洗ったのですよ。その後で線量を測って、零点いくつという数値を記録して、「居住可能だ……」と結論しました。ところがその晩、検査部隊の通った後、私は再び同じ村に派遣されることになりました。線量が高すぎる、お前たちはきちんと任務を果たしていないと。

――バカげた仕事だったと思いますか。

サラガヴェッツ　これほどバカげた仕事はありません。家のまわりにある汚染された土を削り取り、それから家を洗浄します。すると屋根から汚染された埃が樋を伝って洗い流されます。この汚染された水を廃棄するために今度は排水溝が掘られたのですが、排水溝の脇はどこも汚染しきっているのですよ。住民はこの作業がまったく意味のないことをよくわかっていました。私は上官に「こんなバカげたことをして何の意味があるのですか」と何度も尋ねましたが、「つべこべ言うな。言われたことをしろ」というのが彼らの答えでした。

アナトリー・ボロフスキー　私は陸軍少佐でした。私たちは村の除染を行ないました。シャベルで土を掻き削り、トラックにそれを積みました。それからそれを穴に運び、埋めました。もちろん、埃が舞い、私たちはそれを吸い込みました。私たちの分遣隊はホイニキとブラーギンの間にある地域で働いていました。私たちは小型掘削機を使用させてくれるように頼みました。小さなブルドーザーを搭載したトラクターで、ミンスクで生産されていました。私たちにとってとても役立つはずでした。すると中央委員会の役人がやって来て、あれこれ約束ごとを並べ立てました。しかし早急に立ち去らなければいけないというかのように、話しながらも絶えず腕時計に目をやるのです。結局、私たちには何ひとつ配給されず、ひたすらシャベルを使った仕事を続けました。けれど私は、別のスキャンダルについてお話したいんです。国家の裏切り行為です……。

三　国家機密

ボロフスキー　ソビエト最高会議は、チェルノブイリ事故時及び事故後に起こった事実を覆う秘密のヴェールを暴くべく調査を進めていますが、最近、当時の保健大臣サフチェンコを尋問しました。サフチェンコの答えによれば、彼らはソ連の首相ルイシコフに招集され、チェルノブイリに関するすべての情報は極秘情報だと言い渡されたそうです。それが理由で、放射線の測定は行なわれず、たまに行なわれたとしても、必ず少なく記録させられたのです。嘘をつくように上から命令が下っていたのです。

――そうした行為の論拠となっていたのは何でしょう、説明できますか。

ボロフスキー　七十三年間に及ぶ共産主義時代、私たちの国家は幸運にも一貫して、壮大で、普遍的な計画を進めてきました。そのすべての根底にあるのは、世界革命という思想でした。そのために、私たちは誰もが、国家に対して常に何かを背負わなければならないことになっていました。それがどうしてなのかは、誰にも知る由はありませんが……。私たちは永遠の債務者のようなものなのです。その逆は絶対にありえません。そしてそれが現在まで惰性的に続いているのです。かの有名なアカデミー会員イリーンの、人が一生の間、普通に浴びる被ばく量は三五〇ミリシーベルトであるとする理論も、こうした政治的な思想から発しているのです。すべてがそこに根を持っているのです。

クリコフスキー　人間が人それぞれであるように、コミュニストにもさまざまな人がいます。ある人々は汚染地帯の避難を推奨していますし、別の人々は避難させないことを推奨しています。一九八六年、チエルノブイリ事故発生時においても同様でした。原発の屋根の清掃のために人間を送ることに賛成した人もあれば、送るべきでないと主張した人もいました。私は今でも覚えていますが、ある大佐が声高に宣言したのです。「私は原子炉を、パルチザン（つまり私たち、除染作業のために召集された者のことですが）で覆い尽くしてみせるぞ！」「私が覆ってみせるのだ！」と。それが実行に移されました。大佐は見事に原子炉を覆いつくして見せたのです。私たちの命で。

ボロフスキー　今年（一九九〇年）、ソビエト最高会議は、種まきの季節が始まる前に、放射能汚染が一平方キロメートル当たり五五万五〇〇〇Bq／m^2以上の土地で農業活動を行なうことを禁止する決定を採択しました。三日後、ベラルーシ中央委員会と、その九九％が共産党員からなる閣僚会議は、共同会議を開いて種まきを行なう決定を下したのです。人非人の決定です。人間の成す業ではありません。種まきは本当に実行されました。

ボイコフ　私たちは、リクビダートルたちによる独立した非政府協会プリピャチ連合を発足させました。いくつかの企業が支援をしてくれていますが、共産党からは一度たりとも援助の申し出はありません。

四　健康

ボロフスキー　私の健康状態ですか……。現在、自律神経失調症[訳注2]、それから心臓神経症を患っています。これは私たち、チェルノブイリで働いた者が一様に病んでいる症状です。それにひどい胃痛に苦しんでいます。腎臓にも問題があります。以前はまったく問題なかったのに。それに怒りっぽくなりました。年中、非常な疲労感に襲われます。最近、放射線医学病院に入院した時に、《無気力症候群》と診断されました。

ボイコフ　一九八九年、私は汚染された衣類を洗うための洗濯機の修理専門家として働いていました。これらの機械は休みなく稼動していたために、膨大な量の放射能を蓄積していました。場所はブラーギンでした。この汚染地域は一九九一年に避難区域に指定されましたが、私は半年間そこで生活したのです。私も同じく、心臓を病み、自律神経失調症と心臓神経症を患っています。頻繁に頭痛が起こり、だるくてたまりません。

グールディーノ　私は第二種障害者です。とても全部挙げきれないくらい、おびただしい数の病気を患っています。三十五歳にして、七十歳の老人になってしまいました。血液の病気、胃潰瘍、脳血管の狭窄、慢性的な疲労感と眠気、倦怠感。それにめまいです。長い時間歩けないんです。一キロも歩くと、足と手が腫れはじめ、腰掛けられる場所を探す始末です。今の私は七十歳の爺さんですよ。

サラガヴェッツ　十一月に左手の感覚を失い、それから左腕、それから左半身全体の感覚を失ってしまいました。それから今度は足が麻痺しはじめました。何が起きたのか誰にもわかりませんが、除染作業との関係は否認されました。それでも家族を養わなければならなかったので、働き続けました。トロリーバスを片腕と片足だけで運転して、人々を運びましたが、足のことは黙っていました。ラッシュ時の車内には、ゆうに一五〇から二〇〇人、それ以上の人が乗っていました。朝、バスターミナルに行くためには、とても早くに家を出て、バスから降りるときは、歩いている姿を見られないようにバスの後ろを通ったものです。私の足は言うことをきかず、感覚がなく、異物みたいで、絶えず地面に引っかかります……。ごまかしごまかしなんとか切り抜け、冗談で片付けていましたが、とうとうあるとき気を失って、家に運び返されました。今はもうまったく歩けません。めまいもしますが、そんなのは何でもないんです……。問題は足。足が言うことをきいてくれないんです。壁につかまって移動してます。三十歳になったばかりだというのに。

――治療は受けていらっしゃいますか。

サラガヴェッツ　（笑って）誰が治療などしてくれるものですか。私たちは四月に病院に入れられました。けれど、五月にハンガーストライキ[原注2]を始めると、たちまち病院から追い出されました。今ではもう、私たちに興味を持つ人なんて誰もいません。医者も、誰も。私たちは社会のくずなんです。

クリコフスキー　一九八六年、私は二カ月原子炉の屋根の上で働きました。私たちがどれくらいの放射線量を受けたのか正確には知りません。先ほどお話したように、私の書類には一一九・二ミリシーベルトと記載されていました。私はミンスク放射線医科病院に入院していました。私の健康状態はあまりに酷かったので、病院は受け入れを渋ったほどです。ミンスクの肺疾患病院では手の施しようがなく、病状はさらに悪化し、再びミンスク放射線医科病院に送り返されました。血液採取で、私が一〇〇〇ミリシーベル

原注2：リクビダートルたちの病気と放射能との相関関係の認知を要求するために行なわれたハンガーストライキ。認知されなければ、無料の治療や助成金を受けることが出来なかった。

訳注2：A・ヤブロコフ、V・ネステレンコ他著、星川淳監訳『チェルノブイリ被害の全貌』（岩波書店、二〇一三年）内の主要用語解説において、訳者は、チェルノブイリのリクビダートルや被ばく者に対して、彼らの症状が放射線とは無関係だとするために、自律神経失調症系の診断が濫用された事実を報告している。また本書第三部第二章六、バンダジェフスキーのインタビューも参照のこと。

トの被ばくを受けていることが判明しました。

私は二〇ほどの異なる病気を患っています。ボロヴライアニー病院の神経病理医はカルテに目を通して「なんですか。これらの病気すべての診断を下されたとは、まるで老人ですね」と言ったものです。本当は三十五歳ですよ。

私たちは医学に拒絶されているのです。「お前たちを救うことはできない」と。ようやく私たちの病気と放射能汚染との関係とを認めさせることができたと思いきや、病院の医師にこう告げられました。「ここにはもう用はないでしょう。あなた方の健康状態が放射能を原因としていることが認められたんだから。私らには、あなた方を治療することはできない。自宅にお帰りなさい」と。

シャシコフ　必要な薬も不足しています。

クリコフスキー　教授にはっきり言われました。「この種の薬は外国で、外貨を使ってしか買えない。お前たちの分際で飲めるものではない」と。

グールディーノ　（手に紙を取って見つめ、コメントを加える）紙くずを眺めるようなものです。彼らは私たちが原発の屋根から戻ってくるとすぐその場でこの証書をくれたのです。立派な仕事を達成したと言って。

私たちは、ドキュメンタリー映画『サクリフィス：犠牲者たち』のなかで、ソ連のテレビニュースが放映したワンシーンを使用した。そこにはチェルノブイリ原発四号基の瓦礫の山から下りてきたばかりのリクビダートルたちが、どぎまぎしながら、大佐から証書を受け取っている姿が見られる。「君のような素晴らしい青年には、この証書を授けよう。健康と幸福を祈っておるぞ。今後も元気にこの道を進みたまえ！」

グールディーノ　あの頃は私もこの証書を受け取ったのが自慢でした。この証書のおかげで、子供たちが汚染されていない地域で生活する権利を得たり、電話を引き、公営住宅に入居する優先権をもらえるものと思っていました。実際、そうしたことが私たちには約束されたのです。けれどもそれは、空約束に終わりました。

ボロフスキー　士官として、私は兵士たちのモラルに対する責任を負っていました。私の部下たちは、これが国民を救うための重要な務めであることを完全に了解していましたし、見返りなどまったく要求していませんでした。しかしまさか、自分たちが忘れ去られることになろうとは夢にも思っていませんでした。ところが今では、私たちは無用の長物となってしまったのです。私たちがただ人間的な扱いを求めているというだけで、人々とってはうるさいお荷物なのです。私たちはすでに祖国に対するあらゆる負債を支払ったと思っています。今度は、祖国が何かをしてくれる番です。けれども祖国は、私たちがここからいなくなることの方を望んでいるようです。私たちが消え去れば、国はホッとするのでしょう。

この最初の出会いから一年後、ボロフスキー中佐は他界した。

第三章　反抗者たち

私たちは、ベラルーシ科学アカデミー通信会員及びリクビダートルであるヴァシーリ・ネステレンコに、ベラルーシ核エネルギー研究所の立地するソスニーを案内してもらった。ミンスクから八キロの地に一九六〇年代に建設された科学小都市である。

ネステレンコは一九六三年から一九八九年の二十六年間ここに勤務し、そのうち十年間は所長を務めた（一九七七年〜一九八七年）。研究所は今でも細々と機能を続けているが、旧ソ連のその他の戦略拠点と同様に、寂れ果てた印象は拭えない。森の端にある人っ子一人いない広場で、ネステレンコは、チェルノブイリ事故後、彼がここに勤めた最後の数カ月の間に経験することになった劇的な事実について、私たちに語ってくれた。

一　迫害

ヴァシーリ・ネステレンコ　チェルノブイリ事故後は、移動式ミニ原子炉の研究が既に中止されていたにもかかわらず、何百台もの車がここに駐車していました。南部のあらゆる地域から、食料品の汚染検査のために来ていたのです。研究所は昼夜を問わず稼働していました。放射線防護専門の部局があったからです。ミンスクが放射能汚染されていることを最初に警告したのも、私たちの研究所でした。

当時私たちはまだパミール原子炉［移動式ミニ原子炉］に関する仕事を少し続けようとしていましたが、すでに主要人員、研究所の職員一〇〇〇名以上は、初の放射能汚染地図の作成のために動員される方針が決定されていました。五月末には、ゴメリ州のセシウムと放射性ヨウ素汚染地図が完成し、六月末にはモギリョフ州のものが完成しました。その時点で私たちは勧告を行ないました。研究所の施設は［パミール原子炉開発のために］種々の測定機器を備えていましたが、それをどうやって住民防護に転用できるかを政府に説明しました。私がゴメリの状況を説明していると、スリューンコフ[原注1]が、「チェルノブイリにはどの機器を送ったらいいんだ」と尋ねるので、「この機器はここの住民を守るためのものです。チェルノブイリ用はモスクワに問い合わせてください」と答えました。やがていくつかの機器が注文され、チェルノブイリに送られました。モギリョフに関しては、私は六月の終わりに報告書を書きましたが、そのために

原注1：ベラルーシ共産党中央委員会第一書記。

大変な波紋を巻き起こす結果となりました。ようやくゴメリ州に関する決定を下し、一部の住民を避難させたところへ、またもや私が新たな問題提起を行なったからです。私は、五〇カ所の村々で放射能検査を実施し、そこに人々が住み続けることの危険度合いを保健省が判断しなければならないと主張したのです。もちろん安定ヨウ素剤による予防措置やその他いっさいの防護手段も必要です。政府にそう書き送りました。すると、彼らは私を厄介払いすることに決めたのです。

この研究所は軍事施設であるため、国防機密法によって保護されており、私にはブーダコフスキー中将という補佐役がついていました。彼はプラハや中央アジアで働いていた人物で、要するにKGBの協力者だったのだと思います。あるとき、彼は中央委員会に召喚されました。「あなたのところの所長はやたらにチェルノブイリのことを書いてきて、われわれを悩ませてばかりいる。彼を遠ざける必要がある。あなたはきっと研究所の不備をご存知でしょう。不備や不満についての手紙をわれわれに書いてください。そうすれば、党から委員会メンバーを派遣して査察を行なわせますから」と申しつけられたのです。ブーダコフスキー中将は八月に手紙を仕上げ、九月二日、早速私のもとに、中央委員会の査察委員が現われました。七五人のメンバーに限定された委員会でした。彼らは研究所の職員を集め、私を糾弾するよう要請しました。「所長に対する不満があれば、書きなさい」と。二〇〇から二五〇名の職員が会議用の大きな部屋に集められました。職員は全員将校なのですが、「証言を行なわない者は、誰もここから出てはならない」と、彼らに対する脅しがはじまったのです。

それでも私は、ベラルーシ政府に手紙を送り続けました。ゴルバチョフやソ連の首相にも直接書きましたが、手紙は返送されてきました。その頃私は体調を崩しはじめたのです。炎上する原発の上空を飛行した結果、胃潰瘍が再発し、とうとう入院するはめになってしまいました。研究所では査察委員会が彼らのやり方で任務を遂行し、一方、病院では私の治療が試みられているという具合です。アカデミー総裁のニコライ・ボリセヴィッチが私の有力な後ろ盾となってくれていました。彼はベラルーシだけでなく、ソ連アカデミー会員でもありました。現在ではロシアアカデミー会員です。彼はできる限り私を擁護してくれましたが、私は事態が悪い方に向かっていることを悟りました。そこで、ヴァレリー・レガソフに連絡を取ったのです。私たちは一緒に仕事をしていたので、私は彼をよく知っていました。「ヴラディーミル・アレクセイヴィッチ[訳注1]、連中はあなたがモスクワで仕事を続けることを許しませんよ。ミンスクにいらしてください。この研究所はとにかくチェルノブイリ問題に全力で集中しなければなりません。私は、どんなポストでもあなたの下で働きますから」。私は自分が更迭される運命にあることがわかっていました。レガソフは同意しました。彼はアカデミー総裁ととてもうまが合っていたのです。しかし、私たちがこの件について話し合った一週間後、モスクワでレガソフに対する迫害が始まり、彼は自殺してしまいました。

三月、ボリセヴィッチはアカデミー総裁のポストを罷免され、「次は君の番だ」と私に予告しました。

訳注1：レガソフの父称。ロシア語では実父の名をミドルネームのように用い、相手を敬意をこめて呼ぶときに、名と組み合わせて使用する。ソ連邦時代にはあらゆる階層の呼称として、**товарищ**（タバーリッシュ、同志）が用いられた。ソ連崩壊後には、フランス語「ムッシュー」（**Monsieur**）と同義の **господин**（ゴスパディン）がこれに取って代わったが、相手と距離を置く、事務的な敬称で、ネステレンコとレガソフとの間柄では、決して用いられなかっただろうと著者は言う。二人は家族ぐるみの付き合いをしており、ヘリコプター内の会話に見られるように互いを親称で呼び合っていたが、この場面では、ネステレンコはアカデミー会員として同僚を共同の仕事に招待している立場から、敬意を込めて父称を用いた。

私は深刻な健康問題を抱えて入院中で、体重が激減していました。問題はもちろん心臓でしたが、胃もやられていました。そんなときに、召喚されたのです……。委員会から役人が一人やって来て「あなたの不在のせいで研究所では問題が持ち上がっています。モスクワに赴き、財政問題を解決していただく必要があります。外出許可を取り、モスクワに来なければなりません」と申し渡しされました。わが国の法律では、入院中の者を更迭したり、何らかの行政上の転属をさせたりすることが禁止されています。私は退院し、会議に出頭しました。その場にはプラトノフというアカデミー会員がいました。彼が新たなアカデミー総裁でした。彼は以前、私に対して「ベラルーシ国民は、君がしたことを決して忘れないだろう。君はわれわれに危険を警告してくれた。残念なのは、君がモスクワに手紙を送ったことだ。《汚物は身内で始末する》べきだったんだ」と話していたものです。私は、地元の中央委員会に手紙を書いても、まるで反応がなかったからだと答えました。私がモスクワに訴えることにしたのはそのためだと。さて、私は会議に出席しました。そして「パミール原子炉の実験期限を守らなかった」という理由で、その場で更迭を申し渡されたのです。期限通りに終えることができなかったのは、私たちが実験を精密に行なっていたからです。しかし、彼らは早く済ませることの方を望んだのです。更迭の二つ目の理由は、彼らの言葉によれば、「職員の間に正常ではない雰囲気を生み出したため」というものでした。実は、私が不公正な批判の矢面に立たされているのを見かねた同僚たちが、手紙を書きはじめていたのです。デヴォイノですとか、そのほか何人かがモスクワに手紙を書いて私を擁護してくれました。大勢ではありませんがね。大半の職員は結局、私を裏切りました……。彼らはこんな風に目論んだのです。私の研究所は、アカデミーのなかでも最も勢いがあるものでした。そこで、後任として指導的立場に着くことができれば、今まで支給されてきた潤沢な資金や住宅を自分も享受できるだろうと。けれども私は、ただでそのような支援にありついていたわけではありません。資金は特別な計画のために支給されていたのです。その資金から、私たちは職員に十分な報酬を支払い、住居や学校、幼稚園を提供することができたのです。

――私たち、西側世界の者は、今でもあなたがたの国では、党の方針に逆らう独自の選択を取ると高い代償を支払わなければならない危険があるのだと、つい考えてしまいますが。

ネステレンコ　こうお答えしましょう。私に数々の悲劇が起こったのも、髪に白い物が増えたのもこの頃だった、と。パニックを煽ったと指弾され、ついには党の制裁を受けることになりました。この措置にはずいぶん苦しみました。まるで私のまわりにネガティブな磁場が形成されていくようでした。あいつは悪党だ、罪人だ、パニックを煽るろくでなしだと。けれども人間というものは、本当はそこまで白黒がはっきり分かれるわけではありません。クズミーンという中央委員会書記が共産党にいましたが、彼がこう言ってくれました。「なんだって君は、威圧されっ放しでいるんだ。《ペレストロイカ》などと称するこの時代に君が受けた制裁や、アカデミーからの非難は、君の《労働赤旗メダル》[訳注2]だと思えば良いのさ。党の地方委員会から受けた非難は人民友好勲章と思えばいいし、中央委員会からの非難は、レーニン勲章だ。どうだい、君はたくさんの勲章を授かっているわけだよ。くじけてはダメだ」。《ペレストロイカ》は当時、それ以前に存在していたさまざまな価値観を問い直しているところでした。クズミーンは私に、勲章崇拝や褒章の典礼がいかにバカげたことであるかを理解させてくれたのです。私はよくブレジネフのこ

訳注2：旧ソ連の勲章。

とを思い出します。彼は、胸に勲章をこれ見よがしにつけるのが好きでした。この手の名誉や褒章がどれも虚栄であることが、私にはわかったのです。クズミーンはさらに言葉を続けました。「くよくよしないで、何ごともなかったかのように働き続けなさい。こうした非難はどれも、連中が君の胸にピンで留めようとした愚行みたいなものさ。等級の高い勲章を授かったと思うべきだ。君の仕事があまりに見事だったので、彼らは君を罰せざるをえなくなったのだから」。クズミーンは問題をこんな風に見ていたのです。非常に面白い人でしたよ。私が気を揉んでいる間にも、彼は戦争を経験し、今も健在です。私は党を信奉していました。そういう時代の人間なのです。

かつて私はあらゆる栄誉に包まれていたのに、今では社会から追放された身です。科学者にとって、自分の仕事が有益だと人々の口から聞くことはとても大事なことなのですよ。それがかつての私に対する一般的な意見でした。それなのに突然、やることなすことすべてが、誰の興味も引かなくなってしまったのです。それが私の悲劇でした。私はその後、国家が一〇〇%国民を助けることができないことも理解しました。経済的影響の試算が行なわれたのはずっと後になってからです。「放射能の影響は取るに足らないものだ」と国家が主張しなければならなかった理由はそこにあったのです。今にはじまったことではありません。ゴルバチョフ政権下ですでにはじまっていたのです。

――党に失望されましたか。

ネステレンコ　ええ。一九九一年にゴルバチョフを解任することになったあのクーデターが起こった時、私はそれが権力闘争に過ぎず、彼らは人民のことなど何も考えていないことをすぐに理解しました。そのことが私にとって明らかになった時、党員証を返上しました。私は離党をし、その同じ時期に、イルザとアリョーシャを連れてドイツに行きました。そしてドイツで、私の良心が問われる状況に直面したのです。その地にとどまるようにすすめられたからです。しかし私はすでにベルラド放射線防護研究所[訳注3]を発足させており、順調に機能をはじめていました。共同研究者たちと計画を沢山抱えており、身勝手なふるまいは許されない、祖国へ帰らなければいけないと答えました。そしてベラルーシに戻ってきたのです。

――以前あなたは党を信じていたのですね。

ネステレンコ　ええ、もちろんです。私たちの西側に関する情報は完全なものではありませんでしたし、自分たちの体制が最も正しいものだと確信していました。私自身を例に取りましょう。父が電気工事職人、母は文盲という家族の生まれです。ほかの体制下だったら、私の受けることができたエリート養成のための高等教育は、私のような者にはまったく門戸を閉ざしていたでしょう。共産主義体制を批判することはいくらでもできます。しかしこの体制が才能ある人間には高等教育を施し、彼らが能力を発揮することを可能にしていたのは事実です。そうした制度は今ではすでに消えてしまいましたが。けれども私はまだそれを享受できたのです。高校の最終年度、自分が数学と物理が得意なことを知っていました。それでミサイル工学科に進むことを希望したのですが、七歳の頃にナチスドイツによる占領地域に住んでいたという理由から断られました。当時はとてもがっかりしたのですが、今では、ミサイルではなく原子力技術を選んで本当に良かったと思っています。

訳注3：フランス語訳はInstitut de protection radiologique Belrad、日本では「ベルラド放射能安全研究所」の名でも知られているが、元の名に「放射能安全」という言葉は使われていない。

二　独立

ネステレンコ　私が迫害され、放射線防護の仕事を妨害され続けていた頃、作家のアレーシ・アダモヴィッチが、独立した研究所を創設するよう提案してくれました。国家機密はすでに暴かれており、公的情報を信じる者など、誰もいなくなっていたのです。当時のベラルーシ首相は、ケビッチという人物でしたが、彼も私に「やってごらんなさい」と言いました。その頃、ナロヴリアという場所で、工場労働者がストライキを起こしたのですが、「現地に赴き、労働者たちと話し合って、状況を見てきてくれ」とケビッチは私に言いつけました。私は農学者、物理学者、医師、森林監督員など、多岐にわたる調査隊を編成し、現地を訪れました。政府は私たちが労働者を鎮めるだろうと期待していたのですが、私は帰還後、「さらに七カ所か八カ所の村民を避難させなければいけません」と報告しました。私たちはナロヴリアだけでなく、その行政区域一帯を調査したのでした。こんな調子で、私は仕事を始めました。同時に、器具や線量計の製作にも取りかかりました。

　しかし、私がまだ核エネルギー研究所に勤務しながら、今後原子力エネルギーの仕事はいっさいやめ、放射線防護のみに携わっていこうと決心していた頃、一九八六年のときと同じ問題が発生したのです。人はお菓子の名を「ハルヴァ、ハルヴァ」[原注2]と一〇〇回唱えたところで、その甘さを口の中で感じ取ることはできません。同様に、私たちには放射線を感じとる器官が欠けているのです。ですから、放射能を検知する器具を人々に支給することが必要でした。私たちは《ソスナ（松の意味）》と言う名の線量計を開発し、テストしました。妨害が始まったのはその頃です。それはアカデミー会員に相応しい本質的な研究ではない、そういうことは保健省に任せておけばいいのだ、お前はもっと真面目な仕事に専心しろ、といった難癖をつけられました。けれども私は、放射能汚染の被害者たちに対して私たちが義務を負っていると思うのです。そして知識があるのだから、彼らを助けなければならないと。サハロフとアダモヴィッチ、それにカルポフが独立研究所を創設することを提案してくれたのはそのときだったのです。ひとりで核エネルギー研究所を去ることはできなかったので、今まで一緒に働いてくれていた何人かに話を持ちかけました。現在の私の補佐役であるデヴォイノや、私の兄弟のヴァローディアが来てくれました。線量計開発の仕事に携わっていた職員全員に声をかけました。一緒に来たいと申し出てくれた人は本当はもっと沢山いました。彼らが私と一緒に研究所を去ることの方を望んだのは、おそらく、私の考えの下で働くことに興味があり、私の視点を共有していたからだと思います。

――彼らは自分のキャリアを棒に振ることを恐れなかったのですか。

ネステレンコ　彼らはみなソ連の国民で、国家がお金を出してくれることに慣れっこでした。そんな人々に「どうだ、一緒にやってみようじゃないか。ただし忠告しておく。国家からはびた一文出ない。自分たちで稼げる分だけが生活の頼りだ。うまくいくかもしれないし、まったくダメかもしれない」と持ちかけたのです。三〇人ばかりが、私について来てくれました。

線量計の話に戻りましょう。私は一九八九年、キエフのアカデミー会員パットンとトレフィロフを訪ね

原注2：胡麻をすってハチミツで固めた中近東・中央アジアの菓子。地方によってナッツやフルーツが加えられる。ロシアではヒマワリの種を原料にする。

ました。パットンはアカデミー総裁で、トレフィロフはチェルノブイリ問題に取り組んでいました。一般市民向けに安価な線量計を製作する必要があると、彼らも考えていました。手元にはすでにそうしたモデルがありました。一九八六年に私の共同研究者たちによって開発され、出来上がったものです。けれども、生産に移すことは許されなかったのです。あるとき、ゴルバチョフが来訪したので、この線量計のことを話してみました。すると「確かに、国民用の線量計は必要だ」と答えました。「国民用」、ゴルバチョフはそういう表現を使ったのです。ベラルーシ政府から発注が行なわれ、私たちはこの暫定業務に携わるグループを編成しました。監督は私、兄弟のヴァローディアが製作責任者でした……。私たちが核エネルギー研究所を辞めることを決意したのは、そんな仕事を行なっている真っ只中だったのです。私は工場の場所を探しに町に行き、プレハーノフ通りに一八〇平方メートルを確保しました。そこで線量計の製作を行ないました。線量計は、一九九〇年に国によってテストされ、一九九一年からベラルーシ国内にある三つの工場、ボリソフ、ゴメリ、ルチツァで、約一〇万台が生産されました。

私は、国が行なう国民の放射能検査システムを綿密に分析しました。このシステムは首都や都市部では確かに機能します。しかし村落部では、たまに医者が出向いた際に、何世帯かが検査されたに過ぎないことがわかりました。ところが村落部の住民は、自分たちのつくった食べ物を消費しています。そうでなければ、村に住む意味はありません。そして彼らの消費している食物については、一貫した検査は行なわれていませんでした。線量計が圧倒的に不足しているからです。線量計を所有していたのは獣医局だけでした。しかし実際には三二〇〇の村が放射能汚染をされ、線量計を必要としていたのです。私たちの研究所は線量計五〇台を生産して、精肉コンビナートに支給しましたが、焼け石に水でした。

かつて計画経済を実施していた共産党国家に合わせて制定された食料品汚染検査システムは、地方分権化した生産システムに対しても、事故後の現実に対しても対応できなくなっていたのです。放射能測定所は、行政区の中心地や農産物の加工場に設置されたため、村々から離れており（一五〜二〇キロメートル）、また検査もお役所仕事的に行なわれていました。さらには輸送システムの崩壊や地元の産物を主に消費している村人たちの特殊な食糧事情などが、徹底した検査が実施されることを妨げていました。

そこで私たちは、地域放射線防護センター（CLCR）というシステムを創設することにしたのです。それを提案したのもアダモヴィッチです。「チェスの世界チャンピオン、アナトリー・カルポフに相談してみよう。彼なら、手を貸してくれるに違いない」と。ちょうどその頃、チェルノブイリのための長時間特別チャリティー番組が放映され、集められたお金の一部が私たちに寄付されました。五〇万ルーブルです。これは当時としては大きな額でした。

私は、イヴァン・スモリアールに話を持ちかけてみました。彼は、ベラルーシ最高会議のチェルノブイリ常設委員会委員長を務める感じの良い人物です。スモリアール委員長は、ゴメリ、モギリョフ、ブレストの各地方議員が集まった共同会議の場で、とりあえず一五から二〇カ所に食品放射能地方測定所を開設しようという私たちの考えを支持してくれました。案は承認されました。

私たちは合意書を締結し、最初の資金を受け取りました。次いでカルポフが、彼の運営している平和のための財団名義で、支援金を送ってくれました。このようにして私たちの仕事は始動しました。測定所には教員や看護師を迎い入れ、養成を行ないました。かなり早い時期から、私たちはデータの収集に成功したのですが、そのことによって、食料品の汚染レベルが、保健省の公表した数値よりも五〜十倍高いことを確認することができました。

私たちは、牛乳やその他の放射能で汚染された主な食品の測定を行ないました。人々の被ばく量の六〇%以上は牛乳を原因としています。状況は変わっていません。住民が検査に持ち込む食物の一五〜二五%は、子供だけでなく、大人も消費してはいけないほど汚染されていたのです。

ところが保健省は、子供たちの新陳代謝は活発であるため、この程度の食品汚染はそれほど危険ではないと主張しはじめました。そこで私たちは、住民の身体器官におけるセシウムの蓄積量を測定しなければならないと考えたのです。それは放射能による直接的な影響を意味しており、人々は今後何十年もの間、これらの汚染食物を食べ続けなければならないことは明らかだったからです。私は、被ばくした人体が発散する放射線を測定するためのホールボディカウンターを購入しなければならないと、このとき思ったのです。それは体を測る器具なのですが(放射線と素粒子を記録するための計測器)、椅子型をしており、背もたれの部分に組み込まれた受信機によって、三分後に、腰掛けている人の身体内にどれくらいの放射性核種が存在するかがわかるのです。これは、国が行なっている防護措置や住民本人が取っている防護策が本当に効果を発揮しているかどうかを確かめるための最も客観的な方法です。防護策が効果的かどうかを評価する基準となるのは、身体が実際に蓄積している放射性核種の量だけだからです。私たちは一九九四から一九九五年にかけて、初めて住民の被ばく量を測定しはじめました。そのとき私は、最も汚染の酷かったゴメリに赴いたのです。そこでユーリ・バンダジェフスキーに出会い、ヴェトカの町で初めてバンダジェフスキーと共同で仕事をしました。一九九五、一九九六、一九九七年のことです。私たちは彼に各住民の測定結果を渡し、彼はそのなかでも蓄積量が最も多い人々の健康上の変化を調査しました。バンダジエフスキーは解剖病理科医、また彼の妻ガリーナは小児科および心臓科医なのですが、心電図に現われた病変と被ばく量との間に相関関係が存在することを二人が発見したのはこの時だったのです。

今日、最も重要な科学情報は、残念ながら［ベラルーシの首都である］ミンスクではなくゴメリから発信されています。ミンスクには、放射線医学問題に取り組んでいる保健省の研究所があるにもかかわらずです。ユーリ・バンダジェフスキーは、人体に侵入したセシウムが体内に不均等に沈着することを、わが国だけでなく世界においても初めて明らかにした人物です。解剖によって彼の得た測定値によれば、体内の放射性核種の量が平均一キロ当たり一〇〇ベクレルの場合、心臓に二五〇〇ベクレル、腎臓に一〇〇〇ベクレルが蓄積しているのです。子供が一キロ当たり三〇〜五〇ベクレルの放射性核種を体内に蓄積すると、臓器やシステムの罹患がはじまると彼は言います。これは私にとって、大変重要なことです。このときから私は、四つの移動式測定所（この数を一二に増やせればと思っているのですが）を活用しながら、住民たちに情報を与えることができるようになったのです。子供たちにとって生活環境が危険な村は、一一〇〇カ所あります。

——三〇〜五〇ベクレルという被ばく量は、正常値に比べてどれくらい多いのですか。

ネステレンコ　正常ならば体内には放射性核種はまったくあってはなりません。

——しかし私たちは、宇宙や岩石などに由来する自然放射線を毎時約〇・一一四マイクロシーベルト受けています。

ネステレンコ　あなたがおっしゃっているのは外部被ばくです。私がお話しているのは、食物を通して人間が受ける内部被ばくのことだけです。もちろん、宇宙放射線による被ばくや、チェルノブイリ事故によってもたらされた外部汚染から受ける被ばくも考慮しています。しかし今日、自然放射線を除外し、チェルノブイリによる放射能汚染だけを考えるとき、人体の受ける被ばく量の七〇～八〇％、場合によっては九〇％が食物を原因としているのです。だからこそ私は食べ物と内部被ばくとに最も注意を払っているのです。もうひとつ重要な点があります。もしも大人と子供が同じ食品を摂取した場合（それが貧しいベラルーシでは現実なわけですが）、子供は大人の四～五倍の被ばく量を受けます。ですから子供たち、妊婦、そして授乳中の女性が、最も放射線の危険に晒されている弱者グループとなるわけです。子供は体重が少なく、大人の二十～三十倍のスピードで新陳代謝を行なっているため、被ばく量が増幅してしまうのです。

医師に提供される情報は、間接的な推論であってはなりません。現在、牛乳やジャガイモの汚染値がどれくらい危険かを判断するときには、子供がそれを食べることを仮定しています。最近、被ばく量を記載した公式記録台帳が出来上がりました。以前の公式記録台帳によれば、先ほどお話したように、防護措置が必要な村は一一〇〇カ所を数えました。ところが、牛乳についてごまかしが行なわれたのです。牛乳の許容基準値を一リットル当たり一〇〇ベクレルとすると、被ばく量を年間一ミリシーベルト以下に収められません。そこで子供は牛乳を半リットルしか飲まないことにして計算を行なったのです。新しい公式記録台帳の被ばく量はこのようにして算出されているんですよ。本来、放射線防護の規定を制定する際には、最も被ばくを受けているグループに的を絞らなければならないと、私は放射線防護の専門家として繰り返し主張しています。そのためには、被ばく量を間接的に算出することを禁じる必要があります。対象となる村に着いたら、保育園の子供たち、学校の全児童、それに五〇人あまりの大人を検査します。そしてこの二〇〇～三〇〇人の中で最も被ばく量の多い一五名を摘出すれば、最も危険に晒されたグループがわかります。数学的に試算する必要はないのです。

例えば私たちはヴェトカの調査を済ませています。ゴメリから八〇キロ程の、ロシアとの国境近くにある村です。体重一キロ当たり三〇～五〇ベクレルの被ばく量を超えると、必須臓器や体内システムに影響が出はじめるとユーリ・バンダジェフスキーが確認したことは、私にとって安全の試金石です。被ばく量はこの限界値を超えてはならないのです。

第四章　クラスナポーリエに閉じこめられた人々

「原子力エネルギーの平和利用の将来にとって最も満足のゆく解決法とは、不確かな状況や無知を甘受するようになった新たな世代が登場することである」
ＷＨＯ『技術報告書』一五一号、ジュネーヴ、一九五八年、五九ページ

一九九〇年代初頭は、《ペレストロイカ》によってもたらされた短い《民主主義の春》の時期に当たる。それゆえ、チェルノブイリに関する歴史的、科学的な探究に多くが費やされることが期待された。しかし、ソビエト連邦の崩壊と国家制度の危機が、《ペレストロイカ》の間に生まれた市民社会へと到達するあらゆる手段を奪ってしまった。その追い風を受け、原子力推進機関および保健省と科学研究所の中枢を占め

る彼らの協力者たちは、自分たちの手から逃げそうになっていた手綱を再び握ることに成功したのである。とはいえ、社会的圧力を受けて、国民を救援するためのいくつかの措置が部分的には実施された。だがそうした措置も、その後に続く《国家正常化》時代に廃止されていくことになる。同様に、真実もいくらか日にさらされ、公的科学界の外縁では、放射線医学に関する真面目な研究も行なわれるようになった。このようにしてベラルーシの才能あふれる若い解剖病理学者、ユーリ・バンダジェフスキーは、どこまでも踏み込んだ研究を進めることになる。彼は汚染地域に出現する数々の病理と体内に蓄積された少量の放射能との相関関係を明らかにするが、この発見を発表し、自国の保健省の政策を告発した咎によって、投獄される運命となる。

チェルノブイリ事故は、崩壊中のソビエト社会における一般的な危機感、物質的また道徳的危機感に加えて、深刻な実存的危機感をもたらし、社会の最も基本的な信念をぐらつかせることになった。私が次に紹介する数々の証言は、地方の指導者層が逃げ出し、国の最高決定機関が敵と手を結ぶかたわらで、都市でも地方でも、人々が放射能汚染から逃れられないまま見捨てられ、混乱している様子を表している。また不正と屈辱にもかかわらず、人々が抵抗を示そうとしたことも物語っている。

一　農民

目に見えない放射能汚染に襲われた人々にとって、危険は不可視なだけでない。陰険なのだ。チェルノブイリ事故によって放出された放射性降下物は、風雨に従って《豹柄》を描くように分散したため、行政の嘘や矛盾に加えて、地理的な不均衡も加わることになった。例えば、同じクラスナポーリエ[訳注1]地方でも、行政庁の所在地は比較的汚染されずに済んだのに対して、周辺地域の村々は、二〇〇キロ離れたプリピャチ市と同程度に汚染されている。この地方では、放射能雲が風によって北東方向に向かいつつあったとき、モスクワを汚染から守るために、ヘリコプターに搭載された化学砲によって人工雨が降ったと言われている。

二〇〇一年に、ベラルーシチェルノブイリ政府委員会[訳注2]によって汚染地図が公にされてはじめて、私たちがこの日インタビューを行なうことになった農民たちの住む村と同等の汚染を受けていた十数カ所の村が、五年、十年、時には十五年もの遅れをもって避難させられていたことが判明した。事故後二十年たっても、一平方キロメートルあたり五～四〇キュリー［一八万五〇〇〇～一四八万Bq／㎡］の汚染を受けた村々に人々は住み続けている。そうした村は何百と、ロシア国境と平行して流れているソージュ川の両岸に位置する長さ一七〇キロメートル、幅五〇キロメートルという広大な地域に点在する。[原注1]一平方キロメートルあたり四〇キュリーの汚染を受けたホットスポットが計一五カ所、［ロシア］ブリャンスク州の国境沿いに沿って分布している（最小八平方キロメートルのものから、最大三〇〇平方キロメートルのものまである）。この極めて危険な現実は、今なおWHOによって伏せられたままだ。

人々を安堵させた二〇〇五年九月五日付の最新の宣言で、WHOは、チェルノブイリ原発周囲半径三〇キロの立ち入り禁止区域にしか触れなかったのだ。小児科医および心臓科医であるガリーナ・バンダジェフスカヤは、この地方で九年間働き、一平方キロメートルあたり五～一五キュリー［一八万五〇〇〇～五五万五〇〇〇Bq／㎡］の汚染を受けている場所で生活している子供たちの八〇％が、心臓の障害に苦しんでいることを観察してきている。

一九九〇年十一月十七日、私たちがクラスナポーリエの広場で車からカメラを降ろすと、二〇人あまりの男女が物怖じしながらも興味津々に私たちを取り囲んだ。当時は彼らも私たちも、この土地のひどい汚染数値についてはまだ何も知らずにいた。私たちは、はるか昔から自然に親しみ、そのサイクル、その掟を熟知しているこの農民たちが、どれほど現在当惑し、途方に暮れているのかをすぐに感じ取った。ユーリ・シチェルバクが戸惑う農民たちについて話してくれた通りだ。「彼らは不安に押しつぶされてしまった哀れな人々です。彼らは嘘をつかれ続けた結果、何を信じていいかわからなくなり、途方に暮れています。そのうえ、彼らの多くは、そもそも中性子とは何か、白血球とは何かもわからない、最も基本的な事柄さえ知らないような人々なんです。だからといって彼らを批判することはできません。自分たちの土地に住み続けてきた農民です。彼らは今、四方八方脅威に取り囲まれていることを察しているのに、その脅威は目に見えず、音もせず、触れることもできない。どうしていいかわからないのです」。生命を脅かす危険が隠ぺいされてしまったとき、危険の前に屈してしまうまでは、最後の頼みの綱となるのは神と怒りである。

原注1：巻頭の汚染地図参照。

訳注1：ベラルーシ共和国東部モギリョフ州内にある行政区画（ラヨン）の一つ。人口およそ一万一〇〇〇人。行政庁所在地はクラスナポーリエ市。ベラルーシ語読みは「クラスノポーレ」。
訳注2：ComTchernobyl, チェルノブイリ惨事の影響関連問題ベラルーシ政府委員会。詳しくは第四部参照。

――放射性核種の状況はいかがですか。

――知っているのは神様だけですな。

――あなた方の間で、放射能にある程度通じている方はいますか。

――医者ならわかることもあるだろうが……。私らみたいに何も知らない者に、何ができるんです。

――身の危険は感じますか。

――もちろん！　だが、私らに何ができますかね。

――何も。

――そういうことだ。

――食べ物は汚染されてませんか。信用してますか。

――私らは、手に入ったものを食べるほかないんだよ。

――ずっとクラスナポーリエに住んでいるのですか。

――いや、今では誰も住んでいない村、ノヴァヤ・イェリニアから来た。ザヴォドク村やロヴニシチェ村なんかの近くさ……。どこもみんな避難させられた。残った者も何人かいるが、じきに墓場行きだとみんな実感しとる。

――放射性核種の表す危険を理解してましたか。

――なんとか生きていけると言われたから、はじめ私らは村に留まったんだ。ところが連中、またやって来て「ここでは生活できない。出て行かなければダメだ！」という始末だ。

――村を出なければならないのを知ったのはいつですか。

――避難は去年はじまった。それよりも前に出て行った者もいれば、もっと後まで残っていた者もいる。住むところを見つけるのは難しい。私らは事故後三年間、村に住んでいた。

――軍が除染作業を行なったようですね。どのような作業が行なわれたか正確には知りませんが、すぐに避難を行なわなかったのはそのためでしょうね。

――今では放射線というものについて、少し理解できましたか。

――何をわかれっていうんです。

――偉大な数学者にしかわからないさ。

――わかろうが、わかるまいが、ちゃんと食べなければならんのだ。

――一人一人が線量計を持つべきなんだ。

――私はスタラヤ・ブダで暮らしてました。放棄された村です。生きていける場所ではないので。村はつぶされて、今じゃネコに占領されてます。八月に村を出ました。あそこでの暮らしは快適だったのに、ここじゃあ、私はしじゅう頭痛がするんです。

――ホームシックだな。いつもの。

――冗談はやめておくれ。

怒っている農夫　クラスナポーリエなら暮らせると言われた。そりゃ、暮らせるさ！　だがその暮らしが俺たちをどういう運命に導くのかはわかりゃしない……。一人があぁ言えば、別のはこう言う……。だが具体的なことは、誰も何にも言わねえ。何が食べられて、何がダメなのか。俺は自家菜園を持っている。ニンジンやタマネギができる。全部食べてるぞ。危険かどうかは知らねえ。食べたいと思ったら、食べてる。それだけさ。

――作物の放射線量をときどき検査していますか。

――私は何も検査はしてませんね。全部地下室に保存してます。

――でも、クラスナポーリエには研究所があるじゃないですか！

――誰も調べてなんかいませんよ。私はブタを飼ってますが、何を調べればいいんです。私はブタをつぶして、調理して、食べています。

――研究所に肉を持って行って放射能検査をしてもらうことができます。

――検査って、何のためですか。

――汚染されているかどうかがわかります。どれくらいの放射能に汚染されているのかを測定するのです。

――測定する……。どっちみち、食べ物のほとんどが、私たちの菜園でとれたものです。何を検査するんです。何かしら食べないわけにはいかない。私は全部、自分の畑で作ってる。キュウリ、トマト……。それが私たちの食べ物です。

――どっちみち、私らが研究所にタマネギやニンニクやジャガイモを持っていって、大丈夫ですよと言われたって、騙されているのか、本当なのかわかりゃしない。連中の言葉を信じるほかない。他にどうしろって言うんです。

若い農婦（涙をこらえながら）私には三歳の男の子がいます。でも、誰もこの子の検査をしてくれません。息子が健康なのか、病気なのかわかりません。もうすぐ私たちの村も避難させられると言われています。ベレジアキ村です。でも今のところ、自費で出て行けなかった人たちは、村に住み続けているんです。

――しかし、少なくとも汚染されていない食物は支給されているのでしょう。

ある女性　牛乳を持ってきてくれます……。私たちは牛乳や肉を受け取りに行きます。ええ、支給は受けています。

怒っている農夫　だが、支給されている牛乳はここの土地の物なんだ！　同じ汚染された村で作られてるんだ。俺たちが自分でつくった牛乳だぜ。モギリョフでは、それに混ぜ物をしてやがる。いったい何を混ぜてるのやら。俺たちに支給されてくるのは、混ぜ物の入った、放射能汚染された牛乳だ。生クリームだって同じさ。それが俺たちの食べている物だ。

――そうした地域で未だに農業が行なわれているのですか。

怒っている農夫　農業？　もちろんだ！　今までと同じように続いてる。汚染地帯で牛やブタの飼育もやってる。そして俺たちはそれを全部食ってる。俺は農業機械のエンジニアだが、今までと同じように働いてるさ。トラクターの運転手たちもみんなだ。そして汚染食物を食わされている。俺たちはバカにされてるんだ！　連中は、みんな逃げちまった。第一書記や第一書記補佐は、俺たちを人質に残して、みんな逃げちまった。マクシモフ書記長、ポシェホトニー書記長、それに医者たち、一人残らずトンズラだ。俺たちだけが、モルモットとしてここに残されてるんだ！

――ドブネズミみたいなもんさ。

——俺たちはバカにされてるんだ。ただそれだけさ。一五ルーブルの補償金で丸め込まれちまった。今じゃ《葬儀代》って呼ばれてるヤツだ。

——そうだ、お前の言う通りだ。

——お偉方は全員一目散に逃げ出したんだ。第一書記、第一書記補佐、長官、一人残らずだ。この放射能ってやつを撒き散らしといて、自分たちはおさらばだ。俺たちは置いてけぼりで、後は自分でなんとかしろってな。

ある女性　しかも連中、金庫を持って逃げ出したんですよ。何もかも持って行ってしまいました。ポケットを一杯にして、逃げ出した。その後、代わりがやって来ると、またポケットを一杯にして、自分も逃げ出していく。それが指導者ってものなのよ！

ブールヴィル[訳注3]**に似た男**　みなさんは、私らを憐れみに来たんでしょう。

ある女性　ここでは同情の念をしめしておいて、後は、どうせまた帰ってしまうんだよ。

ブールヴィルに似た男　あなた方は国へ帰り、私らはここに残される。

ある女性　もちろんそうさ。

ブールヴィルに似た男　そして私らは、一人また一人、ドブネズミみたいに死んでいく。なぜかって？　私らの村々は、一二キュリー［四四万四〇〇〇Bq／㎡］、四〇キュリー［一四八万Bq／㎡］、四五キュリー［一六六万五〇〇〇Bq／㎡］、三八キュリー［一四〇万六〇〇〇Bq／㎡］の汚染をしているからでさ。そして、このキュリーってのは、恐ろしいもんなんだ。二年後、三年後に白血病が来て……。それでおしまい。

——クラスナポーリエの汚染が何キュリーかはご存知ですか。

ブールヴィルに似た男　パルージュ村なら知ってるぞ。私が住んでるところだ。録音してかまわない。四二キュリー［一五五万四〇〇〇Bq／㎡］！。私はパルージュの生まれで、今でもそこに住んでる。パルージュの住民は多いよ。出て行く先などないんだ。どこに行けって言うんだ?!

ある老女　それにあたしゃ、クラスナポーリエを出たら、どこへ行けばいいんです。こんな状態では、もう六カ月も命が持ちゃしません。あたしゃ六十二歳です。いったん横になると、もう起きあがれない。気を失ってしまうんです。補償金の一五ルーブルなんか欲しくない。あたしゃ生きたいんです。今日は寝床から転がり落ちてしまったよ。歩けないんです。ねえ、お若いの、あたしが食べていい物が何だか教えておくれ。何を食べても大丈夫なの？

――避難はさせてもらえないのですか。

ブールヴィルに似た男　どこに？　家もない、何もないのに、どこに避難できるんです。私らはここで死ぬほかないんでさ。外から来る物資なんて見たことない。みんな闇市に流れるんです。私らのとこの商人どもが、こっそり売りさばいてます。物資が届いたら病人に配らなければいけないのに、奴らは、売り飛ばしてるんでさあ。私らはただの実験動物ですよ。

――そう思いますか。

ブールヴィルに似た男　誰もが知ってることでさ。それだけです。でっちあげた話なんかじゃあないで

訳注３：Bourvil，本名アンドレ＝ロベール・ランブール（一九一七年～一九七〇年）、フランスの男優、シャンソン歌手、喜劇役者。気の優しい、やや抜けた役柄が得意だった。『史上最大の作戦』ではコルヴィル市長役を演じている。

すよ。わかりきってるんです。もっとずっと前に、私らに、いろんなことを説明してくれなければいけなかったんです。今、テレビが流しているようなことや、私がこの目でモギリョフで見たようなことを。本当は住民の一人一人を検査しなけりゃいけない。労働者も子供もみんな一人一人。誰も「汚染されてない」ってことを確認するために。だけど、誰も私らに何も説明しませんし、誰も私たちを診察に来ません。私らのような年寄りにいたっては、誰の興味もひかない。私ら退役軍人や負傷兵には、誰も関心がない。住宅なんて私らには支給されっこないんです。

ある声　せめて若い人たちは生きていかなければならない！

心配する母親　若い人だって、あの人らの眼中にはないんです。私には小学生の娘と三歳の息子がいます。ベレジアキ村に住んでます。村には病院もありません。薬を買うにも、町に行かなければならないんです。

リュドミラ・コスロヴァ校長の品のある身なりは、農民たちのいでたちと対照をなしていた。コスロヴァ校長は昨年の夏、子供たちのグループをスイスに放射能による被ばくを避けるための保養休暇に引率した。私たちのインタビューに立ち会っていた彼女は、見るからに心を打たれていた。私たちは彼女に、農民たちの話についてどう思うか聞いてみた。

リュドミラ・コスロヴァ　みんな嘆いています。誰もが頭痛を抱え、めまいや鼻血に見舞われています。せめて一カ月でも汚染地帯を離れ、別の場所で生活できれば、彼らにとってはとても良いことに違いありません。けれども、この年老いた人たちの行く場所がありますか。子供たちの受け入れ先はあります。スイスが子供たちを受け入れてくれましたし、つい最近は、子供たちをモロドヴァに一カ月半の休暇に連れて行きました。でも、こうした年金生活者たちはどこに行く場所があるでしょう……。それに菜園や家を放って行くわけにもいきません。この人たちに興味を持つ人など誰もいないんです。誰の眼中にも入りません。まるですでに死を宣告されているみたいですわ。

二　二人の責任者

翌日、私たちはクラスナポーリエ広場で、リュドミラの夫、セミョーン・コスロフと会う約束をしていた。彼は、アレクセイ・ラゾコという共産党の責任者と一緒にやって来た。連れ立って、パルージュ村に向かう。非常に汚染の激しい村である。村の端に立つと、広大な畑が地平線まで続くのが見える。畑は一面、背の高い草に覆われている。村の現状について、ラゾコが説明をしてくれた。

――ここの汚染は、一平方キロメートルあたり何キュリーですか。

アレクセイ・ラゾコ　平均して五八キュリー〔二一四万六〇〇〇Bq／㎡〕、強制避難区域です。しかし未だに住み続けている人々がいます。汚染が四〇キュリー〔一四八万Bq／㎡〕を超えると、耕作はもはや行なわれません。そうした畑には草の種が撒かれ、農作業は中止されました。四〇キュリー以下の畑は、来年と再来年にいったん冠水させ、その後草の種が撒かれることになっています。そこでも農業は行なわれません。今でも農地として使用されているのは、汚染が一～一五キュリー［三万七〇〇〇～一八万五〇〇〇Bq／m²］の地域の土地です。

――あなたはクラスナポーリエの共産党第一書記ですね。

ラゾコ　そうです。地方委員会の。

――昨日、私たちはクラスナポーリエ広場で人々の話を聞きました。彼らは、事故後の数年間、クラスノポーリエの指導者層はみんな逃げ出したと話していました。本当ですか。

ラゾコ　多くの人が逃げ出しました。本当だと言えるところもあります。

――人々はそうした指導者層を、嵐の真っ只中、船から真っ先に脱出する船長のようだと非難していました。

ラゾコ　彼らは、指導者層というものが、船長と同じように船から最後に脱出するべきだと考えているのですね。しかし、別の見方もあります。もっと人間的な見方、と言うべきでしょうか。誰もが自分の健康を危険にさらしたくないと思ったら、逃げる権利を有している、というものです。ですから……。

――全員にそれが可能なら確かにそうかもしれませんが……。

ラゾコ　それはすべての人間に保障されるべき権利です。また、全員がその権利を行使できるまでは、人々と一緒にとどまるべきだというのも、私の考えです。逃げ出した人々は、自分たちを正当化するために、さまざまな動機を挙げたり、口実を探したりしています。ほかの人たちの子供についてちゃんと心配していたのだなどと言っていますが、逃げ出したのは彼らです。私はこうした言い訳には納得できません。

事故後最初の二年間、上から出た指令は、事態を統率しろというものでした……。地域を避難させる代わりに、統率しろなどというのは、もちろん誤りでした。しかし当初、土壌汚染が七〇～八〇キュリー〔二五九万～二九六万Bq／㎡〕までの土地なら、常時生活することができると科学者たちは断言していたのです。

――イリーンの例の理論ですね。

ラゾコ　今では、私たちもそれがイリーンが唱えた理論だったことを知っています。けれども当時は、政府の公式な理論だと思っていたのです。別の言葉で言えば、政府諸機関がこの科学理論を現場で実践させていたものですから、これが公式な政治的な理論だと解釈したのです。今では私たちも、それが誤っていたことがわかりました。ところが今度は、別の極端な方向に走りはじめたのです。土地を完全に放棄しろ、汚染が一キュリー〔三万七〇〇〇Bq／㎡〕を超したら全住民を避難させろと言うのです。これもまた明らかに間違いです。確かに人々を救わなければなりませんが、土地も救わなければなりません。チェルノブイリ事故がミクロレベルで再発することを防ぐためです。草地や周囲のものをすべて放棄してしまったら、そこから火の手が上がる危険があります。そうなったら放射能汚染された塵灰が風と煙によってモギリョフ、さらにはミンスクにまで飛んで行くかもしれません。だからこそ、クラスナポーリエのような地方の中心都市や、一～五キュリーの低線量の土地に住む人々を被ばくの危険から守るために、最善の環境を築かなければならないのです。そのような土地に適応した農業を行なわなければなりません。生産に携わる科学団体が、特別な技術開発を行なう必要があります。この分野での援助が必要です。ここから近いチェリコフ地方では、科学的生産を行なっているナジェージダ（希望）と言う名の協同組合があり、こうした土地をなんとかして救うための研究が行なわれています。植物の特殊栽培法を考案したり、生産物を処理、除染する方法、土壌内の放射性核種を除去する方法などが探求されています。放射能汚染を中和する方法が模索されているわけです。

——しかし、放射能汚染の中和が可能かどうか、科学にはわかっていないではないですか！　医学は未だに低線量被ばくの人体器官への影響を探る研究を続けているところです。それは今後解明されていかなければならない課題です。住民たちがモルモットのようだと主張するのはもっともだと思いませんか。あなたはお宅の食卓に上がる食料品を信頼されていますか。

ラゾコ　私たちに供給される食料品が《きれい》だと、少なくともわが国で制定されている許容基準値を超す汚染はされていないと確信しています。

——ですが、ここの土地で栽培された物はどうですか。

ラゾコ　地元の産物については、公衆衛生課に問い合わせていただければと思います。妙に思われるかもしれませんが、当地で収穫されるジャガイモは基準値以下の汚染だと彼らは言っています。

——セミョーン・エフィーモヴィッチ、あなたは特に子供たちの面倒を見ていらっしゃいます。クラスナポーリエでのあなたの役割は正確にはどのようなものですか。

セミョーン・コスロフ　私の役割は、学校が順調に運営されることを保証し、また子供たちが被ばくする危険を減らすために最善を尽くすことです。別の言い方をすると、学校教育だけでなく、子供たちのリハビリにも携わっています。

チェルノブイリ大惨事は、子供たちから子供時代を奪ってしまいました。子供たちは、事実上、常に屋内に閉じ込められています。彼らが戸外で過ごす時間を制限しているからです。また彼らが学校の周辺を離れないよう気をつけています。放射性核種が体内に侵入する可能性を減らすためです。学校は常時開かれており、子供たちは実際のところ、毎日十二時間を校内で過ごしています。一日四回、無料の食事を提供する食堂も開設しました。夏休みだけでなく、一年中おりを見ては、子供たちをベラルーシ国外の汚染されていない地域に連れて行きます。今も、モルドバやアナパで保養している子たちがいます……。西側諸国からは、多大な援助が送られています。西側の方々は、チェルノブイリ事故に対して、まるで自分たちのことのように対応してくれました。今年も、ここの多くの子供たちが、ドイツやスイス、オーストリア、ノルウェーなどに保養休暇に行くことができました。こうした子供たちや保護者、そして私たち全員を代表して私から、西側諸国の皆様に感謝の意を表したいと思います。私たちが子供たちに課さなければならない禁則は、おそらく彼らの精神に何らかの影響を与えていることでしょう。しかしながら、子供たちの健康状態には、目に見える変化は観察されていません。確かに、過去には変化もありましたし、今後も現われるかもしれませんが、それは、低線量の被ばく作用とは直接関連させることができないものです。

三　クラスナポーリエに住む一家

妻　食料の配給は改善されました。《きれいな》牛乳が届くようになりました。以前、牛乳はブリキ缶に入っていましたが、今ではモギリョフから紙パック入りのものが届きます。生クリームもです。お肉も全部包装されてます。食料品の配給という点では、今年に入って配給が滞ることがあるのを除けば、私たちはよく面倒を見てもらってきたと言っていいくらいです。そもそも配給が滞るのは、私たちのところだけではありません。お店ではどこもそうです。何もかも不足してるんです。ソ連全土でいったい何が起こっているのでしょうか。主婦として、将来に不安を感ぜずにはいられません。私ども夫婦は、もう一人子供を欲しいと思っていたのですが……。産まないことに決めました……。目の前で子供に死なれるのは、本当にたまらないことですもの。ですから無理です。

――この町に住むことがどれくらい危険なのか、詳しい説明を受けましたか。

夫 いいえ。

妻 それが一番恐ろしいんです……。あの事故が起きた時、外に出てはいけないとか、こうしなければならない、ああしなければならないと即座に教えてもらえていたらと思います……。今にいたるまで、事故については小さな記事がごくたまにどこかに載るくらいです。今の私は、クラスナポーリエの放射線量がどれくらいなのか言うこともできない状況です。線量計を持っていません。線量計は市役所に三台支給されただけです。私の勤め先にもありません。どうして？　みんなが一台ずつ持つべきなのに。不確かな状態のままで生活していかなければならないのです。

――公式情報を信じていないのですか。

妻 情報は互いに矛盾してばかりいますもの。私はあんまり頭を悩ませないために、体制に従うことにしました。今年、この地方では三度も知事が変わったんですよ。ここの指導者層の九〇％は入れ替わりました。みんな逃げて行くからです。どうしてかって？　誰が好きこのんで、放射能に囲まれた生活など送るもんですか。逃げることができた人たちはみんな出て行きました。山ほどの約束を口にした末に、出て行ってしまうんです。指導階級の人たちは、この機会を自分たちの生活を改善するために利用しているんです。他人の心配なんて、なんでする必要があるんです。私どもの子供たちは、放射能汚染をしていない国内の別の地域に行くと、ペスト患者のように扱われるんですよ。ここから遠くないベラルーシ国内の場所でさえ。人々は子供たちに触るのを怖がったり、服を全部脱がせたりします。家にも入れたがらず、子供たちの飴玉まで取り上げます。

夫　学校では他の子は、私どもの子と同じ席に座ることを拒否します。そして《ホタル》呼ばわりするんです……。それで結局出て行っても、戻って来ざるをえないことがよくあります。

――事故後、健康問題はありますか。

妻　最初の二年間はひどい脱力感や眠気に襲われました。それに激しい頭痛。それからだんだんと適応し、慣れていくようでした。でも、汚染されていない地域に一カ月ですとかそれ以上保養に行ってから、クラスナポーリエ地方に戻って来ると、再び同じ症状に襲われます。激しい頭痛が再発して、そのうちまた消えていきます。体が慣れるのかもしれません。

私の勤め先では、みんな、腕とか足の骨の痛み、関節の痛みを訴えています。もしかしたら自己暗示かもしれませんが、私にはなんとも言えません。みんながみんな、同じ部位の痛みを訴えるなんて、どうしてでしょうね。何が原因なのか、私にはわかりません。

――人生や未来に関する考えが変わりましたか。

妻　未来なんて、私どもにはまったくないように思えます。怖いです。放射能のせいだけではないんです。もし問題が放射能だけだったなら、私は家も、何もかもクラスナポーリエに捨てて、他の地方に逃げていました。そして、そこで平穏に暮らしていたでしょう。私にはソ連全土のあちこちに親戚がいるんです。でも、こんな世の中ではどこに行ったらいいのかわかりません。どこに何を求めたらいいのでしょう。

――この国の一般的な現状のせいですか。

妻 もちろん、もちろんです……。怖いんです。私はロシア女性に強いられている運命に怒りを感じています。ロシア女性はどれほど虐げられていることか。何もかも不足しているのに、何もかも背負わなければならない。時にはおしゃれだってしてみたいし、きれいな服を着たり、出かけたりしてみたい……。なのに最低限の物資さえ手に入らないんです。いったいいつの間にこんな状況になってしまったのでしょう。以前と同じように働いているのに。いったい誰がこの国をこんな状況に追い込んだのでしょう。わかりません。放射能が問題だというのは、もちろんわかっています。もしかしたら、言われていたほどにはコントロールされていなかったのかもしれません。何もかも官僚主義化してしまってますね。誰も自分の行為や自分の職務で行なっていることに対して責任を持ちません。みんな無責任になってしまいました。

第五章　キエフでの情報操作

「解決方法は……不確かな状況や無知を甘受するようになった新たな世代が登場することである……」
ＷＨＯ『技術報告書』一五一号、ジュネーヴ、一九五八年、五九ページ

一　キエフの市場

同じ一九九〇年十一月のある土曜日のこと、一一の時間軸に分割されるソ連全土から集まってきた群衆が、ゴルバチョフの導入した市場自由化法令を実践に移し、生き延びる術を身につけようとひしめいていた。ペレストロイカ真っ只中のことである。一九二一年にレーニンによって導入された新経済政策（ＮＥ

P）を真似て、クレムリンの新たな主人であるゴルバチョフは、資本主義経済体制への扉を半分開きかけたのだ。それがこの時期、空っぽの店舗に象徴される社会主義国家の経済と並存していた。中小企業を非国有化し、私的商業活動を許可することによって、ブレジネフ政権時代の停滞ですっかり麻痺してしまった国家の血の巡りを回復させようとしていたのだ。この日、今からさかのぼること十世紀、ギリシャ正教に改宗したヴラディーミル王子がドニエプル川でロシア民族に洗礼を与えた聖ルーシ国[訳注1]の古都、キエフの大市場は、群集でにぎわっていた。

低く唸るような人々のざわめきのなか、二人の老婆が行き交う客にタマネギを売っている。その隣のスタンドでは、若い女性がジャガイモをすすめている。

――あなたの売っているものはどのように検査されたのですか。

若い女性　私の菜園でとれたジャガイモです。もし汚染がひどかったら、商売用の秤《はかり》を貸し出してもらえません。品物は放射線量を測定され、《きれい》ならば、証明書が交付されるんです。秤を借りるにはこの証明書を提示しないといけません。そうやってはじめて品物を売ることができるのです。それに、監視官が見回りをして、スタンドの検査もしています。

――あなたがお住まいの地域は汚染されていないのですね。

若い女性　私たちのところは《きれい》だという話です。

――あなたは放射性核種がどんなものかはご存知ですか。

若い女性　目に見えない、人体に害を与える粒子のこと。誰だって知ってることですわ。

――自分は安全だと感じますか。それともただならない危険に囲まれているように思われますか。

若い女性　誰もが安全ではないように感じています。今でも……。

――ご自分が食べているものを全面的に信用していらっしゃいますか。肉だとか牛乳だとか。

若い女性　個人的には信用してませんね。でも、どうしようもないですし。他の物は何もありませんから。

販売用の食料品を検査する測定室の前には、順番を待つ行列が出来上がった。みんな、個人の家庭菜園で収穫した作物を提示している。女性職員が窓口の向こうで何かを書いている。みすぼらしい服装の老人がリンゴをいくつか窓口に差し出すと、女性職員はつっけんどんに対応した。

女性職員　爺さん、袋が必要だよ。

老人　袋……？　それじゃあ、ひとつくれんかね。お願いじゃ。

女性職員　袋が必要……。探してあげるよ。リンゴはいくつ。

老人　一〇キロくらい。

女性職員　どこでとれたんです。

老人　川辺のわしの家。パットン橋の下の方じゃ。そこにリンゴの木を数本持っておる。

職員　年金受給者ですか。

訳注1　キエフ大公国（九世紀～一二四〇）のこと。

老人　戦傷者じゃ。

計測が行なわれて、老人は証明書を受け取り、秤を借りに行く。この光景を買い物客の一人が眺めていた。

――信用できますか。

買い物客　わかりません……。私たちはあの職員を信用しているんです。彼女には私たちを騙す理由などありませんから。でも、品物全部を検査しているわけではないかもしれませんね。

エレガントな身なりの女性がニンジンを買った。泥だらけのニンジンである。若いきれいな女性で、苛立った様子をしている。私たちが、ニンジンの土を落とし、よく洗った方が良いと言うと、彼女は攻撃的になった。

ニンジンを買った女性　へえ、それならばあなた方は、ニンジンそれ自体は汚染されてないって考えていらっしゃるのね。放射能は洗えば落ちるものだとおっしゃるの。そうでしょう？　作物を洗えば、汚染も落ちるってわけですか。何をおっしゃってるのやら。放射能を水で洗い落とすことなんて不可能なんですよ！

――表面に付着した放射能のことです。

ニンジンを買った女性　放射能は水では落とせないの！　水洗いできるものなんかじゃないんです！　放射能を水で洗い落とすことはできない。なぜって、放射能はこういうものだから……（と言って宙に手でジェスチャーをする）。

――放射能は粒子状の物質や埃に付着して運ばれるんですよ。

ニンジンを買った女性　だから放射能は水で洗い落とせないって言ってるでしょ！　私は信じないわ。なんとでもおっしゃいなさい。放射能っていうのは、汚れや塵なんかじゃなく、イオンなのよ。あなた、ほんとうはご存じのはずよ。

――そうですが、付着する媒体があるんですよ……。そういうことは誰かが教えてくれているはずです。信じないのですか。

ニンジンを買った女性　そうそう、粒子だとか、アルファなんとかだとか、好き勝手なことをぺらぺら。私は信じませんからね。その粒子は洗い落とすことなんてできないの。それだけははっきりしているわ！

私は思い出した。イタリア、スイス、オーストリア、ドイツなど、ヨーロッパのあらゆる国々がチェルノブイリ事故発生直後、国民に危険を知らせ、野菜、とりわけ、葉もの野菜を洗うように注意したことを。例外はフランスだけだった。しかし、私も初めはこの女性と同じく、放射能というものを、非物質的な光線の形でしか思い描いていなかったのだ。ところが、この前日、私はキエフ放射線医科学研究所の実験室で、気の良い「魔女たち」から、放射性核種の一つであるセシウム１３７を物質の形で見せてもらっていたのだ。彼女たちはこの実験室で、リクビダートルの着衣を細かく切り刻んで分析し、放射性核種を抽出していた。それは直径二〜三センチの金属製シャーレに入った銀色がかった赤い色をした薄い皮膜だった。私がガイガーカウンターを近づけると、たちまちカチカチ鳴りはじめ、数値は毎時〇・一一四マイクロシーベルト（自然放射線量）から、即座に三〇、四〇に跳ね上がった……。

二　賢き魔女たちの巣窟

キエフ放射線医科学研究所の実験室、白衣の老婦人が一人、電気オーブンの中の植物の葉をかき混ぜている。この葉は、物理学者のヴォロディーミール・ティーヒが、グリンピースの無料診療所が建設される予定地から採取したサンプルである。葉は汚染されていなかった。

鍋の中には炭化したキノコが入っている。隣室の床には、あらゆる種類のサンプルが山積みされている。自家菜園も含めたさまざまな環境から採取された作物だ。何人もの女性が、オーブンや鍋のまわりで忙しそうに立ち働いている。

——みなさんはいったいどうして、まるでシェークスピアの魔女たちが使うような道具など使っていらっしゃるのですか。

白衣の老婦人　私たちが本当に魔女だからですわ……。理由はこうです。サンプルは、ステンレス製の容器で炭化させるのが望ましいのです。だから普通のお鍋がもってこいなんですよ。この容器は外科用器具を消毒するために使っています。オーブンは普通の台所にあるオーブンです。炭化の第一過程に使える他の方法がないんです。もしガスレンジを使ったら、温度を一定に維持するのは不可能です。炎が強くなり過ぎて、セシウムが気化してしまうかもしれません。放射性核種が気化してしまわないためには、弱火でじっくり煮込まなければいけないのです。

――それでこれが最適の科学器具というわけですか。

白衣の老婦人　最適とは言えませんが、素材を処理する第一段階のために、これより優れた方法を入手することは私たちにはできないのです。もちろん密閉容器を使うにこしたことはないのですが、手に入りません。しっかりした換気も必要です。近代的な設備があるにこしたことはないのですが、そんなこと考えるだけ無駄です。

――このような道具を使うのは危険ですか。

白衣の老婦人　低線量のサンプルを扱っている限りは大丈夫ですわ。でも、先ほどあなた方にお見せしたようなサンプル、リクビダートルの服ですとか、汚染の激しいサンプルを燃やす場合には、確かに危険もあります。細心の注意を払わなければなりません。

――みなさんと住民との関係はいかがですか。汚染された村にもいらっしゃいますか。信用してもらえますか。

白衣の老婦人　住民は私たちを信じてくれます。もしかしたら、私がチームを率いて行くからかもしれません。私はもう若くないですし、すべて、できる限り明瞭に説明するよう努めています。彼らは、研究所のような機関よりも、私のようなおばあちゃんの方を信頼してくれるんですよ。

私たちは測定器を持参して、機器が示す値を住民たちに見せます。牛乳を計測した後、彼らの目の前で、紙切れに計算をして、「もしこの牛乳全部を飲んだら、あなたはこれだけの被ばくをします。ですからこの牛乳は、一日にコップ一杯以上飲んではいけません。子供たちには飲ませない方がいいです」という風に。

——政府が主張しているように、人々の間に《放射能恐怖症》が見られるというのは本当ですか。

白衣の老婦人　いいえ。放射能恐怖症というものが、一般的に現われたことは一度もないと思います。大げさですよ。確かに恐怖心はあるにはあります。とりわけキエフ市民の間です。八〇％以上のキエフ市民はとても怖がっていて、自分たちが強烈に放射能汚染された都市に住んでいると考えています。しかしそれは間違いです。そうした反応が現われるのは、たぶん、彼らに一度も真実が語られないせいです。ついこの間まで、私たちの活動も極秘のヴェールに包まれていて、公衆衛生に関する説明は大変レベルの低いものでした。あらゆることが秘密でした。そのために町の人々は、この方面についてはほとんど知識がありません。何も知らないと言ってもいいくらいです。物理学者のような専門家でさえ、放射線医学上の危険性についてまったく知らないのです。

放射能があると確認しただけでたちまち大騒ぎを起こします。なのに彼らは数値の評価もできなければ、その影響についても無知、また防護方法さえ知らないんです……。こういうことは、目に見える形で伝えるのが難しいですからね。ですから、科学の学位を持っている教授やアカデミー会員でさえ、たいしたことはわかっていないのです。

——放射能が人体にどんな形で影響を及ぼすのか、今まで人類はまるで経験したことがありませんからね。

白衣の老婦人　そのとおり。経験もなければ、十分な知識も皆無です。

三　キエフの中央広場で

キエフ市の中心地では、たった今集会が終わったところである。デモ参加者たちが盛んに議論を交わしている。

――われわれには何もかも隠されてるんだ。すべて許容基準値内だと言われている。だが実際には、キエフ市は汚染されている。特に晴れた日は空気中に汚染層が見える。大丈夫だと連中は書きたてているが、キエフのいたる所が汚染されてるんだ。汚染地図を見せてもらった。キエフの周辺地域はどこも異常な状態なのに、市内だけ何もかも正常だと連中は言う。妙じゃないか。嘘だ。党は嘘ばかりつくのさ。

――あなた、肉眼で放射能を見たんですか。

――そんなわけないだろ。放射能は目に見えないんだ。

――ならばなんですべてが汚染されてるとか、誰も何も知らないとか言えるんです。

――放射線研究所が計測を行なっているのに、結果を公表することをずっと禁止しているからさ。情報は隠されているんだ。民主主義系の新聞だって、そう書いてる。この町は汚染されている、新聞にそう書いてあったぞ。

――そのとおりです。ホットスポットが市内に三〇〇〇カ所検知されたと書かれていました。でもだからと言って、われわれが嘘をつかれ続けている証明にもならなければ、屋根の上に放射能ってものを見ることができるわけでもありません。バカげた話です。私は、事故発生時から現在にいたるまで、キエフ市内の放射線レベルは基準値内に収まっていると思いますね。少なくとも私は公式情報を信じてますよ。しかし店頭の食料品については何も言えません。誰が検査しているのか知りませんから。

――状況はとても憂慮すべきものです。いきなりたくさんの人が健康問題に悩まされはじめていることを見てもわかります。とても、とても良くない状況です。私は妻がキエフ医科大学で働いているから知ってるんですよ。彼らはデータを公表していませんし、毎月放射能が原因で人がたくさん死んでいることも隠しています。隠ぺいしてるんです。

――「緑の世界」[訳注2]のメンバーの情報を信じてますか。

――ええ、信用してますよ。あの組織を創設したのは、権力の中枢で医療品を独占している連中ではなく、事故のせいで苦しんだ人々ですからね。指導者の連中は事故直後、即座に自分たちの子供を避難させました。なのに、キエフ市民の子供たちには、五月一日のパレードに参加するよう強制したんです。パレードには、指導層の子供たちの姿は一人としてありませんでした。

訳注2：一九八八年に設立されたウクライナ初の環境非政府組織。

第六章　ソ連の病院で起こったスイス式《ペレストロイカ》

無能な国連諸機関や西欧諸国の政府にとっては大いに不名誉なことだが、市民社会のイニシアチブは、この大事故全体を覆いきれないとはいえ、時に大変輝かしい手腕を発揮して、チェルノブイリの犠牲者たちに効果的な救いの手を差し伸べてきた。このことをテーマにした番組の放映にいたる前に、私たちはまず、新たな情報操作の陰謀を退けなければならなかった。

一九九一年三月六日、イタリア語圏スイスのラジオ・テレビ局編集部宛に、以下の使用説明書が同封されたプロパガンダ用のビデオテープが届いたのだ。

スイス原子力協会（ＡＳＰＥＡ）

この度私どもは、クルチャトフ・モスクワ原子力エネルギー研究所の専門家たちによって撮影された新たなフィルム『九〇年代から振り返って見るチェルノブイリ』*Chernobyl as Viewed from the 90's* の英語版ＶＨＳコピーを、ソビエト連邦原子力学会より受け取りました。ウクライナで起こった事故から五年目を迎えようという現在、私どもは、このドキュメンタリーフィルムがとりわけ貴重な情報を提供するものであると考え、是非御笑覧いただきたく、お送りする次第です。同フィルムのフランス語版及びドイツ語版、また同封の英語版は、まもなくパル、セカム、ＮＴＳＣシステムに対応すべくU規格にて用意される予定です。

この唯一無二のドキュメンタリーフィルムは、チェルノブイリ事故をテーマにしたテレビ番組として何よりも適していると私どもは考え、是非そのような放送を実現させられるよう、有能な編集者の方々の注意を引いていただくことができましたら幸いに存じます。また著作権につきましては、公共の利益を考慮して、ソ連側が、ヨーロッパ原子力学会（European Nuclear Soceity,ENS）にこの権利を譲渡したため、いかなる問題も存在いたしません。

スイス原子力協会
事務局

このとき、私たちのドキュメンタリー番組はすでに放送の準備ができていた。そこで次のようなプレスリリースを発表して対応することにした。

ソ連政府の認可した公式情報によれば、チェルノブイリ原発事故現場の放射能状況は管理下にあり、今後、科学的、医学的、社会的観点から見て、いかなる危険もないということである。

しかし、一九九〇年十一月にわれわれが、ウクライナ及びベラルーシで行なった取材調査の結晶であるドキュメンタリー映画『ノイ・ディ・チェルノブイリ（チェルノブイリの我ら）』が映し出す光景は、ソ連の専門家たちの描くものとはだいぶ異なる。何よりもわれわれの映像は、放射能にさらされている住民が、ソ連の専門家たちの主張するように安全に暮らし、守られてなどいないことを暴露している。何十万という人々が、何年にもわたって公的に嘘をつかれ続け、住民避難に無関心な地方の権力者から操作をされ続けてきたことによってすっかり困惑し、《囚われの身》同様の条件の下で生きることを強いられている。汚染地帯の子供たちがますます健康を損ない、死んでいっているという悲劇、またソ連政府が、今でも汚染されたままの広大な汚染地帯で無駄な除染作業のために利用した六〇万人にのぼるリクビダートルたちを援助し、治療することを拒否しているというスキャンダルはことごとく非難の対象であり、イタリア語圏スイス・ラジオ・テレビ局（ＲＴＩＳ）の取材班が取材をして、カメラに収めている。ソ連国民は、もう一つの事実に対して、われわれの注意を喚起し、協力を求めている。彼らは、チェルノブイリ事故をめぐる国連国際原子力機関の役割と責任を告発しているのである。

私たちはさらに、『ソ連の病院で起こったスイス式《ペレストロイカ》：チェルノブイリの子供たちを救う方法』という第二のプレスリリースも発表した。

チェルノブイリ大惨事の規模は、事故後四年間にわたって私たちが信じさせられてきたよりもはるかに凄まじいものであることを、昨年ソ連当局が世界に対して認めるにいたってようやく、ミンスク小児血液遺伝学病院の医局長オルガ・アレイニコヴァは、西側諸国に向けて訴えの声を上げることができた。早速、スイス・ソリダリティー財団及びスイス小児遺伝学グループのイニシアチブにより、医師とジャーナリストからなる視察団がベラルーシに派遣され、健康被害の実態を記録した。現地では放射能は、子供たちの免疫機能を破壊していた。毎日のように子供たちは死んでいく。死因は白血病だけでない。肝炎や水疱瘡が子供たちの命を奪う。注射器や基本的な医療品の不足、劣悪な衛生状態のせいである。訴えにこたえたテレビ視聴者たちの寄付金のおかげで、救援プログラムが発足した。これはまさに具体的な効果を発揮した合理的な支援手段の模範例であり、来る四月二十六日に放送される番組『チェルノブイリ事故を生き延びる』で、現地での問題と救援プログラムの第一次報告が語られる。

一　六月に死に、十一月に生き延びる

一九九〇年六月、医局長オルガ・アレイニコヴァは、空っぽの荒れ果てた彼女の病院を案内してくれた。

オルガ・アレイニコヴァ　ご覧のように、医療設備は何もありません。むき出しの壁とベットが並ぶだけ。あるのは、自分たちの頭脳と手、それっきりです。子供たちが気分が悪くなったり、気を失ったり、合併症を発症したりしたところで、使えるのは電動粘液吸引器と、壁に掛かっている酸素吸入器だけです。三カ月ほど前にオーストリアの赤十字から、点滴に使用するカテーテル二〇〇〇本が寄付されましたが、もう最後の箱になってしまいました。これが底をついてしまったら、子供たちは点滴が必要なたびに注射を受ける他ありません。それが一日五回に及ぶことさえあります。

使い捨ての点滴と輸血のキットも不足しています。もう数箱しかありません。治療を中断するわけにはいきませんから、同じものを何度も消毒して使い回しています。そのために感染症のリスクも上がってしまうのです。何よりもB型肝炎の……。

四歳半の少女カティアは、髪の毛をすべて失ってしまった。高濃度汚染されたモギリョフ地方の出身で、発病して一年を越す。

カティアの母親（あきらめた声で）　あらゆる治療を試みました。放射線療法も、化学療法も、なにもかも……。良い兆しはまるで見られません。娘は背中に腫瘍があり、脊髄が圧迫されているんです。歩けなくなって五カ月になります。以前は見事な髪の毛をしていたんですよ……。

アルティオムという名の赤ん坊を、母親が腕に抱いてあやしている。

アルティオムの母親　この子は生まれたとき、とってもおとなしい子でした……。でも、大晦日に病気になってしまって……。それから六週間後に白血病と診断されました。

――お子さんと一緒に寝ているのですか。

アルティオムの母親　ええ、同じベッドで。そうすれば少なくともこの子のそばにいることができますから。

一九九〇年十一月

オルガ・アレイニコヴァ　アルティオムは完全な治療を受けることができたので、私たちはあの子が生きのびてくれると期待していました。ところが水疱瘡にかかってしまったのです。水疱瘡なんて、害のない小児病だと思われるでしょう。でも免疫システムを失くしてしまったこの子たちにとっては、恐ろしい病気なのです。ウィルスが体内に広がらないためには、ヴァリテクトという水痘ウィルスに対する抗体を投与する必要がありました。けれども私たちのもとにヴァリテクトはなく、アルティオムは水痘が体中に広がり亡くなりました。腸が小胞でびっしり覆われてしまっていました。肺も小胞だらけ。死因は肺気腫でした。どうしたらあの子の命を救うことができるか、私は知っていたというのに……。

私たちはディマ・プラノヴィッチという男の子の両親にインタビューを行なった。彼らもまたすっかり絶望していた。

母親　私たちには必要な薬がないんです。外国ならこの子を治すことができるのでしょうけれども、ここでは希望はほんのわずかです。私たちの子に生きて欲しいと、こんなに願ってやまないのに……。いろいろな国に二〇通以上も手紙を書き送っていますが、反応ひとつ、返事ひとつありません。この子を救うためにはどんなことでもする覚悟です。夫も病気なんです。夫が初期のがんで手術を受けたのが十二月。そして、一月には息子です……。なんという運命でしょう！

父親　病院からは、息子が治る可能性は一〇～一五％だと言われました。私には治療費を払うお金がありません。私の臓器のいずれかを欲しいという人がいれば、それを提供する覚悟もありますが……。

アレイニコヴァ　今なお、たくさんの子供たちが命を落としていますが、ここ二カ月、やや減速傾向が見られるようになりました。去年、この病院では二一人の子供が亡くなりました。さらにほぼ同数の子供たちが自宅で息を引き取っています。というのは、死体が解剖されないよう、親たちが、わが子が最期を迎える前に自宅に連れ帰ることがあるからです。今は、両親の同意なしには解剖を行なってはいけないとする法律が新しくできましたが。今年になってからは、この病院で、三三名の方が亡くなりました。恐ろしい数です。私はこんな状況に耐え切れなくなり、昨年、ミンスクのジャーナリスト、アレクサンドル・パリャトコフスキーにコンタクトを取ることにしました。彼は、『ヴズグリャート（眼差し）』というテレビ番組を担当しています。私たちは、病気の子供たちが置かれている状況を人々に見てもらうため、小児血液遺伝学病院の現場から中継を行なうことにしました。

みなさんがもし一年前に撮影にいらしていたら、きっと泣かずにはいられなかったと思います。ゾッとするような光景でした。底の抜けた折りたたみ式ベッド、ボロボロのシーツ、医療設備も衛生器具もまったくない……。視聴者たちはテレビの画面でそうした光景を目の当たりにして真に衝撃を受けたのでした。これほどひどい病状の子供たちが、まったく生きのびる希望の与えられないような状況のもとに置かれている。死の床にある子供を隔離するための個室さえ、ありませんでした。そうした子供たちは大部屋で、ほかの子の目の前で息を引き取るのでした。

ここに取り残された医師や看護師がどれだけ苦しんでいるか、母親たちの希望がいかに消え去っていくか、みなさんの想像には及ばないと思います。母親の頭には即座に「次はうちの子かもしれない」という思いが浮かぶのです。そして私自身もまた「次は誰？　恐ろしい……」と思うほかありません。無力感ほど医師にとって辛いものはありません。どうすれば助けられるのか百も承知なのに、必要な物が手に入らないばかりに、手の施しようがないのです。

六月二十二日、私たちはスイスと協力して、長時間特別チャリティー放送を企画し、寄付金一三〇万スイスフランを集めることができました。このお金のおかげで、ご覧の通り、医療設備を揃えることができたのです。こうした設備を揃える前に、ローザンヌ市からベック博士率いる専門家のグループが訪れました。ベック博士はこの援助プログラムを医学的観点からオーガナイズしてくれた方です。彼は三日間ここに滞在し、何が必要なのかを見て取りました。送られてきた救援設備はまさに私たちが絶対に必要としているものでした。一フランたりとも無駄に使われていません。設備のほかに、専門家も派遣してくれました。私は十五年ぶりに、医師としてまともな環境で働くことができるようになりました。

『ヴズグリャート』というテレビ番組のおかげで、まずはソ連の、それから、西側諸国の世論に私たちの窮状が伝わり、こうして今、西側諸国の病院と同じような治療を私たちの病院でも実施することができるようになったのです。

一九九〇年十月から一九九一年三月にかけて、ローザンヌ、ベルン、アーラウ、バーゼル、ザンクト・ガレン、そしてチューリッヒ各市のスイス小児腫瘍学グループ研究センターは、ミンスクに専門家チームを派遣した。彼らは六カ月間当地に滞在して、院内に医療技術設備を設置し、治癒率を当地の一〇%からスイス平均の六〇%に上げることを可能とする治療システムをソ連人医師たちに伝授した。スイス人医師の直接管理のもとで行なわれ、支援の的をしっかり絞ったこのプログラムは、通常の支援活動をはるかに超える領域に達した。荒廃したソ連の医療システムに、西側世界最新の医療技術とマニュアルを移植したのである。

イムバッハ博士は十五年間にわたって小児性白血病の研究を続けてきた人物である。博士の秘技は、強力な抗悪性腫瘍薬であるメトトレキサートの服用量をいかに正確に按配するかということにある。この薬を使用するには、非常に高価な分析器を使って、それぞれの身体器官の反応に対応させる必要がある。従ってこの療法は極度の精密さを要し、医師や看護師は規律正しく、正確なプロトコルに基づいて、各々の患者の生化学反応を検査し、記録することが求められる。

イムバッハ博士　私たちはまず他のスイスの専門家と相談して、医師を一人伴ったチームを派遣することにしました。このチームの任務は、提供する設備を現場に設置し、その使用法を現地のスタッフに教えることです。それが先遣チームでした。現在の私の役割は、治療法をオーガナイズし、スイス国内と同じ治療をこの病院でも可能にすることです。

当初は感染症防止に最低限必要な設備も欠如していました。ここでは医師も子供たちも、まだまだ多くを学ぶ必要があります。各病室に紙やタオル、使い捨てのタオルを配備できるようタオル掛けやディスペンサーが必要です。手をきちんと洗うための除菌用石けんもいります。その次には、子供たちを治療する際にいかにして十分な抗菌対策を施せば良いのかを教えなければなりません。でもまだこんな問題もあるんですよ。例えば医師や看護師たちに爪を短く切ってくれるよう、どううまく遠回しに伝えるか。爪は、とりわけ細菌の感染が起こりやすい部位ですからね。

三人に二人の子供がB型肝炎に感染していますが、どうやらその原因は血液調合やその他の衛生上の欠陥にあるようです。テストを行ない、輸血方法を考え直し、全体の衛生状態を改善しなければなりません。まだまだやらなければいけないことがたくさんあるというのが私の印象です。ここの医師たちはスイスの医師とは異なる養成を受けてきています。看護師たちは、意欲に欠けているところがあります。まだまだ多くが不足していて、私は楽観的にはなれません。

アレイニコヴァ　私たちの導入した治療法は、白血病の治癒率を六〇～八〇％にまで上昇させます。ですからこの治療を受けた子供たちが生き延びてくれる希望が持てるようになりました。

イムバッハ博士　私たちはデータを収集し、分析するシステムも導入したいと思っています。まずはこのシステムを医師たちに伝授しなければなりません。看護師がプロトコルのやり方に慣れてくれることも必要です。現在はそんなことを手掛けています。

それから、医局長が真に指導者の役割を務めることができるように手を貸す必要があります。アレイニコヴァ医局長は、まったく一人で働いていることに私たちは気づきました。彼女の仕事を私たちのやり方に近づけるようにしたいのです。そのためには、医局長が定期的に病人のもとに面会に行き、毎日報告書を作成するシステムを導入したいと思います。同様に医師たちも日課として、看護師を伴って患者に面会するようにし、看護師と医師との間のコミュニケーションを改善することが望まれます。

私たちは医局長に、各課の責任者を養成し、彼らに外国で専門教育を受けさせるように助言しました。そしてその彼らがさらに下の世代の医師らの養成を確かなものにすることによって、腫瘍学をこの地からソ連全国に広めていきたいと思っています。

二　八年後（一九九八年六月）

八年後、私はオルガ・アレイニコヴァに再会した。場所はミンスク郊外のボロヴライアニに建てられた、小児患者のための真新しい立派な腫瘍学病院であった。

――いったいどのようにしてこの病院を建てることができたのですか。

アレイニコヴァ　もちろん、神のご加護によってですわ。（笑って）それに、大勢の心ある方々のおかげです。わが国の、そして西側諸国の。この病院の建設にはオーストリア政府、オーストリアの慈善団体、ドイツ、それにベラルーシ政府が共同出資してくれました。でも、一番の出資者はスイスです。

私たちがまだ前の病院にいた頃、一八〇万スイスフランを設備と医薬品のために投資してくれたのですから。あの頃、この新しい技術による新療法を開始していなかったら、この病院が日の目を見ることはなかっただろうと思います。新しい施設に移ったとき、私たちには素地が既に出来上がっていたのです。《テレヴィズィオン・スイス・ロマンド》放送局がこの企画を放映するや、たちまちダニエル・ベック博士が私たちのもとを訪ねてきました。博士は現場を視察し、私たちに質問を浴びせると、すぐに着席してプランを立てました。どのようにすればもっとも迅速に支援をできるか。その結果、あの忘れもしないスイス人スペシャリストたちによる素晴らしいアクションが実現したのです。彼らは六カ月にわたって互いに引き継ぎながら、すべてを素早く導入できるよう手助けしてくれました。それが出発点であり、すべての源泉でした。

かつて、ここでの治癒率は一二%でした。今日では、それが七〇%にまで上昇したのです。私たちは急性リンパ性白血病の七〇%を治癒することができるようになりました。急性骨髄性白血病は五〇%です。ホジキンリンパ腫あるいは悪性リンパ腫は九二%が治療可能です。ホジキンリンパ腫以外の悪性リンパ腫に関しては七五%前後。ウィルムス腫瘍あるいは腎芽腫は六五%。もちろん、ある種のがんは西側諸国においてさえ治療困難で、当然、私たちの病院でも手こずらされています。けれども今の私たちは、腫瘍と悪性黒色腫[訳注1]のかなりをきちんと治療できるレベルにまで達したのです。

一九九〇年当初、私と一緒にこの仕事の核をなしていた人々は今でも健在です。当時二十五〜二十八歳だった彼らは、今では三十五歳前後になりました。経験を積み、西側諸国で学び、学んだことをただちに実践に移すことができているのです。今では非常に高度な技術をもった専門家です。

——この治療法の技術を使用するには徹底した規律を導入する必要があるが、それは骨の折れる仕事だとイムバッハ博士のおっしゃっていたことを覚えていますが、みなさんは簡単にそれを極めることができたのですか。

アレイニコヴァ　大変なことでした。けれども、私たちの成功の秘訣は、なにがなんでも達成したいと願っていたことだと思います。一日十六時間から十八時間、休日もなしに働きました。もうひとつ成功の秘訣は、目的に向かって導くことがまだ可能な若い人たちに伝えなければいけないという私の強迫観念でした……。それに加えて、すでにこの技術を身につけているイムバッハ博士ご自身やヨーロッパ小児腫瘍学・血液学協会から指導を受けることができたことによって、私たちの仕事は軽減されました。彼らは長年、経験を積み重ねてきています。つまり私たちが伝授されたものは、彼らが二十年、三十年にわたって試行し、確かめてきたものだったわけです。私たちはすでに出来上がっている法則を取り入れたのですから、その意味ではずっと楽でした。問題はそれをいかに厳格に導入するかということでした。

——ベラルーシ人の一人として、あなたは、チェルノブイリ事故をめぐるベラルーシ、また国際共同体の公的権力の役割をどのように評価されますか。

アレイニコヴァ　チェルノブイリ事故は私の家族を直撃しました。私の子供たちは、ソ連での習慣どおり、五月一日のパレードに学校行事として参加することになっていました。四月二十六日から五月一日の

訳注1：メラニン細胞に由来する皮膚、眼窩内組織、口腔粘膜上皮などの悪性腫瘍。

間、子供たちは毎日街路でパレードの予行演習を行なったのですよ……。安定ヨウ素剤も飲まずに……。

けれども私は四月二十八日から子供たちに安定ヨウ素剤を与えていました。それはまるっきり偶然だったのです。四月二十八日付の『プラウダ』紙には、チェルノブイリ原発で事故が起こり、四名の消防士が亡くなったことが、たった数行ですが書かれてはいました。でもそれだけです。ところが私と一緒に働いていたある看護婦の両親がブラーギンに住んでいたのです。その両親が彼女に、原発が燃えていると電話で伝えました。私にはとっては、それだけで危険だと判断するのに十分でした。牛乳に安定ヨウ素剤を数滴溶かしたことを覚えています。とはいえ、半信半疑だったのも事実です。こんなことが本当に必要かしら、と。真面目な情報などまったくありませんでしたから。中央政府や地方行政が、人々がさらされているリスクやただちに取らなければいけなかった防護方法について黙っていたことは、まさに人類に対する犯罪行為です！

それに国際原子力機関、つまりIAEA、ロシア語ではMAGATEと呼ばれていますが、彼らの名は今では侮蔑を表すものとして使われています。少なくとも私のまわりや友人たちの間ではそうです。

――あなたもその意見に同調されますか。

アレイニコヴァ　私の意見は、ベラルーシの科学者、アカデミー会員であるカーナプリャやネステレンコのものと同じです。彼らは自分たちで調査を行なった結果、IAEAの主張とはまるきり異なった結論に達しています。チェルノブイリ事故は住んでいる場所にかかわらず、子供も大人も直撃しました。子供も大人もですよ。その中には、事故時には生まれていなかった子供も含まれるのです。事故当時、高濃度の放射能汚染をした環境で成長した女性たちは、被ばくをし、今日汚染された環境で妊娠し、出産しています。そのために今でも子供たちはチェルノブイリの被害を受け続けているのです。ここの子供たちは全員、身体の被害をこうむる可能性があるほどの高い放射線リスクにさらされているのと私が考えているのはそのためです。

今日、人間とは地球上の一塵にすぎません。一人の人間のことなど、誰も気にかけはしないのです。どの国でも指導者たちは、自分たちが国民のためにひたすら働いていると断言しますね。でも国民という言葉は、抽象的な概念でしかありません。あなたも私も国民です。そうでしょう？ でも病院では、私たちは一人一人の病状に気を揉みます。患者は誰もが一人の苦しんでいる人間です。そしてときに、私たちはひとつの命を救うことに成功するのです！…… みなさんが会えなくて残念でしたが、昨日、一九九〇年に私の患者だった若者が訪ねてきてくれたのです。私たちが新しい療法を使って最初に治療した患者の一人でした。今、彼は二十七歳になり、ベラルーシ軍の職業軍人です。五歳のお嬢さんがあり、その写真を持ってきてくれました。彼はただふらっと私に挨拶に来てくれただけなのですが、これほど幸せなことはありませんでした。

三　真実を語る医師たち

ディマ・トゥーロヴェッツの母：一九九〇年十一月と一九九八年六月

私たちは八年前にディマを撮影している。彼は母親の腕に抱かれ、以前の古い病院のガタピシした階段を通って、腰椎穿刺《ようついせんし》[訳注2]を受けに行くところだった。物資不足のために麻酔薬なしで施されていたその処置は、大変な痛みを伴う。[原注1]まだ三歳にもならない子がこんな苦しい目に遭うのを待つ間、私たちは二言三言、若い母親と言葉を交わした。彼女は今にも正気を失いそうな状態だった。息子の穿刺の間に、自分も看護師に手を貸さなければいけないからだ。はげましの言葉や温かい言葉をディマに囁いてあげることで、苦しみを和らげるように試みなければいけないのだ。

一九九〇年十一月

――穿刺は初めてですか。

母親　いいえ。

――ではどんなことなのか、お子さんは知ってるのですね。

母親　ええ。

――今日も同じ処置が行なわれることも。

母親　いいえ。それは話していません。

――とても痛いのですか。

母親　もちろん……。

――ご病気はいつから。

母親　六カ月前からこの病院にいます。でも今でも希望は捨てていません。今日は、外国の新しい療法が試されるのです。どうなることでしょう。私たちと同じ時期に入院した子供たちで残っている子はわずかです。

――みんなどこに行ってしまったのですか。

母親　死んでしまいました。治せなかったのです。

――事故が起こったときはどちらにいらっしゃったのですか。

母親　ミンスク市です。私たちは町を離れませんでした。ミンスクは《きれい》だ、ミンスクは大丈夫だと言われていましたから。この子が生まれたのは、事故の後です。私たちは放射線量について何も知りませんでした。

――もしかしたら食べ物かもしれませんね。汚染された牛乳とか。

母親　そうかもしれません。誰にもわかりませんけれど。

――今では食料品を信用されていますか。汚染されていないと思いますか。

母親　いいえ。残念ながら。

一九九八年六月

原注1：ドキュメンタリーフィルム『チェルノブイリの我ら』、TSI、一九九一年参照。

訳注2：腰椎椎間腔より脊柱管に穿刺針を刺入してそこから脳脊髄液を取り出す方法。

ディマの父親　今でも私どもは、相変わらず食料品を信用していませんが、食べてはいます。

――お子さんは峠を越したそうではないですか。

母親　まだ絶対安心というわけではありませんけれど、そう信じています。私は、母親が子供と一緒に病院で寝ることが禁止されていた時代にも、ディマと一緒に病室に泊まっていたのです。あの子が三歳未満だったというだけの理由で許された措置でした。私の泊まっていた部屋には子供が六人入院していました。私はその子たち全員を、わが子と一緒に見守っていたのです。アレイニコヴァ先生が、母親がわが子と一緒に病院に泊まることをようやく許可してくださったのは、先生が例の新しい治療法を携えてスイス研修から帰国されてからのことでした。先生は、外国の病院では母親が子供に付き添って寝ることが普通に行なわれている様子を目にされたのです。私の夫が、初めて白衣を着て子供の病室に入ったときは大騒ぎになったものです。「子供の病室に外部の人間が入るなんて、とんでもない！」という風に。今では誰もが入室できます。でも以前は、不可能だったのですよ！

一般には、お母さんたちは何も知らされないまま、ひとりで放っておかれていると、私は母親という立場から感じています。私はこの病気がどんなものかを知りませんでした。なぜこんなに子供たちが死んでいくのか、どうしてなのか、理解できなかったのですよ。もっと説明をしてほしかった。どうしたらいいのか、教えてもらいたかったです。

この病院で、ディマはとても良い主治医の先生につくことができました。私は単刀直入に先生に聞いたのです。先生の仕事部屋に押しかけて、「私はなにもかも知りたいのです。質問してもよろしいでしょうか」と尋ねたのです。すると先生は「どうぞ」と答えられました。そこで私は矢継ぎ早に質問を浴びせかけ、とうとう先生は降参し、「それはわれわれにはわかりません、お答えできないことなんですよ」と白状したのでした。お医者さんが正直な返事をしてくれるのは素晴らしいことです。めったにあることではありません。先生が最初から「われわれにはわかりません」と言ってくれたことに、私はとても感謝しています。何も上手くいっていないことを知っていながら、大丈夫だと言って安心させる代わりに、先生は本当のことを教えてくださいました。

正直に言うと、私はあの子が治るとはまだ完全には信じていません。誰も保証できないのですもの。オルガ・アレイニコヴァ先生でさえ。ディマは、この新しい療法を受けた最初の患者ですからなおさらです。この療法は、ベラルーシの子供たちに適用されていくうちに、今ではずっと改良されたものになったのです。

――ベラルーシの子供たちはスイスの子供たちと異なるのですか。

父親　アレイニコヴァ先生によると、ベラルーシの子供は食生活や生活様式の違いから、化学療法に対する反応も異なるそうです。ヨーロッパの豊かな国の子供とベラルーシの子供とでは、細胞レベルの反応が違うんだとか。それにこの国の心理的な特性もあります。わが国では、親たちはものを知らず、疑い深いですが、それが子供に影響を与え、医者と両親、そして子供の間の関係がヨーロッパほどオープンではありません。明日がどんな風になるかなんて、私どもにはどうでもよくなってしまったのです。その日その日を暮らしているだけです。

第七章　リクビダートルたちのゴルゴダの丘

私たちは一九九〇年に初めてリクビダートルたちにインタビューを行ない、更に一九九八年と二〇〇一年に、再び彼らの声を収録した。ミシェル・フェルネ博士は、私たちが集めたこうした映像資料でリクビダートルたちの健康状態が悪化していくさまを目にした後、医学的な解説を行なってくれた。また、エマヌエラ・アンドレオリはこの映像資料をもとに映画『サクリフィス：犠牲者たち』を制作し、この作品はゆるぎない証言として、二〇〇五年十一月十二日にＰＳＲ／ＩＰＰＮＷ[原注1]スイス支部によってベルンで開催された国際シンポジウム『リクビダートル（事故処理作業員）の健康：チェルノブイリ原子炉の爆発後二十年』の場で上映された。

バーゼル大学医学部、名誉教授ミシェル・フェルネ　このドキュメンタリー映画の映像とその中で語られている事実は、論争の種となっている多くの疑問やテーマに答えを与えてくれます。例えば、一人一人のリクビダートルの記録された被ばく量は、仕事を指揮した上官の命令によって左右されていたことがわかります。上官は、許しがたい条件のもとに、廃墟となった原発敷地内に送り込まれた兵士たちの受けた被ばく量を、一貫して少なく記録することを要求していたのです。

しかも専門家たちは、こうしたリクビダートルの病気や死亡のケースを彼らの研究から除外してしまうでしょう。放射性核種に満ちた埃を吸入することによって起こる内部被ばくは考慮に入れないことになっているからです。また被ばく量を記録した公式記録台帳は、外部被ばくしかカウントしていないうえに、信憑性が限りなく疑わしい数値しか載せていません。

この映画は、《志願兵》と皮肉にも呼ばれた作業員たちが、どんな条件で働かされたのかを明らかにしています。また、燃焼ウランの派生物やプルトニウムなどといったミクロレベルの放射性核種を含む放射性ガスや放射性ダストを吸入することがいかに危険かを物語っています。内部被ばくの中で最も脅威的なのはアルファ線によるものです。アルファ線は皮膚こそ貫通しませんが、膨大な量のエネルギーを持っており、体内に侵入すると近隣の細胞、とくに遺伝を司る細胞内部を破壊します（がんや遺伝性疾患、子供における奇形が多発するのはそのためです）。放射性核種を大量に含んだ埃を吸入すること、特にガスや目に見えないダストの形で放出されるウランの派生物を吸入することによって、ナノ粒子が体内に蓄積し、悪性腫瘍疾患に発展するのです。

この映画を見ると、リクビダートルたちの仕事の大部分は地表の土を削り取り、シャベルでもってそれ

原注1：PSRはPhysicians for Social Responsibility『社会的責任を果たす医師団』の略称、また、IPPNWはInternational Physicians for the Prevention of Nuclear War『核戦争防止国際医師会議』の略称。

をトラックに積み込み、最終的には巨大な穴に埋めることだったことがわかります。このような仕事の間には、否応なしにさまざまな放射性核種が吸入され、それらは肺に沈着したり、身体器官内を循環したりしながら、何十年間にもわたって近接する細胞を被ばくさせ、変質させていきます。

リクビダートルたちは、若くしてどんどん老化していくことを訴えています。早期の老化現象は、かつては慢性被ばくによって引き起こされる被害として認知されていたのに、チェルノブイリ事故後、放射能が原因とされる病気のリストから消されてしまいました。

彼らの主治医は慢性被ばくを原因とするこの病気を知らないようです。病状が悪化していくと、診察を頼まれた教授でさえ未知の病気を前に能力の限界に達し、無力をさらけだしている様子が伝わってきます。ベラルーシという国は、医学教育レベルが高いことで知られているにもかかわらずです。例えば甲状腺がんが被ばくと関連して非常に増えた事実が立証されたのはベラルーシにおいてです。それでも、西側諸国の専門家は五~八年もの間、その事実を認めることを拒み続けていました。

一　ピョートル・シャシコフ

一九九八年：私たちが最後に会ってから八年が経過している。

――最後にお会いしたときからその後、容態はいかがですか。

ピョートル・シャシコフ　悪くなる一方です。肝臓が肥大してしまいました。脾臓、膵臓、甲状腺に問題があります。糖尿病も発症しました。去年、甲状腺の手術を受ける予定だったのですが、結局、足の治療に専念しました。悪性腫瘍を切除したのです。手術跡が四カ所もありますよ。歩くときには杖がないとダメです。左足が言うことをきかないのです。まるで死んでしまったみたいで。

——最後にお会いしたときに一緒だったアナトリー・ボロフスキーという方を覚えていらっしゃいますか。彼に会いたいのですが、どこに行けばいいでしょう。

シャシコフ　彼は死にました……。失礼……（感極まる。目に涙を浮かべて遠くを眺めるその横顔が、私の目に写る）。仲間の多くはもういません……。死んでしまいました。私は部下全員のリストを持っていますが、もうこの世にいない人がたくさんいます。つい一週間前も、若者を一人埋葬したばかりです。

——またですか……！　若い人たちだったのに。

シャシコフ　もちろん。今生きていたら、三十五、六歳です。

二〇〇一年

——最後にあなたにお会いしたのは、三年前でした。現在のお体の調子はいかがですか。

シャシコフ　さらに悪化しました。足に二度目の手術を受けました。またもや肉が骨から剥がれて、腐りはじめたので。

——そちら側の足がとりわけ多くの被ばくを受けたのでしょうか。ポケットに何か入れたりしていらっしゃいましたか。

シャシコフ　いや。ただブルドーザーに改造された装甲車に乗っていたとき、体の左側を装甲された車壁に押しつけていました。防護服も何もなく、身につけていたのは、何やら液体を染みこませた軍服だけです。ほかはなんにも。左半身全体が被ばくしてしまったのです。足の肉が骨から削げ落ちては、化膿します。

——あなたはリクビダートルだったという事実から、何か援助を受けていらっしゃいますか。

シャシコフ　いいえ、何も。チェルノブイリ事故十五周年に際しても何も支給されませんでした。それどころか年金の支払いが中断されてしまったくらいです。私は四月に入院しなければならなかったのですが、病室に空きがないと言われました。病院のベッドは今では、お金を払える人のためにとっておかれるのですよ。今や何もかもお金を払わないとダメなんです。

——なぜ入院しなければならなかったのですか。

シャシコフ　毎年、病院で療養する期間があるのです。その間に肝臓や胃や心臓の治療を受けます……。それに足の。足湯はとても効果があります。厄介なのは化膿です。あるときはこっちの指、次はあっちの指が膿みます。足もそうです。いったん傷が癒えたかと思うと、また膿みはじめるんです。医者たちはなんだかわからないそうです。ご覧ください。これもそうです。ここに一カ所あったのですが、今はこっちに移りました。いつだってどこかが化膿してるんです。排膿するためにオオバコの葉を当てていますが、処置はそれだけです。爪はしょっちゅう剥がれてしまいます。

——医師は何と言ってますか。

シャシコフ　こうした症状はどれも放射能が原因だと。事故の前まで、私は病気とは無縁でした。精錬工として製鋼場で働いていました。重量挙げをしていたんですよ。片手で妻を持ち上げることができました。

――今はおいくつですか。

シャシコフ　十一月に五十歳になりました。三十七歳のときに障害者に認定されました。一級障害者です。

――一級というのは何ですか。

シャシコフ　最悪という意味です。死の戸口に立っている人のことです。だけど私は……、楽観的になりました。わかりますか。痛みを気にかけないようにしてるんです。朝、起きます。するとすぐに、吐き気に襲われ、嘔吐します。胆汁です。来る日も来る日もですよ。手術をしてもらえないんです……。糖尿病のせいでね。だけど私は健康であるかのように振舞っています……。もうすぐキノコの季節です。絶対に森に行きますよ。

――散歩に出かけられることはありますか。

シャシコフ　足は痛むのですが、それでも一日に二、三時間は散歩をします。痛みは、私の足の血液循環が四五％しか機能していないことと関係しているのかもしれません。血液循環がないんです……。ためしに静脈に針を刺してみると、血が出ないんです。心臓にも問題があって、大動脈弁狭窄症なんです。左心室が機能しません。

――それで血液が足の末端まで届かないのかもしれませんね。

シャシコフ　いいえ。被ばくが原因です。
——そうです。その被ばくは、まさに心臓に影響を及ぼすのですよ。
シャシコフ　きっとそれです。私たちが受けた量に比べたら、広島や長崎なんて海中の一滴です。
——その比較は無意味ですね。
シャシコフ　確かに。私たちのところには、はるかに多くの放射性降下物がありました。ベラルーシ全土が汚染されたのですから。なんでもいいから食べ物を測定してみてください。線量計が鳴り響きますよ。それでも食事はしっかりと取らなければいけませんからね。
——奥様も検査を受けていらっしゃるのですか。
シャシコフ　いいえ。リクビダートルの妻は調査の対象ではありません。彼女たちには何の権利もないんです。チェルノブイリ事故後に生まれた子供は調査リストに載っています……。でも、チェルノブイリの前に生まれた子供たちは考慮されていません。

二　アレクサンドル・グールディーノの病気と屈辱

一九九八年

アレクサンドル・グールディーノ　チェルノブイリ事故は、私たちが子供をつくろうと思っていたまさにそのとき起こりました。事故後は三年間、子供をつくることが禁じられました。できてしまった人もいますが、その子たちはみんな病気です。甲状腺の病気、それにその他考えられるかぎりの……。子供たちは一人残らず病気です。私はもう子供を持つことはできない体です。産業医委員会に行くと、私が子供をつくれないということのほかにも、《形成不全》（器官・組織の発育が悪い状態）と記入され、先天的なものだと言われました。軍隊にいたこの私がですよ。入隊できるくらい完全に健全な人間が先天性形成不全なんて、ありえません。同じように、潰瘍も遺伝性だと書かれました。いったいどういうわけです。父も母も潰瘍なんてありませんでした。なにもかも、本当の理由を隠すための手口なんです。チェルノブイリと無関係だと思わせるための。けれどもこれは私一人に関したことではありません。こうした扱いを受けている人間が何百人といるんです。何百人と。

——私は八年前に初めてあなたにお会いしました。その後、あなたの人生の中で何か変化がありましたか。

グールディーノ　初めのうちは、多かれ少なかれなんとかなっていました。ところが時間がたつにつれてすべての病気が悪化していったのです。見た目は顔色もよく見えます。けれども体の中には健康なところなど一つもないんですよ。一九八六年以前、私は病気知らずでした。みんなと同じように、風邪をひくくらいでした。ところが今では胃潰瘍があり、骨や脊椎が痛み、関節も絶えずズキズキします。天候が変わると、年寄りみたいにしか歩けません。そして体中が痛むんです。体中が痛むと嘆く四十歳の男なんて見たことがありますか。めまいもしじゅうします。特に日差しが強いときです。日差しを受けつけないんです。いつでも帽子をかぶり、日陰を探さないといけません。太陽に当たると気絶してしまうこともあるんですよ。

子供たちと言えば、正確な数字はわかりませんが、私が出会ってきた子供は全員病気です。私らのような年寄りにとっては、まあ、よく言われるように、数ある問題のひとつに過ぎませんが、子供たちが病気になるのは悲しいことです。あの子たちは私らの年まで生きることはできないでしょう。
それだけじゃない。世の中は不正だらけです。チェルノブイリから十二年後、私は徴兵委員会に召喚されました。徴兵免除の扱いとなるリクビダートル証明書を私が提示すると、彼らは《二〇〇〇年まで有効》と記入したのです。なんたること！　私は二〇〇〇年まではリクビダートルだったけれども、それ以降はもう何者でもないってことですか。退役軍人は一生、退役軍人です。戦争が四十年前に終わっていようと。ところが私の扱いは《二〇〇〇年まで有効》ですよ。どんな意味ですか。彼らは私らをなんだと思っているんでしょうか。

——あなたを処分《リキデ》（ロシア語では likvidirovat.likvidator は「処分する人」の意味）しようというわけですか。

グールディーノ　たぶんそうでしょう。チェルノブイリを忘れるために。

——リクビダートル（処分する人）を処分《リキデ》する。

グールディーノ　そういうことです。

三　ヴィクトール・クリコフスキーの病気と屈辱

一九九八年

ヴィクトール・クリコフスキー　手短に言うと、私はあらゆる老人性の病気に苦しんでいます。水腫を伴う脳の硬化、大脳皮質の変質、血液循環障害などです。脳だけではありません。体中に問題があります。記憶障害、頭痛、視力の低下。一九九五年～九六年頃から血液像は正常化しはじめましたが、以前は完全に変質していました。一九九〇年～九一年頃、足の悪化がはじまりました。足が言うことをきかなくなり、家から出ることがなくなりました。医者は硬化だとかなんとか言っていますが、本当は何が原因なのかわかっていないんです。このところ少し調子がよくなり、昨日、ちょっと出歩いてみたのですが、夜には足が腫れあがってしまいました。今朝もまだ腫れていました。特に左足です。右足よりも腫れているのがわかりますでしょう。それだけではありません……。潰瘍、胃炎、数え上げてもなんになりませんが。腕が痛み、肩の関節が動きません。手を動かそうとするとたちまちひどい痛みに襲われます。

　私が実際に浴びた放射線量がどのくらいだったのかを知ることは非常に難しいのです。明らかな事実は、私が四号炉で働いていたということです。つまり、爆発によって生じた亀裂の非常に近くにいたわけです。証明書には一一九・二ミリシーベルトなんてバカバカしい数値が記入されました。一九九〇年にみんなでハンガーストライキを行なった結果、放射線医科大学が、私たちの被ばく量の再試算に取りかかりました。そうして記入された数値はおよそ一シーベルトでした。ものすごい量です。私と同じように当時、原子炉に登った人たちの間で、証明書に二五〇ミリシーベルト以上の数値を記入してもらえた人は一人もいません。二五〇ミリシーベルトを超すと、特別補償手当てを支払わなければなりませんからね。ある日、科学者のゲオルーギ・レーピンが、私のおよその被ばく量を計算しなおすために、働いていた場所を詳しく説明するよう言ってきました。ゲオルーギ・レーピンは、自らもリクビダートルで、一九九一年に《リクビダートル連合》を設立した人です。私は二〇ページあまりの報告書を書いて渡しましたが、それを読んだレーピンは「これは全部、本当か」と聞きました。私はクロッキーを用いながら細部にいたるまですべてを描写したのです。「今では、床もコンクリートで覆われて、飛散した燃料も除去されたが、それでもいくつかの場所では空間線量は一五ミリシーベルトにも達するというのだから、当時はいったいどれほどの線量だったのか！ そこで働いていた者たちは、どれほどの被ばくを受けたのか！」それから、私の詳細な記憶があるにもかかわらず、国は決して私の受けた被ばく量を計算しなおすことはないだろうと言いました。あまりに膨大なので。そのレベルはおそらく一〇シーベルトよりは下、しかし五シーベルトよりは上。五シーベルト以上でしょう。私と一緒に働いた仲間たち……。二年前、私は仲間と再び連絡を取ろうと試みました。書類を受け取るためには、同じ場所で一緒に働いていた人たちの証言がいくつか必要だからです。少なくとも二、三人の証人が必要でした。それで一緒にあそこで働いていた仲間を探したのです。ところが一人も見つからないんです。正直な話ですよ。一人も。警察ですとか、いろいろな町の役所に問い合わせを送りましたが、すべて送り返されてきました。「死去」という言葉とともに。私のチームには、およそ一二人の作業員がいたのに。

チェルノブイリ事故が起こる以前、私は大変なスポーツマンでした。空挺部隊に所属していて、頑健そのものでした。その私が、今では階段ひとつ登れなくなってしまったのです。平地さえ歩くのが難儀です。息が切れて。心臓のせいです……。

一九九五年、それでも私はやっと三級障害者に認定されました。これで最小の年金を受け取ることができます。しかしハンガーストライキに参加したので、その権利を剥奪するべきだという指令が出ていました。一人の人間を辱めること、踏みつぶすことなどたやすいです。

私は検査のために病院に呼ばれました。病院に赴くと、診察室には教授が、女医を伴って待っていました。そして扉を閉めると、私に「なぜ杖が必要なのかね。あなたは完治してるんですよ。杖など捨てたまえ」と言い放ちました。続いて女医が「飲酒は?」と聞きます。「しません」。「お祝いの席でも?」「小さなグラス一杯だけ。それ以上は飲めません」。「お父様はどうです」。「父がどうしたんです。父は自分の好きにしています……」。すると彼らは「父親は慢性アルコール依存症」と記入したのです。私は二人がどんな合意のもとに行動しているのかわからずにいました。「十分だ。帰っていい」。診断書の抄本をもらったので目を通すと「父親は慢性的なアルコール依存症患者である。以上のデータは、氏の疾患が遺伝性慢性アルコール依存を原因としていることを証明している」とあったのです。「この診断書を裁判所に持ち込むぞ」と言うと「好きな所に行けばいい」という返事でした。私は診断書を持って地方検事のところに行きました。検事はそれを読むと私に、「もっと良い時期が来るまで、この診断書を取っておきなさい。この件を手掛けることができる時代がいずれ来ますから」と言いました。それは一九九三年、ミンスク第五病院で起こったことでした。その後、一九九五年に、放射線医学研究所総合病院で私はこんな応対を受けました。「クリコフスキーですって?　まだ死んでいなかったの。なにをしに来たんです。家でおとなしくしていた方が身のためだったのに」。「なぜそんな言い方をされるのか理解できません」。女医は私を診察し、診断書を書くと、「物事には報いってものがあるのよ」という言葉を投げつけました。「私がハンガーストライキをしたのでこんな応対をされるんですか」。「そう。何事にもすべて報いがあるの。ストライキのせいよ」。

四　アナトリー・サラガヴェッツの衰弱と最期

一九九八年

六月のある暑い日に、私たちはアナトリー・サラガヴェッツと再会した。彼は上半身裸で、車椅子に座っていた。最後にインタビューを行なってから、八年の歳月が流れている。まるで別人だ。苦しそうに息をしている。肋骨の部分麻痺のせいで呼吸が妨げられるからだろう。手や腕をコントロールしきれず、彼の意志とは異なる動きをする。私たちが八年前に出会ったあの笑顔の若者ではもうない。彼は戸惑った様子もなく私たちを迎えてくれた。その素朴な話しぶりは、苦しみと皮肉の混ざりあった、奇妙なアクセントを帯びていた。

アナトリー・サラガヴェッツ　転んでばかりいました。立っては転ぶ。また転ぶ。見るに見かねて妻が「車椅子に乗ったら」と言ったのです。そこで車椅子に乗りました。このとおり。今では障害者です。足があればいいんですがね。足はもう動きません。足がないと、私はおしまいです。診断書には「治療不能」と書かれました。わが国でも、外国でも。どこにも治せるところはないんです。「複合硬化」と書かれました。それだけです。今年、私は医学委員会に出頭しなければなりません。車を支給してもらえる約束なんです。けれどもこの診断書では、車が支給されるなんて、もはや夢の話ですね。チェルノブイリで、タンクローリーを運転してリクビダートルたちを先導したのは私です。水がある限り私は道路に散水して、彼らが放射能汚染した埃を吸い込まないようにしました……。原子炉目指して真っすぐに進んだものです……。でも、思い出すと、辛くなるんです……。思い出さない方がいい。外では太陽が輝いていますね。天気が……、良いんですね。思い出したりなどすると……、悪夢です。それははるか昔の話で、本当にあったことではない。わが国ではよくそんな言い方をするんですよ。「それははるか昔に起こったことで、本当に起こったことではない」。あの頃のことは思い出さない方がいいのです……。かつて私は一人の人間でした。かつて私は歩くことができました。車を運転しました。でも今では歩くことも、運転することもできない。悪夢です。

私はヴォダラスキーを知っていました。彼は死にました。ミゴロク・クリモヴィッチも死にました。リオンカ・ザトラーノフも死にました。手っ取り早く言えば、もうコルカ・ヴェルビツキーと私以外、誰も残っていないんです……。五人の仲間のうち、残ったのは私だけ……。まるで白いカラスみたいに。わからない。友達はもう一人もいない。

私はちょっとうかがいたいだけなんですがね……、あの、外国でどなたか、車を一台、古いのでいいんです……、中古ので……、見つけるのを手伝ってくださらないかと……。私が外出できるように……、自然を見に行けるように……。なにしろ、自然のないこんな状態は……、とても耐え難くて……、悪夢なんです……。私は窓辺に座って、外を眺めます。人々が通り過ぎて行きます。見えるのはそれだけです。ほかに私に、何が残されているでしょう。寿命も迎えずに死ねと？　私は神様が下さった分だけを生きるのでしょう。でも人間としては、もう終わってしまいました。それだけです。無為……。ああ！　気がおかしくなりそうです。何もかもあきらめるほかないんです。年取ったたわけでもないのに……。

――おいくつですか。

サラガヴェッツ　十月で三十八歳になります。でも六十歳と言ってもなんの違いもありません。何年も前から、もうあきらめました。ある日、私が居間のこの同じ場所に座っていると、犬がやって来て、私の顔を覗き込みました。「なんで僕を見つめるんだ」。私は犬に「ワン」と言いました。この男はおかしくなったに違いないと犬は思ったでしょうね……。それともどう思ったのでしょう。台所に行ってしまいました。しばらくして、また戻って来ました。「どうしたんだ。ワン！」また出て行きました。そしてまたも、戻ってきました。「ワン！」と私。「ワン」と犬。「どうだい、二人でおしゃべりできたじゃないか！」悪夢です。おかしいったらないです。

犬は、インコにバカされるので、よくインコをつかまえようとしていました。ところが、滑って転んでしまったのです。犬から逃げていたインコも滑って、転びました。双方、滑って転んだのです。なんだかわかりませんが、とにかくおかしかった。でも今では、すべてが一変してしまいました。

私が完全に麻痺状態だったとき、ベッドの上に板のように寝ていました。すると犬が近づいてきて、足を私の手の上に乗せ、目に涙を浮かべて私を見つめました。犬もやっぱり病気だったんです。「おまえも調子が悪いんだな。散歩に行きな、弟よ」と私は言いました。犬はまもなく死にました。長椅子の上にいたのですが、椅子から降りて、死にました。長椅子の上では死ななかったのです。いい犬でした。

天には、なにかが存在するに違いありません……。わかりませんが。私は神様の前で、そんなに罪を犯したつもりはありません……でも……。わかりません……。ふつうならば……。悪夢です。

私たちが立ち去る前、アナトリー・サラガヴェッツは最初の出会いのときに撮った彼の仲間たちの写真を一枚一枚解説してくれた。

サラガヴェッツ　アナトリー・ボロフスキーがどうしているのか全然知りません。どこにいて、何をしているのか……（彼が死んだことを誰もサラガヴェッツに伝えていないのだ）。ペティア・シャシコフ……。

——仲間たちとは会っていますか。

サラガヴェッツ　シャシコフにはときどき。以前は、家に訪ねて来てくれました。もう来なくなりましたが……。ヴィッツカ・クリクは二度訪ねて来てくれましたが、完全に消息がありません。サシカ・グールディーノもです。しかしこいつは知らない顔だ（彼は八年前の自分自身の写真を見つめる）。やあ、君！（笑う）。悪夢です。

二〇〇一年

二〇〇一年六月に私たちが再び彼の家を訪ねたとき、迎えてくれたのは彼の未亡人だった。アナトリー・サラガヴェッツは、一九九九年七月十四日に亡くなっていた。

サラガヴェッツ夫人　彼の容態は突然悪化したのです。手も足も動かすことができなくなってしまって、ひとりでは食べることも飲むことも、何もすることもできなくなってしまいました。足は湿疹で覆われました。医者は、骨髄の腐敗が原因で、もうおしまいだと私に説明しました。彼は死を宣告されたのです。六カ月間、彼は寝たきりでした。夫が病院の実験材料にされないように、私たちは彼を入院させませんでした。放射線による病気は実際には不治なので、病院では患者を新しい治療法の実験台に利用するんです。彼は六カ月間寝たきりで、それから……、まさに生きながら腐っていったんです。体の組織がすべて腐敗をはじめ、ついには骨盤の骨が見えるほどになってしまいました。彼の心臓が止まる日まで、私自身が、医師の指示に従って治療をしました。注射や錠剤で苦痛を和らげようとしたのですが……。ついには注射できる場所がもう体のどこにもなくなってしまって……。骨は剥き出しになっていました。体全体が崩壊していったのです。背中も全部……。腰の骨は手で触わることができました。私は手袋をした手を突っ込んで消毒を行ない、外れていく骨の残りを取り出しました。腐敗した、分解した骨を。彼はすべてを意識していて、苦しみが終焉するように、とにかく早く死ねることだけを望んでいました。大変な苦しみでした……。私が彼の体の向きを変えなければいけないとき、彼は歯を噛みしめました。うめき声を上げることもありました。でも我慢をして、叫び声は上げなかったのです。とても意志の強い人でした。

私たちは何人もの医師に尋ね、有名な専門家の診察を受け、意見を聞ける人にはすべて問い合わせました。しかし誰にもこの病気がなんなのかわかりませんでした。腐敗していく骨髄の様子に彼らは言葉を失うだけでした。彼らは無力でした。私は、この地区で開業している女医のグラに感謝をしています。彼女は私たちの友となり、私はいつも彼女に相談を持ちかけました。私はまた、私たちに手を貸してくれたイギリスの消防士協会にも感謝の意を表したいと思います。夫は彼らの一人と知己があったのですが、その人はイギリスから物質的な援助を行なってくれました。三カ月に一度、まるで友達に送るように、支援物資を送ってくれたのです。けれども保健省や国の機関からは、一度たりとも支援は行なわれたことはありません。

私たちは一九八三年に結婚し、一九八六年には、彼はチェルノブイリに駆り出されました。それからあらゆる困難がはじまったのです。彼は年中病気を患っていました。それから左半身の麻痺がはじまったのです。医師たちは「バカな真似をして、どこかで風邪をしょいこんだだけだ。すきま風にでも当たったんだろう」と言いました。でも実際にはまったく別の病気だったのです。体の免疫システムが破壊されてしまっていたのです。チェルノブイリは私たちだけの悲劇ではなく、ベラルーシ全体にとっての悲劇だったと思います……。こんなにたくさんの罪のない犠牲者たち。こんな風に無駄に命を落とすなんて……。そしてあそこで自らを犠牲にした人たちが完全に忘れ去られてしまうなんて。そもそも私たちが住んでいるこのアパートも、夫と他のリクビダートルたちがハンガーストライキを行なった末にようやく手に入れたものなのです。だって、リクビダートルが募集されたときには、大々的な約束がされたのですよ。アパートの提供、子供のための託児所……。ところがその後、そうした約束はことごとくが海の泡と消えてしまったのです。リクビダートルたちには、ハンガーストライキを行なう以外には、もはや訴える手段がなかったのです。

——彼は信心深い人でしたか。

サラガヴェッツ夫人　あんまり。でもあるときこう言いました。「神様はチェルノブイリの後、十三年も俺を生かして下さった」と。それがすごいことだと彼が感じていたのを意味しているのだと思います。そうでなければ……、そうでなければ、どうして彼はあれほど長い間耐え抜くことができたのでしょう。ここでは、リクビダートルたちは瞬く間に死んでいきます。私たちの良き友で、ヘリコプターの操縦士だったヴォダラスキー大佐は、事故後間もなく亡くなってしまいました。それも夫と同じような死に方で。夫とまったく同じように、体が腐敗していく症状でした。大佐は原子炉の上を飛行したんです。部下たちに操縦を禁じ、自ら飛んで、部下の命を守ろうとしたのです……。どんなことになるか知っていたんです。

そんなことを思い返したり、目にしたりするのは辛いです。本当に辛いです……。なぜこんなことが起こらなければならないのか、私には理解できません。

（沈黙）夫は誰とでも、どんな話題についてでも話すことができました。コミカルで、真面目な人でした。遊び心がある人間でした。彼のような人と暮らすのは、とても楽でした……。どんなことでも理解してくれる人。そして生きることにすべてを捧げた人でした。

おわかりになりますか。人間には静かに暮らす人がいます。彼らは生きていれば、それで満足なのです。「私はあれを持っている、これも持っている」という、それだけで。けれども夫は、人生の中で、何か別のものを必要としていたのです。何ものかに向かって行かなければいけない人でした。常に遠くに、より遠くに、さらに遠くに……。ひとところに止まっていることができないのでした。夫は生き急いでいた人なのです。

アナトリー・ボロフスキー

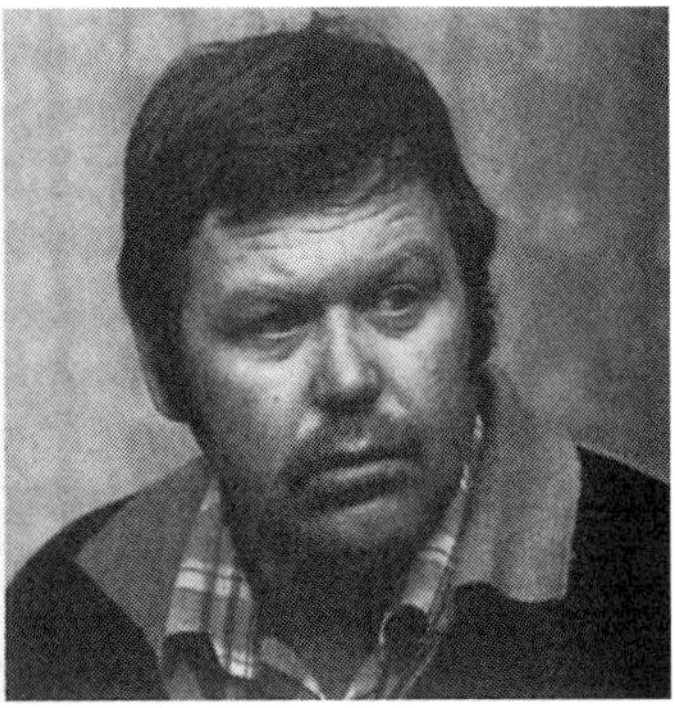
ピョートル・シャシコフ

アレクサンドル・グールディーノ

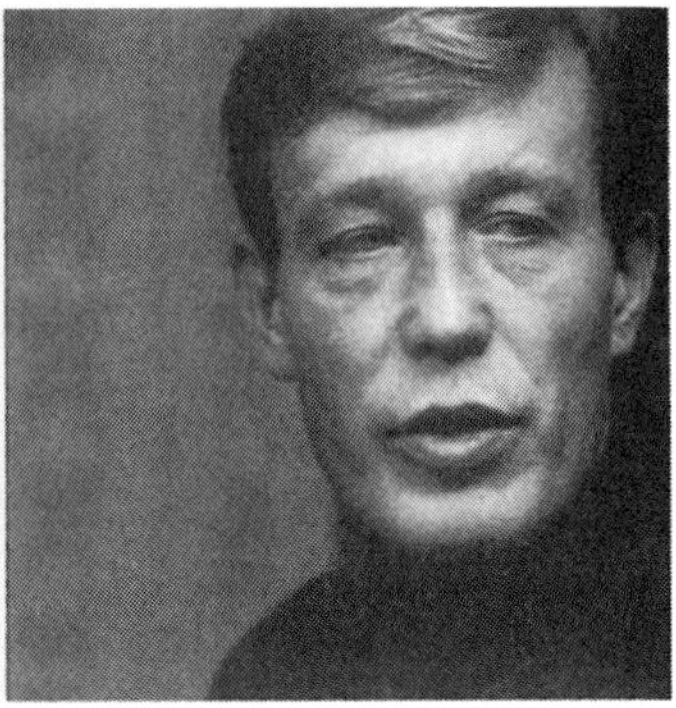
ヴィクトール・クリコフスキー

アナトリー・サラガヴェッツ

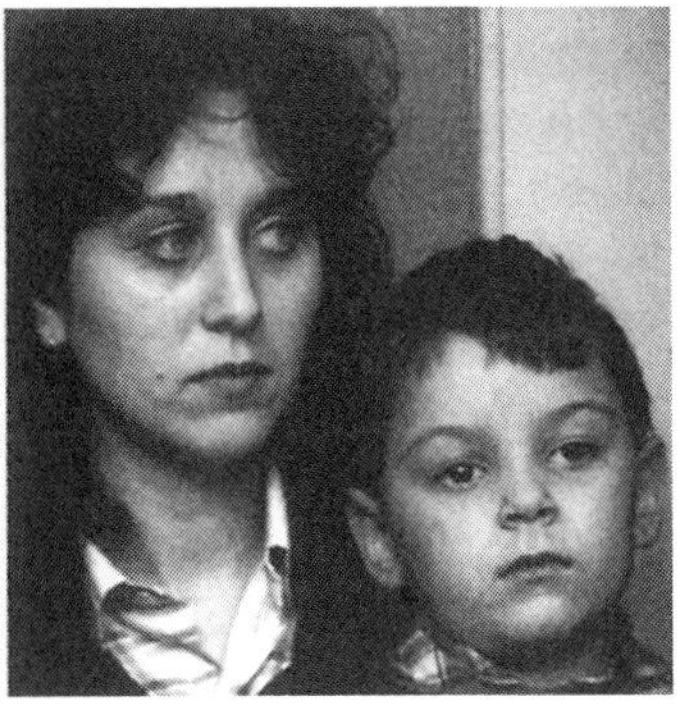
アナトリー・サラガヴェッツの妻

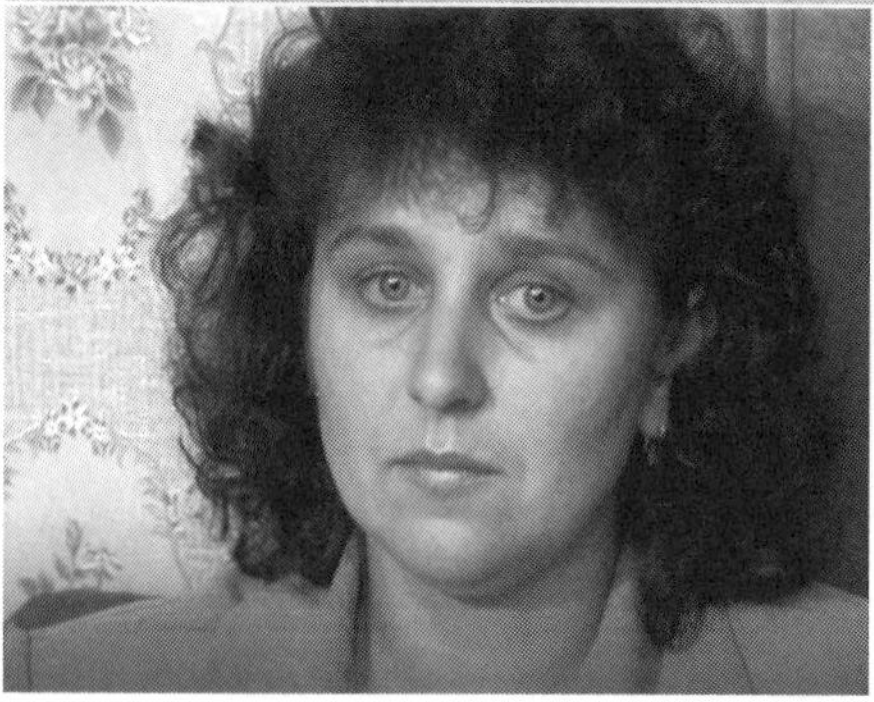

上：アナトリー・サラガヴェッツ
中：チェルノブイリ原発
下：アナトリー・サラガヴェッツの妻

建設中の石棺が安定性を保っているかどうか状態の確認および石棺内の放射線量は毎日専門家グループによって確認された。

第八章　国連機関の犯罪

「ごく数名の役者によって、何百万人の運命が日々決定されるという悲劇」

イヴ・ルノワール、前掲書

私たちが前章までにみてきたように、見捨てられたリクビダートルたち、また汚染地域に取り残された人々が直面している放射能問題や衛生的、医療的、そして社会的現実に対して、一九九一年五月二十一日から二十四日にかけて、ウイーンでのIAEAの会議にて開催されたチェルノブイリ国際プロジェクト[訳注1]は、自分たちの下した判決を押しつけたのである。プロジェクトに参加していたのは、二五カ国、二〇〇名の専門家であり、彼らは特にIAEA、UNSCEAR、WHO、FAO、国連、EC委員会を代表していた。

チェルノブイリ国際プロジェクトの庇護のもとに行なわれた調査とはいったいどのようなものなのか。また彼らの掲げる主旨とは何なのか。

専門家によれば、放射能は住民の健康にはいかなる影響も及ぼさなかった。被ばく量は、外部被ばくも内部被ばくも含め、ソ連当局によって過剰評価されていた。

ウクライナやベラルーシの現地科学者は、放射線問題に関して見識がなく、心理的要素やストレスが原因であると思われる健康問題に接したとき、それらを被ばくのせいにしてしまっている。

チェルノブイリ国際プロジェクトの専門家は、事故発生後数週間の最も危機的時期における被ばく量の概算を試みていない。

住民の移住措置や食料品に関する規制が適用される範囲をこれほど広げる必要はなかったというのが専門家の所見である。移住の基準には生涯線量を適用しているため、事故後三年間に累積した被ばく量は考慮に値しないのである。

この結果、放射線防護のために主張された生涯線量の重要性は、ただ純粋に経済的立場から否定されることになった。被ばく許容限界値とは、都合よく利用される手段に過ぎなくなり、医学上、科学上の客観的価値は完全に失われたのである。

訳注1：第一部第六章四、一五八ページ参照。

検査を受けたすべての子供たちは健康な状態であった。汚染された村と《比較対象群》となった村との間の同じ年齢の子供において、目立った差異は観察されなかった。

事故以降、白血病や甲状腺腫瘍の顕著な増加は、収集されたデータには現われていない。こうした疾患に関する風評のみが流れていた。

「風評とはなにごとだ!」と、ベラ・ベルベオークは驚愕する。「デミーチック教授はミンスクで、一九九〇年には二九件の、一九九一年には五九件もの小児甲状腺がんの手術を行なったというのに。一九九〇年の手術件数だけでも、チェルノブイリ以前の二十倍に当たり、その後、年を追って増加の一途をたどっている」

チェルノブイリ国際プロジェクトは、子供の免疫に関する問題についても、染色体異常の増加についても一言も触れていない。先天性異常の著しい増加は見られないという言葉には、G・ラジウク[原注1]の研究書を参照した者は驚嘆する。

八〇万人のリクビダートルの健康状態についても一言もない。抹殺。国際的な専門家たちにとって、彼らは存在しないのである。

《公式立場からのこうした虚言は、まともな科学的データもないまま発表された。論拠とされるのは《広島ドグマ》だけであり、現地におけるいかなる事前調査も実施されないまま公表された。ベラ・ベルベオークはこの発表の中に妙なデータが見られることを指摘している。例えばペルラン教授は、選抜された汚染地域の村の住民に配布され、二カ月間携帯された八〇〇〇個のフィルムバッジ[訳注2]を提出しているのだが、九〇%のフィルムバッジの測定量は、自然放射線量に相当する測定下限値にも達しないという結果を報告している。「選抜された汚染地域には《自然放射線》を超える放射線は他に存在しないということなのか[原注2]」とベラ・ベルベオークは驚く（後述するネステレンコ教授による《政治的》解説と注釈内の技術的解説を参照のこと）。

ベラ・ベルベオークは、「チェルノブイリ事故によるベラルーシ、ウクライナそしてロシアにおける深

原注1：一九九六年、G・ラジウクは次のように報告している：「チェルノブイリ事故のもたらした諸問題で解決されていないものの一つに、先天性奇形を持つ子供の誕生比率の増加がある。出産時に確認されるこの問題は、遺伝的損傷を原因とするものの中で最も頻繁に発生している。（中略）この問題は突然わが国に出現し、人々を深い不安に陥れている。彼らの不安には深刻な理由がある。原子炉から放出された放射性核種（セシウム137とストロンチウム90）は遺伝子に損傷を与え（変異原効果）、身体器官の形成を阻害するのである（催奇効果）」―G・I・ラジウク、D・L・ニコライエフ、U・W・ノヴィコヴァ、「チェルノブイリ事故を原因とする先天的及び遺伝的病理における力学」、『ベラルーシ共和国内のチェルノブイリ汚染地域に暮らす住民における健康状態について。最も重要な調査報告』所収、国際会議「チェルノブイリ後の世界」、ミンスク、一九九六年三月二十二～二十九日。G. I. Laziouk, D. L. Nikolajew, U.W. Nowikowa, "Dynamik der angeborenen und vererbten Pathologien in Folge der Katastrophe von Tschernobyl", in *Gesundheitszustand der Bevölkerung, die auf dem durch die Tschernobyl-Katastrophe verseuchten Territorium der Republik Belarus lebt. Die wichtigsten wissenschaftlichen Referate*, 1996

訳注2：放射線検出用写真フィルムを用いた個人の外部被ばく量を測定する線量計。二〇一五年現在福島県の児童たちには、蛍光ガラス線量計（ガラスバッジ）が配布されている。

刻な健康被害に関する西側諸国の《責任》」を告発しながら、今回は皮肉抜きで、以下のように結論する：

WHO及び国際諸機関がチェルノブイリ問題に介入し、ソ連中央政権を後押ししたことによって、汚染地帯の住民を守ろうとしていたベラルーシやウクライナの科学者たちによる努力は水泡に帰した。私たちはこのことに関して責任を負っている（中略）。

私たちの国の専門家がこのような行動を取ったとき、科学界からも、関連諸機関（医療団体、組合、協会）からも、メディアからも一切批判の声は上がらなかった。それゆえ私たちは、チェルノブイリ事故のもたらした深刻な健康被害に対して全面的に責任を負っている。そのうえ、専門家のこのような行動があったがために、今後、私たちの国においても起きる可能性を否定できない原発事故の際には、チェルノブイリ事故を基準として、危機管理に純粋に経済至上主義の基準が導入されることになるだろう。[原注3]

ヴァシーリ・ネステレンコは、ソ連の人々が、どうやって西側の科学者仲間に提供するための調査対象を選抜していたのかを私たちに語ってくれた。ソ連当局と西側科学者たちは手に手を取り合って働いていたのだ。ベラ・ベルベオークが事故発生五日後に予告した「暗黙のうちの共犯」そのものである。二〇〇〇年四月、ネステレンコは、次のように語った：

ネステレンコ　一九八九年、チェルノブイリに関する資料の機密扱いが解除され、ゴルバチョフ書記長とルイシコフ閣僚会議議長は「国民を守るために必要なあらゆる措置が取られているか、また、いかなる被害が予想されるか」という問いに対する解答を求めて、ＩＡＥＡに対して専門家の派遣を請願しました。その結果、専門家が派遣され、三〇〇万ドルの援助金がソ連に支給されました。国際専門家たちはゴメリをはじめ、ウクライナそして主にロシアで調査を行なったのですが、私はそのことを知ったとき、自分の持っている情報を彼らに提供しようと保健省に申し出たのです。ところが返ってきた返事は、それは不要である、モスクワ保健省の専門家連がすでに準備を整え、彼らと一緒に調査を行なっているというものでした。このようにして、異なる情報を提供する恐れのある者は、意図的に排除されたのです。

西側から来た専門家二〇〇名の滞在費は高くつくため、滞在は短い期間に限られていました。それに第一には言葉の障害があります。そして第二には……西側専門家たちはプロパガンダ攻めに遭ったのです。ブラーギンでは、わが国の人々が四度も続けて除染を行ないました。専門家が来て計測しても「なんだ、

原注2：この結果はまったくバカげており、ベラ・ベルベオークは皮肉を込めて発言しているのだ。フィルムバッジの代わりに、感度の優れた熱ルミネッセンス線量計を使った方がよほど成果があっただろう。原子力産業が線量計として用いているこのフィルムバッジ（フィルムは現像液や定着液の中で現像され、その感度は感光剤となる臭化銀の粒子の大きさ等に左右される）の測定下限値は、〇・二ミリシーベルトだった。ところがこの数値は、ちょうど二カ月分の自然放射線による累積被ばく量にほぼ一致するのだ。実際、チェルノブイリ事故以前の現地の線量は、およそ毎時〇・一～〇・一五マイクロシーベルト程度だったと思われる。二カ月間は一四四〇時間に相当するわけだから、〇・一四マイクロシーベルトを取ったとして、自然放射線による二カ月の累積被ばく量は、二〇〇マイクロシーベルト、つまり〇・二ミリシーベルト前後となる。ということは、一九八六年に避難が実施された汚染地帯近郊で、チェルノブイリ国際プロジェクトが《選抜した》村々においては、自然放射線量を超えるその他の放射線は存在しないという結論になるのだ。

原注3：ベラ・ベルベオーク、前掲載書。

たいしたことないではないか！」ということになります。四度も地表が削り取られたことは、伝えられません。

続いて九月には、子供たちを検査するための専門家が派遣されました。彼らはホールボディカウンターで測定を行ない、「ご覧なさい。最小限の被ばくですよ」と言います。けれどもこの子たちが、二、三カ月間ナロチ地区、つまり国内の汚染されていない地域で過ごしていたことを彼らに告げることはうっかり忘れられていました。子供たちは汚染されていない食品を食べていたのです。そして子供の身体器官の浄化作用はスピードが速いため、放射性物質の蓄積量も少なくなっていました。言い換えればですね……少なくともこの調査の企画に公募制が取られていたなら……「ブリュッセル（欧州連合）の計画を実施するための専門家を募集」という風に告知するやり方を取っていたらと思うのです……。けれども実際はそのようには進められませんでした。ベラルーシでは、西側のエキスパートと誰が共同作業をするかを決定できるのは政府のみです。

この件に対する私の意見は極めてはっきりしています。非常に強力な原子力ロビー、国際原子力ロビーが存在することは明らかです。彼らにはお金があります。そして自分たちの計画を遂行するためには出資を惜しみません。その際、誰にどのような方法で発注を行なうのかを決定するのも彼らです。私は何年か後に、わが国の専門家から次のような情報を耳にしました。一九九六年、ウィーンで開催されたＩＡＥＡ会議には、政府が組織したベラルーシの大代表団が出席していました。私たちはこの代表団から除け者にされていましたが。それはともかく、ＩＡＥＡはその場で、わが国の代表団に対して次のように宣言したそうです。「貴国で公式に認知されたのは甲状腺がんだけである。その他の疾病については一言もあってはならない」。そして一人一人のメンバー（私のかつての教え子が何人かIAEAで働いているのですが）にはこう囁いたそうです。「こうした問題に口を挟みさえしなければ、IAEAからおいしい注文がいくつもいきますよ。新たな契約が。しかし反対するのなら、すべてパーです」。たとえ空腹でも、魂を売り渡さない人間もいます。でも残念ながら、みんながそういう人間ではありませんし、ソ連時代の科学者たちが現在よりも裕福な生活を送っていたことは、周知の事実です。国際的な科学研究は、さまざまな病理と被ばく量との相関関係を示さないように意図的に行なわれているのです。

ベラルーシ科学アカデミー遺伝学研究所のメンバー、ローザ・ゴンチャローヴァ教授は、チェルノブイリ原発から二〇〇キロ離れ、セシウム137による汚染が比較的少ない地域で、魚類と齧歯類《げっしるい》[訳注3]における遺伝子の異常について研究を行ない、世代を追うごとに異常率が高くなることを発見した。私たちは、二〇〇〇年四月、彼女にインタビューを行なった。

ローザ・ゴンチャローヴァ　一九八九年に、旧ソ連政府の要請によりチェルノブイリ国際プロジェクトの枠組みのなかで調査研究が行なわれました。放射能の汚染状況と、住民の健康に対して起こりうる影響を評価することが依頼されたのです。西側諸国から、立派な肩書きを持ち、高額な報酬を得た専門家たちが訪れ、その仕事に携わりました。しかし汚染地域の住民の人体細胞や未消血[訳注4]において染色体異常が頻発

訳注3：哺乳類の中の最大のグループでリス、ウサギ、ネズミなどが含まれる。

しているという事実は見出せませんでした。一方、三年前、アメリカの研究者が旧ソ連出身の移民に対して行なった調査に関する記事を発表しました。[原注4] 対象となった人々は、一九八六年から一九八九年にかけて、汚染レベルが低いキエフ、バブルイスク、マジィルからアメリカに移住していました。バブルイスクは一平方キロメートルあたり一キュリー［三万七〇〇〇Bq／㎡］以下、キエフとマジィルは一～五キュリー［三万七〇〇〇～一八万五〇〇〇Bq／㎡］という汚染値で、原則として「いかなる影響も起こるはずがない」と言われるレベルです。彼らは、今お話したような時期にアメリカ合衆国に移住したのですが、入国後まもなく医療追跡検査を受ける必要があるグループに振り分けられたのです。ホールボディカウンターでの検査から、彼らの体内に放射能が蓄積していることが発見されたからでした。彼らの末梢血のリンパ球において細胞遺伝的損傷が観察されたのです。つまり、染色体異常と遺伝子の突然変異です。その研究結果として、このアメリカの研究者たちは、悠然と、低線量被ばくによる影響を紹介することができたわけです。非常に低い線量です。しかしその研究が公表されたのは、三年ほど前に過ぎません（一九九七年）。汚染の少ない地域で生活していたロシア移民において、移住の一、二年後、放射能による影響が発見されたというのに、一九八九年、なぜ国際専門家チームは、チェルノブイリの汚染地域の住民においては、いかなる体細胞中の遺伝的損傷も、染色体異常も、遺伝子の突然変異も発見できなかったのか、私は自分の論文の中で問い続けています。

――それは何を意味しているのでしょう。最初の調査を行なった人々は隠ぺいしたとでも？　それとも他の説明を探るべきでしょうか。

ゴンチャローヴァ　最初の調査を行なった人々は《良い仕事》とはどのようなものかを知り尽くしてい

ために、明白に存在していた被害を発見しなかったのです。

――被害を発見しないことが、彼らの務めだったということですか。

ゴンチャローヴァ　彼らの務めが何だったのか、私は知りません。私はただ単に、あなたに事実をお話ししているだけです。

ネステレンコ　チェルノブイリ国際プロジェクトは次のような結論を出しました。心配することは何もない。ソ連政府は十分な措置を取った。ゴルバチョフ書記長は、彼が発した二つの問いに対して、ポジティブな返答を得ることができたわけです。大金が支払われ、ふさわしい返答が返ってきました。私は、エキスパートたちの専門性や資質に対して異議を唱えているわけではありません。

ゴンチャローヴァ　私も、「彼らは高い資質を持った専門家」だと申し上げました。私が思うに、明白に被害がある場所において、被害を明らかにしないためには、それだけの《能力》が必要です。もちろん、私たちはその代価を支払わなければいけません。今後何十年も、この犯罪的政策の代価を私たちは支払い続けていくのでしょう。

原注4：G・K・リヴィングストーン、R・H・ジェンセン、E・B・シルバースタイン、J・D・ハイネフエルド、G・プラット、W・L・ビッグビー、R・G・ラングロワ、S・G・グラント、R・シュクラ、国際放射線生物学新聞、七二巻六号、一九九七、七〇三〜七一三ページ。

訳注4：毛細血管を流れる血液。

第九章　もう一つの監査

ヴァレリー・レガソフは、イリーン氏率いるモスクワ・原子力マフィアの圧力に屈して、自らの命を絶ってしまった。その決断はしかし一年、早すぎた。[訳注1] 彼は、ユーリ・シチェルバクやアナトリー・ヴォールコフといった反旗を翻した科学者、専門家らと同様に、ソ連の人民代議員大会[訳注2]に選出されることができただろうし、一九九〇年九月一日からは、チェルノブイリ事故原因を分析し、事故直後の期間に防護措置を取らなかった行政責任者の審理を行なうために、ソビエト最高会議が設立した委員会の調査に参加することができたはずだ。

モスクワの原子力エリートたちは、まさにこのソ連最高会議事故調査委員会の行なっていた調査によって有罪宣告を下される危険を感じたために、ＩＡＥＡとＷＨＯに、チェルノブイリ国際プロジェクトと呼ばれる監査を依頼したのである。二つの委員会、つまり国連機関のものとソ連最高会議による独立の立場のものが、同時期に調査を進めていたわけである。前者による調査は、現地を数週間視察しただけで終了した（一九九一年五月）。後者による調査は、一九九〇年から一九九三年にかけての三年間に及び、ソビエト連邦の崩壊（一九九一年八月二十一日）後も生き延びた。それは、《ペレストロイカ》によって誕生したある実業家による財政支援のおかげであった。

一　幸運な出会いと支援

ゴルバチョフに対するクーデター［一九九一年八月十九日］の数週間前、ヴァシーリ・ネステレンコは、ミンスクからモスクワへ向かう飛行機の中で、チェルノブイリに関するソ連最高会議事故調査委員会の会合のために報告書を作成していた。彼は事故による汚染が最も激しい国であるベラルーシ（国土の汚染率は、ベラルーシ：二三％、ウクライナ：四・八％、ロシア：〇・五％）で現状分析を行なっている専門家による常設グループの調査を指揮していたのだ。すっかり仕事に没頭していたネステレンコは、隣席の旅客の好奇心に満ちた視線に気づかなかった。隣りの客は自己紹介をした。彼は石油会社を持っているだけでなく、非政府組織「人類にとって安全な生活圏を復旧させるための国際共同体」（ＳＥＮＭＵＲＶ）会長で、名前はアファナーシ・キムといった。そしてチェルノブイリの事故犠牲者たちを援助するべく資金を集めたのだが、間違った手に渡らないためには、誰にそれを寄贈したらよいのかわからないと語った。ネステ

訳注１：レガソフは一九八八年四月二十七日に自殺した。第一部第六章四参照。

訳注２：一九八九年に選挙が行なわれた。第一部第六章三参照。またソビエト最高会議は人民代議員大会の常設機関。

レンコの仕事を観察して、彼がチェルノブイリ問題に携わっていることを知り、アドバイスを求めたのだ。ネステレンコは、事故調査委員会の会合の席に彼を招待した。委員会は財政不足に悩んでおり、メンバーのボランティアによって進められている仕事もあるほどだった。この出会いは石油会社社長の気に入り、彼らは後日、条件について話し合うために再会する約束をした。ところがその直後に八月クーデターが勃発し、共産主義は幕を下ろし、ソビエト最高会議は解散されてしまったのだ。委員会メンバーらは落胆しながらも、自費で調査を最後まで行なう決意をした。しかし、報告書を出版するための費用は一銭もなかった。キム氏との出会いは天の恩恵だったわけだ。

国際共同体《SENMURV》は、事故調査委員会の専門家グループがチェルノブイリ大惨事に関する監査報告書を完成できるよう、実務及び財政上の援助を行なうことを、自分たちの市民的、道徳的義務であると考えた。

旧ソ連最高会議内にあった専門家によるこの常設調査委員会は、《SENMURV》の枠組みに移され、統合専門家委員会（CUE-OЭK）として再編され、引き継がれることになった。統一委員会は、一九九三年にその職務を完遂するまで、ヴァシーリ・ネステレンコによって指揮された。

国際人道非政府組織《ヘルプ・チェルノブイリ》（A・E・カルポフ、R・S・ティレ）もまた、チェルノブイリの事故調査に携わる専門家グループに多額の財政支援を行なった。

このようにして独立した科学者や代議士らによって敢行された監査の結果は、『チェルノブイリ大惨事：その原因と結果』と題されるロシア語による四巻本として、国際共同体《SENMURV》の手により出版されるにいたった。

しかしこのテクストはロシア語でしか存在しなかったために、国際社会がこうした独立したソ連人エキスパートの監査報告書を参照できるチャンスは限定されていた。この不備を改善するべく、スイスのジャーナリスト、スーザン・ボースは、ネステレンコに、報告書の主旨をまとめた詳細なプレスリリースを執筆するよう依頼した。それは『ベラルーシ、ウクライナ、ロシアにおけるチェルノブイリ大惨事の規模と影響』というタイトルのもと、一九九六年、ミンスクでドイツ語と英語で出版された。

さらにスーザン・ボースは、一九八八年、スイスの週刊誌『WoZ』のジャーナリストたちを説き伏せることに成功した。国際社会は、チェルノブイリについての情報を一方的にIAEAの監査のみから得るべきではない、ベラルーシ、ウクライナ、ロシアの独立した立場の科学者たちによる出版物を包括的に知ることも必要だ、なぜなら両者の監査結果は正反対だからだ、と。ジャーナリストたちは必要な資金を集め、ソビエト最高会議事故調査委員会のまとめた調査書完全版の英訳を五〇〇部出版することに成功した。同じ年、今回も英語で、ヴァシーリ・ネステレンコの『チェルノブイリ大惨事：住民の放射能防護』（ミンスク、一九九七）が出版された。これは、彼の声明文と言うべき著作であり、ここにおいてネステレンコは、保健省が実施を怠っている放射線防護の仕事を自らの手に引き受けることを決定的に表明したのである。微々たる発行数であったとはいえ、これらの資料はマスコミによるブラックアウトを免れ、何人かの有志が連帯したおかげで偽りと無知の世界に風穴を開けた。その価値は歴史的、象徴的なものである。さらにはアメリカや、カナダ、イギリス、ドイツ、フランス、スイス、イタリア、日本などの大学に送られることになっていた。

皮肉なことに、ソビエト連邦の代議士からなる最高会議によって実施されたこの監査が、共産主義国家のふところのうちに誕生しつつあった市民社会が、チェルノブイリという悲劇の原因と結果についての独立した調査に手をつけることのできた歴史上唯一の瞬間となったのである。残念ながら、国の議会が行なったこの監査の結論を公けにする機会は失われてしまった。しかしこのとき以来、チェルノブイリの汚染地域から上がる数々の証言の声は今日まで届き、科学的真実の探究も絶えることなく続けられるようになった。本書が語る年代記こそがその証拠である。

私はここでいったん事実の前後関係を飛び越して、ヴァシーリ・ネステレンコが一九九七年出版した著書から重要な引用をしたいと思う。ネステレンコは、西側諸国の専門家が真実を否定するために行なった一つの活動例を暴露しているからだ。それは、チェルノブイリの放射能による汚染を受けた何十万という人々の健康に深刻な影響を与える結果を招いた。

二　見せかけの援助 原注1

チェルノブイリから手を引いた国家

国家予算をチェルノブイリという重荷から解放したい思いは、この二年間に政府が発した宣言の中によく表明されている。すなわち、一平方キロメートルあたり一から五キュリー〔三万七〇〇〇～一八万五〇〇〇Bq／m²〕というレベルの汚染地帯で生活することは危険ではない、またそうした土地で、生態学的に汚染されていない食物を生産することは可能であるという宣言である。

この方針は、一九九一年から一九九三年の間、ドイツ人専門家がホールボディーカウンターを用いて、ベラルーシ、ウクライナ、ロシアの住民を対象に実施した被ばく検査の欺瞞に満ちた結果に基づいている。ベラルーシ放射線防護委員会（CNPR）もまた、一九九五年四月に「事故後の再建段階における住民の放射線防護コンセプト」を採用することによって、この理論を支持した。事故の危急期は終了し、今は住民の帰還時期に入ったのであり、《放射能と共存しながら生活することを学ぶ》べきであるとする哲学のコンセプトが、E・P・ペトリアエフ教授率いる研究グループによって入念に構築されたのだ。この方針によれば、年間一ミリシーベルト以下の被ばく量においては、いかなる放射線防護措置も取る必要がない。こうした考えを基礎に、ベラルーシ政府は、一九九五年秋、当該地域の住民に対する放射線防護と社会福祉措置を削減してしまった。

ドイツ人専門家たちによる見せかけの援助

一九九一年、旧ソ連政府の支援要請にこたえて、ドイツの環境大臣は、ロシア、ウクライナ、ベラルーシのチェルノブイリ事故によって汚染された地域住民を対象とした体内被ばく測定プログラ

・原注1：ヴァシーリ・ネステレンコ『チェルノブイリ大惨事：住民の放射能防護』、ミンスク、一九九七、よりの抜粋。

ムのために、一三〇〇万マルクの予算を割り当てた。プログラムはユーリッヒ核研究センター（KFA）[訳注3]に委託され、一九九一年から一九九三年の間、三つの共和国において、三一万七〇〇〇人がホールボディカウンターによる検査を受けた。

検査は都市部のみで実施された。計画担当者によれば、測定機器を積んだ重い車が、農村部の道路に適していないということだった。かくして、ベラルーシ農村部住民の被ばく検査は行なわれないことになった（キーロフとスヴェチロヴィッチの二つの村を除く。農村部全人口四万一七八五人に対して、検査された住民の数は一六五一人、つまり全体の四%以下だった）。ところがまさに農村部の住民こそが、線量の九〇%以上を受けていることは周知の事実である。汚染された地元の生産物を消費しているためだ。ユーリッヒ核研究所が実施した被ばく検査によれば、ベラルーシで測定された人々のたった一・四%が年間一ミリシーベルト以上の被ばくを受けていた。六・八%の人々は、年間一ミリシーベルトの被ばく量、そして大多数、つまり九一・八%は、年間〇・三ミリシーベルトというわずかな被ばくを受けただけということだった。

ところがこのドイツのプログラムが実施された時点ですでに、ベラルーシの村における放射線被ばく量リストが存在していたのである（ミンスク、一九九一、一九九二年）。以下に挙げるのはそのリストである［訳注：数値はすべて、年間の値である］。なぜ、ユーリッヒ核研究所の測定プログラムは、こうした村に住み、高い放射線量を体内に蓄積している住民たちを検査から除外してしまったのだろうか。

ブレスト州：ヴルカ、一・八mSv、ザストゥノク、三・九mSv、ドブリャヤ・ヴォリャ、二・五mSv、パール、一・一mSv、ジトコヴィッチ、一・六mSv、ゴロドナヤ、一・二mSv、ドゥレヴナヤ、一・三mSv、コロニア、三・三mSv、オトヴェルジッチ、一・三mSv、オルマニー、三・〇mSv

ゴメリ州：コマノフ、二・九mSv、ヌグリューブカ、一・二mSv、ジュレズニキ、一・六mSv、ヴァラフスク、一・三mSv、グラズキ、五・九mSv

クズミッチ、二・四mSv、スコロドゥノイエ、二・六mSv、ブダ、一・八mSv、グリチノヴィッチ、二・〇mSv、コルチュヴァトカ、一・五mSv、ブリョゾフカ、三・四mSv、レニノ、二・五mSv、オブホフシティナ、二・〇mSv、スロボドカ、一・五mSv、シャレイキ、一・六mSv、ヴォリンツィー、一・一mSv、ノヴァヤ・ゼンコヴィナ、一・二mSv、スタラヤ・ゼンコヴィナ、一・四mSv、ボロヴカ、一・五mSv、マルコヴスコイェ、一・四mSv、ルドゥニシチュ、三・六mSv、ペルヴォマイスク、一・三mSv、ヴィアゾヴォイエ、二・八mSv、

ジェルジンスク、二・〇mSv、ダニルヴィッチ、一・四mSv、ザボロティイエ、一・六mSv、チアニイェ、一・四mSv、マンチツィー、一・五mSv、

ヴェルボヴィッチ、一・四mSv、グルシェフカ、一・六mSv、コノトプ、一・六mSv、ブダ・ゴロヴチツカヤ、一・二mSv、ドゥミドフ、一・三mSv、

ザヴォイット、二・八mSv、スモルゴフ、二・六mSv、ヒルチハ、二・四mSv、ホメンキ、四・七mSv、ド

訳注3：Kernforschungsanlage Jülich ドイツ西部ケルン市近郊のユーリッヒ市にある核研究所。一九九〇年、ユーリッヒ研究センター Forschungszentrum Jülich（FZJ）に改名。

ゥハノフカ、一・七mSv、ドゥブロヴァ、一・四mSv、ボリソヴシチナ、一・六mSv、スラボジャンカ、一・二mSv、パルチザンスカヤ、二・九mSv、ピクリハ、二・三mSv、クラスニー・ベレク、二・〇mSv、ポカト、一・七mSv、クルトイエ、一・五mSv、スリャニネ、一・五mSv、ブディシチェ、三・二mSv、ノヴォザハルポリイエ、二・八mSv、サプリキ、二・四mSv

何十万もの人々が高い内部被ばくを受けているこのような村を、他にいくらでも挙げることができる。ユーリッヒ核研究所測定プログラムが彼らを検査から除外した理由は理解し難い。

この測定プログラムには、ベラルーシの科学者は参加せず、地域の食生活の特性も考慮に入れられなかった。そのために農村部住民、とりわけポレーシエ地方の農村民は、重点的に検査を行なう対象に選ばれなかったのだ。

ドイツ人グループによるプログラムが、このようにして調査対象の選択を誤ったために、ゴメリ州の住民が食物を通して実際に受けた線量が、何桁も低く見積もられることになってしまった。ベルラド放射線防護研究所のデータバンクには二〇万を越える汚染食物の測定結果がある。またこの五年の間に、前掲の村において、ホールボディカウンターを用いた住民の年次検査を一〇〇〜二〇〇回実施してきた。ポレーシエ地方では、空間線量はそれほど高くないが、土壌の特性から、土壌内のセシウム１３７が植物に移動する割合が、ウクライナ地方の肥沃な《チェルノーゼム〔黒土〕》よりも三十〜五十倍高い。この地方の住民が体内に蓄積している放射線量は、ユーリッヒ核研究所測定プログラムが発表した数値よりも二〜五倍も多いのである。

ユーリッヒ核研究所の測定プログラムがその務めを果たすことなく、汚染地域に住むベラルーシ人のうちの主要被ばく者グループを無視したことによって、共和国内の住民が受けた被ばく量を二〜五分の一にしてしまったことは遺憾極まりない。

この不十分な情報のおかげで、ベラルーシ大統領とベラルーシ共和国の新政府は過った道を進むことになった。この情報に基づいて、汚染レベルが一平方キロメートルあたり一〜五キュリーの地域での生活は危険ではないと判断され、「事故後の再建段階における放射能防護対策(……)」という誤ったコンセプトが採択されてしまった。それにより、一平方キロメートルあたり一〜五キュリーの汚染地域で生活している子供たちへの薬品やビタミン剤の無料提供はカットされ、住民はまったく放射線防護を受けられない状態で放っておかれることになったのだ。ベラルーシ国内に住むチェルノブイリ大惨事の被害者二二〇万人のうちの一五〇万人がこうした地域に住んでいる。そのうちの四〇万人は子供なのである。

このプログラムのイデオロギーが否が応にも思い出させるのが、チェルノブイリ国際プロジェクトの犯した過ちである。IAEAのエキスパートたちは、チェルノブイリ国際プロジェクトの結論を導くにあたって、八〇万人のリクビダートルと原発の三〇キロ圏内から避難した一三万人の住民を統計から除外した。そのうえで、チェルノブイリ大惨事はいかなる医学的な影響ももたらさなかったと断言したのである。ユーリッヒ核研究所測定プログラムは、同じ手口で、チェルノブイリ事故によって最もひどい汚染を受けた村落部の住民を避け、ベラルーシ国民の被ばく量を低い数値にとどめる結果を得たのである。

第三部　投獄された研究

第一章　ユーリ・バンダジェフスキー、制御不能の研究者

一九九四年、ヴァシーリ・ネステレンコはゴメリ医科大学の創設者および学長である解剖病理学者、ユーリ・バンダジェフスキーに出会う。バンダジェフスキーは一九九一年以来、汚染地域に暮らす人々の間に現われるようになった新たな病理群の原因究明に専念している医師である。彼の妻ガリーナは小児科医そして心臓科医だ。妻と共同で、バンダジェフスキーは、心臓の形態や機能に現われる病変の頻度と程度が、体内に蓄積する放射性セシウム量に比例していることを発見した。このような《セシウムを原因とする心筋疾患》を、彼は次のように説明している。「これは子供や若者、そして成人における心臓トラブルであり、心筋の劣化を伴う。このことによって、あらゆる年齢で突然死が発生するようになる」。バンダジェフスキーと彼の研究チームは「免疫系と同じレベルで心臓、肝臓、腎臓、内分泌系においても、相互依存的に病状が進行する」ことを報告している。こうした病変はどれも同じ病理経過に起因している。彼らはそれを「体内に取り込まれた半減期の長い放射性核種によって引き起こされる病理現象」と呼んでい

る。こうした病理が明らかにされたのは、ゴメリ医科大学がその設備を駆使して、子供と成人を対象に実施した精密検査のおかげである。臨床、動物実験、そして解剖という三通りの方向性から二五人の医学教授が九年間にわたってこのテーマを探求した。ゴメリ医科大学は教員二〇〇名、嘱託職員三〇〇名、そして学生一五〇〇名からなる。

一九九六年以降、ゴメリ医科大学はベルラド放射線防護研究所と協力して活動している。ヴァシーリ・ネステレンコ［ベルラド研究所所長］は、村々をまわって住民の内部被ばくを計測する。計測には西側諸国の非政府組織によって寄贈されたホールボディカウンター（SRH）[訳注1]が使用される。ネステレンコはまた、ゴメリ医科大学に自らの設計によるガンマ線自動測定器を提供し、体内組織に対してセシウムがどのように作用するかの経過を解明した。これによって解剖の際、調査する器官における一キログラムごとのセシウム137蓄積率を測ることができるのだ。ゴメリ医科大学とベルラド放射線防護研究所は、セシウム137の含有量が少ない食事をとることによって、人間の子供においても実験動物においても同じように生命維持に必須な臓器への取り返しのつかないダメージを防ぐことができると実証した。このようにして科学にとってまったく新しい研究の道が開かれたのだ。

一九九九年四月、ユーリ・バンダジェフスキーとヴァシーリ・ネステレンコは、ベラルーシの国会に召喚された。二人は、ベラルーシ保健省の発表した被ばく量を記載した公式記録台帳を確認し、チェルノブイリ事故被害に関する医学研究を進める同省付属の放射線医学研究所が、国の支援基金を有効に使用し

訳注1：scanner de rayonnement humain（SRH）の略称で、ホールボディカウンターのこと。

ているかどうか審査するための監査委員会に参加することを求められたのだ。しかし二人の出した結論は、保健省の息のかかった委員会メンバーたちには気に入らなかった。バンダジェフスキー、ネステレンコ、そして保健省付属研究所の元所長ストジャロフは、三人で独自の報告書を作成し、国民の保健衛生問題を管轄するベラルーシ閣僚会議の安全保障理事会に送りつけた。これを受けて安全保障理事会は、保健省から被ばく量の公式記録台帳を没収し、「三人の研究者による報告書をただちに見直す」よう保健省に求めた。またバンダジェフスキーは、放射線医学研究所の研究方針を酷評する報告書を、単独でルカシェンコ大統領に送った。一九九八年度に支給された一七〇億ルーブルのうち、有効に使われたのはたった一〇億ルーブルに過ぎないと訴えたのだ。バンダジェフスキーの訴えに対する報復手段として、保健省は、一九九九年五月、三度にわたって立て続けにゴメリ医科大学を査察させた。しかしいかなる不備も発見することはできなかった。それにもかかわらず一九九九年七月十三日夜中、ルカシェンコ大統領によるテロ防止法令を理由に、ユーリ・バンダジェフスキーは逮捕されたのだ。二〇〇一年六月十八日、ベラルーシ最高裁判所軍事法廷は汚職の罪で、彼に八年間の禁固刑を言い渡すことになる。証拠は何一つとしてない。新たに任命されたゴメリ医科大学学長は、バンダジェフスキーの進めてきた研究プログラムは高等教育機関には不適当だとして、すべて中止させた。

バンダジェフスキーは原子力ロビーのいわゆる「専門家」連中にとって、悪夢にほかならなかったのである。彼らの推進してきた「黙殺計画」にとって、バンダジェフスキーは予期しない障害を意味していた。彼の研究は、人類が引き起こした史上最悪のテクノロジーによる大惨事がつくり出した屋外実験場のど真ん中で、科学研究の本来の務めを呼び戻そうとするものだった。バンダジェフスキーは青年期から、この使命に携わる準備を整えていた。彼は「環境内の多様な要素（物理的、化学的、生物学的）が妊婦、胎児の成長、またさまざまな器官や必須臓器の形成に与える影響」についての研究に熱意を注いできたのだ。つまり彼は、体内における放射性核種の細胞レベルでの近接効果のメカニズムや影響を理解するために適した方法論を習得していたわけである。公式の科学は、未だにこの分野の認知を拒んでいるばかりでなく、仮説として議論することすら拒否している。ICRP、UNSCEAR、IAEA、WHO、フランス原子力・代替エネルギー庁（CEA）、国連安全保障理事会、そしてアメリカのペンタゴンといった原子力ロビーが封印してきた知見が、ようやくバンダジェフスキーが手がける正統な科学研究によって、ミクロレベルで明らかになり、体内に沈着した低線量の放射性核種が引き起こす毒性現象が解明されるはずだ。

禁じられたこの知見の深奥めざして邁進するユーリ・バンダジェフスキーを止めるには逮捕しかありえなかった。彼の発見こそが、原発ロビーにとってはほんとうの大惨事なのだ。皮肉なことにこの逮捕は、バンダジェフスキーの口を封じようとした人々にとって大失態となった。バンダジェフスキーをいきなり投獄したことで、彼の名は世界中に知れ渡ることになったからだ。

バンダジェフスキーが八年間の禁固刑を言い渡された翌日、ヴァシーリ・ネステレンコは私たちを車でガリーナ・バンダジェフスカヤのもとに連れて行ってくれた。打ちのめされ、恐怖におののきながら、彼女は「これからどうやって生きていけばいいのでしょう」とネステレンコに問いかけた。ネステレンコ自身が、未だに衝撃の余波の中にあり、自らの考えを声に出してまとめようとしていた。「これほど歳月を注いだ研究から彼が引き離されてしまったことは大打撃だ。正直、私自身これまでの仕事を続行する意味がないように思える。私は医者ではない。物理学者だ。私にとって非常に大切なのは、どこにリミットがあるのか、医者が示してくれることだ。そこから初めて私は放射線防護の専門家として、子供たちを重病や死から救うために介入しなければいけないことを知る。そのためには研究を続ける必要があった。続ける必要が……」。

もちろんこのテーマの意味を悟っているのは二人の研究者だけではなかったし、同じ方向で研究を進めている人は他にもいる。しかし汚染地帯の中心部で、チェルノブイリ事故が引き起こすさまざまな健康問題や政治問題、そして人間問題の渦中に直接身を置いて活躍しているのはこの二人のみだった。自分自身の名誉、科学の名誉に忠誠を誓い、国民の不幸と向き合う確固たる決意を表明している人間は、この両者をおいてほかになかった。二人の抵抗の歴史は長い。ヴァシーリ・ネステレンコは二十年来、ユーリ・バンダジェフスキーは十六年来、極度の困難に見舞われながら持ちこたえてきた。原子力ロビーは東西陣営に関係なく、二人の活動を阻止し、マスコミを黙らせようと、絶え間ない中傷や妨害を繰り返してきた。それだけではない。ネステレンコが幾度となく欧州連合に請願している子供を守るための放射線防護プロジェクト（TACISタシス）への支援もことごとく拒否してきた。

人類の歴史の中ではときおり、一見ちっぽけに見える人物が、そのはかなさとは反比例する象徴的な影響力を持つことを顕示するめぐり合わせが続けざまに起こることがある。チェルノブイリという惨劇の舞台のただなかで、今、そんな現象が進行しているように私には思えるのだ。それは私たちが決して逃してはならない一縷のチャンスなのかもしれない。バンダジェフスキー、ネステレンコという傑出した科学者の仕事を人間的、政治的、経済的に支えながら、真に人道的な努力のもとに団結することは、ヨーロッパやアメリカ合衆国などの西側文明社会にとって、神聖不可侵とされてきた原子力政策を打破する唯一無二の機会だからだ。統制を受けることのない原子力推進者たちは、自滅的政策のせいで、全人類をこのうえない危機に晒している。バンダジェフスキーとネステレンコの目標は、原子力産業の文字通りの死ではない。どのみちチェルノブイリ大惨事を前にして嘘と秘密に頼る以外、自己防御の道がないこの産業の運命は決まっている。二人の科学者と彼らを支持する人々にとっての最優先事項は、科学的真実を物理的に守ることであり、その真実を自由に分かち合える世界をつくることである。原子力分野ほど、知識と研究の独立が不可欠な場はない。それは人類が破滅しないためにも絶対に必要だ。「あらゆる人間は自らの健康、わが子や家族の健康にかかわることを知る権利がある。何を避けなければいけないのか、なぜそれを避けなければいけないのか[原注1]」。バンダジェフスキーとネステレンコが現地に踏みとどまり、抵抗を続けられることが、人類史上まさに今この瞬間、はかない一筋の光明なのである。

私がユーリ・バンダジェフスキーの投獄を知ったのは、一九九三年九月、まったくの偶然からだった。彼は七月に投獄され、その時点ではすでに、ルカシェンコ大統領の監獄で二カ月間も虐待されていた。しかし西側世界でそのことを知る者は一人もいなかったのだ。もしも私が、自作映画が出品されているフランス、ディ市の東西映画祭に足を運んでいなかったとしたら……。その会場で私は、『チェルノブイリの祈り』の作者スヴェトラーナ・アレクシエーヴィッチと《在外ロシア人》同士のおしゃべりを交わし、ほんの偶然からこのニュースを知ったのだ。会話を締めくくろうというとき、私はスヴェトラーナに、「ネ

原注1：ジョン・W・ゴフマン『チェルノブイリ事故、放射能による現世代および次世代への影響』、一九九三年、John W. Gofman, *Chernobyl Accident, Radiation Consequences for this and Future Generations*, 1993.

ステレンコは元気かね」と尋ねた。ネステレンコは『チェルノブイリの祈り』の登場人物の一人で、彼女は彼と知己であったからだ。「それがあまり元気ではないのよ。友達が逮捕されたんですって」。「誰?」「ゴメリの医師だそうよ」。「バンダジェフスキーじゃないのか」。「そう」。「そんな大事なことをそんなにさらっと話すんですか!」私は瞬間、凍りついた。どうしたらいいんだ。私は昨年の取材旅行ではバンダジェフスキーに直接会うことは叶わなかったのだが、ネステレンコから、この奇特な研究者が汚染地で進行中の事実を看破し、公式の教条を覆すデータを収集していると聞いていた。私は二つの事実に衝撃を受けた。第一には、この逮捕が意味するメッセージのあまりにあからさまなことだ。第二には、ベラルーシの友人たちがあきらめきって沈黙してしまったことだ。二カ月も前に逮捕されていながら、西側世界では誰もそのことを知らずにいたのだ。反逆児ネステレンコ、ちょうど私がテレビドキュメンタリー[原注2]の中で、子供たちを放射能から守るためにベラルーシの汚染された村で奮闘している姿を紹介したばかりのネステレンコは、このニュースを私たちに知らせるために受話器を取ろうともしなかったのだ。これこそ鉄のカーテンだ。手で触れることはできない。しかし東側諸国の市民の心に今でもれっきとしてそそり立ち、冷戦の勝利者である西側世界と距離を取らせるのだ。スヴェトラーナ・アレクシエーヴィッチでさえ、私が共通の友人の消息を儀礼的に尋ねなければ、自分からは話してくれなかっただろう。

それにしてもこの逮捕は絶対に認めてはならない。とはいえどうすればいいのだ。一見些細でありながら、計り知れない重みを持つこのニュースを分かち合える人間を、私はフランスにもスイスにもイタリアにも一人も知らなかった。「ベラルーシで投獄されたって? 世界の果てじゃないか。ウクライナでさえないんだろ。世の中はずっと重要なことで手一杯だ……」。

私はある番組の制作時、『チェルノブイリ常設人民法廷』[原注3]に登場した一人の教授の名を心に留めていた。スイス、バーゼル大学の名誉教授ミシェル・フェルネ博士。場合によってはスタジオ討論に出演してもらおうと、彼の名をメモしておいたのだ……。当時、出演はかなわなかったが、今となってはフェルネ博士を捜すしかない。こうして、まさに偶然のめぐり合わせ（そして幸運）を発端に、細々とした鎖がつながりはじめたのである。フェルネ博士はヴァシーリ・ネステレンコをよく知っていた。おまけにゴメリ医科大学にユーリ・バンダジェフスキーを訪問して大変感銘を受け、彼の仕事を賞賛していた。「ニュースをご存知ですか？」「どのニュースのことでしょう……」「バンダジェフスキーが投獄されました」。受話器の向こうで驚愕の沈黙……。そして一気に行動の火がついた。彼の妻ソランジュ・フェルネは、元欧州議会議員で、筋金入りの反原発運動家だ。世界中の団体とネットワークやインターネットで繋がっている。ミシェル・フェルネ自身はＷＨＯの熱帯医学特別研究訓練プログラム（ＴＤＲ、Tropical Deseases Research）理事会元会員であり、一九九五年のＷＨＯ、そして一九九六年のＩＡＥＡチェルノブイリ会議に批判的なオブザーバーとして参加していた。また被ばくが健康に与える影響について世界中で公表される医学研究を常に精読しており、原発ロビーから印籠を渡されたニセ研究者たちが統計を改竄したり、認識論上誤りだらけで、利権に左右された見当違いの疫病学的調査をでっちあげる手練手管を熟知していた。[原注4]ベラルーシの囚人のためにただちに呼びかけが発せられ、世論、政界、そして《自由な国》のさまざま

原注２：『原子力の罠』、ＴＳＩ、一九九九年五月、*Le Piège atomique*, TSI, 1999.
原注３：ロザリー・バーテル、『チェルノブイリ人民法廷』緑風出版、二〇一三年、Rosalie Bertell, *Tribunal permanent des peuples sur Tchernobyl*, ECODIF, 1996.

な機関の動員が試みられた。ユーリ・バンダジェフスキーを科学研究の場に復活させ、汚染地帯の子供たちを放射能から守るために内部被ばくを測定するヴァシーリ・ネステレンコの仕事を支えるためのキャンペーンがこうして誕生したのだ。それは西側諸国の組織や人々によって支えられ、支持者の数はみるみる膨れ上がっていった。

私ははじめのうち電話が盗聴されることを恐れて、ネステレンコに質問をする時には、言葉をオブラートに包んだり、ほのめかしを使ったりした。彼が面倒に巻き込まれることを心配したのだ。しかしネステレンコの返事はあけっぴろげで、私を呪縛から解いてくれた。彼は優秀かつ慎重な人物だ。祖国では科学者として敬われ、名声もある。しかしだからといって、彼が保健省の方針について単刀直入に話し、批判する妨げにはならなかった。彼は話をするときには危険を計算しているし、その危険は科学的に裏づけされている。彼は恐怖心を嫌う。恐怖心は行動を麻痺させるニセの忠告者だと彼は言うのだ。ネステレンコの意見はこうだった。ゴメリ医科大学学長バンダジェフスキーの逮捕は、保健省に近い立場の役人や医師のグループが広めた中傷の結果である。バンダジェフスキーの仕事は、彼らにとって危険な域に達しつつあった。これを阻止し、独立した立場の研究家たちを震え上がらせる必要があった。ネステレンコは、イリーナ・マコヴスカヤという勇敢な女性ジャーナリストの記事をファックスで送ってくれた。後日このジャーナリストは、反体制派の新聞『ＢＤＧ（ベロルースカヤ・デロヴァヤ・ガジェタ）』紙上で、方々の監獄を転々としながらバンダジェフスキーが舐めさせられた辛苦を行程ごとに報じていくことになる。イリーナ・マコヴスカヤとラーラ・ネフメーノヴァという二人の記者による記事のおかげで、バンダジェフスキー逮捕の背景をより理解し、事実に迫り、この事件に対する国際世論の興味を喚起し続けることが可能となった。私がインターネット上で公開した一連の記事の最初の二段落をここに引用しよう。

バンダジェフスキー教授、ゴメリ医科大学学長を免職される

去る七月十二日、ゴメリ大学副学長で軍事医学科教授のヴラディーミル・ラフコフ医療部中佐が同大学駐車場内で逮捕された。ラフコフ中佐は、組織犯罪対策委員会指導部職員によって強制連行、投獄され、長時間にわたる尋問を受けた。中佐は予審判事室で水を一杯飲んだことを記憶しているが、その後、明晰に思考することが困難な状態に陥り、霧に包まれたような状態の中ですべてが進行したと話す。中佐夫人は夫が薬物を服用させられたに違いないと断言している。平常ならば中佐がバンダジェフスキーについて誹謗中傷を行なうことなどありえないからだ。

二十四時間後の七月十三日夜遅くバンジェフスキー教授は逮捕された。この日ゴメリ医科大学では保健省査察委員による入試制度の検査が行なわれているところで、バンダジェフスキー学長は検査官に《悪質な収賄》から大学を守ってくれるよう、懇願したばかりだっだ。学長の要請は聞き届けられた。すなわち数時間後に彼自身のアパートが捜査されたのだ。テレビ二台と録音機、コンピューター一台、鍵の束、そして手帳四冊が賄賂の疑いで押収された。さらに学長室、車庫、グロド

原注4：ミシェル・フェルネ「チェルノブイリ大惨事と健康」、『現代ベラルーシ年代記』、ラルマタン、二〇〇一年、補遺1、Michel Fernex, La Catastrophe de Tchernobyl et la santé, in *Chroniques sur la Biélorussie contemporaine*, L'Harmattan, 2001.

ノ市に住むバンダジェフスキーの母親のアパートも手入れを受けた。《疑わしい》物件は何一つ発見されなかったのにもかかわらず、バンダジェフスキーは投獄された。

（イリーナ・マコヴスカヤ、『ベロルースカヤ・デロヴァヤ・ガジェタ』、一九九九年九月八日）

アムネスティ・インターナショナルは逮捕に続く歳月、ユーリ・バンダジェフスキーを良心の囚人と認めた。欧州議会はバンダジェフスキーに《自由のためのパスポート》を発行して、彼が研究を継続できるよう訴え、また欧州安全保障協力機構（OSCE）はベラルーシ刑法に基づく八件の違反を宣告する判決の見直しを要求した。

ヨーロッパの非政府組織や政治機関、科学機関に対して最初に働きかけたのはソランジュとミシェル・フェルネ、ベラとロジェ・ベルベオーク、原子力に関する情報のための科学者集団（GSIEN）[原注5]、ダニエル・ミッテラン（フランス・リベルテ財団）、アブラアム・ベアール（フランスIPPNW会長）[原注6]、平和と自由のための国際女性リーグ（LIFPL／WILPF、フランス支部長ソランジュ・フェルネ）[原注7]だった。クリラッド（CRIIRAD）[訳注2]は二〇〇一年二月の支援活動に加わり、他の組織と協力して二〇〇二年五月二十五日、ジュネーヴの国連及びWHO本部前でデモを主催した。また数多くの手紙がベラルーシ政府に宛てて送られた。

アメリカでもこれと平行して、ニューヨーク科学アカデミー（バンダジェフスキーは一九九六年から活動的な会員である）をはじめとした数々のアカデミーがベラルーシ政府に働きかけた。フランスで動いたのはパリ科学アカデミー科学者擁護委員会CODHOS（Collectif des centres de documentation en histoire ouvrière et sociale）だった。

バンダジェフスキーの最初の拘禁は五カ月半続いた。一九九九年十二月二十七日、国際世論の圧力を受けていったん釈放されたものの、ミンスク市内での軟禁を命じられ、裁判が実施されるまで国を離れることを禁じられた。ヴァシーリ・ネステレンコは釈放の日、監獄の出口で彼を待ち受け、ベルラド放射線防護研究所の正式な職員として迎え入れた。バンダジェフスキーはミンスク市の義弟の家に仮住まいをしながら、定期的にゴメリ市の家族を訪問することを許された。私は二〇〇〇年四月、彼と妻ガリーナを訪ね、夫婦の発見が一家にもたらした悲劇についてのインタビューを実現させることができた。[原注8]

原注5：のちには、科学アカデミーの国際人権擁護ネットワークも介入する。
原注6：International Physicians for the Prevention of Nuclear War、「核戦争防止国際医師会議」。第一四回大会のメダルは会議議長アブラーム・ベアールからユーリ・バンダジェフスキーに授けられた。
原注7：婦人国際平和自由連盟。
原注8：ドキュメンタリー映画『ユーリとガリーナ・バンダジェフスキー』、フェルダ・フィルム、二〇〇〇年、*Youri et Galina Bandazhevsky*, Feldat Film, 2000.
訳注2：「放射能に関する独立調査・情報委員会」Commission de recherche et d'information indépendantes sur la radioactivité、チェルノブイリ事故時のフランス当局による情報隠ぺいに対抗して、一九八六年にフランスで設立された放射能に関する情報を研究する独立の非政府組織。

第二章　ユーリ・バンダジェフスキーの知見

バンダジェフスキーは一九八八年の時点ですでに、ベラルーシ科学アカデミーと保健省に対して正式にチェルノブイリでの総合的な科学研究の必要性を提案していた。「チェルノブイリ事故にまつわる問題を解決するために援助を申し出ることは、私の医者としての義務だと考えていました。それまで実施されてきた措置は、現存する問題を解決するには不十分に思えたからです。何よりもまず、体内に取り込まれた放射性核種が細胞や組織の構造、機能、新陳代謝に対してどのようなメカニズムで作用するのか、明確なビジョンが欠けていました。」物理学的、化学的、生物学的なさまざまな要素が妊娠、胎児の発達、異なる器官や生命維持に必須な臓器の形成に与える影響。まさにバンダジェフスキーが情熱を注いでいた分野である。彼がチェルノブイリに興味をひかれたのは、自然の成りゆきだと言える。

バンダジェフスキーは三十三歳の時から「ベラルーシ」グロドノ市の科学研究所所長として、当地ですでに輝かしいキャリアを築きはじめていた。しかし一九九〇年、チェルノブイリのフォールアウトを免れたグロドノを後にし、汚染地に生きることを余儀なくされた人々を助けるために、ベラルーシ南部の最も汚染の激しい土地ゴメリ市に移り住んだ。まだ存在しないゴメリ医科大学の学長ポストに任命されたのだ。医師たちの逃げ出してしまった土地に、わずかに残された材料をもとに、彼は医科大学を創設しなければならなかった。

持ち前のエネルギーと執念、研究者としての使命感から、九年間刻苦勉励の末に、彼は医科大学を始動させ、一〇〇〇名の医者を養成した。そして三通りの相互補完する異なる研究方法から、食品を通して体内に侵入した低線量のセシウム137が必須臓器に不均一に蓄積して、徐々にこれらを破壊すること、そうした臓器内のセシウム蓄積量が、全身の平均値よりもはるかに高いことを発見したのだ。小児科医、心臓科医である妻ガリーナと共に彼は《セシウム心筋疾患》という新たな病理を発見した。セシウムによる慢性的な中毒によって心臓の機能が低下し、やがて修復不可能となるこの病理現象には、彼の名を冠するべきだという西側世界の医者もいる。

一　ミンスク市でのバンダジェフスキーへの最初のインタビュー

私たちは二〇〇〇年四月、ネステレンコ教授の自宅でユーリ・バンダジェフスキーと対面することができた。バンダジェフスキーは政府が刊行したばかりのチェルノブイリ大惨事被害総覧に関する公式文集を見せてくれた。責任ある立場にある優秀な科学者、アカデミー会員、大臣、専門家そして医師ら一八人の手による報告書を集めたものだ。その中には、今日の私のインタビュー相手二人の名もある。ベラルーシという国のパラドックスについて、私たちは話し合った。というのも、この文集にはバンダジェフスキーが政府やルカシェンコ大統領に宛てた保健省付属研究所による公金の無駄遣いを批判する報告書も収録されているからだ。

ヴァシーリ・ネステレンコ　彼らが果たして私たちの論文を掲載してくれるかどうか、疑心暗鬼でいました。発行はずるずる先延ばしにされ、本が出ることになったと知ったのはたまたまです。これは一九九九年四月二十一日に発表された公式の報告書なのですが、今年の一月五日だったか七日だったかに、出版協会で正式に本として紹介されました。チェルノブイリ監査委員会の会長がユーリと私の二人にこの本を献呈してくれました。それなのにユーリの容疑は晴れません。監視され、移動も制限され、ゴメリ市への居住を禁じられています。彼が勤めていたゴメリ医科大学学内の空気をかく乱しないためです。

　ユーリが逮捕された理由のすべてがこの本に書かれています。報告書の全文がそのまま載せられました。まったく異例なことです。ユーリの研究結果は『放射性核種を取り込んだ身体器官における病理プロセス』というタイトルで掲載されています。

ユーリ・バンダジェフスキー　結論を読んでくれ。「すべての放射性セシウムが……」というやつだ。

ネステレンコ　（読む）〝体内に取り込まれたすべての放射性セシウムは、体内で病理プロセスを展開させる。この事実は、ベラルーシ共和国国立放射線防護委員会が出した結論を根本から覆すものだ。彼らは人々が日常的な食事において数十、数百ベクレルの汚染食物を摂取しても、健康に危険はないとしている。結論として、本報告において提示した情報をベースに放射性要素の作用に長期間さらされている人々を防護するための一貫したプログラムを練り、即刻、健康回復のための療養を企画することが必要とされる。〟

――ユーリの宣言を公式に発表しながら、同時に迫害する。まったくベラルーシとはパラドックスの国ですね。

ネステレンコ　ユーリは役人です。彼は、国の所轄する施設に勤務しながら、国を批判しました。一方、私は独立した研究所に勤めながら、建設的な反対運動を行なっているのです。今のところ国家が私を大目に見ているのは、私がアカデミー会員で、地位の高い役職に就いてきたからです。しかし明日にでも、扱いが変わる可能性はあります。ユーリは保健衛生に関する国の出費を批判しました。事故後何年もの間、チェルノブイリ事故の影響を立て直す目的の基金を国が誤って運用したことが明白だったからです。わが国の医療従事者たちは、「すべて問題ない、出費の必要はなくなった」と繰り返し主張して、政府を誤った方向に導いたのです。実際にはチェルノブイリ事故がもたらした被害総額は約二三五〇億ドルにもなります。これは一九六八年度の共和国国家予算の七十倍ほどにあたる金額です。ベラルーシ政府はどうするべきだったのでしょうか。ウクライナやロシアに賠償金を求めるべきでした。あるいは国連機関に助けを求め、被害者を賠償するための保険基金を設立することも可能でした。なぜならば、チェルノブイリ事故は、決して最後の原発事故ではありません。事故は今後も必ず起こります。しかし、そうした問題は好んで無視されるんですよ。それにロシアとケンカすることも避けたいのです。それでみんな口をつぐんでしまいます。国家は出費を抑えたいものですから、保健省の医師が「すべて大丈夫だ、取るべき措置はない、何もかもOKだ」と告げるのを聞いて喜ぶわけです。それが彼らの姿勢です。そこにユーリが登場して、何もかも台無しにしようとしたわけです。ユーリによれば、子供の体重に対して一キロあたり五〇ベクレルの放射性核種が体内に蓄積するだけで、すでに危険なのですから。

――この問題についてはいつから研究されているのですか。

バンダジェフスキー　私は九年とちょっと、学長を務めました。ネステレンコと共同で出版したこれらの書籍が、保健省が唱えている公式見解に対する反駁です。例えばこの一冊をご覧ください[原注1]。ここに載せた顕微鏡写真を見ると、身体器官に現われる病変と、その発達過程がわかります。見てください。ネフロン[訳注1]が傷だらけです。それにこのゾッとするような心筋層！　専門家に見せたら、これはもやは心臓ではないと言いますよ。だけどこれは心臓なんです。男性の心臓です。いったいどうやって機能していたのかと思います。すごい。これが私たちの最初の出版です。英訳もされました。心疾患と被ばくの関係に気づいたのは、子供たちの心電図を調べていた妻です。この発見をしてから私たちは心穏やかではいられず、妻は、これ以上この研究を続けるのはやめようと口にしはじめました。私たちがトラブルに巻き込まれることを予感していたんですね。

　ことの次第をお話しましょう。妻は研究テーマのために、たくさんの子供の心電図を机に積み上げていました。私は教授で、彼女はまだ助手でした。その晩、私はどこから手を付けたものか考えているところでした。夜も更け、彼女は床に就き、私一人考え続けていました。ふと私は、子供たちの心電図に彼ら一人一人の体に蓄積された放射性物質の量を書き込もうと思いついたのです。手元にはちょうど私たちの研究所がホールボディカウンターを用いて計測した子供たちの検査結果もありました。私は一枚一枚の心電図に放射性物質蓄積量を書き込みました。それから心電図を蓄積量と心臓の変容具合に応じて分類しはじめたのです。ちょうどトランプのソリテアゲームみたいにね。最終的に四つのグループができました。第一グループは体重一キロに対する被ばく量が一一から二六ベクレルの子供。彼らの六四％に、心電図の変化が現われていました。第二グループは被ばく量が二六から三七ベクレルの子供。六七％の心電図に変化が現われていました。第三グループは被ばく量が三七から七四ベクレルの子供。心電図の変化は七八％でした。そして第四グループ、七四から一〇〇ベクレルの被ばく量の子供では、心電図の変化は八八％に現われていたのです。心疾患の子供の率が、被ばく量の増加に比例していることは、ただちに見てとれます。第一グループと第三グループとの差はあまりに明白です。私たちはこのときから、被ばくをしている人の心臓を徹底して調べはじめたのです。この仕事を臨床医たちにも課し、多くの博士論文がこのテーマで書かれました。その他の身体器官の検査もより徹底して行ないました。この研究をベースに、私たちはこの分野における研究の進め方に関して提案書を作成し、『身体組織に蓄積された放射性物質の量に連関する医学生物学的影響に関する研究』という書物に掲載しました。このアプローチは私たちの視点を革命的に変えるものでした。放射能汚染された地域に住む住民が放射能の被害を受けずに済むこともあれば、逆に汚染をされていない地域の住民が、放射能の被害を重度に受けることもありうることが明らかになったのです。病気は外部低線量の被ばくによって発症するのではなく、体の中に侵入した放射能の量に起因するからです。極めて重要なことです。私たちが研究をはじめた時点では、そんなことを口にする人は誰もい

原注1：『体内に取り込まれた放射性核種による病理』ミンスク、一九九九年。

訳注1：腎小体とそれに続く一本の尿細管から成る腎臓の部分。ここで血液から老廃物が水と共にろ過され、原尿となる。

ませんでした。このような相関関係について言及している参考文献は一冊も見つかりませんでした。このようにして、ヴァシーリ・ネステレンコはキノコや木イチゴ類といった食物だけでなく、特に身体器官の汚染を測定しなければいけないことに気づき、ホールボディカウンターを使って、住民の検査を盛んに行なうようになったのです。新しい研究の流れが出来上がったわけです。非常に大切なことです。おわかりになりますか。大変重要なことでした。

私は昔から、人間の体に取り込まれるさまざまな物質に対して興味を抱いてきました。一九九二年からです。量化できる現象の研究に、主に惹かれてきたのです。方法論としては、研究対象となる病理プロセスを実験によってシミュレーションすることに興味があります。これは私たちの国ではまったく新しいやり方です。過去にこのようなことを手掛ける人はいませんでした。わが国では、実験者になるか、病理学者になるか、どちらかなのです。私たちは現状をモデル化することに成功した後、人間の食事をシミュレーションするために、実験動物に放射能汚染した穀類を与えることにしました。ラットの一グループには、汚染度が四〇〇ベクレル／kgの麦やパンが与えられました。これが一九九六年に許可されていた汚染基準値だったからです。もう一つの比較対照グループは四〇ベクレル／kgの餌を与えられました。残念ながら、汚染がまったくゼロの餌を手に入れることが不可能だったんですよ。この土地はそんな状況なのです。実験の結果は、一九九五年にゴメリ市で出版された私の著書『体内に取り込まれた放射性物質作用の臨床的また実験的様相』に記載されています。この本はたくさんのデータを含んでいます。例えば身体に入り込んだ放射性物質が新陳代謝に及ぼす影響としては、脳組織で生体アミンが変容していることを示しています。またラットが前述したようなパンを十日間摂取し続けると、体内に六〇ベクレル／kgの放射性物質がたまり、彼らの調停プロセスに突然狂いが発生しました。ラットの行動に変化が現われるのです。汚染した餌を十日から二十日間摂取し続けると、体内に入り込んだ放射性物質はセロトニンシステム[訳注2]の減速を引き起こし、またその他の重要な生命システムを時期尚早に活性化させたりします。このような身体の変容を外部被ばくによって発生させようとしたら、被験体に猛烈な放射線量を照射しなければなりません。外部被ばく研究に携わっている放射線生物学者は、意識的であれ無意識的であれ、この点を誤認しているのです。彼らは実験動物に大量の放射能を外部から照射しながら新陳代謝を調べます。それに対してわれわれは、ほんの少量の放射性セシウムを与えるだけですが、それが動物の体内に侵入し、気の遠くなるような結果を引き起こすのです。

――動物に現われる影響が人間に現われるわけではないと反駁されませんか。

バンダジェフスキー　だからこそ人間における内部被ばくの検査をヴァシーリ・ネステレンコとはじめたのです……。

――しかし人間の食事状況を模して与えた餌の放射能量は体の小さなラットにおいては人間とは影響が異なるのではないですか。

バンダジェフスキー　私たちは体積に比例した量を計算しています。そもそも非常に興味深い事実があるんですよ。ヴァシーリが私たちの研究のなかで着眼したことなのですが、彼は本当にすごい科学者です。その重要性をすぐに理解したのですね。ヴァシーリには本当に感謝しています。白ラットやウサギなどの

訳注2：主に生体リズム・神経内分泌・睡眠・体温調節などに関与する生理活性アミン。

実験動物を用いた研究から、器官によって、蓄積されるセシウム量がそれぞれ異なることが判明したのです。例えば全身の蓄積量を平均およそ一〇〇ベクレル／kgとした場合、心臓には約二五〇〇ベクレル／kgの、腎臓には約一五〇〇ベクレル／kgのセシウムがたまっているのです。脾臓と肝臓の蓄積量は、それよりもやや少な目です。このことからセシウムが、身体器官の中でも最も重要で活発な臓器の細胞を選んで沈着することがわかります。蓄積量の少ない被験動物において、中枢神経の代謝プロセスに変容が現われたら、体内で大変な惨事が進行しつつある兆候だと言えるのです。

――なぜ放射性物質が特定の器官を選んで沈着する性質を持つのか説明していただけますか。

バンダジェフスキー　私の観察によれば、セシウムはエネルギーを多量に活用する細胞、つまり新陳代謝の激しい細胞に集中して侵入し、蓄積するようです。どうやらミトコンドリアがセシウムを引きつけるようです。今の時点でそのことを証明するのは難しいですが、いつかは証明できるでしょう。ミトコンドリアとは、細胞の発電所です。電子図を見ると、セシウムの侵入に対して最初に反応を示すのがミトコンドリアであることがわかります。明白な症状があるとは言えないような段階から、ミトコンドリアはすでに激しい変化を起こすのです。心臓のミトコンドリアは、他の器官のものよりも脆弱です。ミトコンドリアは、位置エネルギー[訳注3]を供給することによって、細胞の働きを助ける細胞小器官なのです。そのためにカリウムを多く消費します。カリウムは、強度な代謝プロセスにおいて重要な役割を果たす成分だからです。ところがカリウムと放射性セシウムは同属であり、化学的に非常に似ているのです。

ネステレンコ　心筋には、他の筋肉の二十倍のカリウムが含まれます。体はセシウムとカリウムの区別をつけることができないので、カリウムが欠乏すると、放射能汚染地域に大量に存在する放射性セシウムを取り込んでしまうわけです。

バンダジェフスキー　そしてセシウムは、細胞の中のカリウム輸送管を閉塞させることもできるのです。だが話を元に戻しましょう。なぜ実験のみでは、このような結果を得ることができなかったか、ご説明しましょう。子供たちの臨床検査だけでも、このような結果には到達できなかったでしょう。双方を組み合わせ、さらに検死解剖で行なわれる内臓検査を加えて初めて、私たちはこの発見にいたったのです。二五人の医学教授が、各人の専門による視点に従って、この共通テーマを探求したのですよ。先ほどあなたは「どのように学位論文を準備していたのか」と質問されましたね。研究者たちはこのように働いていたのです。「莫大な費用が必要だったでしょう」などと指摘されるには及びません。何よりも重要なのは、組織がきちんと機能することです。私たちは人間の放射能を測定するためのホールボディカウンターを所持しています。ネステレンコが子供たちの体内のガンマ線を熱心に検査するようになり、私たちは彼のデータを大いに活用することができました。専門家には事欠かなかったわけです。大学の小児科には小児科医が、心臓科には心臓科医がいましたし、私自身の学科には組織学を専門とする解剖病理学医たちがいました。私の研究に有能な専門家が欠けているとか、十分精密に行なわれていないなどと非難されるいわれはまったくありません。眼科医もいましたよ。ここに現実のデータがあります。ヴェトカの子供たちの二〇から二五％はおよそ五〇ベクレル／kgの内部被ばくをしていました。五〇ベクレル／kgなんて大したことないように見えます。ところがこの子たちには白内障が現われていたのです。水晶体が変容を起こして

訳注３：ポテンシャルエネルギー。物体がその位置にあることで潜在的に持っているエネルギー。

いたわけです。

――つまりほかに例のない研究手段を手にされていたのですね。

バンダジェフスキー　おっしゃるとおり。異例の地域で、異例の研究手段が手元にあった。それを今、彼らは取り壊しているところです。そのことは考えないようにしています。私が約十年の歳月をかけて、ろくな資金もないまま築きあげたものを、連中は破壊してるんです。私がこれほど執拗な性格でなければ、決して達成することはできなかったでしょう。ある役人はズケズケと私にこんな助言をしましたよ。「補助金が欲しいなら、研究計画書の中で《放射能》という単語を使うな。なんでも良いから他のテーマを選べ」と。けれども私がゴメリという汚染地帯に赴任し、今でも家族を大変な危険にさらしているのは、別のテーマを研究するためではありません。

――あなたは熟考の末にゴメリでの仕事を選んだのですか。

バンダジェフスキー　私は物心ついた時から医学に熱中していました。父の影響でしょう。父は日頃から医者を尊敬していながら、戦争のせいで医者になることができなかったのです。父の天職だったものを私が実現させたのかもしれません。

私は十六歳で医学理論の勉強をはじめ、同時に実験動物の飼育をはじめました。自前の飼育場も持っていたのですよ。私は医科大学をとても良い成績で修了しましたが、選んだのはわが国では最も地味で人気のない解剖生理学でした。興味があったんです。病理メカニズムをなんとかして理解したいと思っていました。一年半で博士論文が出来上がりました。二十六歳で科学博士号資格試験に臨み、五年後の一九八八年、実験動物とは相変わらず関係していましたが、別のテーマで博士論文審査に合格しました。一九九〇年、まったく予期しない形で、まだ存在しないゴメリ医科大学学長のポストを奨められました。まずその大学をつくらなければいけないということです。当時私はすでに大学教授の肩書きを持っていましたし、コムソモール〔共産党の青年組織〕からレーニン賞を受賞していました。

ネステレンコ　汚染地域のゴメリ州からは、住民が逃げ出してしまったんです。医師や教育のある人々がいなくなってしまったので、政府はミンスクやグロドノから人材を派遣しようとしました。けれども誰も長居はせず、すぐまた出て行ってしまうんです。そこで現地で職員を養成しなければならないということになり、医学の高等教育機関、つまり医科大学を創設しようという案が浮上したのです。

バンダジェフスキー　それは名案でした。でも、私の提案を心から信じている役人など一人もいなかったのですよ。役所では本当はそんなもの、まるで必要とされていませんでした。一九八八年から一九八九年にかけて、すでに私は科学アカデミー総裁と保健省に企画書を送っていました。チェルノブイリ地方を助けるための医療研究プログラムです。でも返答は常に「必要なことはわれわれの手ですでにすべて行なっている」というものでした。もちろん何も行なわれていません。

　ところがある日突然、まったく藪から棒に医学大学設立案が採決されたのです。実は、ある晩餐会では、笑いの種にされたくらいだそうですよ。「あの汚染地域に行きたがっているバンダジェフスキーという変人に、特別に医科大学の枠をつくってやった」と。真面目な予算はまったく充てられませんでした。ソ連邦は崩壊しつつあり、この企画に手を貸してくれると約束していた党も、すでに存在しませんでした。しかしそのおかげで、党の地方委員会の建物を医科大のために流用することができたのですが。建物を獲得するまでの闘いについてお話しすることもできますが、別の機会にしましょう。その後、たくさんの脅迫を受けたのも事実です。「この借りは必ず返させてもらうぞ」といった電話です。保健省も、直接的にしろ間接的にしろ、事あるごとに、私たちの医科大学を《不要》という名目で閉鎖しようとしました。働く意志のある人間もいない、専門職員も不足している地方で、財政的に大学を支えるのは困難だというのが彼らの言い分でした。そこで私は新たな科学プログラムを練り、その実現のために自らの手で専門職員を養成しはじめたのです。この時期に博士号取得試験に名乗りをあげた三七名のうち三〇名は私の学生でした。一人一人個人的に指導しました。私はただ書類に署名するだけの任務に甘んじたのではありません。モスクワの中央政府でさえ、私たちには一目置いていたのですよ。首都にあるすべての医療高等教育機関、すべての病理学者が一人として例外なく私たちの任務を支持してくれました。今でも彼らは私を支え、擁護してくれています。

——逮捕前には何人と一緒に仕事をしていたのですか。

バンダジェフスキー　われわれの医科大学には二〇〇名の教員、一五〇〇名の学生、そしておよそ三〇〇名の事務員と嘱託職員がいました。かなりの規模の大学です。

——それが今、消滅しつつあるのですね。

バンダジェフスキー　形の上では存在を続けています。しかしチェルノブイリに関連する研究プログラムは中止されました。小動物の飼育所は取り壊され、教授ポストも削減されました。私が集めた若い人たちは「ここですることは何もなくなった」と言って離れて行ってしまってます。

当局は、私たちの活動を常に不快に思っていたのです。何か合法的な理由を見つけて閉鎖をしようと、長年にわたって画策してきました。それにもかかわらず、私たちは多くを成し遂げました。チェルノブイリ周辺の汚染地域だけでなく、共和国全土に存在する広大な汚染地帯すべての住民に、食物を通した放射性物質の体内への侵入を防ぐことによって放射能から守ることの大切さを示してきました。例えば今、あなたにキノコを一皿ご馳走して、明日、重病に陥らすことが可能なんですよ。私たちの膨大な研究は、科学的知見を前進させました。パイオニア的な研究です。後世の人々がこの研究を振り返ったとき、厳格さ、精密さに欠けると微笑することもあるかもしれません。しかし放射能の影響に関する基本法則を解明したのは私たちなのです。非常に重要なことです。

実験に基づいたこの研究方法のおかげで、セシウム137は外部から放射するばかりでなく、微量でも体内に侵入すると、実際に身体に有害な影響を与えることを証明することができました。例えばこのコップに少量の濃縮セシウムを加えてあなたに飲んでもらうとします。数日後、あなたは中毒症状に襲われるでしょう。

あなたのご興味をひくのではないかと思うのですが、私たちはフランス人の研究者たちともこのテーマを扱ったのですよ。一九九〇年代のことでした。私はこの本[原注2]を紹介するために、原子力・代替エネルギー庁の非公開センターに招かれたんです。パリの近郊でした。数々の議論が繰り広げられました。ところがその後、彼らはコンタクトを一切断ってしまったのです。私の研究が明らかに彼らの興味の核心をついていたように見えたのにもかかわらず。それ以前は彼らは私の本から離れようとせず、ベラルーシに足を運んで、私を質問攻めにしたくらいです。

原注2：『体内に取り込まれた放射性物質の作用の臨床的また実験的様相』、ゴメリ、一九九五年、*Aspects cliniques et expérimentaux de l'action des radionucléides incorporés dans l'organisme*, Gomel, 1995.

――あなたの考えは彼らにとっても斬新だったのですね。

バンダジェフスキー　はっきりお答えするのは難しいですね。彼らはなるべく感情を表に出さないように努めていました。最初は素晴らしい関係だったのに、突然コンタクトがふっつり切れてしまいました。

バンダジェフスキーは書類の山からカードを一枚探し出し、見せてくれた。

バンダジェフスキー　これです。名前がわかりました。パリの核防護安全研究所（IPSN）でした。彼らは、このモスクワ上空大気汚染地図を私にくれました。代わりに私は、一九九六年に実施した科学研究を贈りました。これが、彼らと共同で作成した合意書のロシア語訳です。「活動……　特別勧告」……私たちは次のように合意しました：「内部被ばくの共同研究を行なうことに関する両者の共通の関心を考慮して、両研究所は以下の分野における共同作業を予定する：放射性物質の人体への影響、実験研究、臨床研究」。ところがいきなり何もかも中止されたのです。私に正確な理由がわかることはないでしょうね。この分野で障壁が生じたことは想像できます。それでも私は、この目で多くを見ることができました。ものすごい数の人が働く巨大施設でした。あの人たちが、世界のすべてを指揮しているんです。私が見せてもらったのはセンターの一部だけでしたが、他にも沢山の建物、想像を絶する数の実験室や高性能な設備がありました。

最初の会合の場で話題になったのは、セシウムの化学的作用です。ゴメリでは放射線防護をめぐる激しい議論も起こりました。グループ研究やセミナーに一緒に参加したりもしたものです。

二　フランス側の内情

フランス人研究者たちが一九九六年から一九九七年の間、パリとゴメリを行き来した動機を究明することは興味深い。またその結果、「ものすごい数の大実験室」で彼らが何を行なったのか、あるいは行なわなかったのか。ヴァシーリ・ネステレンコとユーリ・バンダジェフスキーがベラルーシ保健省及び付属研究所の仕事と、被ばく量を記録した公式記録台帳を厳しく批判したのは、この時期から間もない一九九八年のことである。

さらに異端の研究者バンダジェフスキーに対して警察が介入したのは一九九九年。彼の研究に高い関心を寄せていたフランス人科学者たちは、その後、ほとんど彼と関わろうとしなかった。

バンダジェフスキーとフランス人研究者の束の間の共同研究期間の後、フランス国内では、原子力に関連する組織構造に改変がもたらされた。共同作業の背後にあるフランス諸機関の内部事情について、バンダジェフスキーはもちろん知る由もなかった。二〇〇五年初め、フランスの《原子力の警察》とも言える核安全局（ＡＳＮ）と、現在の放射線防護・核安全研究所（ＩＲＳＮ）幹部の一部との間に緊張状態が存在することが明るみになった。このことから、バンダジェフスキーとコンタクトのあったフランス人研究者らの矛盾したふるまいを一部説明できるかもしれない。彼らはプロの研究者として純粋にバンダジェフスキーの仕事に興味を示しながら、共同研究の草案が持ち上がるや、突然消息を絶ってしまったわけだ。

核防護安全研究所（ＩＰＳＮ）はそもそも、一九四五年十月十八日に発せられた条例によって「科学、産業、国家防衛などのさまざまな分野において原子力エネルギー研究を続ける」目的のために創設されたフランス原子力・代替エネルギー庁（ＣＥＡ）を構成する組織の一つだった。一九四五年の条例は、原子力エネルギーの軍事利用と非軍事利用を結合させるものだった。

以来、組織改編が何度か行なわれた。一九九〇年代初め、ＩＰＳＮは、母体だったＣＥＡから形の上では独立し、ＣＥＡとは無関係の人材を科学委員会に登用することによって表面上の中立性を装った。二〇〇二年には、新たに二つの権威機関が誕生した。核安全局（ＡＳＮ）とＩＰＳＮに代わる放射線防護・核安全研究所（ＩＲＳＮ）である。ＡＳＮはＥＤＦ（フランス電力）やコジェマ（フランス核燃料公社）などの企業に認可や警告を下す役割を負い、産業省・環境省・保健省の三省の管轄下に置かれている。

一方で現在のＩＲＳＮはＯＰＲＩ（電離放射線防護庁・名だたるペルラン教授のＳＣＰＲＩ放射線防護中央局を前身とする）とＩＰＳＮ（核防護安全研究所）との合併によって生まれた。この後者こそがバンダジェフスキーと連絡をとっていた相手であった。

放射線防護・核安全研究所（ＩＲＳＮ）は、ＡＳＮが原子力施設の安全性や一般市民の被ばくリスクを評価するときに基準とする専門機関である。そして産業省、環境省、保健省だけでなく、研究省と防衛省という五省の管轄下に置かれることによって、それまでのフランス原子力・代替エネルギー庁（ＣＥＡ）による監督から解放された。

二〇〇五年に表面化した緊張関係は、バンダジェフスキーを戸惑わせたフランス人科学者の相反する態度を説明しているように思われる。彼らのなかで軍産複合体制への服従心と、生来、科学者が持っている独立心とが拮抗したのだ。

当時のフランス原子力界における不和について、報道機関は次のように報じた。

原子力
科学研究機関の独立性が核安全局に脅かされる？
IRSN研究者たちの危惧

脅かされているのは、IRSN（放射線防護・核安全研究所）の使命そのものである。IRSNとは三年前、原子力分野の組織改革によって誕生した機関である。この改革の目的の一つは、専門家と意志決定をする人間との間の役割分担を明確にすることだった。そのために、ある程度独立性を持つ機関として、IRSNが創設されたのである。

ところが、IRSNと政府との間で契約を締結する準備段階において、（中略）核安全局（ASN）が介入した。どうやらASNは、IRSNの専門家を自分たちの規律に服従させようとしているらしい。「IRSN創設の目的は、検査する機関とされる機関との分離を完全に明確化することだった。しかしながら、査定報告と検査を分けてしまうことは目的には含まれないし、実際にこの二つを分離してはならない。検査機関と査定機関の関係は、納入業者／顧客というパートナーシップであり続けるべきだ（中略）」。このように核安全局長アンドレ＝クロード・ラコストは、IRSN指導部に宛てた手紙の中で表明した。これに対して「改革の精神に反している！」と反発するのは、CFDT（仏民主労働総同盟）の雇われ役員である、フランソワ・ロランジェである。原子力の警察役とも言えるASNの主張は、しかしさらに続く。「一般市民がIRSNの研究活動成果を閲覧することには、制限を設けるのが好ましい。（中略）研究内容が誤解されたり、または悪意のある解釈に利用されることを避け、データの客観性を保つ必要があるからだ」。ある人々にとって「制限」の意味とは、「一般市民を憤慨させるようなテーマを公けにすることを避ける」ことなのである。しかも、このようなテーマは原子力の世界に数多く存在する。原子力機関関係者のほとんどが、「情報の透明性」について共有していないのだ。（中略）

まるでIRSNの自己管理能力が不十分で、種々の組織から依頼される監査に応える能力が欠けると言わんばかりである。（中略）

IRSN所長ジャック・ルピュサールは、核安全局長によるこうした幾つかの主張とは袂を分かつ。例えば「IRSNの創設が（中略）査定報告と検査の分離を目的としない」と言う見解に所長は同意しないし、「われわれは研究内容を公開しており、今後も公開を続けるだろう」と強調した。しかし果たして今日のIRSNに、自らの独立性を守る手段があるのだろうか？

ルピュサールの解答は明快だ：「私たちはそれを証明してみせるほかない」。

キャロリーヌ・ドゥ・マレ『ル・フィガロ』新聞二〇〇五年二月二日

これこそフランスの科学機関の二面性だ。精神の独立についてわずかな希望を持たせてくれるが、約束を遵守し、新しいデータを受容する懐の深さは望めない。ジャン＝ミッシェル・ジャクマン＝ラフェスタン[原注3]がインタビューを行なった高級官僚でもある二人の科学者が発した互いに矛盾する主張は、まさにこの二面性を端的に表している。バンダジェフスキーの報告書『甲状腺疾患に関する放射性セシウムの役割』についての評価を求められた二人は次のように答えたのだ。

ジャン＝フランスワ・ラクロニック、がん専門医、二〇〇一年のインタビュー時には電離放射線防護庁（OPRI）長官の弁。

> これは確かに非常に興味深い文献であり、大変真剣に受けとめるべきものである。反論することは極めて難しいだけに、厄介な資料だとも言える。バンダジェフスキーの論文はすでにIPSNの同僚たちの間でも知られている。彼らとその話をしたが、ゴメリやミンスクまでバンダジェフスキーに会いに行ったほどだそうだ。
>
> バンダジェフスキーは国際施設の創設を望み、そのための資金を探していたようだ。資金調達活動をしている人間は、時として厳しい道徳家には受け入れがたい領域に踏み込んでしまうことがあるが、バンダジェフスキーはそのせいで、自国の政府と面倒ごとに巻き込まれたのではないかと思う。その上、彼の文章は国際科学界では通じにくいことが多い。彼自身が自分を奇人と呼んでいるが、試行錯誤の末、結局は自費出版の道を選んだようである。

原注3：『チェルノブイリ、今日病気になるフランス人』、エディスィオン・デュ・ロシェ、二〇〇一年六月、*Tchernobyl, aujourd'hui les Français malades*, Editions du Rocher, juin 2001.

私が分析した彼の文献は大変秀逸で、西側の基準にも適合している。彼の履歴も掲載され、扱っているテーマの論法は確固としたものだ。死んだ人間の臓器からセシウムが発見された場合、死因がセシウムにあるという彼の主張は科学上の仮説である。因果関係が証明されていないからだ。しかしそれが事実である可能性も除外できない。真剣に受けとめるべき仮説であり、科学上の仮説について常になされるように、別の科学者が研究を続け、確証を与える必要がある。私個人は、バンダジェフスキーの仕事を真剣に受けとめている。「科学的に認められていない」と片付けるのではなく、別の研究チームが研究を引き継ぎ、同じ結論を導くか、または否定する必要があると思う。

　ここで私が口を挟むことを読者に許していただきたい。正統な手順で行なわれた研究の結論が、《科学者》にとって《厄介》であってはならないと思う。ラクロニック氏の所見、「別の研究チームが研究を引き継ぎ、同じ結論を導くか、または否定する必要がある」ということには、大いに喝采を送るべきだが、残念ながら私の知る限り、氏が勤務する機関がそうした研究を実施した事実は今のところない。もしかしたら秘密裏に行なっているのかもしれないが。また氏の主張とは反対に、バンダジェフスキーの研究は因果関係を証明している。まさにそれがこの[原注4]《大変秀逸な》文献の核心ではないか。最後に、二〇〇一年六月十八日に下されることになった法廷判決を待ちもせずにバンダジェフスキーの有罪を断言してしまうラクロニック氏は、ベラルーシという国の政治事情、法の現状にあまり通じていないようだ。同業者に対するこの言葉は、人権の国であるフランス出身の人間としてあまり褒められたものではない。また氏は、「試行錯誤の末に自費出版の道を選」ばざるをえなかったバンダジェフスキーを奇人と呼んでいるが、バンダジェフスキーは、科学者としての自分の孤立が、研究をめぐる国内外の事情に起因しているのであり、彼の性格に由来するものではないことを読者に知ってもらいたい願いを、この本に託しているのだ。

もう一人の科学者、アンドレ・オランゴは、ピチエ・サルペトリエール病院放射線医療科医局長であり、UNSCEAR[原注5]のフランス代表である。


バンダジェフスキーの研究は科学の古典的な方法に則って執筆されていないために判断を下すことが非常に難しい。その方法論は極めて怪しく、どんな現象および対象をどのように観察したのか、比較対照グループが何なのかよくわからない。バンダジェフスキーの報告はいくつかの疑問を呈しているに過ぎず、それらは分析、検証する必要があり、彼自身が答えを出しているとは言い難い。この論文は説得力に欠け、その方法論の欠陥から見て、真面目な国際的科学誌が掲載を認めることはまずありえない。

しかしこの分野における彼の著書や発言内容とはまったく無関係に、彼が現在報告されているような扱いを受けることは許し難い。研究者であろうと誰であろうと、思想犯として迫害されることはおぞましいことである。私は、バンダジェフスキーが研究を続行し、自由に発表することができるよう、すべての署名運動にサインする用意がある。無論これは彼の研究内容に対する科学的保証

原注4：下巻第七部第一章参照。
原注5：「原子放射線の影響に関する国連科学委員会」。被ばくの量及びその影響とリスクを世界レベルで評価するために国際連合総会によって創設された。

ではないが。

奇妙極まりない。二人の科学者は同じ文献について語っているのだろうか。UNSCEARフランス代表の一人であるオランゴ教授は権威である。その彼が、ゴメリ医科大学の《方法論の欠陥》とは何かまったく説明もせずに、研究を一蹴しているのだ。スポークスマンの負う責任は重大である。オランゴ氏のような科学者に要求されるのは、広島や長崎の原爆調査を基礎にした教条には当てはまらない観察を再検証することである。

専門家ならば、チェルノブイリで進行中の事実を直視する勇気と好奇心を持つべきである。そしてゴメリ医科大学で行なわれた研究結果を、少なくとも一つの仮説として考慮するのが当然ではないか。彼らは十年間にわたってバンダジェフスキーの仕事を無視した末に、ミンスク保健省の同業者が彼を投獄するのを黙認し、散々に侮辱した挙句に彼の解放を陳情する署名を行なって、事を済ませようとしている。私たちが専門家に求めているのはそんな態度ではない。

二人のフランス人役人には共通点が一つある。思想犯として迫害されている同業者を、それぞれのやり方で見放していることだ。一人はバンダジェフスキーの科学研究の価値を認めながら、汚職だと中傷する人々に倣っている。もう一人はバンダジェフスキー（であれ誰であれ）が自由に発言する権利を擁護する立場を振りかざしながら、その発言方法は《怪しく》、出版に値しない無意味なものだと切り捨てている。「よくわからない」と片付けることで、根本的な議論を進めることを避けているのだ。氏自身がとりわけ優れた理解能力を備えている印象も受けない。なぜなら、電離放射線防護庁（ＯＰＲＩ）の同僚ラクロニック氏には、この論文は理解できたのだから。オランゴ氏は解剖病理学の専門家ではないので、体内に沈着した放射性物質による近接効果のメカニズムがきちんと理解できなかったのかもしれない。もしもバンダジェフスキーが観察した事象を科学的にしっかり再検証させていたなら、彼を迫害から解放し、国際議論の場に招くことが可能だったかもしれない。

　最後にもう一点、私の注意をひいたことがある。ラクロニック氏はバンダジェフスキーの主張がＩＰＳＮの同僚たちの間で知られており、彼らがゴメリやミンスクにバンダジェフスキーを訪ねたと認めている。バンダジェフスキー自身、一九九〇年代中頃パリに招かれたと話している。つまり二人のフランスの科学者たちは、平均的なＩＰＳＮの研究員がすでに理解した知識を、十年前から完璧に理解していたのは明らかなのだ。それはシンプルかつ本質的な二つの異なる構図のことだ。一つは広島と長崎の原爆によって引き起こされた高線量の外部被ばく、もう一つはチェルノブイリ事故を原因とする呼吸や食事によって体内に侵入したミクロレベルの放射性物質によって引き起こされる低線量の内部被ばく。放射性物質の近接効果を確認するためには、外挿法のような数学的計算は必要ない。必要なのはダイレクトな測定である。検死の際、例えば心臓などの器官に蓄積した放射線量を測り、その数値を、損傷を受けた内臓組織の組織学的断面図と照合させる。この手段を用いてバンダジェフスキーは、体内のベクレル量と臓器の損傷との間に恒常的、線形かつ有意の相関関係があることを発見したのである。これはバンダジェフスキーの《主張》ではなく、純粋な観察である。彼の研究方法は実験を用いた古典的な科学的手法であり、子供たちを診察した臨床結果と研究室での動物実験の双方において同一の結果を確認し裏付けされている。この二人の優秀なフランスの科学者は、バンダジェフスキーと何時間しか話していない普通のＩＲＳＮの同僚よりもはるかに深い理解をしていたはずである。だからこそ共同研究が企画されていて、そして忽然とその話は立ち消えたのである。

ところが、この出来事から十年もの歳月が過ぎ去った二〇〇五年十一月二十八日、IPSN（核防護安全研究所）の今日の姿であるIRSN（放射線防護・核安全研究所）は今頃になって「CERI（欧州放射線リスク委員会）報告書に対する意見書」[原注6]を公表し、その中で初めて「東ヨーロッパの汚染地域に住む人々の問いに答えられるような研究の主導」を推奨したのである。私は医者でも物理学者でもない。IRSNが公けにしたCERI報告書への反論（IRSNはCERIの基本的な主張は受容し、議論に値すると認めている）についてとやかく言うには役不足である。だが、ヨーロッパに住み、この問題の影響を受ける一人の人間の立場から、チェルノブイリ原発事故という科学史上無二の現象に対する公的科学の信じ難いほど受動的で怠慢な態度、無知ぶりに、憤慨している。大惨事から二十年が経過した。そして現地でこの問題を研究した唯一の解剖病理学者が情報を発信してから十年の歳月がたつというのに、未だにこのレベルで議論しているのだ。

三　フランスに方向転換の兆しか

ここで上記のIRSN（放射線防護・核安全研究所）による意見書から引用をいくつか行ない、私自身がコメントしてみよう。

IRSN——欧州放射線リスク委員会（CERI）は、放射線防護システムが外部被ばくに適用される限りは疑問を呈さないが、放射性核種による内部被ばくのケースに関しては重要な批判を行なっている。欧州放射線リスク委員会は、現在適用されている内部被ばくの危険評価が過小であるとする一部の科学文献上で公表されている研究を同委員会の主張の論拠とする。（中略）同委員会はこうした欠陥に対処するためICRPが設定している放射線防護システムを改変し、年間被ばく基準値を勝手に引き下げようと試みた。欧州放射線リスク委員会の指摘する問題点はどれも容認することが可能であるものの、現存する教条の改変を正当化するために提示する論拠としては説得力に欠ける。その論証は一貫した厳密な科学的手法の基準を満たしていないからだ。（後略）

コメント——IRSNは、チェルノブイリ事故ではなくアメリカの原爆に起源を持つ公式教条の因習と整合性に固執し（欧州放射線リスク委員会が科学の《ブラックボックス》[原注7]と呼んだ教条のことだ）、この教条の限界を認めることを拒んでいる。その結果、住民を守るために必要な防護措置の実施を妨害している。自分たちに向けられた批判の重要性を認め、無知を告白しながらも、《教条》の基礎に根本的な誤りがある

原注6：欧州放射線リスク委員会が二〇〇三年に出版した報告書は、ICRP（国際放射線防護委員会）の勧告の一部を手厳しく批判している。これらの勧告は一九九六年五月十三日欧州連合の指令により採択され、また、二〇〇二年にはフランス政府に採択された。

原注7：欧州放射線リスク委員会が二〇〇三年に出版した報告書の一二五ページ。

ことを仮にも認めて、しかるべき決断を取るはめになるのを避けるために、ＩＲＳＮは、欧州放射線リスク委員会による批判の《手法》や表現形式に言い掛かりを付けている。この態度は、ラクロニック氏よりもむしろオランゴ教授のものに似ている。ラクロニック氏は《厄介だ》と少なくとも認めていたのだから。

ＩＲＳＮ――内部被ばくとは皮膚に付着した放射性核種が皮膚を通過したり、食事の摂取、呼吸やケガによって体内に侵入することから起こる。この種の被ばくに関連した危険を予測することは放射線防護の争点の一つとなっている。しかしその危険の評価は、体内に取り込まれた放射性核種の量と発病との関係を知る必要があるために微妙である。

――結論は出ている。相関関係は確立されたのだ。何故ＩＲＳＮの人々はこの問題について十五年間研究を続けているユーリ・バンダジェフスキーやヴァシーリ・ネステレンコに会いに行かないのか。例のあるフランス人教授を感激させた[原注8]チェルノブイリ《実験場》では、今や問題は危険を予測することなどではなく、病気を観察し、研究し、治療することなのだ。実験条件を揃えた完璧なモルモットが一〇〇万人といるではないか。

ＩＲＳＮ――（前略）このような特殊な危険の係数を定めるために必要な有効なデータは限られている。たいていの場合、観察される病気を詳細な被ばくレベルに関連させることが非常に難しいからだ。

――違う！　内部被ばくに関するデータはチェルノブイリにいくらでもあり、西側諸国の専門家連はそれらを大々的に収集しているくらいだ。[原注9] ただ病気との関係を研究しようとしないだけだ。そして致死量となる正確な内部被ばく量を研究し、確立したのが誰かをよく知っているのはＩＲＳＮ自身だ。その人々が研究を続けられないようにあらゆる手段が講じられているのだ。

――ＩＲＳＮ――実際に唯一利用可能なデータは、ラドン２２２、「トロトラスト」[訳注4]という形のトリウム２３２、ラジウムのアイソトープ、及びプルトニウム２３９によって被ばくした人々のケースだけである。前掲の放射性核種を原因とする被ばくの影響として記録される主な疾病は、肺がん、肝臓がん、骨がん、及び白血病である。

――ありえない！　チェルノブイリはフランスから飛行機でわずか三時間の距離だ。そこはセシウム１３７やストロンチウム９０に溢れており、何百万という人間がその放射線に《晒されている》……　いや、食物を通して慢性的に人工的放射能核種を体内に取り込んでいるのだ。一方、主な疫病はチェルノブイリ

原注８：第一部第四章シチェルバクのインタビュー八九ページ参照。
原注９：第三部第六章四七四ページ及び第四部第二章五一〇ページ以下参照。
訳注４：血管造影剤として用いられた二酸化トリウムの二五％コロイド溶液。

では記録が禁止されているためにリスト化されていない。まさに《厄介》だからだ。実際にはありとあらゆる病気が発生している。それは胎児にも及んでいる。がんは氷山の一角に過ぎない。

IRSN――疫学研究に関して、多くの人々は広島と長崎原爆による知識を慢性的内部被ばくという事象にも敷衍することができると考えた。しかしチェルノブイリ事故はこの分野における示唆的な役割を果たし、実際には考えられていたほど容易ではないことを明らかにした。

そのためにもここ数年の間に下されてきた評価を再検討する必要がある。第一には、ある要素の毒性は、体内での積算量、凝縮量、沈着時間の長さに依拠する〔著者注：近接効果〕ことが今日では明らかだからだ。これまでの前提では、一日に一〇〇ベクレルの放射性核種を摂取することは、毎日一ベクレルずつ百日間摂取することと等しいとされてきた。数学的にはまったく正しいが、生物学的には誤りである。第二には、ベラルーシの汚染地帯で人々が汚染食品を食べ続けたことが数多くの病気やあらゆる形での奇形をもたらしたと主張するある種の刊行物がますます参照されるようになっていることだ（バンダジェフスキー、二〇〇一年）。これらの研究は国際科学界では認められていないとはいえ、一般人の意識に疑念が生じる原因となっており、補完を行なうに値する。

――国際科学界で研究を認めるかどうかを決断するのは誰か。ユーリ・バンダジェフスキー、ガリーナ・バンダジェフスカヤ、ヴァシーリ・ネステレンコの研究は『カルディナル』や『スイス・メディカル・ウィークリー』誌に掲載されている。[原注10]

ＩＲＳＮ――こうした研究報告の中で最も流布している報告によれば、ベラルーシ住民に数多くの心血管系疾患、中枢神経、消化器官、呼吸器官、免疫器官、生殖器官そして甲状腺と腎臓の疾患が見られることが伝えられている（バンダジェフスキー、二〇〇一年）。著者はこれらの疾患を現地に多いセシウム１３７による長期間の被ばくに関連付けている。（中略）これらの研究の興味深いところは、広島と長崎原爆、また実験動物への高線量照射を基礎としたこれまで研究では知られていなかった影響を示している、または示しているように見えることである。このテーマに関して入手可能なデータは少ないが、慢性という要素は、放射性物質の毒性に影響を与えているように見える。このテーマに関する研究を優遇し、こうした影響を明確化することによって放射線防護システムをより洗練させる必要があるといえる。

――良いことだ。ようやく譲歩が行なわれた。しかし、この報告書を読む者にとってどこかしっくり

原注10：Ｙ・Ｉ・バンダジェフスキー、「セシウム１３７による心筋疾患」、『カルディナル』十五巻、八号、二〇〇三年十月、Ｙ・Ｉ・バンダジェフスキー、『小児の体内器官のセシウム１３７慢性沈着』、ＳＭＷ、二〇〇三年、一三三、四八八～四九〇ページ、Ｇ・Ｓ・バンダジェフスカヤ他、『セシウム１３７蓄積量、心血管系疾患の症状と、《チェルノブイリ》の子供の食料源――りんごペクチン経口摂取後の予備観察』、ＳＭＷ、二〇〇四年、一三四、七二五～七二九ページ、Ｖ・Ｂ・ネステレンコ他、『《チェルノブイリ》の子供におけるりんごペクチンによる体内セシウム１３７蓄積量の削減』、ＳＭＷ、二〇〇四年、一三四、二四～二七ページ。

来ないのは、チェルノブイリ汚染地帯に住む人々を守るために、緊急に放射線予防措置を取らなければいけないという示唆が、どこにも見当たらないことだ。たとえてみれば、アウシュヴィッツ強制収容所の生き残りを解放する代わりに、彼らについて社会学的な考察を行なおうと計画しているようではないか。《餅は餅屋》なのかもしれない。専門家や科学者は看護師ではない。しかし物理学者のネステレンコや解剖病理学者のバンダジェフスキーだって看護師ではない。ＩＲＳＮは、いったい何のために存在するのか。少なくとも《政治》に口を挟み、早急な介入や方針を指示することが道理である。人間として。

ＩＲＳＮ――近々予定されている新たな研究が順調に実施されるよう努力が必要だ。それは、ヨーロッパの労働者の中から、さらに別のコホート（対象者集団）をいくつか選び出して行なう研究だ。例えばウランなどの放射性核種による被ばくを多く受けた集団、正確な内部被ばくを評価できる集団にターゲットを絞り、彼らを二十年を越えて追跡調査するのだ。このことによって、一連の健康指標（がん、白血病、腎臓・肺・心血管系の慢性疾患等）が収集できるだろう。予算は、欧州連合による支援の枠内から得られる。この研究によって、低線量による内部被ばくと関連するリスクについての補完的知識が明らかにされることだろう。

――ＩＲＳＮの報告書は、華々しくこのプログラムを紹介して締めくくられている。読み終わった後、しっくり来ない印象は、ここでも拭い去れない。むしろ背筋が寒くなる。というのも、研究対象のモルモットたちに効果的な予防措置を施して、うっかり彼らが除染されてしまったらどうするのだろう？「二十年を越えて」「ターゲットを絞り」、「一連の健康指標を収集」できなくなってしまったら？　いや、そういう事態を避けるためには、慎重が期されるのだろう。ＩＲＳＮは「さらに別のコホート」と書いているが、つまり、チェルノブイリで、ヨーロッパの納税者たちによって支援されながら進行している犯罪行為も、これと同種の公式プログラム[原注11]だということを意味するのだろうか。ならば、プログラムを完遂するために、膨大な被ばくを受けている住民という集団に的を絞った放射線防護措置は行なってはいけないわけだ。

四　科学者の独立性

科学者たちが独立性を保つことの難しさについては、（ラッセル法廷[訳注5]を継承する）チェルノブイリ人民法廷の場でも議論された。法廷は一九九六年四月十二日から十五日にかけてウィーンで開かれ、『チェルノブイリによる環境、健康、人権への影響』と題されていた。

原注11：第四部第三章、《コール》プログラムを参照のこと。

訳注5：Russell Tribunal または「ベトナム戦争犯罪法廷」Vietnam War Crimes Tribunal とも呼ばれ、ベトナム戦争におけるアメリカ軍の戦争犯罪行為を国家権力の影響を受けずに調査、記録するため、一九六六年、イギリスの哲学者バートランド・ラッセルの提唱により、非政府組織や市民によって設けられた人民による法廷。

ペーター・ヴァイシュ教授（ウィーン大学人間環境学部） 私の同僚であるヴォルフガング・クロンプが、チェルノブイリ大惨事における個人の責任を断罪するべきではないと指摘したことについて、私見を述べたいと思います。この立場には同意できません。

人々を彼ら自身が働いているシステムから切り離すことが可能かどうかという問いについて、私は答えたいと思います。可能なのか、否なのか？　可能です。可能なはずです。私たちは、システムへの隷属からの解放を可能にするために、人々がいっそう自覚を持つように働きかけなければなりません。しかし、それと同時に人々が責任を取ることを強く要求する必要があります。

それぞれの個人は一定の行動の自由を有しておりますが、無責任な行動を取ることに対する弁解の余地はまったくないのです。私たちは、ある特定の空間の限界を超えて、率直に議論しなければなりません。例えば、ＩＡＥＡ（国際原子力機関）の職員とは、組織の枠外で議論を行なうことが重要なのです。

個人の責任を強調しなければなりません。人権とは譲渡不可能なものです。人間が有する基本的権利の一つは、自ら置かれた環境や生活様式に影響を及ぼすことができること、また責任を持って道徳的に行動することが許されているということです。ある機関への隷属を余儀無くされることは、人権侵害と言えるわけです。（中略）科学者たちは、自らが産業界の道具と化してしまうシステムから解放されなければなりません。

ヴォルフガング・クロンプ（オーストリア連邦内閣原子力顧問） 人々の間で、これほどまでに無責任な態度が横行している状況を生み出したのはシステムなのだと私は考えます。こうした労働者は火星人のようなものです。自分が解雇されれば、別の者が彼に替わるだけです。

私たちは問題の根底に立ち向かわなければなりません。しかしながらこの残酷なシステムの犠牲者である人間も考慮に入れなければならないのです。


ロザリー・バーテル博士（トロント、チェルノブイリ国際医療委員会〔CCMIT〕コーディネーター）現在、私たちの生きている経済体制のなかでは、科学者が従僕の立場にあることは明らかな事実です。科学者の研究費を拠出しているのは、一般に、政府、政府から経費を得た大学、あるいは産業界だからです。

一般市民は、専門的な情報や専門家による監査を必要としています。世の中で実際には何が進行しているのかを科学者に説明してもらう必要があるのです。けれどもそのために、科学者に報酬を支払う経済手段を、市民は持ち合わせていません。（中略）

私たちは、極めて複雑なテクノロジー社会を築きあげました。ところが、その社会の前線に立って、危険にさらされている人間たちに対して、状況を説明する任務を負った科学者を配備することを怠ってきたのです。

一九七八年、私は精密な分析能力のあるX線撮影のおかげで、低線量の被ばくが健康に与える影響をテーマとした研究を行なうことができました。ところが、その結果の公表をはじめるや、たちまちすべての研究費が取り上げられてしまったのです。私の名は、研究費の支給を禁ずる科学者のリストに載せられました。国立がん研究所は、「研究テーマを変更するならば、研究費の支給を再開する用意がある」という手紙をよこしました。これは、あまりに衝撃的で、私は憤慨しました。

口を開こうとする科学者たちは、大変な危険を負っているのです。ですからその見返りに社会は彼らを守らなければなりません。科学者が一般人の利益に奉仕してくれることを社会は必要としているのですから。科学者は、私たちに危険を知らせてくれなければなりません。けれどもその代償として彼らが、許しがたい制裁に遭うことがあってはなりません。それが、経済的なものであろうと、社会的なものであろうと。

五　バンダジェフスキーとの二度目の対話

バンダジェフスキー　名だたるボトキン医師の論文をご覧に入れましょう。一八八八年にサンクトペテルブルグで審査を受けた論文です。タイトルは「ルビジウムとセシウムの心臓及び血液循環への影響」です。この論文のためには、かの偉大なパヴロフが実験を行ないました。非常にレベルの高い研究というわけです。実験は犬にルビジウムとセシウムを与えることによって行なわれました。その結果、ボトキンは、塩化セシウムの体内蓄積量があるレベルに達すると（一〇％の塩化セシウム）心臓の活動に変化が現われることを証明したのです。不整脈や完全な心臓の停止といった変化です。

――この研究は現在、まったく忘れ去られてしまったのですか。

バンダジェフスキー　よくあることですよ。「新発見とは忘れ去られていた古い事実のことだ」という言葉のとおり。それはともかく、この事実は、放射性セシウムには、もともと危険な化学効果が伴っていることを証明しているのです。その結果が、現在、私たちが目にしている状況です。

――毒性作用は放射能よりも危険なのでしょうか。

バンダジェフスキー　現状においてはずっと危険ですね。

ネステレンコ　私は二つの作用が相乗効果を持つのだと考えます。

バンダジェフスキー　確かにそうだ。ボトキンは化学物質としてのセシウムが体内で活発に作用することを証明しました。この時代の研究が未熟だという考えは間違っています。それどこから素晴らしい研究が行なわれていたのです。パヴロフが実験部分を担当したのは、犬を用いた実験に関して、彼の右に出る者がいなかったからです。ボトキンはその実験結果を分析しました。

――キエフで物理学者のティーヒが突然死について話してくれました。四十五から五十歳くらいの一見健康な人に起こるそうで、医者にとっては理解不能だと。

バンダジェフスキー　私はまさにそのことを話しているんですよ。心臓停止。よく「チェルノブイリ事故以前にも似たケースはあったぞ」と反論されます。それは確かです。しかし説明ができます。私たちは、ベラルーシ保健衛生局が保管していた一連の公式書類を発見しましたが、それを見ると、一九六〇年代からすでにセシウムは大気圏、生物圏、食品の中に存在していたことが明らかなのです。この小さな本も、同じテーマを扱っています。一九七四年、マレイ著『世界のセシウム降下と人間』というタイトルで、ソ連邦という広大な地域に流通する食品に発見されるさまざまなセシウム蓄積量について書かれています。一九七五年にもこのテーマについて別の本が書かれました。マスカレフ教授が一九七〇年に編纂した論文集には、さまざまな放射性元素の効果に関する説明さえ見つかります。ただし体内に取り込まれたセシウムは問題にされていません。人体にも蓄積される事実がほのめかされてはいますが、危険ではないという結論に落ち着いているのです。ポレーシエ地方の牛乳一リットル当たりの汚染をマイクロキュリーで表したこの表をご覧ください。一九六〇年代の状況を現わしているのですよ。この本の中にあります。

――なぜまたポレーシエ地方なのですか。このような状況はソ連全国で見られたと思うのですが。

バンダジェフスキー　もちろんです。この本やその他の文献にも一九六四年、六五年から六九年頃にかけてのソ連のさまざまな共和国に関するデータが見つかります。ご覧ください。「農村地帯の住民の食物におけるセシウム137の蓄積」とあります。

――原因は軍事核実験ですか。

バンダジェフスキー　私にはわかりません。私は現状を観察しているだけです……。そういえば、私が昨日お見せした地図はフランス原子力・代替エネルギー庁（CEA）の専門家からもらったものでした。私がチェルノブイリの話をすると彼らは「まあまあ、チェルノブイリによる大気圏の放射能汚染は、核実験一回分の四分の一に過ぎませんよ」と答えたものでした。確かにこのグラフを見るとモスクワ上空の放射能汚染カーブがピークに達するのは六〇年代で、チェルノブイリ後の一九八六年の汚染はそれよりもはるかに少なくなっています。核爆弾がどれくらいの威力だったのか私は知りませんし、判定は私の役目ではありません。物理学者の能力はありませんからね。私にとって重要なのは、そこから起こる結果です。

――CEAはそうやってチェルノブイリの深刻度を過小化しようとしたのでしょうか。

バンダジェフスキー　おそらくそうでしょう。しかしそのおかげで私はメカニズムをずっと良く理解することができました。がんによる死亡率を一九八六年ではなく、一九七四年、一九六〇年まで遡って調べてみたのです。まるで偶然のように保健省も、がんの公式記録台帳を参照しながら、わが国での腫瘍や心血管系疾病の多発は、チェルノブイリ以前にはじまっていたという主張をはじめていました。それは本当なんです。一九六〇年にすでにはじまっていたのです。私はそれに対して、既知の事実を例に挙げて反論しました。スカンジナビア諸国では、放射性セシウムに汚染された食品の販売を禁止したとたん、がんや心血管系疾病による死亡率カーブが下がった事実があるのですよ。わが国ではこのカーブは上昇を続けています。

――ここ数十年話題にされる心筋梗塞は昔からこれほど頻繁に起こっていたのですか。

バンダジェフスキー　興味深い質問ですね。まず第一に心筋梗塞とは何でしょう。それは塞栓によって血管が閉塞し、血液が心筋組織に栄養を運べなくなった時に起こる壊死です。私がまだ若い解剖病理学者だった頃、突然死した人の検死をよくやらされたのですが、この壊死に大変手こずらされました。どうしても壊死した心筋が見つからないのです。古典的な心筋梗塞なら必ず見つかるはずなのに。私は古典的な心筋梗塞、つまり心筋の壊死を死因とするケースには、非常に稀にしか出会いませんでした。ところがセシウムを原因とする場合、心筋梗塞の仕組みはだいぶ異なります。死因は壊死ではなく、心筋全体を侵す毒性作用による心筋障害だからです。この顕微鏡写真をご覧ください。心筋はほとんど残っていませんね。いったいこれは心筋なのでしょうか。こちらの別の写真では、心臓らしいものはわずかにしか残っていません。収縮した筋束です。子供の心臓なんです。こちらは成人の心臓写真ですが、空洞だらけで心筋がまるで残っていませんね。こちらの写真はセシウムの毒性作用を動物の心臓で実験したものです。心筋

訳注6：筋線維の破壊・変性（筋壊死）と再生を繰り返しながら、次第に筋萎縮と筋力低下が進行していく筋疾患。

のジストロフィー[訳注6]が起こっています。この心臓をコップに入れると、心臓はコップの形に変わります。さて、先ほどの質問にお答えしましょう。心筋全体が侵されるタイプの心筋梗塞は、一九六〇年代に出現し、今日では古典的な心筋梗塞よりもはるかに頻繁に見られるようになりました。しかし両者とも同じ心筋梗塞という名で呼ばれています。ひとつお断りしておきますが、セシウムは、実は古典的な心筋梗塞を引き起こす役割も果たします。血液の凝固システムに作用し、血栓の形成を誘引するからです。この側面はすでに研究され、よく知られています。この点については、すべて解明されています。しかしセシウムを原因とする最大の病弊は、今お話した新しいタイプの心疾患なのです……。

ここ三年間の統計によれば、死亡率は出生率の一・六倍に達しました。いったい何が起こっているのでしょう。過去にもペストやコレラ、天然痘、チフスといった死に至る伝染病は存在しました。伝染病の流行もありました。戦争中には負傷や敗血症が主な死因でした。ところが何千という人間が心筋梗塞で死ぬとはどういうことでしょう。ヨーロッパのみならず、世界中で盛んに「たばこの吸い過ぎだ」「コーヒーや糖分の過剰摂取のせいだ」と言われています。けれどもなぜこうした製品が人間を死に追いやるのか、誰か私に説明してほしいものです。これらの製品の毒性など、セシウムの相乗的に作用する二重の病原性に比べたら無に等しいですよ。二重と私が言うのは、化学的毒性によって放射能が増幅されるからです。セシウムが引き起こす病状は、本来の心筋梗塞とは異なります。私はこの新しい病理現象を「放射性セシウム中毒による心筋疾患」と呼ぶことを提案します。

この謎を解くために才能のずば抜けた人々を招集することが、本来は望まれました。私たちの身に今起こっていることの意味が、残念ながら完全に歪んで説明されているからです。現状に対する無知から、世論は両極端に分裂しています。とんでもなく恐ろしい状況だと言う人々と、大変なことなど何一つないと言う人々。実際に状況は極めて恐ろしいのですが、原因は、チェルノブイリ事故だけではありません。ずっと以前からはじまっていたのです。私の言っていることがわかりますか。そう、恐ろしいことに、ポレーシエ地方の住民は、公式データが示すように、一九八六年以前からすでにセシウムの放射能の影響による被害に遭い、チェルノブイリ事故によって、さらに追い討ちをかけられているのです。それが、私たちがまったく予期していなかったがん増加の真因です。一九九〇年代に現われるだろうと言われていたのですが、実際には、ずっと早く出現していたんですよ。検死をベースにした私たちの研究では、放射性セシウムが非常に高濃度に甲状腺に蓄積することがわかっています。

——甲状腺がんの原因が、よく言われるように放射性ヨウ素だけではないということですか。

バンダジェフスキー　セシウムによるさまざまな器官への二重作用。それが、私がこのテーマをこの手法で扱う理由です。セシウムは、非常に異なる性質の各器官に不均一に拡散するだけでなく、身体全体を変容させるのです。ですから病理の研究は、総合的に行なわれなければなりません。あたかも他の器官は何の影響も受けていないかのように、甲状腺だけを切り離して扱うわけにはいかないのです。病んでいるのは全身です。まるで他の部位は健康であるかのように《自律神経無気力症候群》[訳注7]と診断を下す医師に私は同意できません。これはセシウムが体内に侵入することによって起こるずっと広い範囲にかかわる症候

原注12：大気圏での核実験は一九五〇年代に始まった。

訳注7：リクビダートルたちに対しては自律神経系の診断が濫用された。第二部第二章四参照。

群、「体内に取り込まれた放射性元素による症候群」です。このために種々の異なる病気が発生し、蓄積量によって症状の現われ方も違うのです。最も早期に出現する症状、つまり低線量と言われる被ばくで起こる症状は、心血管系と神経系の疾患です。体内の蓄積量がさらに多い場合は内分泌系が侵され、さらには肝臓という風にやられていきます。乱暴な言い方をすれば、身体組織が徐々に崩壊し、寿命が左右されるのです。人類はすでに半世紀もこの毒を吸い続けてきているのですよ。[原注12]

ユーリ・バンダジェフスキーは、家族を脅かす危険を察知した妻のガリーナと激しく争った後、自らの発見をテレビ番組のなかで公開し、大変な反響を得た。番組のなかで、彼は政府の無策ぶりを糾弾した。二〇〇〇年四月、私たちは遺伝学者ローザ・ゴンチャローヴァにバンダジェフスキーの発見の価値についてインタビューを行なった。バンダジェフスキーの二度の逮捕の間に当たる時期のことで、この後、バンダジェフスキーは八年間の禁固刑を宣告されることになった。

六　ヴァシーリ・ネステレンコとローザ・ゴンチャローヴァ：「発見の価値」

ローザ・ゴンチャローヴァ（遺伝学者）　チェルノブイリ事故後まもなくベラルーシでは、がん以外の身体器官の病気[原注13]の罹患率上昇が記録されました。つまり一般的な心血管系、消化器系、胃、肝臓、腎臓の疾患が増加したのです。このことはウクライナの医師たちによって最初に確認され、次いでロシアの医師たちからも同意が得られました。それにもかかわらず、放射線医学界は、罹患率上昇の原因が長期間にわたる低線量の被ばく作用だと認めることを拒否し続けています。彼らが拠り所としている前提と噛み合わないからです。放射線医学者たちにとっては、一般的な病気の発生率上昇が放射能によって引き起こされることは、絶対にありえないのです。長期間にわたる被ばく、特にベラルーシの住民が受けている低線量の被ばくを考慮に入れたとしてもです。公式の放射線医学専門家が認知している疾病は、高線量の被ばくが原因の《急性被ばく障害》と、それよりも線量の低い、長期間慢性的に受けた被ばくが原因の《慢性被ばく障害》のみです。後者は職業上放射線源に持続的に接する労働者の間で見られるものです。また無論、がんと、さまざまな部位に現われるさまざまなタイプの腫瘍。こうした疾病は日本への原爆投下後に記録されました。

ところが現実は、様相を異にするのです。一九九〇年、ベラルーシの医者であるシェドロフスキーは、一から五キュリー［三万七〇〇〇〜一八万五〇〇〇Bq／㎡］の汚染地帯の住民の間で、心血管系、消化器系、呼吸器系の疾患増加が見られたことを早くも証明しています。ブレスト州のルニネツ地区、ストーリン地区、そしてピンスク市での上昇率は、統計学的に有意です。これらの地方での罹病率は、《汚染のない》地方に比べて高いものでした。数多くの研究によって、放射能汚染をした地域での罹患率上昇は証明され

原注13：somatique は、精神に対して、身体にまつわるものを表す。放射線医学においては、がん以外の身体器官の疾患を指すために用いられる。Y・バンダジェフスキーがセシウム137による内部被ばくを原因とするものとして挙げる疾患はどれも「がん以外の身体疾患」である。広島原爆に基づいて築かれた公式教条においては、高線量の外部被ばく被害者のみを対象としており、チェルノブイリ大惨事の結果、汚染地域に出現した夥しい数の「がん以外の身体疾患」の原因が放射能であると認めることを拒否している。

ているのですよ。ベラルーシでもウクライナでもロシアでも。しかし重要なのはその原因を突き止めることです。この点に関して科学界では共通の合意が存在しないのです。

ちなみにこの件に関して日本では、複数の原爆被爆者グループを生涯にわたって追跡調査していますが、がん以外の病気に罹患する確率が上昇したというデータはありませんでした。そのために、チェルノブイリで観察された罹患率上昇の原因はストレスであるとか、食料事情の悪さ、ショックのせいだと主張されています。

これは純粋に科学的な問題です。罹患率の上昇はチェルノブイリ原発事故による長期にわたる慢性被ばく作用の結果であるのか、ないのか。事実は、私たちがすでに何年間も慢性被ばくという条件下で生きていることです。そのため、「住民が犠牲になった……」という表現は、意味的に正確ではありません。住民は今現在も放射能の影響を受けているからです。被ばくは現在進行形です。私は研究者として、この問題に非常に興味を持ちました。探せる限りの情報を収集し、分析しています。そして遺伝学者として私が達した結論は、このような高い罹患率はチェルノブイリ事故を原因とする慢性被ばく作用によって引き起こされている可能性が確かにあるということです。私のこの考えは、一九九六年、ウィーン国際会議の概要の中で発表されました。この観点から、私はバンダジェフスキーの仕事に注目するようになったのです。彼の仕事は、精密かつ厳格な科学的方法論に則っていると私は判断します。放射能という要因が身体組織に及ぼす作用を示すためには、身体に蓄積された客観的な量を計り、それを研究対象となる要因――この場合は健康への影響――に対比させなければなりません。研究対象である「身体への影響」と「放射性物質の蓄積量」（体内の放射性物質蓄積量が被ばく量を表しているのは明らかですから）との間に有意の相関関係を、研究を精確に実施した結果、示すことができれば、観察された疾患が放射能による作用によって引き起こされていることが証明されます。ユーリ・バンダジェフスキーはこのテーマを、優れた、また精確な手法で扱いました。そこで私は自分の考えをさらに発展させるために、バンダジェフスキーと彼の協力者の研究を用いるようになったのです。彼らは自分たちの研究を正しく行なっています。体内の放射性物質蓄積量を測定し、それを疾患と対比させました。解剖に際してだけでなく、患者においてもホールボディカウンターを用いて体内の放射性物質蓄積量を客観的に測定しました。ヤホードヴィックがバンダジェフスキーの医科大学で行なった研究では、妊娠経験のない女性の体内被ばく量（被ばくの中でも最も量の多いセシウムが第一に測定されています）を特定し、それを出産能力に対比させた結果、観察される病変とセシウムの体内蓄積量が密接に関わっていることが示されました。これは実証です。ユーリ・バンダジェフスキーの研究は、わが国においてこの分野で初めて行なわれた厳格な科学的研究なのです。

同時にロシアでも、別のコンテクストで似たような研究が、生化学者ネイファフらによって、子供を対象に行なわれました。子供たちの病変を生化学的視点から研究し、彼らもまた、研究対象である症状と放射性物質蓄積量との間に相関関係を確立することに成功しました。

一九九八年、オランダのロッテルダムで、放射性傷害の治療に関する国際会議が開催されました。私も自分の研究を紹介したのですが、出席することはできませんでした。私の月給は、私が得たあらゆる肩書きにもかかわらずたったの六〇ドルです。これでは旅費を賄うことは不可能です。けれども、原爆を生き延びた被ばく者を医療追跡調査している日本人研究者の論文要旨[訳注8]を読むことができました。そして原爆の生存者において、彼らの被ばく量と罹患率との間に統計学的に有意の相関関係が、しばらく前から認められはじめていることを知りました。極めて重要な事実です。放射能ががんのみならず、一般的な身体の病気を引き起こすことを表すデータが初めて日本で得られたのですから。しかしこの点に関して注意が必要なのは、日本で原爆体験者を対象としたがん以外の罹患の記録がはじまったのは、原爆投下から十三年もたってからだということです。疫学的データが欠けているのです。それに対してベラルーシでは非常に早くからこうした病気が考慮に入れられました。私たちの情報が国際科学界の断固とした拒否に遭ったのは、そのためです。彼らの主張を根幹から覆す事実でしたからね。いったいこんなに低い線量で罹患率などについて語れるものか、と。それにもかかわらず、このことを証明できたのは、ベラルーシの研究者たちの大変な功績だと評価しています。日本やアメリカの研究者らは、遅かれ早かれこの事実を明らかにしなければならないでしょう。というのも日本人の一般的な罹患率は、今でも放射能によって引き起こされているのです。

この現象はいったいどのように説明されるのでしょう。今まで放射能は、体内に均一に拡散すると考えられてきました。そのために被ばく量は低い数値にとどまっていたのです。しかしユーリ・バンダジェフスキーは、セシウムが普通の筋肉よりも心筋やその他の活発な臓器に多量に沈着することを証明しました。そうした臓器の被ばく量は、体全体の平均値よりも遥かに大きいわけです。バンダジェフスキーはまったく新しい事実を発見したのですよ。

ネステレンコ　ユーリがこれからも研究を続けられることは大切です。彼は今四十三歳で、完璧な頭脳の持ち主です。それなのに、かれこれ一年間も先行きが不透明な不安定な立場に置かれています。私がベラルーシで勤務をはじめて以来、重量が五～一〇グラムの組織に沈着した放射能を測定できる器械を設計してくれなんて頼まれたことは一度もありませんした。そんなことを求めるのはユーリ・バンダジェフスキーだけです。「動物の腎臓と肝臓の生検をしているのだが、これらのサンプルにどれくらいの放射能が含まれているのか、なんとしても知る必要がある」と。実験対象は動物だったんです。彼がラットを飼育し、セシウムを与えて研究していることをご存知ですね。物理学者として私は、極小の採光口を持つプリズムをつくれば、彼が求めている器具の製作が可能なことを知っています。それを使えば三グラムのサンプルにおいて一キロあたり〇・一ベクレルの誤差で、セシウムの沈着量を特定することができます。実現可能です。無論資金が必要ですが。およそ二〇〇〇から三〇〇〇ドルするでしょう。キエフやハルコフのどこに行けば、プリズムを入手できるのかもわかっています。プリズムそのものの価格は約三〇〇ドルです。さらに電子系統やその他すべての部位を設計し組み立てなければいけません。これは彼が本当に必要としている器具です。それに高性能の顕微鏡も必要です。しかしなによりもまず研究場所を探さなければなりません。彼はゴメリで仕事することを禁止されています。本来ならば、ミンスクのアカデミーで働くのが当然なのですが。しかし元アカデミー総裁プラトノフは、「チェルノブイリはアカデミーが扱うテーマではない」と宣言しました。その後私の研究器具はすべて没収され、私はアカデミーを去らなければなりませんでした。そこで私はこの非政府研究所を設立し、今日に至っているのです。現在のアカデミー総裁にも頼んでみました。「私はアカデミー会員で、かつてはアカデミーで仕事をしていました。お金はいりませんから研究所を返して下さい。お金は十年前から自分の手で稼いでいます」。返答は「チェルノブ

訳注８：馬淵清彦氏（放射線影響研究所）による論文「原爆被爆者におけるがんのリスク」Cancer and Non-cancer Risks in Atomic Bomb Survivors.

イリを扱っている研究所はたくさんある。省の仕事を増やすわけにはいかない」でした。バンダジェフスキーが相手でも同じでしょう。保健省は彼が働くことを阻止し、彼には別の研究テーマが与えられるのが関の山です。

――チェルノブイリはアカデミーが扱うテーマではないなど、どうしてアカデミー総裁が口にできるのでしょう。何か意味があるのですか。

ネステレンコ　もちろん意味などありません。しかし共産党の中央委員会は「ネステレンコがチェルノブイリ事故に携わらないよう」、あらゆる手を尽くせと指示を出しました。理由は「ネステレンコがチェルノブイリに携わると、やたらと中央委員会に手紙を書きはじめる」からです。手紙が来れば、返事を書かねばなりません。ローザ・ゴンチャローヴァに尋ねてみるといいですよ。この種の研究に対する資金が、どれだけ太っ腹に出ているか。そんな条件でも、彼女の得た研究結果は、バンダジェフスキーのものと同様、計り知れない価値を持ちます。言い逃れが不可能な新情報です。バンダジェフスキーの論文をご覧ください。因果関係が直接示されています。容易に確認が可能です。彼の発見は新たな科学法則です。彼の前には、このことを口にした者は一人もありません。放射能の影響が存在するかもしれないとは考えられてきましたが、初めて量的な研究結果を引き出したのはバンダジェフスキーです。それでも納得できない者は、自ら検証するまでです。誰も止めはしませんから。

第三章　出来事の系譜

一九九九年四月、ベラルーシ保健省と省の言いなりにならない二人の科学者との対立は先鋭化した。ユーリ・バンダジェフスキーはテレビで省の方針を酷評し、妻ガリーナを震え上がらせた。それだけでは足らず、イリーナ・マコヴスカヤ[訳注1]のインタビューに応じ、それは『ベラルーシは時間を無駄にしすぎた：われわれの生活に関する政策を決定する権力者に真実を告げなければならない』というタイトルで、チェルノブイリ原発事故を記念した四月二十六日、反体制派の新聞『ＢＤＧ』上に公開された。三カ月後に起こった科学者バンダジェフスキー逮捕劇の下地となるような様子が、このインタビューの中にすでに見て取れる。

一　インタビュー

訳注1：第三部第一章三三四ページ参照。

マコヴスカヤ　ゴメリ医科大学はベラルーシ共和国の中で最も新しい研究機関ですね。そうした場所であなたが放射能の影響について研究されるのはもっともなことだと思います。

バンダジェフスキー　もちろんです。汚染地域の真ん中にある医科大学で、放射性元素が人体に及ぼす影響やそれに対する防護方法、放射能が原因で発生する可能性のある諸疾患の治療法について研究を行なうことは不可避です。現在のところ、セシウムの研究にしか手が回っていませんが。

マコヴスカヤ　放射性セシウムが持つ作用の危険性を語るには、確固たる証拠が必要と思われますが。

バンダジェフスキー　証拠はあります。私たちの研究は生体組織に蓄積された放射性元素の量と健康状態との関係を突き止めることに捧げられています。そのためにわれわれは、実験動物を用いて取得したデータ、子供や成人の臨床検査のデータ、さらには解剖検査のデータを使用しています。今日私たちは、放射性セシウムが生体組織に有害な作用を及ぼし、細胞や組織構造に深刻な変化をもたらし、身体器官の病変や死の原因となっていることを確信しています。私たちが確認したものの中には、心筋の深刻な病変があります。これは最も多い死亡率の原因となっています。またセシウムは腎内血管を傷つけるために、排尿システムに障害が起こります。新陳代謝の変容につながる甚大な障害です。さらには肝臓も被害を受けます。その結果、肝炎や肝硬変を発病したり、肝臓の脂質悪化を招いたりするのです。放射性セシウムに接触したほとんどの人間にこうした身体器官の変化が観察されました。

甲状腺にも放射線セシウムが蓄積し、深刻な病変が引き起こされます。悪性新生物の発生頻度には驚くほかありません。これはとんでもない事態ですよ。放射性セシウムは細胞レベルで作用するため、要因が一つに特定できる明確な病気とはわけが違うのです。セシウムは細胞死を招き、次いで身体そのものを死に至らせます。がんを早期発見することで予防しようと医師たちは試みていますが、悪性腫瘍の生成過程そのものを防ごうとする者はありません。主義の違いですね。

マコヴスカヤ　放射性セシウムが身体にとって危険となる量はどれくらいですか。

バンダジェフスキー　この毒に関しては（セシウムは細胞にとって、まさに毒ですから）、どんな量であろうと人体にとっては危険です。少量が蓄積するだけで十分です。子供や妊婦、病人の体内に取り込まれたセシウムは、肉体的及び精神感情的ストレスの影響とも相まって、身体を緩慢な死に導くのです。

マコヴスカヤ　ゴメリ州は大切な時間を無駄にしてきたということですね。

バンダジェフスキー　ベラルーシ全国であまりに時間を無駄にしてきました。事故から十三年を経た今日、未だに私たちは政策を決定する人々に向かって真実を明かそうとあがいている状態ですから。

マコヴスカヤ　十三年の間、事故被害を軽減するために使用されてきた予算もすべて無駄だったのでしょうか。

バンダジェフスキー　費用が効果的に使用されたかどうかを評価する指標は、住民の健康状態です。健康状態は悪化する一方です。これがご質問への答えです。すべての政策を、食品の放射性セシウム含有量を減らすことに集中させる必要があります。そうするほかに、セシウムが人々の健康状態を侵すのを防ぐ方法はありません。とにかく国は、食品検査を徹底的に厳しくし、食品中のセシウム含有量を最小限に減らす基準を設定しなければなりません。

マコヴスカヤ　ベラルーシ共和国の国民が摂取している食品の品質をどのように評価されますか。

バンダジェフスキー　食品中の放射能にはほとんど注意が払われていません。その証拠に国立放射線防護委員会は、放射性セシウムのいわゆる被ばく《許容》限度を最近設定しましたが、その数値は、われわれの研究によれば身体に非常に深刻な病変を引き起こす可能性があるものです。今日の基準では、都市住民は食品を通じて一日三四〇ベクレルまでのセシウムを摂取してもかまわないことになっています。[訳注1] 農村の住民にいたっては四六三ベクレルです。それが公式の基準ですよ！

マコヴスカヤ　政府はあなたの見解を知っているのですか。

バンダジェフスキー　私の見解を知らない者はいません。

二　保健省の失態

ネステレンコ　毎年四月にチェルノブイリに関する国会聴聞が行なわれます。ルカシェンコ大統領は、原発事故被害の研究にあてられた基金を誤って使用したと囂々《ごうごう》と非難を浴びたため、科学と新テクノロジー国家委員会（ＣＥＳＮＴ）委員長に問題の調査を委託しました。一九九六年〜二〇〇〇年までの間のチェルノブイリ事故被害を最小限にとどめるための国家プロジェクトの枠内で、保健省付属放射線医学及び内分泌学研究所は、一九九八年度だけでも一七〇億ルーブルを使用しました。その成果を監査することが私たちの任務でした。保健省は、一九九八年度の公式内部被ばく台帳を公表していましたが、私はデータの有効性に対して異議を唱えました。私は国立研究所を指導しているわけではないのですが、ＣＥＳＮＴの委員長は、私にこれを監査する委員会の指揮を依頼したのです。私はアカデミー会員の肩書きがあったので可能でした。

私はまず監査委員会の構成について尋ねました。するとメンバーの中にケーニグスベルグ教授など、私が共同作業を望まない面々が見られました。「代わりに誰を推薦されますか」と聞かれたので、医学に関しては何よりもユーリ・バンダジェフスキーを登用しなければならないと答え、早速採用されました。その他何名かを推薦しましたが、ケーニグスベルグ教授とその一味は依然としてメンバーに名を連ねたままです。この連中と一緒では客観的な調査は無理だとわかっていましたから、私は委員長の役を断り、監査委員会に参加するだけにしました。

——ユーリ・バンダジェフスキーがルカシェンコ大統領に独自の報告書を送ったのは、この監査委員会の枠内でのことだったのですか。

ネステレンコ そうです。各メンバーが自分の報告書を執筆しました。私たちのグループではストジャロフ教授、バンダジェフスキー教授、そして私が最終結論を書くことになっていました。

バンダジェフスキー 正確に言うと、私は監査委員会が事実をありのままに報告する代わりに、全員が納得できる総論を出して済ませるだろうと悟ったのでした。そこで自分の結論を独自に提示するのが私の義務だと考えました。二カ月前には、ルカシェンコ大統領に、健康問題に関する私見を表した書簡を送っていました。その見解を再度確認しておく必要があると思ったのです。それが独自報告書を送った二つ目の理由です。私の報告書は、先行する手紙の続きだったわけです。それは監査委員会の結論にも取り入れ

訳注1：二〇一五年現在、日本での放射性セシウム食品基準値は、一般食品一キロあたり一〇〇ベクレル、詳細は巻末用語解説五八一ページ参照。

られました。

ネステレンコ　その手紙が効果を発揮したのも確かです。ユーリ・バンダジェフスキーをベラルーシ保健大臣に抜擢することが実際に検討されたことを私は知っています。この件は繰り返し討議されました。手紙の効果です。そもそも監査委員会が発足した経緯を説明しましょう。私が新しい被ばく台帳計画に対する批判を行なったチェルノブイリに関する国会聴聞には、多くのジャーナリストが出席していました。公式台帳は、住民の被ばく量を間接的なやり方でしか定めていないので、正確ではないと私は批判したのです。住民一人一人の実際の体内蓄積量を測定する代わりに、村の牛乳とジャガイモのサンプル一〇点に含まれる放射性物質の量が計られたのです。それは住民の内部被ばくの実情を反映していません。ホールボディカウンターを用いた私たちの測定結果は、保健省の記録が現実の被ばく量の二分の一～七分の一しか表示していないことを証明しました。検査方法がこのように不正確なために、支援を必要とする被ばくを受けていると保健省が認めた村がたった一二八カ所（人口五万六〇〇〇人）しかなかったのも驚くに値しません。一九九二年に作成された台帳では、支援の必要な村は一一〇二カ所、対象人口は一〇〇万人もあったのです。新しい公式台帳を基に、大部分の村の年間被ばく量は一ミリシーベルト以下であるとされ、国家は住民を支援する責任を免除されました。

　国会聴聞での私の批判は、政府要員の一人によって藪から棒に中断されました。「貴殿は批判することしか能がないようだが、国家が誤っている証拠を見せたまえ！」と。私の主張には証拠が何もないと、彼は聞かされていたのです。「わかりました」と答え、「そのためには教授を一〇名選ぶ必要があります。ただしこの台帳を作成したメンバーは除いてください。私にその権利を与えてくだされば、監査委員会を設け、私自身が指揮を取りましょう」と答えました。かくして私は任命されました。彼らは、魔人をランプから解放することを選んだのです。私は当時、五台のホールボディカウンターを研究所に持っていました。私たちは保健省が安全と評価した四五カ所の村に赴き、住民の測定を行ないました。測定結果は印刷してあります。測定した住民一人一人の氏名も手元にあります。反論は不可能です。

私は保健省付属研究所の新所長オスタペンコ教授を招待しました。彼の研究所の仕事を私たちは監査しているわけです。次のように申し渡しました。「あなた方の仕事には一〇〇億ルーブルを越える額が支給されました。公式台帳を取り下げてください。そうすれば政府が求める改正を実行するための費用が支給されます。もしわれわれが監査を続け、あなた方の仕事が万全でなかったことを証明すれば、あなた方は全額返還を要求されることになりますよ」。オスタペンコ教授は了承し、公式台帳を撤回することを委員会に告げに来ました。

ストジャロフ教授、ユーリ・バンダジェフスキー、そして私の三名で、国家予算の用途が不適切であるとする一段と厳しい報告書を作成することにしました。すると研究所副所長のケーニグスベルグから電話が来たのです。彼らはひどくおびえていました。ケーニグスベルグ副所長は、IAEAがミンスクで信任を置いている人物です。金曜日のことでした。報告書はまだ完成していません。彼は私に科学評議会に出席し、監査委員会の結論を紹介するよう求めました。私は出頭を断り、時機が到来すれば私たちの結論は彼の知るところとなるだろうと答えました。すると彼らは今度は、保健大臣ゼレンケヴィッチに陳情し、大臣はCESNT委員長に二〇ページに渡る手紙を送り、私たちが無能の集団であり、耳を貸すに値しないと伝えたのです。私たちは、このままでは自分たちの立場に先行き見通しがないことがわかりました。

私はユーリ・バンダジェフスキーと合意の上、二人の署名による報告書をベラルーシ政府の安全保障理事会に直接送付することにしました。安全保障理事会はその定款によって国防を務めとしており、国民の健康に責任を持ちます。被ばく問題は彼らにも関係すると考えたのです。その結果、安全保障理事会は、保健省とチェルノブイリ政府委員会（ComTchernbyl）会長に、「客観性に欠ける」という所見とともに政府から送り返された書類を見直すよう強制したのです。このようにして私たちの勧告はすべて受け入れられました。

バンダジェフスキー　私は自分の批評の一点一点について詳細に議論することを望んでいました。簡略にまとめていたら、相手にとって全面的に反駁することは容易だったでしょう。彼らがどのように私たちを扱ったかは、ヴァシーリ・ネステレンコが証人です。私が監査メンバーを連れて彼らのもとに赴くと、資料をよこそうともせずに、「あそこに置いてあるから勝手に探すがいい」と言われました。

ネステレンコ　被ばく量を記録するために彼らが用いた方法に、私たちは非常に興味がありました。しかし関連資料の開示を拒否されました。資料が提出されたのは、監査委員会が解散される日でした。

バンダジェフスキー　椅子もテーブルも使わせてくれないんです。おかしいではないですか。私が「結構ですよ。なんとかしますから。コピー機はありますか。コピーしたいページがあります」と言うと「故障中です」。仕方がない。私は監査メンバーたちに「ペンを取って、全部書き写すんだ」と告げました。私たちはすべてを手書きで写しました。何度も彼らのもとに足を運び、彼らの報告書の抜粋を窓の縁を台にして書き写したのです。私はすべてを書面にし、どのように国家予算が使用され、チェルノブイリ問題の解決に何をもたらしたかを報告しました。彼らの報告書から直接引用を行ない、「掘り下げた」研究と表現されている研究に浪費された額を示したのです。

ネステレンコ　国家予算一七〇億ルーブルのうち、一六〇億ルーブルは無意味に使用されたとユーリは結論を下しました。自分の死刑宣告に署名しているようなものだと私は彼に言いましたよ……。

三　バンダジェフスキーによる監査報告書

ユーリ・バンダジェフスキーの手による監査報告書は、特にケーニグスベルグ教授指揮の下に行なわれた数々の研究を分析している。中でもＩＡＥＡ所属の共同研究者Ｖ・ブグロヴァという、ケーニグスベルグから多大な評価を得ている女性による研究が主な対象となっている。

監査報告書抜粋

上に挙げたさまざまなプロジェクトに関するケーニグスベルグ教授の手による報告書の概要は、内部被ばく量形成の力学傾向を、ベラルーシにおける食品内のセシウム１３７及びストロンチウム９０含有レベルの認可量考案と関連させて分析したものである。（中略）

この研究は既存の防護措置を刷新するための概要を提案している。当該地域で被ばく検査を強制的に行なうことを基本的に否定しており、放射能防護措置の自主的、選択的適用を提案している。また被ばく以外の要因（経済的、社会的、また心理的要因）を必ず考慮に入れることを推奨している。

上記のように、報告書作成者の発する勧告は、放射能防護措置を絶対的、普遍的に重んじる理念を排斥すると要約される。彼らの言葉の裏には、国民の健康に対する国家の責任を放棄し、「各個人の自己責任」に任せる原則が窺われる。

かくなる原則は、ベラルーシ共和国憲法また国民保健法とも著しく対立する。国民に放射能防護法がどういうものであるか説明する代わりに、各人が好き勝手な防護策を取ることが薦められている。放射能以外の要因を必ず考慮に入れるよう勧告しながら、そうした要因がどの程度の影響力を占めるのか、どこにも示されていない。特筆すべきは、先に引用した結論を採択するに至った方法論についても何も知らされていないことである。医学博士V・ブグロヴァが指揮した研究報告書はわれわれに開示されなかった。

総論——放射線医学及び内分泌学研究所に支給された巨額な援助金（一九九八年度だけで一七〇億ルーブルに上る）は、チェルノブイリ原発事故の被害を受けた住民の健康状態を有効に保護し、国家経済にとって有益な研究結果を得ることを可能にしなかった。

これは放射線医学及び内分泌学研究所が手掛ける研究テーマの計画に関して、上層部が効果的な監査機能をまったく果たしていないことに起因するとわれわれは考える。研究テーマは、時事性を考慮し、経済的に有益な重みを持つものであること、また研究がもたらす成果を国民の健康を守るために実践に移せることを考慮したものでなければならない。

国家予算の使途に関する放射線医学及び内分泌学研究所指導部の無責任な態度のために、チェルノブイリ事故に関連した問題を処理するための資金の大部分が浪費され、実質的な成果は得られなかった。

既知の研究方式が優遇され、未開発の新たな分野は犠牲にされた。その結果、いずれの報告書にも、医学措置を実施するための現実的な方法論の勧告も、国際的に影響を及ぼすような科学的結論もほとんど見られない。

このような事態に鑑み、われわれは一刻も早くチェルノブイリ原発事故被害を克服するための科学プログラムを見直さなければならない。その際、明白な、そして国家経済にとって重要な役割を果たす結果をもたらすような研究方式を優遇するべきである。そのためにはすべての国家機関の代表及び現実に利害関係を持つ組織の代表者が参加する優れた委員会を設立する必要がある。

チェルノブイリ原発事故被害対策につながる科学プログラムのための予算の使途に対しては、保健省とチェルノブイリ政府委員会の責任を強化しなければならない。その際、科学研究プランをその時事性、経済的な重みと効果の点からしっかりと監視することを忘れてはならない。同様に研究結果を精査し、国民健康保持のために応用する可能性を探らなければならない。

上記指針を実施するために、ベラルーシと国外の科学者から構成されるチェルノブイリ原発事故問題のための科学評議会を設けることをわれわれは提案する。

ユーリ・バンダジェフスキーの功績を知る私たちは、彼が「研究テーマの計画」、つまり研究テーマの選択を重要視していることを知っているので、もし彼が一時検討されたようにベラルーシの保健大臣に任命されていたならば、チェルノブイリ原発事故による汚染地域で、どのような研究方式を採用していたか、容易に想像することができる。

ネステレンコ　もちろんこれは連中にとって痛撃でした。しかしその後、監査委員会は、真っ当な活動は何も行なうことはありませんでした。現実には、ＩＡＥＡの影響下で規定された許容基準が適用され、住民は今は無事に見えても、十年後に発病することになるでしょう。その頃には、今決定を下している連中はもう権力の座から離れています。チェルノブイリ政府委員会の委員長はすでに五回以上替わりました。ベラルーシ保健大臣も四度替わっています。連中は、最後にはすべての責任を科学者に押しつけることができるのです。科学者を盾にするのは常套手段ですから……。

それは一九九九年四月末のことだった。この間に、保健省による報復は着々と準備されていた。

四　報復

バンダジェフスキー　五月になると保健省は私の勤める医科大学に矢継ぎ早に三回、査察委員会を送りつけてきました。目的はプログラム、教職員、教育制度、その他諸々の査察でしたが、何一つ落ち度を発見することはできませんでした。その頃私は公式には休暇中で、自分の科学研究に専念していました。確か、博士号申請者の指導を行なっていたのだと思います。指導学生の論文審査に参加するためモスクワに出張したところでした。ポーランドアカデミーから医学の進歩に貢献した功績で勲章を授与されたのもこの時期でした。やがて六月になりました。試験の時期です。そして七月、私は獄中の身となっていました……。

ネステレンコ　三度にわたる大学の査察が何も成果をもたらさなかった当時、次のような背景がありました。閣僚会議安全保障理事会の決定で、保健省はすべての仕事を真剣に検討しなおさなければいけないことになっていたのです。公式台帳の撤回を命じられ、過ちを認めることを求められ、何もかもやりなおしです。私たちが実施した科学調査に対して反撃することは不可能でした。反論の余地はありません。残る道は唯一つ、監査報告書を作成した人間の信頼を失墜させることです。バンダジェフスキーを告発したかの有名な手紙が政府に送られたのはこの時期のことだったのだと思います。保健省と付属研究所内部で画策されたのでしょう。バンダジェフスキーを中傷しろ、と。保健省とその研究所を批判する監査委員会[訳注2]のメンバーが一人でも捜査対象に挙がれば、頭痛の種は解消します。安全保障理事会の指令に従う必要はもはやなくなるのです。

――告発の手紙とは。

ネステレンコ　連中はゴメリ医科大学の一部の職員を説得して、バンダジェフスキーが国家への反逆者

訳注2：ネステレコやバンダジェフスキーがメンバーだった委員会で、公式被ばく登録台帳を監査する委員会、第三部第三章三八九ページ参照。

を財政的に支援しているという手紙を上層部に書かせたのです。書面にはバンダジェフスキーが外貨の銀行口座を所持し、反体制派を支持しているとあります。政府の指令に対してほかにどんな手段が残っていたでしょうか。バンダジェフスキーを抹殺するほかなかったのです。私たちはさらに波紋を広げる危険がありましたからね。

——連中とは誰のことですか。どこに所属する人々ですか。

ネステレンコ　保健省です。

——彼らは国際原子力ロビーともつながっているのですか。

バンダジェフスキー　間違いありません。

ネステレンコ　ロビーとのつながりは間違いないとわかりました。私が博士論文審査最高委員会の委員長として博士論文を不可にした、放射能に関して非常に楽観的な論文を書いた女性で、名前はブグロヴァと言います。彼女は現在ＩＡＥＡで働いています。例のケーニグスベルグと一緒に仕事をしていた女性です。はっきり名前を挙げておく必要があります。ケーニグスベルグは、私たちが監査を行なった保健省付属放射線医学研究所の科学補佐ですが、事実上、研究所を指揮しているのは彼です。所長はすでに何度も替わり、替わるたびにケーニグスベルグは、新任者を何かしら揉め事に巻き込み、保健省は所長を解任することになるのです。そしてケーニグスベルグは再びボスの座に一人で収まります。このケーニグスベルグという男は、どうやらＩＡＥＡとつながっているようです。なぜ食品に膨大な量の放射性物質が含まれていても大丈夫なのかを説明したのが、彼の共同研究者、ブグロヴァです。彼女は当時ちょうど博士論文を提出し、審査を待っていました。同僚科学者の何人かは、真剣味に欠ける論文だとして、厳しい評点を与えました。そんな時に突然、私が論文審査最高委員会の専門家調停委員会の委員長を務めることを頼まれたのです。彼女の博士論文を審査する専門家の評議会では投票が賛否同数の結果だったため、採決を下す役割を任されたわけです。委員長としての私の票は決定権を持っていました。われわれは彼女の研究が正確ではなく、要求される科学的レベルに達していないと結論しました。ブグロヴァは博士号を取れず、同じテーマに関する博士論文を提出する権利を剥奪されました。プライドを傷つけられた彼女は国を去りました。行き先は？　ウィーンでした。今では彼女はＩＡＥＡの専門家として働いています。

——そして、ユーリ・バンダジェフスキー、あなたは「人民の敵」として告発されたのですね。

バンダジェフスキー　そうです。国家の敵に仕立て上げられました。私を知っている人は誰もが、私が国家に仕えてきたことを知っています。常に国家のもとでキャリアを築いてきたのですから。一度たりとも政治の世界に首を突っ込んだことはありませんし、生涯かかわりたくないと思っています。私は、ただひたすら科学研究に興味があるだけです。ただそれだけです。

五　政治家たちの無責任

バンダジェフスキー　一九八九年九月十四日、ゴルバチョフに宛てたかの有名な書簡に署名をした九二人の科学者たちは、今でも同じポストにいます。手紙の内容は、「チェルノブイリ原発事故はいかなる深刻な被害ももたらさなかった」というものです。ベラルーシ国立放射線防護委員会は同じ会長を筆頭に同じ人員で仕事を続けています。そうした見解を築き、公式の路線を堅守しているのは彼らです。一方で、私やネステレンコのような人間は奇人扱いされるのです。

――ベラルーシに原発の建設が予定されているというのは本当ですか。

ネステレンコ　本当です。

――建設を望んでいるのはＩＡＥＡですか。

ネステレンコ　もちろん。

――この問題をめぐるベラルーシ国内の力関係はどのようなものですか。

ネステレンコ　憲法によれば、原発建設の賛否を決定するのは国会です。しかしルカシェンコ大統領は国会を解散させ、議員の数を半分に縮小しました。現在の議員は一一〇名しかいません。そのうち八〇名は、建設賛成票を投じるつもりでした。そのことに気付いた建設反対派の議員らが、私に介入を懇願しに来たのです。私は原発建設問題に関する国会聴聞会で発言を行ない、自分の見解を述べました。原発は金持ちの国ためのテクノロジーだと言ったのです。チェルノブイリ事故は、原発事故が起こった場合、われわれには国民を守る術のないことを見せつけたからです。一つのテクノロジーがもたらす被害から国民を守る能力がないことが明らかな場合、国家はそのテクノロジーを採用する権利はありません。不道徳です。それが一番の論拠です。第二はコストです。コストが原子力の二分の一から三分の一しかかからないガスを選んだ方が得策です。第三には建設に何十億ドルという膨大な費用が掛かることです。その結果、西側諸国に対して借款ができ、国家の独立は忘れなければなりません。国会は投票を延期し、原発の支持者と反対者から成る委員会を設立し、問題を精査することに決定しました。委員会は議論の後、議会と政府に決定を仰ぐことになっていました。構成員は三二名でしたが、七名が反対派で、残りは全員、建設支持者でした。内訳は省庁の役人や科学アカデミー会員などです。私たちは彼らに「働きかける」ことにしました。私は代議士の一人である科学研究委員会会長が、この委員会に参加していることを嬉しく思いました。彼のほかには、二期にわたってチェルノブイリ政府委員会の会長を務めたスモリアール氏、チェルノブイリのリクビダートルで、身障者となったレーピン教授もメンバーでした。建設支持者たちは、「ガスも石油資源もないベラルーシは、原子力エネルギーに頼るほかない」と論じました。私たちは対話や議論、プレゼンテーションを通して、各自が独立して活動しました。十二月三十日に投票が行なわれました。原発賛成派は八名。残りは全員反対という結果に終わりました。私たちは彼らの説得に成功したのです。全員が満足し、最後は雰囲気も和気藹々《あいあい》としたものでした……さよなら、原発！　私はインタビューに応じ、ドイツに「ベラルーシは原発と縁を切りました」と手紙を送り、事の次第を説明しました。翌朝、エネルギー省と科学アカデミー総裁は、私たちに声を掛けもせずに、アカデミー最高会議幹部会を招集し、逆の決定を採決してルカシェンコ大統領に送ったのでした。私たちは偶然そのことを耳にし、世論を動かすために情報をマスコミに流しました。ルカシェンコ大統領はとうとう「国民の意に反することを行なうつもりはない」と発言せざるをえないことになりました。原子力エネルギー問題を再度討議するまで、十年間の停止期間（モラトリアム）を設けることを私たちは提案し、繰り返し述べてきたことをさらに確認しました。「原子力エネルギーを導入するかどうかは、国民投票で問うべきである」と。彼らは怖気づきました。首相は大臣を召喚し、事態は一旦鎮静化しましたが、また再びぶり返すことになります。

第四章　原子力ロビーの応酬

ベラルーシの原子力ロビーを代表しているのは、保健省を取り巻く面々である。彼らはそのことを隠そうともしない。

二〇〇一年六月、私はキエフ国際会議の場でＵＮＳＣＥＡＲのゲントナー氏から、ケーニグスベルグ教授がＵＮＳＣＥＡＲとＩＡＥＡから信任を得た連絡役であることを聞かされた。この二つの国連機関にベラルーシ国内の統計学的、疫学的データと情報を提供するのがケーニグスベルグ教授の任務であり、ケーニグスベルグ教授の提供する情報のみが、両機関が各国政府に向けた勧告や結論を作成する際に有効なデータとして認められている。またケーニグスベルグ教授は、ヴァシーリ・ネステレンコと袂を分かつたびに、ＩＡＥＡにすがりついている。とりわけネステレンコが提案する放射線防護法の一つ、子供へのアップル・ペクチン投与を否認した時がそうだった。アップル・ペクチンとは、効果的な放射性物質の天然吸着剤なのだが、ネステレンコが放射線防護プロジェクト《タシス》にこの防護法に対する支援を申請したとき、ＩＡＥＡに従順な欧州議会はことごとくこれをはねつけた。

ベラルーシ保健省の役人たちにとって、ヴァシーリ・ネステレンコとユーリ・バンダジェフスキーという意気盛んな二人の一流の科学者が脅威かつ反逆的であったことは、容易に理解できる。一九八六年の事故発生以来、保健省は、モスクワの原子力エリート及びＩＡＥＡの《専門家》と呼ばれる連中と口裏を合わせ、政府と国民に対して嘘を重ねてきた。アレクサンドル・ルカシェンコが大統領の座に就くと、ベラルーシ保健省の二人に対する反撃は勢いを増した。大統領は、ウクライナのチェルノブイリ原発の所有者に対しても、ロシアの原発設備の製造者や計画主導者に対しても、敢えて被害賠償を請求しなかった。国連機関と保健省による《科学的》改竄という強力な政治的な後ろ盾をもつ原子力問題に、堂々と立ち向かえる財政的手段を持たないルカシェンコ大統領は、ダチョウが頭だけを砂に隠して身を守ろうとするように問題をあえて直視しないふりをしたのだ。実際の事故の規模について口外せず、住民の惨憺たる健康状態の悪化をひた隠しにし、避難地域への住民帰還を声高に主張した。《ベラルーシの春》と称された時代の終期に差しかかった一九九三年、チェルノブイリ事故影響関連調査委員会（ComTchernobyl）の支援によって運営されていたヴァシーリ・ネステレンコの地域放射線防護センター（ＣＬＣＲ）は、その数三七〇カ所に達していた。ところが翌年にはわずか一八八カ所に減り、一九九五年から一九九九年の五年間にかけては、八二カ所が生き残ったのみだった。それらは、ネステレンコの呼びかけに応じたドイツの非政府組織[原注1]に支援されているものだった。二〇〇五年末、ベラルーシ政府委員会（ComTchernobyl）の支援によって運営されていたすべての地域放射線防護センターは閉鎖に追い込まれた。残されたのは、ドイツの組織が支援する一二カ所、「アルザス・チェルノブイリ子供協会」と放射能に関する独立調査情報委員会

（CRIIRAD）がそれぞれ支援するセンターが一カ所ずつ、そして《コール》プログラム枠内で予算を獲得した六カ所のみだった。しかし《コール》プログラム枠の六カ所のセンターでは、アップル・ペクチンをベースとしたサプリメントを子供に与える放射線防護法は実施されていない。その理由は後で説明しよう。

一　拷問

ユーリ・バンダジェフスキーは、獄中で舐めさせられた辛苦について語ることを好まない。逮捕をめぐる悪夢的状況や、一九九九年十二月二十七日まで続いた五カ月半に及ぶ最初の投獄期間、耐え抜いてきた拷問について私たちに語ってくれたのは夫人である。

ガリーナ・バンダジェフスカヤ　夫が逮捕された一九九九年七月十三日夜、私はゴメリにいませんでした。武装した約一五名の警官がわが家に押し入り、何時間もの間家の中を上へ下へひっくり返しました。捜査は夜十一時から明け方の四時まで続きました。最初はアパートの中、それから夫の勤め先の研究室。そして明け方の四時にユーリは独房に放り込まれました。彼はそこに八月四日まで、外界とはまったくコンタクトを断たれたまま拘禁されたのです。夜は床の上で眠りました。食事は一日に一回です。三週間で夫は体重が二〇キロも減ってしまいました。弁護士が彼に面会できたのは逮捕から二十二日後、ようやく起訴状が提出されてからです。この時、夫は通常の刑務所に移送されることになっていました。私は弁護士から知らせを受け、ちょうど彼が護送車に押し込まれるところを中庭の格子越しに見ることができたのです。変わり果てた姿に夫とはわかりませんでした。半分白髪が混じった長いひげが伸び、まるっきり幻覚に取り憑かれたような様子でした。私たちに気づくと「君たちだけは、ほかの連中みたいに俺を見捨てないでくれ!」と叫びました。二人の娘も一緒だったのです。彼に近づくことさえ許されませんでした。彼にはこの一言を叫ぶ隙があっただけで、すぐさま護送車に押し込まれ、連れて行かれました。

私たちは彼がゴメリ市内の《普通の》刑務所に移送されたのだと思っていました。ところが翌日、弁護士が刑務所に行くと、バンダジェフスキーは収監されていないと言うではありませんか。「別の場所にいるはずですから探してみなさい」と。後になって、夫が引き続き完全な独房に監禁されたことがわかりました。自白を引き出すためです。彼はゴメリから一二〇キロ離れたモギリョフにある、以前とそっくりの独房に移されたのです。

原注1：チェルノブイリ大惨事に対してドイツの果たした役割には相反する二面性がある。ユーリッヒ核研究所は独立機関であるとはいえ、ドイツ政府から資金を得て、政府との契約を実行しているため、その活動は原子力推進派《諸官庁》からの圧力に左右されざるをえない。一方、市民組織、特に第二次世界大戦中にベラルーシを占領していたドイツ軍の子供や孫の世代のドイツ人たちは、チェルノブイリ原発事故の被害者に対して非常に高い関心を示し、積極的に手を差し伸べている。ユーリッヒ核研究所自体も、最初の住民測定において農村地帯の住民を検査から外すという《過ち》を犯した数年後には、ネステレンコの研究所と共同で、非の打ち所のない実験法を用いた研究を実現させた。そのことによってアップル・ペクチン摂取後、血漿の微量元素が安定化することが証明され、ドイツ国内のネステレンコ誹謗中傷者グループに反駁した（第三部第六章四六六ページ参照）。

移送前、彼は弁護士の立会いのもとで起訴状を読まされました。彼が弁護士を見るのも初めてでした。読んでいる間にいかに警察がユーリを脅したかを私は弁護士から聞きました。私が病気で入院中だとか、母親が死にかけているなどと言われ、「吐けば家へ帰してやるぞ。さもなければ……」と脅すのです。尋問は長時間続きました。独房に無期限で閉じ込められるかもしれないと悟った瞬間、ユーリが血の気を失ったことが、弁護士にはわかりました。椅子の背で身を支え、降参する寸前でした。ペンさえあればなんでも署名してしまうことに気づいた弁護士は、とうとう口を挟んだのです。「いったい何の真似です。あなた方警察の行為は法律に違反していることがわかってるのですか！」弁護士がかばってくれる勇気を持ったおかげで、ユーリは我に返ったのです。逮捕以来初めて彼は、自分を守ってくれる人間がいることを感じたのでした。

ゴメリの独房は縦横二メートルの大きさでした。そこを彼は別の一人の短期拘禁者と分け合っていました。それは地下にある仮施設で、軽犯罪者を数日間引き止めておくためのものだったのです。天井に小さな窓がひとつあるだけで、床はどういうわけか、全面真っ赤に塗られていて、彼はずっと床の上で寝なければいけなかったので、服はどれも真っ赤に染まってしまいました。歯ブラシも、ひげそりも、タオルも与えられませんでした。

この二十二日の間、私は着替えや清潔な下着を差し入れようとしましたが、「私は洗濯屋ではない……」と検事に突き返されるだけでした。夫を参らせることはできず、思い通りの自白を引き出せないとわかると、法に従えば通常の刑務所に移さなければいけないのに、モギリョフの独房に閉じ込めたのです。

そうとは知らず私たちは彼を方々探し回りました。ルカシェンコ大統領にも電報を送り、夫が消息を断ったこと、拘留期間後、刑務所に移送されたはずなのにそこにいないこと、彼の身を案じていることを知らせました。もしかしたらもうこの世にいないのかもしれない……。ルカシェンコ大統領にゴメリ医科大学学長である夫を探し出してくれるよう懇願しました。弁護士がゴメリ収容所に抗議をした結果、ようやくバンダジェフスキーを予防拘禁する決定が下ったこと、そのためにモギリョフ地方行政委員会の拘置所に移送されたことがわかりました。

モギリョフの拘置所でユーリは重病に罹り、力尽きていました。容態の悪化を避けるため、とうとう彼は病院に連れて行かれました。当直医は若い女性でした。彼女は初め「囚人は入院させることはできません。私たちの病院にはそのような機能はありません……」と拒絶しました。ユーリは彼女の前に跪いて嘆願したことを、私は後になって知りました。彼の学生かもしれないような若いインターンに向かって「お願いだ、入院させてくれ！　死にかけてるんだ！」と。彼女は外科医を呼び、彼らは内視鏡検査をすることに決めました。その結果、出血性の潰瘍が二カ所発見され、外科医は即刻入院を命じました。夫は共同の大寝室に入れられ、入り口には警官が二人立てられたうえに、寝台に足を手錠でつながれたのです！　警官はすぐにも彼を連れ帰ろうとしたのですが、医務長が「このような重体の患者が退院してもいいかどうかを決めるのは私だ。目下彼を動かすことはまったく無理だ」と制止したのでした。

八日後、彼はミンスクの病院に移送され、そこに三週間入院し、それから予防拘禁用の刑務所に連れて行かれました。そこで私は初めて公式に夫に面会することができたのです。逮捕からは五十日がたっていました。司祭同伴で独房に入ることを許され、面会は刑務所内の施設で行なわれました。彼は既に黒い囚人服を着せられていましたが、それがまるでコートがコート掛けに掛かっているように彼の体の上に掛かっていました。私のそばにいる間、彼はまるで空間内での方向感覚を失った人間のようでした。なぜ私がその場にいるのか、なぜ司祭が一緒なのか、彼には理解することができなかったのです。会話はまるで成立しませんでした。彼はただ泣いてばかりで、手にしたハンカチを少なくとも二〇回はひろげてはたたんでいました。

二　後遺症

バンダジェフスカヤ　一九九九年十二月二十七日に釈放された時、彼はほとんど粉砕され、トラウマに取り憑かれていました。一日に少なくとも一〇〇回は「またあの穴に入れられるんだろうか？」と繰り返すのです。外出している時は常に尾行されていると信じ、家の中でも小声でしか話しません。本当に重要なことを喋る時は、部屋の隅っこに身を隠し、紙切れに書いて伝えました。決して徒歩では出掛けなくなり、必ず車という小さな繭に閉じこもるのでした。末娘が時々一緒について行きましたが、歩かなければいけない場合でも、万一遠くに知人の姿を見かけると、対面を避けるために回り道をしたそうです。あらゆる知人とのコンタクトをできる限り避けたがりました。彼らに裏切られたのだと信じ込んでいたのです。「やつらの同情なんて欲しくない。『俺はお前の味方だぞ。ひどい目に遭ったな。あんな高い地位にいたお前がこんな不幸に遭うとは』というやつらの言葉がここまで聞こえてくる……」と私に語りました。

彼は自分を襲った状況にとことん落ち込んだまま、距離を取ることができずにいました。私や子供たちはそんな彼にイライラしましたが、やがて怒ってもまったく無駄だとわかりました。彼には他人に対するゆとりがまったくなくなってしまっていたのです。「またあの穴に入れられるんだろうか」と、そればっかり一日一〇〇回。夜就寝する時にもこんなことを言いました。「目を閉じるだろ。するとあの狭い監房が見えるんだ。俺たちは八人、押し込められていた。一日中やることは何もない。そこにただいるということ以外には、何ひとつやることがない」。もっと詳しくお話すると、夫は一日中、目の前にある自分の手を観察して過ごしたのです。他に見る物がありませんでしたから。ついにそれは夜就寝するときにも付き纏うある種の強迫的なイメージとなってしまい、今でも彼に取り憑いて離れないのです。そして「あそこにいる時は何時間も自分の手を眺めた。もうこの手にはうんざりだ。切断しよう。目を閉じて監獄を思い出すと、いつも見えてくるのはこの手なんだ」と言うしまつです。囚人でひしめく狭い監房の中、彼は手のやり場もままならず、いつの間にか手は、彼の視界をさえぎる地平線を表すようになってしまったのです。

私たちは喫煙者のいない監房に彼が移れるように訴えましたが、そんなものは存在しませんでした。「彼がいるのは一番良い監房ですよ」と。同じ大きさの監房に四〇人押し込まれている所もあるそうです。寝台は三人分しかなかったため、順番に使用しました。そのためにみんな順番に感染していきました。慢性的な痒みです。細菌と湿気はデキモノの温床ですから。五カ月半後に釈放された時、彼は全身のう胞で覆われていました。

夫はこの体験に心底怯えきっていました。それは最初に入れられた拘置所ではじまり、今お話した状況に至るまで続いたものです。そして日がな一日「またあの穴に入れられるんだろうか」と口にしながら、でも「そうなったらもうダメだ」とか。でも自殺については口にしませんでした。「二度と耐えられないだろう」と言うだけで。

釈放から三、四カ月すると、徐々に彼に人間的な表情が戻ってくるのがわかりました。恐怖は遠ざかりつつありました。そして再び彼は、科学研究に取り組みはじめたのです。家の浴槽で実験用のゴールデンハムスターの飼育を再開し、後に公開されることになる研究を一本完全に仕上げました。しかし同時に、人々から距離を取り続けていました。大学ともまったくコンタクトを断ってしまいましたが、逆に外国からのジャーナリストや医師などの来客は、大変な感謝をもって迎えるのでした。

ある時、判事がわが家を訪れました。自分が今後扱うことになる人物を観察するために来たのです。私にはわかりました。彼は尋問をするわけではなく、夫に自分自身について語るチャンスを与え、どういう人物だか見極めようとしたのです。この判事は良い心理学者だったと思います。私にこう告げたからです。「バンダジェフスキーは私に向かって四時間、自分の人生を語りましたよ。もっぱら科学研究のことばかりです。彼の自白を得ようと思ったら、あのようにふるまったのではダメです」。ではどのようにふるまえばよかったのか、それは口にしませんでしたが。「警察はバンダジェフスキーに対して暴力的にふるまってきた。しかしバンダジェフスキーという人物から何かを引き出そうと思ったら、別のやり方で操作しなければだめだ」。言葉にこそ出しませんでしたが、判事はそう考えたことを私にわからせたのです。

判事の言う、より巧妙な手口はバンダジェフスキーの長期にわたる後の拘束期間中、実践されることになった。しかしそれでも彼を屈服させるには至らなかった。

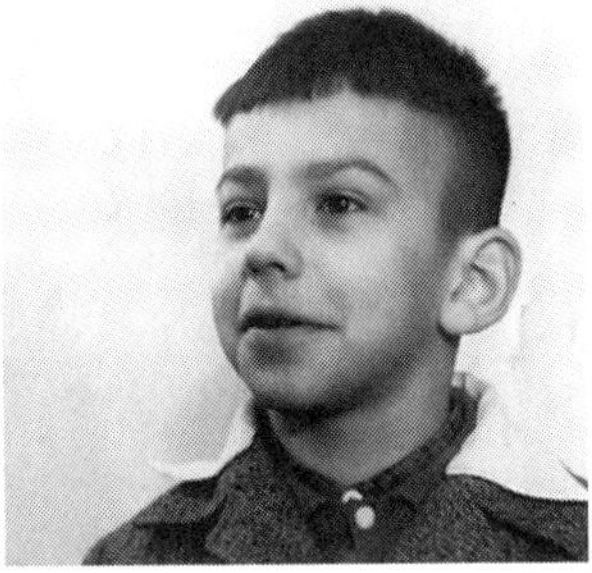

若き日のユーリ・バンダジェフスキー

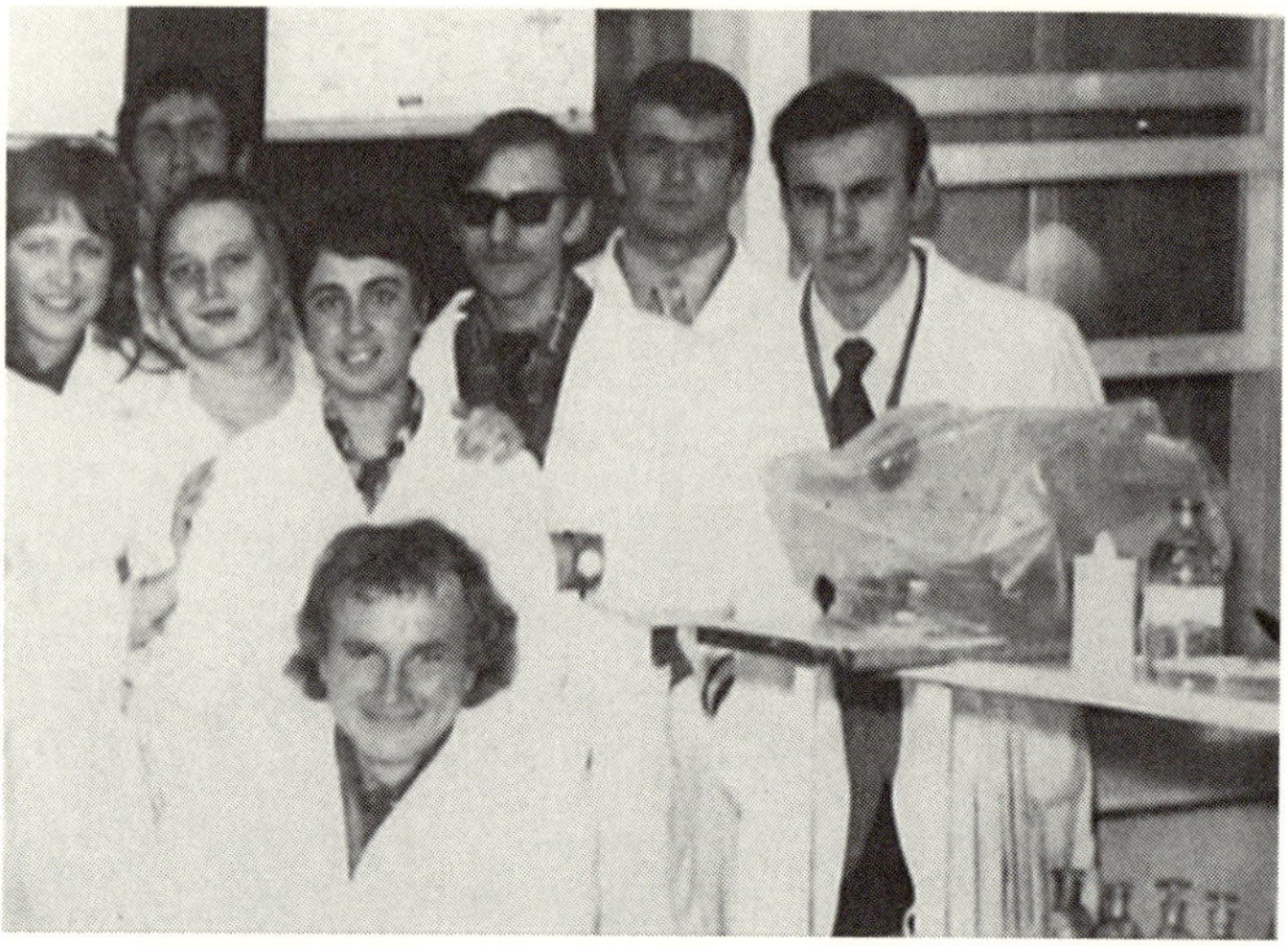

グロドノ医科大学中央科学研究所所長時代のユーリ・バンダジェフスキー（右端）

ガリーナとユーリ・バンダジェフスキー

二〇〇一年六月十八日軍事裁判所にて

ミンスク刑務所

ガリーナ・バンダジェフスカヤ

上：ユーリ・バンダジェフスキー
下：ガリーナ・バンダジェフスカヤ

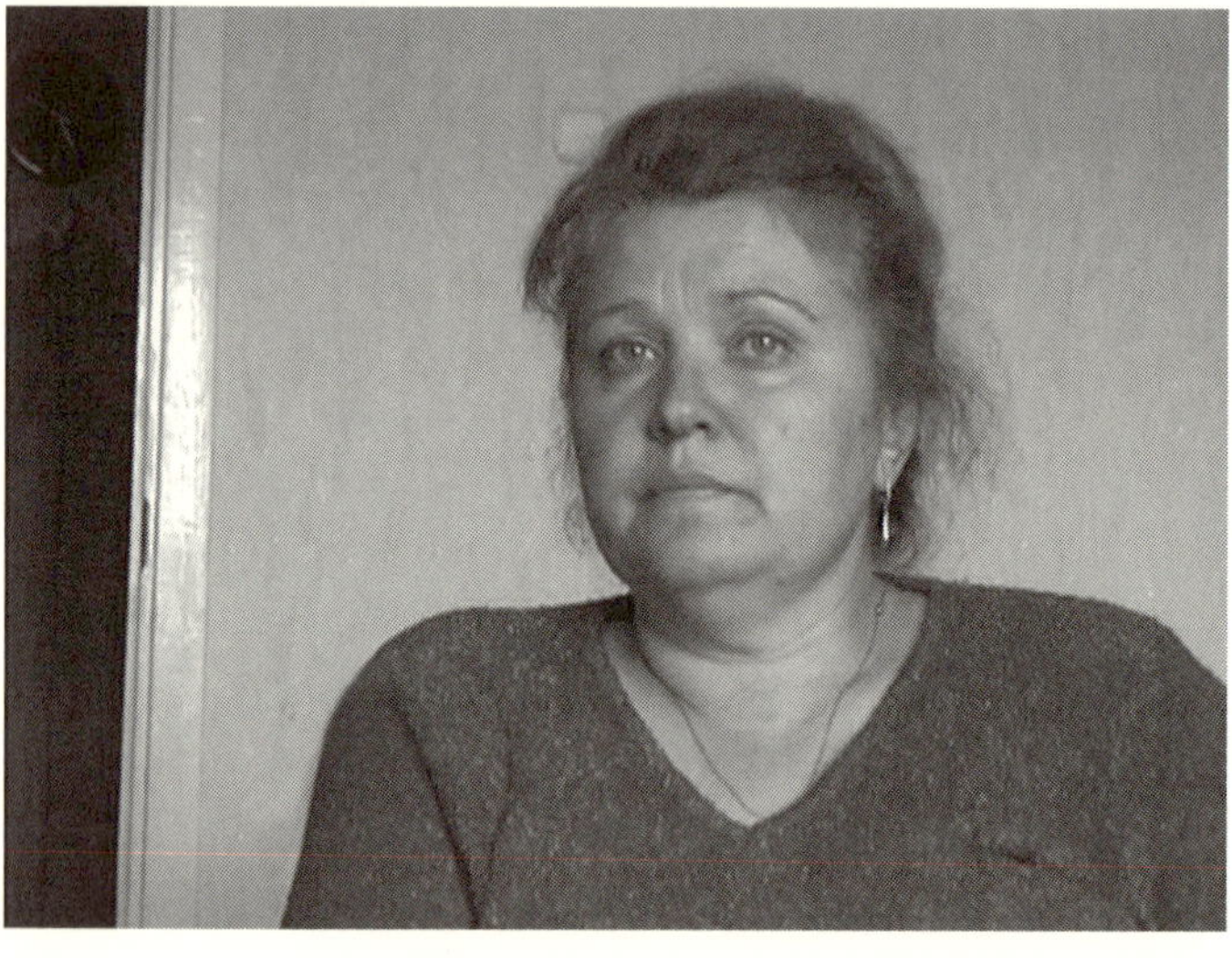

三　囚人の証言

初めは躊躇しながらも、ユーリ・バンダジェフスキーはついにある晩、ポツリポツリと彼の人生を崩壊させた事件について、私たちに語ってくれた。塀の向こうで彼が体験した心の襞の深奥を部分的にも知るのは、彼の妻だけである。

バンダジェフスキー　体験した本人にしかわからないことです。想像してみてください。ある夏の晩、大学入学者に関する地方行政委員会会議から疲れ果てて帰宅します。白いYシャツ姿で、一人きり、ようやくアパートでシャワーを浴びたところへ、いきなり一五名の武装警官に踏み込まれたのです。それから夜通しの大騒ぎ。そして午前五時半、一晩中続いた騒動と徹底的な家宅捜査の末、私は地下牢に閉じ込められていたのです。想像できますか。

逮捕状を突きつけられ、「これこれに対する違反だ」と言われたのならまだしも理解できたかもしれません。物事にはさまざまな手順というものがあり、筋道を通した運び方だってできたはずです。ところが私の場合、まさしく強制逮捕です。何某の犯罪グループを組織しているという手紙がまるで天から降って湧いたかのように現われて。犯罪グループですよ!? 確かにそう書いてありました。それであんな目に遭わされたのです。わかりますか。ひどすぎます。あんな非人間的な環境で二十二日間も拘留されました。

怖かったとは言いません。全く怖いとは思いませんでした。私が怖がらないのを不満に思う者も彼らの中にはいたかもしれません。泣き喚いたり、身をよじったりしませんでしたから。ただとにかく辛かったです。

ゴメリでは、彼らは私を粉砕しようとしました。私は身の回りで起こっていることも、自分がどこにいるのかもわかりませんでした。その後、状況に関する情報が、後から同じ監房に一時拘禁された人の口から入ってきました。彼らは外界とコンタクトを持ち、すでに事情に通じていました。「あなたのことは大変な話題になっていますよ。この事件の話でもちきりです」と。やがて新聞を入手し、自分についての記事を読むことができました。拘留者たちは真夏だというのにセーターを持ち込み、その上で寝ていましたが、私といえば床の上にじかに横になるほかありませんでした。頭の下に新聞を敷いてみました。夜は冷え込むので、新聞紙にくるまって寝ました。新聞紙には実に優れた保温効果があります。もしいつかどこかで防寒の必要に迫られたら、とりあえず新聞紙にくるまることをお奨めします。

モギリョフに移送された後は、またも仮拘置用の監房に入れられました。同じ監房にいた男は、後でわかったのですが、一般法の罪でつかまった常習犯で、他の拘留者を見張る役目を請け負っていたのです。見るからに恐ろしい大男で、顔面は火傷で覆われていました。私が監房に連れて来られたのは、夜がすっかり更けた頃でした。おそらく私の顔に、自分の身にふりかかったことに対する不安が現われていたのでしょう。実際にまったく気分が優れませんでした。その時です。この男が、私に金属製のコップを差し出したのです。ミカンの皮の浮いた熱湯が入っていました。本当は正反対の行動が期待されていた男ですよ。「飲みな」と言われたのか「飲みなさい」と言われたのか覚えていません。それからこうも言われました。

「《クラクラン》だ。食べるといい」。ビスケットのことを彼はそう呼んでいました。涙が出るほどありがたかったです。私が当時どんな状態の人間だったか想像してみてください。

逮捕状もなしに拘置された末、手錠を掛けられ、真っ昼間に街中さらし者にされながら移送され、告訴され、尋問され、再び移送。移送先では、すべて振り出しから同じようにやり直され、また別の街に移送。何も知らされない。妻の走る姿が目に入る。家族は一瞬の隙を見計らって私の姿を見つけ、叫んでいる。私が護送されて行こうとすると、妻が手で車を叩く。「パパ、負けないで！」という娘の叫び声。わかりますか。お話するのも辛いです。涙が出てきて……。実に辛い時期でした。挙句には、こんな男が見張り番をしている独房にやられ……。ところがその男が施しをくれたのです……。私は泣き出してしまいました。もはやほかに感情のはけ口がなかったのです。役人たちの思惑通りに運ばなかったせいで、男は翌日別のところに移されました。

三日目、私はとうとう起き上がれなくなりました。あまりに体力が落ちて……。

食事は一日一回きりでした。悪性の潰瘍がすでに出血していたのでしょう。私が起き上がれずにいたので、監房の同居者が扉を叩きはじめました。私はしばらく気を失っていたようです。意識が戻った時にはすでに独房の外でした。当時女囚が一人死んだばかりだったので、連中、怖気づいたのでしょう。私を外界に出してくれました。制服姿の警官同士で盛んに話し合っていました。「病院に連れて行った方がいい。ここでくたばったら面倒なことになる」というようなことを。追加の食事が出され、救急車が呼ばれました。

モギリョフの救急医は私がその救急病院にとどまれる状態ではないと診断し、モギリョフ地方病院に運ばれました。院内の空気は分裂していました。さまざまな医師が、それぞれ異なる態度を示しました。しかしほとんどの人が人間的にふるまってくれました。非常に人間的な、心のこもったふるまいです。その病院には一週間以上いましたが、とてもよく治療をしてくれました。続いてゴメリの同じ役人たちが来て、ミンスクの中央病院に連れて行かれ、そこで治療が続けられました。

——モギリョフの病院ではあなたは知られていましたか。あなたが誰なのか。

バンダジェフスキー　もちろん全員知っていました。

——新聞のせいで。

バンダジェフスキー　もちろん。みんな知っていました。モギリョフ地方病院は、私の大学と同じ公衆衛生機関に属しています。「学長、教授」。私が誰なのか、みんな百も承知でした。そして私の健康と境遇に対して、純粋に人間的な心遣いを示してくれたことには、とても心打たれました。拘留措置という範囲内でのことだったにしても。結局のところ私は囚人でしたから。もしかしたら容態があまりにひどかったからそのように皆接してくれたのかもしれません。拘置所では誰一人私を殴りませんでした。幾度も移送されましたが、その際、私に随行した係員らと私の関係はごく普通のものでした。

——けれども監房では教唆を吹き込むような人物と同室させられたのですね。

バンダジェフスキー　彼の役が教唆するだけでなかったのは、周知のことです。そのことはお話したくありません。話してどうなるのでしょう。ただ、明らかに私が当初から常に注意深い監視の下に置かれていたことをお話したかったのです。それはまったく疑いの余地はありません。

——ご自身がなぜ逮捕されたか理解できたとおっしゃいましたね。高い地位にありながら、なぜ突然監獄に入れられたのか理解できたと。

バンダジェフスキー　これが実によく計画された私への挑発行為だとわかったのです。何から何まで理解できました。私に対する告訴状を読んでいましたから。

――逮捕よりも前にですか。

バンダジェフスキー　逮捕される数時間前に告訴状を見ました。私を尊敬してくれている人たちが、私が正直な人間だと知っていて、見せてくれたのです。告訴状の内容は最後の一句まですべて覚えています。これ以上ないひどい言葉で汚名を着せられていました。国家の敵としてリストアップされている一人に仕立て上げられたのです。連中は、私が犯罪者であると証明するために私を説き伏せようと、「自白しろ！」と脅しさえしました。あの手この手を使って……。例えば、私を説得する役目を負った連中と同室させたりしたわけです。それは事実です。ゴメリの連中は、暴力にものを言わせることもありました。しかしミンスクのヴォロダルカ刑務所で行なわれた捜査は、公平に言って、きちんとしたものでした。あそこでは、私は敬意をもって扱われました。

ゴメリとミンスクとは、性質の異なる二つの世界でした。ゴメリでは私は囚人でした……。日中に街の中を移送される時も手錠を掛けられ、わざと手錠姿をあちこちにさらされました。突かれたり、引っ張られたり、護送車に乗る時にも背中を押されました。一方、ミンスクでの対応は非難されるものではありません。もちろん監獄には変わらない生活でしたが、人々の態度は人道的で、私の心理状態に対する心遣いが感じられました。誰もが私に対する好意をあらわに示してくれたのです。つき添いの監視員はみんな敬意を払ってくれ、「こちらが先生の監房です」と表現したり、外に出る時には敬意をこめた父称を使ってユーリ・イヴァノヴィッチ、具合はいかがですか」と聞いてくれたりしました。「私をご存知なのですか」と聞くと、「知らない人はいませんよ!」

釈放された時には、彼らに対して、家族みたいにとはもちろん言いませんが、親しみを込めて挨拶をしたものです。とにかく彼らのことは理解できました。自分たちの務めを果たしている人たちです。それは完全に理解できました。彼らは私の幸運を祈ってくれて、釈放された時には、手を振って送ってくれました。この期間私はいろいろな所に行きましたが、すべての人々とどこでも共通の言葉を見つけることができました。

――ゴメリでのあなたに対する憎しみに満ちた態度はどこから来たのでしょうか。

バンダジェフスキー　焚きつけられた憎しみだった場合もあったのだと思います。……私の助けになってくれることもできた人たちもいたはずです。私を訪ね、「彼は三十三歳の時にこの土地にやって来た、われわれの旧知の人物ではないか」と言ってくれることだってできたはずです。

――何十年にもわたって恐怖政治に弾圧されてきた民族ですからね。

バンダジェフスキー　違います。私が話しているのは地位の高い役人たちのことです。私をゴメリに呼び、支援する約束をしていたのは彼らです。彼らは私がゴメリに赴任し、医科大学を創立したことで、私だけでなく、母親や家族にさえ感謝していました。ゴメリに小さな子供たちが住み、住民がいる限り、医療ケアが必要だというのが私の考え、私の深い信念です。医者というものは常に人々の健康を気遣わなければいけません。それ以外の態度は許されません。そのために私はゴメリに赴任したのです。偉い公務員になりたかったからではありません。神に誓って、私は権力構造の一員になったことは一度もないのです！　私は典型的な研究者なのです。研究の世界に身を投じました。けれども人生の多くのことを、当時はまだわかっていなかったのでしょう。闘い方という意味ですがね。私には完全に護身という本能が欠けていましたし、未だにそれはあまり発達していません。今、私が体を壊してしまっているのもそのせいです。

——しかし、そのためにあなたは科学を救済することができたのです。

バンダジェフスキー　確かに。もし護身本能が備わっていたら、私は研究者にはなっていなかったでしょうね。

第五章　保健省《ミンズドラフ》、ネステレンコに最後通牒を送る

《ミンズドラフ（Minzdrav）》とはロシア語で保健省（ministrerstvo zdravokhranenia）の略称である。

私は二〇〇〇年七月、ミンスクから入ってくるニュースがこの三カ月の間、悪くなる一方であることに気を揉んだ末、フランスのアムネスティ・インターナショナル、ベラルーシ担当官のダヤン氏に事情を知らせることにした。

以下はベラルーシ発の由々しきニュースです。

ベラルーシ国保健大臣ゼレンケヴィッチがネステレンコ教授に最後通牒を突きつけました。ベルラド放射線防護研究所は、研究所の消滅を望む陣営が発行する運営許可を取得できなければ、活動を停止しなければいけない状況に追い込まれてしまいました。保健大臣は、子供の体内被ばく量を測定することが医療行為に当たると難癖をつけたのです。保健大臣は医療行為に対する許可を

下す権限を持っています。ネステレンコの活動を支持しているベラルーシ非常事態省の要請を受けた科学者らが行なった国際監査は、この判断がバカげた誤認であると明言しています。それにもかかわらずネステレンコの置かれた状況は不安定です。ベルラド放射線防護研究所が自由にその活動を続けることができるかどうか、まだ是非の決定は下されていません。

ネステレンコとバンダジェフスキーに敵意を示しているのはウィーンにあるＩＡＥＡの立場を支持する保健省の役人と医者たちです。彼らはチェルノブイリ事故が住民の健康にもたらした被害を否定し、バンダジェフスキー教授が指摘する疾病の増加と放射能汚染との因果関係を認めようとせず、人々を安心させる報告ばかり発表しています。しかしそれは毎度のごとく、ベルラド放射線防護研究所が年に三回発行している報告書によって否定されてきました。ネステレンコはこの研究所会報をすべての政府及び地方行政機関に送っています。バンダジェフスキーとネステレンコの存在は、ベラルーシ保健省が推進する、「住民の危険に対処しない政策」を脅かすものなのです。政治が変われば、保健省が法的追及を受ける危険もあります。バンダジェフスキーが、その有名な監査報告書の中で、一七〇億ルーブルにのぼる国家予算をドブに捨てたと非難した相手は、まさに保健省の役人たちのことであり、それがバンダジェフスキーの逮捕の原因だと推察されます。保健省付属研究所副所長Ｙ・Ｅ・ケーニグスベルグ教授は、三三億五〇〇〇万ルーブルの費用を要した研究を担当し、この研究はバンダジェフスキーによって酷評されました。ケーニグスベルグ教授は、ネステレンコの活動停止を要求するグループの一人です。教授は自説を擁護するために、しばしば、あからさまにＩＡＥＡに頼っています。

現在ネステレンコは二者択一を迫られています。保健省の命令に従って研究所を閉鎖し、協力者たちを路頭に迷わせるか、あるいは活動を続けるために闘うか。ネステレンコは自分の権利についても、この賭けの重要性についても熟知しているので、闘い続けるでしょう。彼には、実際選択の余地はないのです。研究を行ない、住民に情報提供することを禁止する政策に肩入れをしたくなければ、保健省の命令に従うわけにはいきません（ここで脅かされているのは、まさにアムネスティや欧州安全保障協力機構（ＯＳＣＥ）が守ろうとしている基本的人権ではないでしょうか）。

ネステレンコには、仕事を一時的に停止するための予備資金はまったくありません。彼は西側諸国の慈善団体との契約のもとに働いています。数年前からネステレンコの研究所を支援しているアメリカのマッカーサー基金は、現在実施されているプログラムの予算として最近一〇万ドルを送金しました。ネステレンコは活動を一件完遂するごとに請求書を作成し、そこから必要額を受け取ります。つまり人件費を賄うためには、彼は仕事を続けなければならないのです。目下のところネステレンコの活動の場はミンスク空港です。外国に招待されて保養に行く子供たちの内部被ばく量を計測し、帰国後、どれくらいの放射性物質が排出されたかを検査しながら予防措置を取り続けているのですが、状況は薄氷を踏むものです。いつ何時、警察が介入し、機材を差し押えられるかわかりません。バンダジェフスキー教授と同じ運命をたどることになるのでしょうか。

ネステレンコは首相とルカシェンコ大統領に会見を求める手紙を送りました。明日彼はベラルーシの欧州安全保障協力機構（ＯＳＣＥ）事務局長ハンス＝ゲオルグ・ヴィーク大使に会うことになっています。ヴィーク氏には、ワルシャワのＯＳＣＥ事務局のスイス人局長を通してミシェル・フェルネ教授が危急を知らせました。

この一件にかかっている事実は重大であり、心して追求する必要があります。ネステレンコとバンダジェフスキーは、本来事情に通じているはずの人々が頑として認めようとしない真実を暴露する勇気を持った唯一の科学者です（事情を否定する者たちは、ネステレンコやバンダジェフスキーほどには正確に事態を掌握していないのかもしれませんが、自分たちの嘘を自覚するには十分な知識があるはずです）。この問題に関連する人権は山ほどあります。情報を得る権利、健康への権利、人間的尊厳への権利、生きる権利、死に対する権利……。そのうえ、こうした権利を剥奪されつつあるのは、ベラルーシの農民たちだけではないのです。

私はひき続きネステレンコ教授とコンタクトを取り続け、今後も最新情報を御送りするつもりです。

二〇〇〇年七月十二日

一　何が起こったのか

ベラルーシ保健省は、ネステレンコ、バンダジェフスキー、ストジャロフの三氏が提出した監査報告の結果、一九九八年度の被ばく公式台帳を差し戻し、編纂し直すことを強いられていた。三名の科学者が求めたのは、被ばく量を算出する方法として、汚染地域産のジャガイモや牛乳数十点の汚染数値を基に推算するのではなく、ホールボディカウンターを用いて人体を直接計測した数値を用いることであった。

二〇〇〇年四月二十日、チェルノブイリ原発事故問題を討議する連邦議会委員会会長とのテレビ討論において、ヴァシーリ・ネステレンコは、食品のセシウム137許容基準値として新たに認可された数値が命にかかわるほど高いレベルであることを批判した（NAR99）。また一九九八年から一九九九年の間に記録された被ばく量の算出方法が、「またもや実態を反映しないジャガイモと牛乳の限られたサンプルを使用しているだけで、旧態依然とした誤ったものである」ことを糾弾した。この「間接的な計算方法では、実際に汚染地域の住民の体内被ばく量を計測した場合に比べて、三分の一～十六分の一の数値しか出ない」。

翌日の四月二十一日、三名からなる保健省の委員会がベルラド放射線防護研究所に現われ、ホールボディカウンターを使用した計測の禁止令を突きつけた。ゼレンケヴィッチ大臣の交付した禁止令の理由は、ホールボディカウンターによる計測が《医療措置》に当たり、保健省の交付する許可証を必要とし、ベルラド放射線防護研究所にはこの許可証がないというものだった。ネステレンコは、医療ではなく物理分野を専門としており、ベラルーシ非常事態省（MSU）が交付する正規のライセンスを持っている。彼は、保健省のこのやり方は違法行為であると訴える憤慨の手紙をルカシェンコ大統領に送りつけた。非常事態省に対して、この悶着を解決するよう指令が下された。

五月十六日、非常事態省はミシェル・フェルネ、ベラ・ベルベオーク（フランス）、アレクセイ・ヤブロコフ（ロシア）、リュドミラ・パラフィニアク＝ガノーフスカヤ（ウクライナ）、そしてナターリア・コロミエッツ（ベラルーシ）らに国際監査を依頼した。ミシェル・フェルネ博士と物理学者ベラ・ベルベオークは、ルカシェンコ大統領に書簡を送った。見解を求められた科学者らは、異口同音にホールボディカウンターを用いた測定が医療措置ではなく、物理学的措置であると答えた。それにもかかわらず、保健省とヴァシーリ・ネステレンコとの間では、行政上、科学上の問題をめぐって極めて緊迫した手紙の応酬が続いた。

七月五日、保健省はネステレンコの異議に対する返答として最後通牒を送りつけ、すでに締結された合意書を盾に、公衆衛生地方局長にベルラド放射線防護研究所の放射線防護活動を中断するよう命じた。

二〇〇〇年六月二十七日会議

『ホールボディカウンターを用いて実施されるベルラド放射線防護研究所の業務の医療的性質について』議事録

議事日程：

ホールボディカウンターを用いたベルラド放射線防護研究所によって実施されている業務の医療的性質について

一．副大臣A・S・クルチェンコフによる報告

二．発言者：Y・E・ケーニクスベルグ、V・F・ミネンコ、L・S・メレシュコ、V・I・トゥルシーロ、G・V・ゴドヴァールニコフ、V・I・テルノフ

会議中に発言を行なった全員が、ベルラド放射線防護研究所がホールボディカウンターを用いて住民に行なっている測定を医療活動に属するものであるという見解を述べた。
ベラルーシ共和国保健大臣I・B・ゼレンケヴィッチの行政命令に従い、ベラルーシ共和国査察・実験センターの枠組みの中で編成された委員会はベルラド放射線防護研究所のホールボディカウンター使用状況を査察した。
ベルラド放射線防護研究所はホールボディカウンターの使用、すなわち医療活動の実施のために必要とされるベラルーシ保健省交付の書類も、また当該機器の保健省への登録を証明する書類も所持していない。

三．以下の議決が下された：
三．一．ベルラド放射線防護研究所は保健省から許可が下りるまで住民の測定活動を中止しなければならない。
三．二．地方行政委員会の公衆衛生局長およびミンスク市行政委員会公衆衛生委員会は、ベルラド放射線防護研究所との合意のもとに実施されている業務を中止しなければならない。

会議書記
Y・P・プラトノフ

二〇〇〇年七月十七日、ヴァシーリ・ネステレンコは次のように大臣に書き送り、しかるべき規則や法律が世に存在することを思い出させた。

科学アカデミーのメンバーという私の肩書き（これはベラルーシ共和国閣僚会議によって承認されたものだが）により、すべての省庁および行政機関は、アカデミー会員の発する問いに対して根本的な解答を出す義務がある。

そしてベルラド放射線防護研究所の活動停止を求める命令は、法に反するものであるため、これに従うことを拒否した。

ホールボディカウンターを用いた測定が医療活動として扱われるべきであるという主張は法律に裏付けられたものではなく、会議参加者たちの所見に過ぎない。従ってこれは法的強制力を持つものではない。

ホールボディカウンターを用いた業務については、《チェルノブイリ大惨事を原因とする放射能汚染地域に関する法体制》内にも、一九九一年十月十六日の閣僚会議令三八六号内にも、また保健省の許可を必要とする活動一覧（一九九五年八月二十一日ベラルーシ共和国閣僚会議四五六号によって認証）にも記載はない。

従ってホールボディカウンターを用いた業務がベラルーシ共和国保健省の許可を必要とするとい

う取り扱いは、現行の法律では法的に有効ではない。

ベルラド放射線防護研究所はホールボディカウンターを用いた活動を停止する決定を認めることはできない。

地方公衆衛生局に、ベルラドとの契約の破棄を求める貴殿の命令は法に違反するものである。


七月十九日、ヴァシーリ・ネステレンコは彼を支援する西側諸国のさまざまな協会に向けて情報誌を配布した。それは国際世論に対する呼びかけであると同時に、保健省に対する糾弾でもあった。「ベラルーシ共和国保健省はチェルノブイリ原発事故が子供たちの健康に及ぼしている被害に関する真相を隠ぺいしようとしている」。

七月三十一日、OSCEのベラルーシ事務局長ハンス＝ゲオルグ・ヴィークが調停に入り、ベラルーシ首相に書簡を送った。


一九九七年九月十八日の委任により、諮問及び監視グループ（GCO）OSCEはベラルーシ共和国における人権保護状況の監視を続けています。これはOSCEに対してベラルーシ共和国が有している義務の敢行を確かなものとするためです。

ネステレンコ氏は、同氏の管理するベルラド放射線防護研究所が認可を得ていないという理由からベラルーシ保健省に活動停止を命じられた旨をわれわれに報告しました。

われわれはネステレンコ氏の報告を精査しました。

その結果、ベルラド放射線防護研究所に対する活動停止命令は法的な根拠を持たないと判断します。またベラルーシ保健省が、同研究所と契約のもとに行なわれている事業の禁止を命じることは非合法的干渉にあたり、同省にはその権利は存在しません。すなわちこれは権利の濫用です。保健省がベルラド放射線防護研究所の事業に対して妨害を行なうことを停止するよう呼びかけます。

八月七日、ベラルーシ閣僚会議は、科学アカデミー総裁に委員会を召集するよう、指示を下した。[訳注1] 委員会はアカデミーのほか、保健省、緊急事態省、医療認可審議会、ベルラド放射線防護研究所、及び《その他の関係者》として括られる科学者や専門家によって構成され、問題を検証し、安全保障理事会に通告するため、二〇〇〇年九月一日以前に、閣僚会議のもとに決議を提出するよう指示された。実行責任者には副首相デンチュクが任命された。

ベラルーシ共和国政府には複数の副首相が存在する。この特性は後の保健省による闇操作の中で重要になっていく。保健省はデンチュク副首相を牽制するために別の副首相B・バトゥーラを利用することになるからだ。

八月十四日、アカデミー総裁は前掲メンバーらに二〇〇〇年八月二十二日、会議が行なわれることを通達した。

保健省は趨勢が不利であることを知り、八月十六日、《味方》の副首相B・バトゥーラにじかに長い手

訳注1：科学アカデミーは閣僚会議の直属機関である。

紙を送り、自分たちの主張を再度提唱した。同じ手紙はヴァシーリ・ネステレンコにも送られた。しかし彼はこれが副首相にも送付されたものであることは知らされなかった。

二〇〇〇年八月二十一日、閣僚会議が召喚した会議の開催前日、副首相B・バトゥーラは、十六日付の保健省の手紙余白に自らの手で《情報および指令用》という決議を書き加え、政令としての効力を与えた。ベルラド放射線防護研究所が医療活動を続行するために認可の取得を必要とするというこの決議は、デンチュク副首相自身によって、二〇〇〇年九月七日、委員会メンバーに交付されることになる。権力者とは、同族同士での共食いはしないものなのだ。そんな闇取引が進んでいるとは露知らず、委員会メンバーは、八月二十二日無駄に集まることになる。

かくして閣僚会議議長（副首相）は自ら召集した委員会の開催も待たず、召集したメンバーに対する配慮もなしに、斬り捨てたのである。

八月二十二日、会議は予定通り十四時に、科学アカデミー総裁室で開催された。保健省の代表者が多数顔を揃えている一方で、《その他の関係者》、つまりヴァシーリ・ネステレンコが招待した専門家や科学者、ジャーナリストたちはことごとく参加を拒否された。この会議に出掛けようという間際、ネステレンコは自家用車のタイヤにナイフで二カ所穴を開けられていることに気づいた。大急ぎでタイヤを交換して、息を切らしてアカデミーに到着したのは会議開始二分前だった。ネステレンコには七分間の発言時間が割り当てられているはずだった。しかしそれは、脈絡のない激しい討論に取って代わられ、実現しなかった。保健省の代表者たちは、ネステレンコを屈服させようと、討論を通じて猛烈な圧力を加え続けた。例えば、ホールボディカウンターを用いて計測した内部被ばくの結果について、保健省の管轄外で公表することを禁じられた。それでも参加者の過半数（すなわち保健省以外のメンバー）は、ベルラド放射線防護研究所の活動が医療行為ではないと評定し、二通目の許可証の交付はバカげていると結論した。ネステレンコはすでに緊急事態省から許可証を取得しているのだから。

閉会に当たって委員長は、腕利きの法律家であるアカデミー会員の一人に決議をまとめることを委任し、参加者の同意の上で九月一日、閣僚会議に送ることを決めた。過半数の参加者は同意したが、保健省は署名を拒否した（この時点では八月十六日付のバトゥーラ副首相への保健省の手紙の存在を知る者は一人もいなかった）。困惑した委員長は、副委員長の一人に《折衷文》を執筆するよう命じた。

九月一日、科学アカデミー総裁Ａ・ヴォイトーヴィッチの署名した折衷文が副首相デンチュクに送られた。閣僚会議に事態収拾を命じられていたのはデンチュクである。そのおおよその内容は、次のようにネステレンコを免責するものだった。

ベラルーシ共和国の公衆衛生法は《医療活動》の定義を行なっていない。そのことからベルラド放射線防護研究所は、すでに取得している非常事態省から交付された許可証に則っていると結論できる。

九月十三日、ネステレンコはバトゥーラの《指令》を受け取ることになる。つまり政府からのものである。舞台裏でそんな企みが進められていることなど露知らず、ネステレンコは、八月十六日付書簡への返信を用意していた。ネステレンコとベラルーシ保健省第一副大臣V・オレホフスキーとの争いの主旨は、次に紹介する応酬において明らかである。ネステレンコは官庁の役人に本来の彼らの務めを教示している。抽象的な構想に現実を閉じ込めようとする官僚主義と、具体的な現実に直面している科学者の客観的なアプローチとが、対照的である。

二　熾烈な攻防

保健省《ミンズドラフ》、八月十六日　一九九八年から一九九九年にかけての被ばく量の公式台帳が不正確であると主張するヴァシーリ・B・ネステレンコ教授は、次のように勘違いしていることをわれわれは指摘したい。ベラルーシ科学アカデミー会員及び科学技術博士、ヴァシーリ・B・ネステレンコ教授は、問題の本質を誤認している。放射線防護のための測定は、危険にさらされているグループの被ばく量ではなく、放射された平均年間実効線量をベースに行なわなければならない。公式台帳はこの基本を踏まえて作成され、国[原注1]際的な放射線防護の原則に則っている。これを基に防護措置が必要であるかどうか判断され、集団被ばく量をベースに健康被害の大きさが評価され、防護措置は最適化されるのが通常である。

ネステレンコ、八月二十八日　放射線防護及び放射線源取り扱い上の安全に関する国際基準（IAEA、ウィーン、一九九七年）は、回避するべき被ばく量と罹患者数の計算については、集団被ばく量及び平均年間実効線量を基に行なうものとしているが、放射線防護措置については、住民の中で危険にさらされているグループの被ばく量をベースにすると設定している。

保健省は法を曲解し、罹患予測のための計算方法（推測される平均線量をベースとする）と、汚染地域の村にとって必要不可欠な放射線防護を実施するための絶対的基準（最も高い被ばく量をベースとする）を区別することを拒否している。最も危険にさらされている村は（危険にさらされているグループを計算に入れないため）、放射線防護措置の実施対象から除外されてしまうことなる。それだけではない。保健省の参照しているＩＡＥＡでさえ、放射線防護に関しては、まさに地域内で危険にさらされているグループの被ばく量を基準に実施するよう勧告しており、保健省はＩＡＥＡの《基準》[原注2]すら無視しているのである。ヴァシーリ・ネステレンコが、次のような文ではじまる手紙を返したのは、オレホフスキー氏の誤解への返答だったのだろう。「もっと有能な専門家に貴殿の返信を代筆させられることが望ましいと申し上げることをお許しいただきたい」。ベラルーシでは、こんな冗談が流行っている（旧ソビエト連邦の国々は、未だにブラックジョークと皮肉を好むのだ）。《病院の平均気温（体温）》によれば、入院患者たちの容態は良好である……。

ネステレンコ　保健省専門家の最悪の不備を率直に指摘しよう。それは、無料診療所に検診に来る人々

原注１：ＩＡＥＡ、ウィーン、一九九七年。安全のための出版シリーズ、一一五号、「放射線に対する防護と放射線源の安全な取り扱いのための国際安全基準」。
原注２：前掲書。

の内部被ばく量を、ホールボディカウンターを用いて直接測定することがいかに重要かを評価しようとしないことだ。人体に取り込まれた放射性核種と罹病の増加の因果関係を突き止めるには、住民の医療検診とホールボディカウンターを用いた体内のセシウム137蓄積量の測定を同時に実施する以外に方法はない。

これはチェルノブイリ原発を囲むベラルーシ、ウクライナ及びロシア三国の隣接地帯でしか得ることのできないデータだ。そしてこのデータは、国際社会にベラルーシへの支援を求めるうえでも、住民の放射線防護と治療を組織するうえでも、また人々の被ばく量を減少させ、チェルノブイリ事故による健康被害を抑制するうえでも、重要な要素となるだろう（現在のところ、チェルノブイリ原発事故を原因とすることが認められているのは甲状腺がんのみである）。

保健省《ミンズドラフ》　ヴァシーリ・ネステレンコは保健省を批判し、「保健省が公表した外部被ばく及び内部被ばくによる体内の放射性物質蓄積量のデータは、一九九八年度被ばく量の算出方法と記録における方法論上の誤りのため、相当量、少ないものになっている」と結論しているが、それは、ネステレンコが年間実効線量の計算方法を理解できず、媒介係数の使用法を誤り、使用可能な経験データについて無知であることを暴露している。これは外部被ばく量及び内部被ばく量の計算に使われる係数の概算であるのに対して、ネステレンコはベラルーシの住民が実際に摂取している食品量に関する情報も十分持ち合わせておらず、また得られたデータの不確定さから概算する統計法の基本的な応用についても知識を欠いている。

ネステレンコ　ベラルーシ科学アカデミー会員である私は、その職務に従い国民のおかれている被ばく状況を評価し、国民のための放射線防護措置を組織する責任がある。私が国民の放射線防護問題に専門的にかかわりはじめたのは一九五八年、まだソ連科学アカデミーのために働いていた頃のことである（オブニンスク市）。そのような経歴を考慮したうえでも、貴殿が私を《無知》と言うことには驚かざるを得ない。

一九九八年の被ばく台帳に対する監査を一九九九年に専門家による委員会が行なったが、それに対する保健省の不満は理解しがたい。保健省付属研究所は、一九九二年度には、精密な被ばく台帳を作成していた。当時の台帳によれば、放射能で汚染された三三二四カ所の村（該当するは住民二〇〇万人以上）で、年間被ばく量が一ミリシーベルトを超えることが示されていた。ところが一九九八年には、時代遅れの間接的な計算が取り入れられた結果、年間被ばく量が一ミリシーベルトを超える村の数は、わずか一六九カ所になった。該当する住民の数は五万五一八一名だけである。

保健省付属放射線医学研究所所長V・A・オスタペンコ教授は、科学と新テクノロジー国政委員会による監査委員会の抗議を認めていた。すなわち外部被ばくの計算が誤っていること、そしてそのために国民の内部被ばく量が三〜八分の一に過小評価されていることだ。私の知る限り、一九九八年度の被ばく台帳は差し戻され、再調整されることになっていた。

二〇〇〇年一月、貴殿は新しい一九九九年度台帳の検証会議に私を呼んだが、そこでは、この台帳で《留保》と呼ばれる係数、分位数〇・九五を掛けた新たな計算法が提案された。ところがこのアプローチは、まさに住民の中で最も危険にさらされているグループ（五〜七％）を除外することになり、彼らは必要な放射線防護措置を受けられないことになったのだ。

ゴメリ地方の四五カ所の村で、われわれがホールボディカウンターを用い、子供たちを中心に住民のセシウム１３７蓄積量を直接測定し、また最も危険にさらされたグループの被ばく量を算出した結果、一九九九年度の公式台帳もまた、被ばく量を現実の三分の一から八分の一しか反映していないことがわかった。公式台帳の被ばく量は、選抜された牛乳とジャガイモのサンプルを基に計算されている。

貴書簡で読める次のようなくだりは驚愕に値する。「ホールボディカウンターを用いて測定した内部被ばく量が、あるいくつかの村においては、計算で得た数値を超えることがありうることは否めない。そうしたケースが発生するのは、住民が牛乳の他、共和国の許容基準値を超える汚染度の農作物や果物を摂取したことが原因と考えられる。しかしだからと言って、われわれの方式が《悪い》というわけではまったくない。われわれの方式は、許容基準値を超えて放射能に汚染された食品を摂取したケースを記録することは目的としていないからである」。ベラルーシ国内の五五〇カ所の村で、人々が、許容基準値を超えるセシウム137を含む牛乳を摂取している事実は、保健省自身のデータでも明らかだが、貴殿にとって新たな発見だと言うのだろうか。

はっきり申し上げよう。内部被ばく量の算出に使用されている間接手段を改良する試みは無駄であり、いい加減やめるべきだ。チェルノブイリ事故による汚染地域の住民の体内に蓄積された放射性核種をホールボディカウンターを用いて直接測定する方法をベースにし、現実を反映する公式台帳を作成するために科学のあらゆる可能性を注ぐべきである。

保健省《ミンズドラフ》　人口力学を分析すると、この五年間の国民の罹患率は、全年齢層において一般的にも、初期と比較しても上昇傾向にあることがわかる。しかしながら成人、そしてとりわけ子供における初期罹患率上昇速度は、一九九四年に比べて一九九九年には著しく減少しており、成人においては一・四％以下となった。

ネステレンコ　一九九九年四月二十一日、ベラルーシ国会聴聞におけるI・B・ゼレンケヴィッチ保健大臣の発言をわれわれは全員耳にした。「一九四万人の国民が危険にさらされており、そのうち四一万四〇〇〇人は子供である。事故直後の期間に一一〇〇人の子供が甲状腺がんの手術を受けた。チェルノブイリ事故の被害者における罹患率は、被害を受けていない人口のものに比べて高く、毎年上昇傾向を示している」と大臣は明言した。

二〇〇〇年四月二十五日のベラルーシ国会聴聞においては、国会議員アナトリー・ヴォールコフが、ストーリン、ルニネツ、及びピンスク地区で医師の検診を受けた八万五九〇〇名の子供のうち、二万七〇〇〇人に甲状腺疾患、二三％に心疾患、二二％に消化器系疾患が見られ、《ほぼ健康》のカテゴリーに入る子供は一三・七％に過ぎなかったと証言している。

この情報からも、貴殿が一九九八年に比べて一九九九年度の子供の罹患率が減少気味であると主張されることに私は批判的にならざるをえない。

保健省《ミンズドラフ》　Y・I・バンダジェフスキーを引き合いにネステレンコが主張する体内のセシウム蓄積量に伴って身体器官に病理的な変化が現われるという事実を証明する説得力のある科学的データは存在しない。

ネステレンコ　保健省の主張はまったく現実に即していない。ベラルーシ保健省自体が過去に、Y・I・バンダジェフスキーの研究を認めていたからだ。またバンダジェフスキー本人は、一九九八年にアルベルト・シュヴァイツァー金賞を、二〇〇〇年にはパリで国際賞（IPNNW〔核戦争防止国際医師会議〕）を受賞している。バンダジェフスキーの研究は《子供の身体器官が五〇ベクレル／kg以上のセシウム137を蓄積した場合、身体器官及びシステムに病変が認められる》ことを実証している。ゴメリ医科大学で進行中だったこの研究が中断されたことは極めて遺憾である。

保健省《ミンズドラフ》　被ばく診断は、一九九九年九月十三日付の保健省布告二八二号に従えば、保健省の交付する認可の対象であり、その結果ホールボディカウンターを用いた人体の被ばく測定も医療活動に当たることとなり、法に従って保健省の許可証取得を必要とする。

環境中のガンマ線を測定することは疑いもなく物理的手法であるが、測定器具が今回の件のように診断、治療または予防を目的に人体に適用される場合、この器具は医療技術の一環をなすものであり、法に従って保健省への登録が必要な対象となる。

ネステレンコ　これは明らかに概念のすり替えである。治療や放射線診断のために患者の体内への放射性物質（ヨウ素131、テクネチウム）を投与することはもちろん医療行為に当たる。しかしホールボディカウンターを用いて人体から放射されるガンマ線を測定することは、身長や体重の測定と同じごく普通の物理的手法である。

保健省《ミンズドラフ》　体内に取り込まれた放射性セシウムを排出する目的での栄養サプリメント《ビタペクト》の使用については、一連の会議において繰り返し討議されてきた。議論には保健省や非常事態省、ベルビオファーム・コンソーシアム[訳注2]、農業省などから専門家が参加した。ペクチンやポリビタミンをベースにしたサプリメントは、内部被ばくの悪影響を予防する措置として取り入れるべきものであると保健省は考えている。しかしながら、その処方は医療管理のもとで行なわれなければならない。（中略）これらの製品が、専門の医学、薬学教育を受けていない臨時雇用の労働者によって製造されることは許しがたいことである。その上ペクチンをベースとしたサプリメントは体内の放射性セシウムを排出することだけに特化されたサプリメントではない。従って科学技術博士であるヴァシーリ・ネステレンコ氏による「子供の体内を六〇

～八〇％浄化する効果がある」という主張は、複雑なプロセスに対する単純化したアプローチに過ぎない。

ネステレンコ　ウクライナやベラルーシの著名な医師（ウクライナの医学博士Ｍ・Ｉ・ルードニョフ教授やベラルーシの医学博士Ｎ・Ｄ・コロミエッツ教授）によれば「ペクチンには放射性核種、重金属塩、またその他の有害物質の体外への排出を助ける働きがある」。

二〇〇〇年四月、ベルラド放射線防護研究所はペクチンをベースにしたサプリメント《ビタペクト》の製造と使用に対する許可証を取得した。ペクチンは天然成分であるので、摂取量を特に制限する必要はまったくない。これは濃縮した乾燥リンゴにビタミンを加えたものであり、そこに含まれるビタミンの量も許可されている基準値の十分の一に過ぎない。従ってベルラド放射線防護研究所の推奨するビタペクトは、栄養サプリメントであり、医薬品ではない。

すでに多数の子供が食品サプリメント、ビタペクトを摂取し、体内のセシウム137量は四〇～八〇％削減された。ペクチンベースのサプリメントの効用の評価を《単純化されたアプローチ》と一蹴することには驚くほかない。ホールボディカウンターは、食物に含まれる種々のサプリメントの効用を評価するのにもってこいの機材である。

チェルノブイリ汚染地域の子供たちが保養休暇を行なっているウクライナのサナトリウムがいずれもホールボディカウンターを備えているのは偶然からではない。保養期間の初めと終わりに体内のガンマ線を計測することによって、さまざまな放射線防護対策の効果に関する客観的なデータの入手が可能となる

訳注2：ベラルーシの製薬系企業の集まり。

からだ。

保健省《ミンズドラフ》　保健省はベラルーシ科学アカデミー通信会員及び科学技術博士、ヴァシーリ・ネステレンコ教授の活動に対する注意を喚起する。ネステレンコ教授の運営する商業団体ベルラド放射線防護研究所は、チェルノブイリ原発事故被害という複雑な問題の解決にさらに有効に貢献する代わりに、科学的にも実践的にも思慮の浅い活動から、ただでさえ困難な状況に置かれた汚染地域の社会的、精神的状況をさらに悪化させている。保健省やチェルノブイリ政府委員会といった所管官庁を通さずに、ヴァシーリ・ネステレンコ教授は『チェルノブイリ大惨事』と題する会報を定期的に刊行しているが、その内容たるや、放射線医学、放射線防護、放射線安全学の今日の認識レベルから見て、いかなる批判にも耐えうる代物ではない。

普遍的に認められている放射線防護原則を基本から徹底的に無視したヴァシーリ・ネステレンコ教授の見解は、残念ながら、この分野においては見識のない何人かの政治家や科学者の間で未だに支持を受けている。例えばチェルノブイリ政府委員会である。同委員会は、ネステレンコ教授に独立した専門監査委員会の指揮を委託してしまった。しかし教授の仕事の結果、いかなる論拠もないまま、一九九八年度の保健省被ばく台帳を公式データとして認定する妨害を行なうことになったのである。

ベルラド放射線防護研究所の活動を査察するためにヴァシーリ・ネステレンコが選んだ専門家には、外国人専門家も含め、一人として名のある一般医はなく、臨床医学、環境病理学の分野における専門家もいないことを指摘しておく必要がある。

ネステレンコ　ソ連時代の保健省による独裁体制に起因するとんでもない損害からも、また一九八六年から一九八九年まで強いられたチェルノブイリ事故被害に関する黙秘政策からも、われわれが何も学んでいないなどということがあって良いのだろうか。

ベラルーシ保健省は、国の法律を無視して、国民や国家指導者に開示するための放射能汚染情報に関する独占権を護持している。

念を押すが、私は、国立科学アカデミー会員としての資格から放射能測定活動を行なっているのである。また私が公表しているベラルーシ国民の内部被ばく測定結果は、ベルラド放射線防護研究所だけでなく、国内の他の施設が入手したものでもある。ベルラド放射線防護研究所は、子供たちのセシウム137体内蓄積量のデータを実名と共に公表する許可を得ている。

データ公表に対する貴殿の批判は、公共の利益のために働く団体が、現行法に則り放射線安全の分野で衛生基準や処方、規定の遵守されていることを検査する権利を有することを明記するベラルーシ法「国民の放射線安全について」第二二条に違反する。保健省による検閲行為は違法であり、容認できるものではない。

ベルラド放射線防護研究所のホールボディカウンター測定活動の中止を命じる二〇〇〇年六月二十七日付の保健省の決議は、法的に裏づけられていない。また地方公衆衛生局に対するベルラド放射線防護研究所との契約破棄の命令は、法に違反するものである。

ベラルーシ国内で実地データを収集することは、心疾患、腎臓疾患、糖尿病、白内障等の頻発と放射能との因果関係を解明する道を開き、甲状腺だけではなく、その他の身体器官にもチェルノブイリ事故による悪影響の存在することを国際機関に訴える唯一の手段である。

こうした科学調査は西側諸国の専門家と共同で行なうことが望まれる。子供たちの体内除染の促進や医療処置のために、西側諸国の慈善団体から支援を得ることにつながるだろう。
ベルラド放射線防護研究所はホールボディカウンターを用いた子供の検査とチェルノブイリ事故の子供の健康への影響を緩和するための放射線防護を、保健省付属研究所と協力して行なう用意がある。
二〇〇〇年九月十四日、ネステレンコはルカシェンコ大統領に、保健省による法的にいわれのないベルラド放射線防護研究所の活動に対する攻撃からの庇護と助けを請う二度目の書簡を送った。その中でネステレンコは次の事実に注意を喚起している。

二〇〇〇年六月六日、UNSCEAR（原子放射線の影響に関する国連科学委員会）は、チェルノブイリ事故被害に関する最新の評価を記載した新たな科学公報《UNSCEAR二〇〇〇》を発表しました。（中略）UNSCEARはIAEAによって採択された核の安全に関する国際標準に基づいて計算や評価を行なっていますが、公報の著者たちは次のように認めているのです。「チェルノブイリ事故を原因とする放射能による最大の危険を蒙ったのは原発従業員であるが、一般市民の過半数はこの事故によって放射能に関連する深刻な健康被害を受けることはないものと思われる」。

このような結論が可能なのは、病気と被ばく量との因果関係に関するベラルーシ国内の科学的データが実際には国連に届いていないからです。

子供たちの罹患率の高さについて沈黙が保たれ、西側諸国への情報が断たれているため、ほとんどの外国政府は、世紀の大惨事であるチェルノブイリ事故がベラルーシ国民に被害をもたらさないと考えています。

今日、チェルノブイリ事故の被害者に救いの手を差し伸べ、医療品等を提供してくれるのは限られた数の心ある《心酔者》のみで、それは需要の大きさに比較したら雀の涙に過ぎません。

チェルノブイリ事故後の十四年間、国民を放射能から守るために、根本的に間違いだらけの計算がなされ、多くの誤った判断が下されてきました……。

三　非政府組織に向けての声明

二〇〇〇年十一月一日、私たちのネットワークがカバーしている主要アドレスに向けて、私はベラルーシから受信した次のニュースを流した。

今朝バトゥーラ副首相はネステレンコ教授とベラルーシ保健省の衝突に関する会議を招集しました。この会議はネステレンコがルカシェンコ大統領に庇護を求める書簡を送った結果、ベラルーシ共和国大統領府によって開催されたものです。会議にはネステレンコを支持する省庁や内閣委員会の代表者らが出席していましたが、彼らはバトゥーラ副首相の管轄下にあるため、口を閉ざしたままでした。

ネステレンコを敵視する陣営は、彼が国外に情報を提供し、国外の団体から支援を受けていることを快く思っていません。「外国がお前の味方をするのは、保健省に宣戦布告をしているからにすぎない」というのが彼らの言い分です。「それは見当違いだ。私が保健省の違法な主張に抵抗しはじめたのは二〇〇〇年四月からのことだが、国外の慈善団体は一九九五年からすでに私を支援してくれている」とネステレンコは応酬しています。

ネステレンコの敵である保健省は、ホールボディカウンターを用いた内部被ばく量の測定が保健省の許可を必要とする医療行為だと証明できなかったために、今度はペクチンをベースにしたサプリメントの認可申請を強制しようとしています。しかしネステレンコはすでに栄養サプリメントとしてこれを配布する許可を保健省から取得しているのです。

一九八六年以来保健省が過小評価してきたチェルノブイリ事故の被害規模について、ネステレンコが真の情報を国外に流すことを阻止し、彼を服従させるために大変な圧力が働いています。

しかしネステレンコは屈服しません。手中のあらゆる合法的な書類を駆使して仕事を続けていますが、財政的には完全に非政府組織の支援に依存しています。保健省はいつ何時でもネステレンコの仕事を中止させることができます。たとえそれが法に触れるやり方であろうと。

それだけではありません。ベラルーシ保健省に共謀する西側諸国の人々が、ネステレンコとバンダジェフスキー両教授に対する誹謗中傷を拡散しています。バンダジェフスキー教授は未だに法的追及に戦慄している状況です。

この二人の独立した科学研究者の立場を強め、擁護するためには国外からの財政的また法的支援を強化することが緊急に必要とされています。

十一月五日、ヴァシーリ・ネステレンコは再度アレクサンドル・ルカシェンコ大統領に手紙を送った。

私がベルラド放射線防護研究所においてベラルーシの子供たちの放射線防護活動を続けられるよう、私は再び貴殿に助けを求めなければならない状況に追い込まれています。(中略)二〇〇〇年十一月一日バトゥーラ副首相の下での話し合いの場において、私はロシアやウクライナの科学者、また国際世論に支援を求めたことを非難されました。(中略)私がこのような行動に出なければならなかったのは、保健省との争いについて書き送る手紙が、政府に宛てたものであろうと、安全保障理事会または貴殿ご自身に宛てたものであろうと、ことごとくブロックされてしまうからです。私の手紙は宛先に届くことなく、毎度、審判として保健省事務局が登場するのです。

二〇〇〇年十一月一日に開催されたベルラド放射線防護研究所の活動に関する会議において、バトゥーラ副首相は、医学についても物理学についても自分が専門家でないことを断り、ホールボディカウンターによる放射能測定が物理学的措置であることを認めながらも、ベルラド放射線防護研究所によるホールボディカウンターでの放射能測定には保健省の許可取得が必要であるという結論を下しました。

やむを得ず私は法務省に問い合わせをしました。法務省の結論は、ホールボディカウンターを用いて国民を検査する活動が認可を必要とするリスト上に記載されていないというものです。（中略）ベルラド放射線防護研究所が行なっているのは医療行為ではなく、ホールボディカウンターを用いた子供の体内セシウム１３７蓄積量の追跡調査です。その上で研究所は、規約に掲げられた目的に従って、子供たちに放射線防護を実施しています。ベルラド放射線防護研究所の共同作業員一同、活動が国家元首からの支援を享受できるよう願っています。

とうとう保健省は、法務省からこのような解答が出され、大統領府も聞く耳を持たなくなったために、ホールボディカウンター《認可》論争を放棄することになった。ヴァシーリ・ネステレンコは言葉少なに次のように締めくくった。「この闘いには、ほぼ一年の歳月を費やさなければならなかった。チェルノブイリをめぐる私たちの活動は障害だらけです」。

そして間もなく今度は、汚染地帯の子供たちを対象にペクチンを配る行為に対して、国内外から非常識な攻撃がはじまったのである。ヴァシーリ・ネステレンコの活動に対する障害を築いているのは、残念ながらベラルーシの役人たちだけではない。敵意に満ちた虚偽情報の拡散は、ネステレンコの陰口を叩いて憚らない西側諸国のある種の《慈善家》たちによっても積極的に支持されているのだ。二〇〇〇年九月二十九日付の手紙の中で、ネステレンコはそのことをOSCE大使ヴィーク氏に嘆いている。

ベルラド放射線防護研究所と保健省との間に生じた争いをめぐって、ドイツ・チェルノブイリ支援連盟（DVTH、レングフェルダー教授）が、「ベラルーシ保健省はチェルノブイリ原発事故がベラルーシの子供たちに及ぼしている被害についての真実を隠ぺいしている」という私の記事に対するコメントの中で、私について虚偽の情報を使用していることは驚愕に値し、遺憾であります。彼らはベルラド放射線防護研究所に対する保健省の違法行為を支持し、私個人に関してだけでなく、私の科学アカデミー核エネルギー研究所での仕事に関して、またベラルーシ国内の一般医と私たちの共同作業に関して、虚偽の情報を用いているのです。

私はフレンツェル氏が誠意を示して、彼女の公表したこれらの誤情報を訂正することを願っています。さもなければ彼女は法的にその責任を負わなければならないでしょう。

二〇〇〇年八月二十九日に公表された問題の誹謗文章を執筆したフレンツェル氏は、その後いかなる訂正も行なわなかった。いったいこのドイツの《慈善家》たちとは何者で、いかなる目的で——誰のために——このような行為に出たのだろうか。

第六章　誹謗される放射線防護

エドムント・レングフェルダー教授[訳注1]は、潤沢な運営資金を享受するミュンヘンのオットー・フーク研究所所長であり、ドイツ・チェルノブイリ支援連盟（ＤＶＴＨ、Deutscher Verband für Tschernobyl-Hilfe）会長でもある。クリスティーネ・フレンツェルはこの協会の副会長である。レングフェルダー教授は、二〇〇四年十二月二十八日にドイツ公共第二テレビＺＤＦ放送局に送ったメールの中で、自身について次のように説明する。「ドイツ・チェルノブイリ支援連盟は七〇以上の組織や協同組合が参加する連盟であり、一九九〇年以来合計七五〇〇万ユーロを、ベラルーシ国内のチェルノブイリ事故被害者支援を目的とした医療及び人道プロジェクトのために投資してきた。私は現地に百五十回以上も足を運び、ベラルーシとその国民、またその政治経済情勢に精通している」。

組織が享受する多額な資金の出所は定かでないが、その財政状況といえば、ヴァシーリ・ネステレンコがベラルーシの極度に汚染された村で運営している最後に残った一六カ所のＣＬＣＲ［地域放射線防護センター」をなんとか維持していくために、他のドイツの非政府組織が掻き集めてくれる金額とは、比較にならない桁のものである。同様に驚くべきは、レングフェルダーの組織の攻撃的なやり方だ。彼らは、独立した立場にある科学者——ヴァシーリ・ネステレンコとユーリー・バンダジェフスキー——を誹謗中傷して憚ることがない。ネステレンコとバンダジェフスキーを非難するいわれなど、ＩＡＥＡの原子力ロビーが推進する被害否定主義に服従しっぱなしのベラルーシ保健省を真っ向から二人が批判していること以外に何があるだろう。

一　中傷

クリスティーネ・フレンツェルは、虚言を並べ立てた自らの文書の中で、ネステレンコ教授の実際の人柄とも、活動内容ともまるで似ても似つかないイメージを勝手に作りあげた。例えばネステレンコが、原子力ロビーに対して、「曖昧と言わないまでも消極的な態度を取っている」と槍玉に上げる。それに比べたら、レングフェルダーのオットー・フーク研究所による原子力ロビーの批判の仕方は実に堂々としたものだ。

訳注1：Edmund Lengfelder　一九四三年生まれのドイツの放射線生物学者、医者。ドイツでは最も先鋭的な反原発科学者として知られ、福島原発事故後は、建て屋に大きな被害を蒙った四号機燃料プールの危険性について逸早く警告を発した。チェルノブイリ事故被害への支援に貢献したとしてベラルーシ政府からフランツィスク・スコリニ勲章を贈られ、ミンスク大学名誉教授に選ばれているが、ルカシェンコ大統領と非常に親しく、ミンスクの科学者たちからは「原子力ロビー一番のやり手」と呼ばれている。

ネステレンコ教授は彼の執筆した記事の中でベラルーシ国民の被ばく量に関する同国保健省の台帳や見積もり、法令を批判している。（中略）それでいながら批判の基となる論拠を一つも挙げていない。国家行政機関が健康リスクを見積もるに当たっては、ＩＡＥＡやユーラトム［欧州原子力共同体］、アメリカ合衆国エネルギー庁、また国連諸機関といった西側諸国の組織による勧告に従うのが常であることを、ネステレンコ教授は知っているはずである。放射能問題をめぐるベラルーシ政府の態度を批判する前に、まず前掲の国際原発推進組織の態度を正々堂々批判するべきであろう。

このように、まずはネステレンコの態度の整合性について教訓を垂れておいて、つづいて現実とまったく異なるネステレンコの履歴を次のように書きたてた。

ベラルーシ政府によるチェルノブイリ事故対策の枠組みの中でのネステレンコ教授の態度と立場は、さまざまな視点から見て問題である。物理学者であるネステレンコ教授はソ連時代、ミンスク近郊にあるソスニー核研究及び製造施設の所長を勤めていた。ここで何件か揉め事を起こした末に、ネステレンコ氏は罷免された。これはチェルノブイリ事故前の時代のことである。そこで彼はベルラド社を設立し、公式名称に《研究所》と言う言葉を使用した。実際には放射能測定器を製造する会社である。チェルノブイリ原発事故後、ネステレンコは長年にわたって、食品その他の放射能汚染を国家のために測定してきた。しかしやがて、ベラルーシ政府独自の機関が自らの手で放射能測定を行なうようになったため、ネステレンコ教授は公式の契約を失ってしまったのである。

まるでベルラド放射線防護研究所に対するベラルーシ保健省の攻撃を援護する目的でしたためられた鑑定報告書のごとき文章ではないか。ヴァシーリ・ネステレンコはこの中傷文書がwww.chernobyl.info.公式サイト上に公開されていることを発見して、即座にフレンツェル氏に長い手紙を書き送った。その中で彼は、ミュンヘン大学教授という肩書きを持つ所長の指揮する研究所の公式文書ともあろうものが、これほどの虚偽を含むことに対する驚きをあらわにしながら、次の二点について詳細な釈明を行なった。

原子力ロビーに対する私の態度の一貫性について

ベラルーシ保健省に対する私の批判は今日にはじまったものではなく、一九八六年四月三十日、モスクワのレオニード・イリーン教授の援護を得た同省指導部が、私の要請した緊急予防措置としての安定ヨウ素剤の配布とベラルーシ南部地域の子供たちの即時避難を拒絶したときに遡るものです。

一九八九年、九二名のソ連の医師が署名を行なった手紙がミハエル・ゴルバチョフ大統領に送られましたが、その中にはベラルーシ保健省の医師六名の名が含まれていました。手紙は、チェルノブイリ原発事故を原因とする健康被害がベラルーシ国民には存在しないと主張し、ベラルーシ科学アカデミーの科学者を放射能恐怖症に取り憑かれた無能の集団であると糾弾していました。一九九一年から一九九四年にかけて、私は統合専門家委員会[訳注2]（ＣＥＵ）の委員長を務め、チェルノブイリ国際プロジェクト（一九九一年）の下した結論とは反対に、チェルノブイリ大惨事が国民に甚大な健康被害を及ぼしていることを公表しました。

ベラルーシ科学アカデミーに所属する科学者たちは、国民の生涯被ばく許容基準値を三五レムに定める構想に対しても反対し続けてきました。一方でベラルーシ保健省の医師はこの非人間的なコンセプトを維持するためにＩＡＥＡやＷＨＯ、ロシア保健省の専門家に助けを求めたのです。

私は活動的な医師たちとは積極的に協力して仕事をしますが、医師たるものの倫理と義務を忘れ、医療現場にもチェルノブイリ地方に住む子供たちの現状にも疎い官僚的な医師とは相容れません。

「揉め事の末に罷免」という記述について

フレンツェル氏が使用しているベルラド放射線防護研究所の活動、また私自身に関する情報が驚くほど不正確であることを遺憾に思います。氏は、ベラルーシ保健省情報員らの提供する良識を欠いた文言を鵜呑みにしたに違いありません。彼らは私の経歴や研究所について誤った情報を拡散し続けています。

誠意ある人間であればいったん公表してしまった誤報は訂正するのが当然ですから、フレンツェル氏が取らねばならない手間を私は気の毒に思います。

私の職歴に関する公式文書は、ベラルーシ国立科学アカデミーにおいて照会が可能です。

チェルノブイリ原発事故発生時、私はソ連国立ベラルーシ科学アカデミーの核エネルギー研究所所長を務めていました（一九七七年七月から一九八七年七月まで）。事故の初日から、私は研究所の全職員をベラルーシの放射線状況調査のために動員しました。研究所は一九八六年五月と六月にゴメリ地方及びモギリョフ地方の土壌汚染地図を私の指導の下に完成させました。

一九八七年七月から一九九〇年十月にかけて、私はベラルーシ科学アカデミー核エネルギー研究所の放射性防護実験所所長として働きました。

一九九〇年には、放射線防護科学技術センター（CST《ラディオメートル》）所長に任命されました。そして、自らの決断で核エネルギー研究所を去りました。

一九九二年一月、物理学者アンドレイ・サハロフ、ベラルーシの作家アレス・アダモヴィッチ、チェス世界チャンピオン、アナトリー・カルポフの提案のもと、CST《ラディオメートル》はCST［放射線防護科学技術センター］ベルラド放射線防護研究所に再編されました。

二　ペクチン戦争

レングフェルダー教授は何年にもわたって、ドイツ国内外での講演会やセミナー、監査委員会などの場を利用し、いかなる科学的な根拠を提示することもなしに、ヴァシーリ・ネステレンコの配布しているペ

訳注2：ソ連最高会議の事故調査委員会をソ連邦崩壊後に引き継いだ独立した監査委員会。詳しくは第二部第九章三二六ページ参照

クチンが放射性物質を吸着する効果を持たず、体内の有用物質（セレン、銅、亜鉛、マグネシウム、鉄分等）などを排出してしまうために危険であるという主張を、執拗に繰り返してきた。しかしペクチンが放射性物質を排出する効果を持つことは科学的に証明されており、またレングフェルダー教授が指摘する副作用は認められていない。これはまさに悪意に満ちた情報操作にほかならない。しかもそのために、ネステレンコ教授が行なう子供を放射能から守る活動に対して各慈善団体からの資金援助は妨害されてきたのである。レングフェルダー教授自身は、子供に生のリンゴを食べさせ、汚染された食物を避ければいいのだと勧告しているのにもかかわらずだ。いったい現地に百五十回も行ったと豪語する人間が、そんなことを口にするのは愚弄か、軽蔑か、あるいは無知なのか。ベラルーシ国内で、汚染されていない食物を手に入れるには莫大な金がいる。そんなものは放射能汚染された村の人々には存在しないのだ。生のリンゴであれば、ヴァシーリ・ネステレンコが使用している濃縮ペクチンサプリメントの効果を得るには、一日四キロのリンゴを食べなければいけない。しかしフレンツェル氏は、レングフェルダー教授の妄言を繰り返す。

ネステレンコ教授は現在にいたるまで、ペクチンを用いた防護法が子供における年間被ばく量を明らかに減少させているという実証データを提示できずにいる。これは科学者から見れば驚くに値しない。というのもペクチンの生化学、また医療と食事療法における特性については昔から十分に研究が行なわれており、ペクチンに由来するいかなる体内の放射性物質排出効果も認められていないからだ。

ドイツ最大のペクチン製造会社ヘルプストライト&フォックス社は、チェルノブイリ事故以前にモスクワ生物物理学研究所〔著者注：イリーン教授の研究所である〕と共にペクチンを放射性セシウムの体外排出のために使用できるかどうかについて、大々的な研究を行なっている。結果は否定的だった。ソ連はこの問題には常に興味を示していた。ソ連で原子力施設を建設する際には、作業員だけでなく、一般市民においても、常に放射性物質の体内への吸入が発生したからだ。そのために比較的長期間にわたって、副作用を起こさずに摂取が可能な調合剤が求められていた。しかしペクチンの効力は証明されることはなかった。

科学者を名乗る人物が、これほど乱暴な情報操作を敢えて行なうには相当な根性が必要である。とはいえレングフェルダー教授はドイツ医学界では発言力があり、今日にいたるまでその化けの皮は剥がれずにいる。それにしてもこの引用に見られるような歴然たる虚言に頼るとは、ペクチンをめぐるバカげた争いにはよほどの利権がかかっているものと見える。二〇〇三年二月十二日、ロシア共和国保健省所轄の緊急病理問題を担当する部署は、次のような公文書を送付しているのである。

中央医療保健総合施設所長各位
地方医療保健総合施設所長各位
国家疫病保健検査センター医局長及び
下記親書の企業責任者各位

ここに「原子力関連企業及び放射性物質、重金属、多価金属を扱う、または放射能及びその他の有害物質で汚染された地域で業務を営む産業部門の企業従業員の予防として、ペクチン《ゾステリン・ウルトラ》を利用するに際しての取り扱い勧告書」を送付する。（中略）

生物物理学研究所［著者注：イリーン教授の研究所］及びその他の医療センター患者を対象に、この製品に対して行なわれた数々の生化学テスト、実験調査の結果、この製品が鉛、水銀、カドミウム、亜鉛、マンガンおよびその他の重金属の有害な化合物やプルトニウムも含めた放射性物質を体外へと排出する効果が証明された。

ゾステリン・ウルトラはさまざまな病気の治療に効果的であり、いかなる害もなく、患者たちはまったく問題なくこれを摂取し、拒絶反応も現われなかった。ゾステリン・ウルトラは五年間の保存が可能である。この製品はロシア連邦保健省に活性生成栄養サプリメントとして登録された。（登録証明番号００４９６３・Ｐ・６４３・１１・２００２）

副部長Ａ・Ｖ・ソロキン

勧告書は特に次の点を明記している。

近年、また特にチェルノブイリ大惨事以降とりわけ大きな注目が向けられているのは放射線及び化学傷害の予防、有害物質の体内蓄積の予防、また体内における有害物質の蓄積量の緩和と、身体器官の免疫力強化である。（中略）

そのための栄養サプリメントとしては特に食物繊維、中でもとりわけ柑橘類やリンゴのペクチン、そしてゾステリンが使用されている。これらは優れた吸着と強化の性質を持ち、炭素とコレステロールの新陳代謝に有益な作用を及ぼす。（中略）

すでに一九六〇年代から、ペクチンがストロンチウムやセシウムなどの放射性物質を体外に排出し、鉛の体内吸収を減少させることが証明されており、チェルノブイリのフォールアウトによって汚染された環境に身を置く従業員や住民に対する包括的な予防措置として使用されてきている。こうしたペクチンの特性は、後にロシア科学センター（GNC）や生物物理学研究所、またその他の研究所の専門家による研究によって実証されている。（中略）

ゾステリン・ウルトラは治療用また予防用栄養サプリメントとして様々な医学研究所、病院、総合病院で認められている。その中には国立科学センター、生物物理学研究所、ロシア医療科学アカデミー流行性感冒研究所、キーロフ軍医アカデミー、ロシア保健省毒物研究所、医学生涯教育アカデミー（サンクトペテルブルグ）が含まれる。（中略）

栄養サプリメント、ゾステリン・ウルトラは、その予防及び治療効力のため、

——原子力産業に関わる企業従業員、放射性物質を取り扱う産業また放射性物質やその他の有毒物質に汚染された地域で業務を行なう産業部門の企業従業員に対して、体内のさまざまな器官に放射性物質や重金属が蓄積することを予防し、望ましくない症状が現われる可能性を減少させるため、

——職業病を含む種々の病気における一般治療において、

使用されることが推奨される。

私はエドムント・レングフェルダーという人物に対して事実をはっきりと確認するために、E・P・デミーチック教授に問い合わせることにした。デミーチック教授はベラルーシの甲状腺疾患の専門家で、一万回を超える甲状腺がんの手術を手掛けてきている。レングフェルダーはデミーチック教授に機材や甲状腺組織の形態分析を行なうための保存用冷凍庫を送るなどして協力してきた。どうやらレングフェルダーは、甲状腺データに高い関心を持っているらしい。

デミーチック教授は次のように教えてくれた。レングフェルダー教授は大変豊かな財政に恵まれている。彼は、ベラルーシでは直接の医療活動は一切行なわなかった。そして甲状腺疾患についてのデータだけを収集していた。これは私が後に引用するセバスチアン・プフルークバイル教授[訳注3]の記事の中で批判されているアメリカ人たちと同じ態度である。レングフェルダーがデミーチック教授に送った機材は、患者を治療する目的のものではなかった。一方でレングフェルダー教授は、ゴメリの放射線療法を財政支援しており、その意味では、甲状腺に限定して言えば、チェルノブイリ事故犠牲者の治療に間接的に貢献してきたとも言える。

一九九九年十一月、ネステレンコ教授が自ら収集したデータを紹介する講演旅行をドイツで行なった後、ミシェル・フェルネ博士はベラルーシの実態に関する暫定的被害状況を、次の数行で要約した。

この大惨事の規模は、人間的、社会的な観点から言っても、医学的、経済的な観点から言っても計り知れない。人々の健康状態は悪化の一途をたどり、先天性奇形は顕著に増加した。加えて今まで知られていなかったのが、汚染地域（原発から二五〇キロまでの距離を含む）に住む両親からも奇形を持つ子供の誕生が増加している事実である。汚染地域で観察されるこうした疾病は、バンダジェフスキー教授の病理学研究所で実験動物を対象に再現されている。体内に侵入した放射性物質による傷害を受けずに済んでいる器官は実際には皆無と言ってよい。そして多くの場合、放射性物質は特定の組織に集中している。

かくなる悲劇を前に、継続的な情報操作によって、第一に予防措置の妨害という結果をもたらしているクリスティーネ・フレンツェルとエドムント・レングフェルダーの思惑とはいったいどんなものなのか。

二〇〇〇年五月十二日、保健省とネステレンコとの対立の真っ最中に、ネステレンコを支持する非常事態省アスターポフ大臣の下で会議が開かれた。保健省の他、ベラルーシの放射能防護委員会（CNPR）の代表者たちが出席していた。アスターポフ大臣とコロミエッツ博士以外の参加者全員がネステレンコに敵対していたが、コロミエッツ博士は発言の機会を与えられず、立腹して退席してしまった。この場でケーニグスベルグ教授は、ネステレンコを批判する材料として、IAEAとレングフェルダーの名を具体的

訳注3：Sebastian Pflugbeil 一九四七年生まれ、旧東ドイツ出身の物理学者、人権保護運動家。ドイツ放射線防護協会会長。福島原発事故後『セバスチャンおじさんから子供たちへ―放射能から命を守る―』（エミ・シンチンガー訳、岐阜環境医学研究所発行、旬報社、二〇一三年）を執筆。また二〇一二年十二月には瓦礫広域処理への反対活動中に逮捕された阪南大学准教授下地真樹らを擁護し、即時釈放を求める声明を発表した。

に挙げたのである。彼が個人的にレングフェルダー教授と交わした《科学的な》議論の中で、レングフェルダーがペクチンが無効であり、健康に害があることを繰り返し述べたと証言した。ネステレンコの理論を評価するのにレングフェルダーが profanatsia という侮蔑的表現を用いたことにすら言及したのだ。ロシア語で「パロディー」だとか「似非科学」といった意味である。ケーニグスベルグ教授は、最後に「ペクチンの使用禁止を提案したい」と発言を締めくくった。またネステレンコが子供に対する放射線防護措置を義務化する基準として、年間許容基準値〇・三ミリシーベルトを推奨したのに対して、ケーニグスベルグはＩＡＥＡとＩＣＲＰを参照に、一ミリシーベルトにこだわり続けた。会議後、非常事態省のアスターポフ大臣は、五人の国際専門家に問い合わせを行なった。五人は全員ネステレンコの見解に軍配を上げた。

二〇〇二年二月七日にドイツで講演を行なった際、ヴァシーリ・ネステレンコは、ヘルブストライト&フォックス社社長ハンス＝ウルリヒ・エンドレスの知己を得た。クリスティーネ・フレンツェルが「モスクワ生物物理学研究所［著者注：イリーン教授の研究所］と共同で大々的な科学研究」を行ない、ペクチンによる体内からの放射性セシウムの排出効果を証明できなかったと引用した会社である。ところがエンドレス社長は、ベルラド放射線防護研究所の活動に大変な興味を示したのである。そして「レングフェルダー教授が主張しているように、ペクチンが放射性物質を吸着しないというのは本当ですか」という質問に対して、ネステレンコに実験では放射性物質は扱わなかったと答えた。彼らは重金属に対するペクチンの効果を調査しただけだったのだ。レングフェルダーとフレンツェルの主張は、事実に即していなかった。

それにもかかわらず、今でも二人はこの真っ赤な嘘を繰り返している。ベラルーシ政府による圧力と原子力ロビーに牛耳られた国際科学界の無知をあてにして、バレることはないとタカを括っているのだろう。ネステレンコ一人の声など、西側世界の財政豊かな《医療業界》を前には、微々たる力しかない。

二〇〇五年春、レングフェルダーとフレンツェルのドイツコンビは、ベルラド基金、チェルノブイリ・ベラルーシの子供たち[原注1]、そしてドイツのユーリッヒ核研究所が共同で提示した「住民の内部被ばく軽減」計画に対する欧州議会（支援プログラム《タシス》）の資金援助を阻止することに成功した。ネステレンコは次のようにわれわれに報告をした。

> 三月初旬《タシス》[訳注4]から私たちの計画が認められたという通知を受け取りました。《タシス》計画は主要な大統領税を免れるために、さらに欧州プログラム《コール》[原注2]の承認を受ける必要がありました。

原注1：二〇〇一年四月二十七日、パリで五名による総会が開かれ、ネステレンコ教授の要望のもとに、被ばくをした五〇万人の子供を守るベルラド放射線防護研究所の活動を支援するために「チェルノブイリ・ベラルーシの子供たち」（法令一九〇一による）を設立した。会長ソランジュ・フェルネ、副会長ヴァシーリ・ネステレンコ、秘書ガリア・アッケルマン、ヴラディーミル・チェルトコフ、会計ミシェル・フェルネ。人道支援に関するベラルーシの法律に従ってメンバーに一人または複数のベラルーシ国民を含むことを義務付けられたこの協会は、子供の予防また治療を目的とする資金送付を簡易化させるためのものである。
（http://enfants-tchernobyl-belarus.org）

原注2：ベラルーシで実施されている欧州連合のプログラム。第四部第三章五三九ページ参照

ベラルーシの専門家が当初示した否定的な見解にもかかわらず、二〇〇五年四月十九日、私たちの計画はブラーギンで開催された「デシジョンボード（判定会議）」で再討論されました（私は会議に参加し、計画を紹介しました）。この時レングフェルダーの代理人クリスティーネ・フレンツェル氏[原注3]が子供へのペクチン配布に反対する意見を述べたのです。ディミトリー・ミフニョック博士（スイス・チェルノブイリ技術支援医療プログラム会長）が積極的に彼女に反対する立場を取り、私たちの味方をしてくれました。この会議で私たちの計画は認められました。

翌日の「《コール》アプルーヴァルボード（承認会議）」は、《コール》にかかわっている組織長だけが参加するものでした（この段階では《コール》のパートナーである組織の長しか参加できないので私は不参加でした）。この会議でレングフェルダーは徹底してペクチンの使用に反対したのです。一九八五年（チェルノブイリ以前）に（イリーン教授の）生物物理学研究所と共同でペクチンによるセシウム137の人体からの排出効果を研究したが、いかなる効果も認められなかったと言い張りました。

フランスとドイツの大使、ステファーヌ・シュメレヴスキーとマルティン・ヘッカー両氏はレングフェルダーと保健省に反対し、子供の放射線防護を目的としたペクチンの効力に関する複数のアセスメントを行なうことを提案しました。私はこのことを、会議に参加していたジャック・ロシャール（CEPN）氏とジャン＝クロード・オートレ氏（アクロ）から聞きました。大使らの提案に従って、私たちの計画の承認は秋に持ち越され、新たなアセスメントを受けることになりました。

二〇〇五年六月二十日、ソランジュ・フェルネは、ミンスクのフランス大使ステファーヌ・シュメレヴスキー氏に一筆書き送った。エドムント・レングフェルダーというドイツで大変評価されている人物によるネステレンコとバンダジェフスキー両教授に対する数々の中傷や妨害の例を挙げて、彼女は次のように訴えた。

何百名というメンバーから寄付金をいただき、ベルラド放射線防護研究所の体内ガンマ線測定と放射線測定及びペクチン予防法を財政支援している協会の会長として、私は、レングフェルダー教授のペクチンの効力を否定する根も葉もない主張を容認することはできません。もし教授の主張が正しいとしら、支援者の方々は寄付金の誤用に対する釈明を求める権利があるでしょう。

しかしながら私の知る限り、レングフェルダー教授はペクチンを槍玉に挙げる根拠となる科学的データを提示したことは一度もありません。四月二十日、同教授は初めて、チェルノブイリ事故以前にモスクワのイリーンと共同で実施したという研究について言及しました。ご存知の通り、イリーンは、チェルノブイリ事故後のソ連政府による情報隠ぺい政策の首謀者です。私どもの協会は、レングフェルダー教授がペクチンに反対する証拠を提示することを要請します。さもなければ教授の主張は根も葉もないものであり、許されるべきものではありません。

原注3：彼らは《コール》に参加している。

訳注4：ベラルーシでは、チェルノブイリ被害者のために国外から送られてくる支援金に対して多額の大統領税が課せられる。

《コール》プロジェクト参加者として大使閣下は、レングフェルダー教授に自論の証明を要請し、二〇〇五年四月二十日の《コール》会議における教授の発言を裏付ける科学的参照資料を提出するよう求める権利をお持ちです。私どもとしては、ベルラド放射線防護研究所がユーリッヒ核研究所と共同して公開した研究、及びピアレビュー誌『スイス・メディカル・ウィークリー』上に英語で掲載された二重盲検法による研究「ペクチン対プラセボ（偽薬）」を裏づけとしております。

また大使閣下の同僚の方々、とりわけドイツ大使から、レングフェルダー教授が何者なのか、いかなる理由から追放され、投獄された無力な大学の同業者（バンダジェフスキー教授）を犯罪者扱いし、攻撃することにかくも労力を費やすのか、いかなる動機からベルラド放射線防護研究所を、特にペクチンによる予防法を間断なく断罪し、潰そうと試みるのか、私どもにご説明していただくことができましたら幸いに存じます。

チェルノブイリの子供たちへの有益な支援続行を願う寄付者の方々を懸念させるこの問題解決に、大使閣下にお力添えいただくことができますれば、幸甚の限りでございます。この問題はバンダジェフスキー、ネステレンコ、ベルラド放射線防護研究所だけではなく、真実を求めるフランスの寄贈者の方々にもかかわるものです。

ソランジュ・フェルネ
欧州議会名誉議員
チェルノブイリ・ベラルーシの子供たち支援協会会長

フランス大使は七月十三日付返信の中で、自分がドイツ大使と共に幾度もバンダジェフスキーを訪問した経験があり、フランス及びヨーロッパ当局は、ユーリ・バンダジェフスキーの立場を全面的に支持していると述べた。一方、レングフェルダー氏に関しては次のように説明した。

またペクチンに関してですが、この四月に開催された《コール》プログラムの決定機関である承認会議は、論争の多いこのテーマを提起する好機となりました。ペクチンの効力の有無について、私自身が判定を下すことは差し控えますが、ペクチンの使用について見解の一致が存在しないことは明らかです。このテーマについて、今日まで、いかなる研究も放射線防護に携わる人々を合意に至らせることができずにいます。

この意見の不一致は、さまざまな計画、とりわけネステレンコ教授の計画を実践に移すうえで絶えず障害となっています。私は前述の会議において、ペクチンの支持者と反対者を交えた複数のアセスメントを行なうことを提案しました。支持者、反対者、いずれも異議を唱えようのない、ペクチンの効力と使用条件に関する決定的な結論を得ることが目的です。この実行をフランスの放射線防護・核安全研究所（IRSN）に委託することが決定され、IRSNはすでに六月にこの件についてヴァシーリ・ネステレンコとコンタクトを取っています。ネステレンコ教授は言うまでもなく夏以降に実施予定のこの調査のステークホルダーです。

レングフェルダー教授は、ペクチン問題だけでなく、ユーリー・バンダジェフスキーに対しても大きな距離を置いていることは確かです。とはいえ、バンダジェフスキーの運命はこのドイツ人一人の手に握られているわけではなく、また彼の釈放と研究再開のために骨を折っている人々が今なお多数います。ペクチンについては、前述の複数のアセスメントによってこの論争には決着がつくものと思われます。

私は二〇〇〇年、ベラルーシ滞在のおり、こうした問題に対する西側の科学者たちの良心や見識についてどう思うか、ネステレンコに質問をしてみた。

ネステレンコ　国際科学界は、私たちの抱えている問題をまったく理解していません。例えばレングフェルダー教授の例をお話しましょう。栄養サプリメントとしてペクチンを配布する私の案に対して「生のリンゴを食べた方がよほど効果的だ。家族を学校に集め、汚染食物を食べることの危険について、一般に広く説明をするのだ。汚染食物さえ食べなければ、金のかかるペクチンを与える必要もない」と彼は発言しました。もしベラルーシの農家がレングフェルダーと同額の月給をもらっているのだったら、家族に汚染されていない食物を食べさせることも可能でしょう、と私は答えました。しかしベラルーシの農家の月給は一万マルクにも、一〇〇〇マルクにも、一〇〇マルクにも届きません。たったの三〇ドルです。これでは、自分の庭で採れたものや森で摘んできた食料を食べるほかありません。国際社会にはこのことをもっと認識してほしいものです。原子力エネルギーを使用している国々は保険基金を設立し、チェルノブイリの住民を支援するべきです。これは施しではありません。このような条件の下で生きていかなければならない住民を助けるための国際社会の義務だと思います。

――しかしなぜペクチンをこれほど敵対視するのでしょう。

ネステレンコ　わかりません。レングフェルダーが突然反対しはじめたのです。これは私の個人的な考えで、もしかしたら非常に辛辣で、酷に聞こえるかもしれませんが、実験者としての利害がかかわっているのではないかと思います。彼のような似非科学者は、対象を観察、診断し、病人の記録を行ないますが、病人の数を減らすための手段はいっさい取りません。私たちのペクチンを使った活動は、彼らが純粋な科学的データを収集する妨害になるのだと私は思います。

レングフェルダーがここミンスクにひとつ、ゴメリにひとつ、計二つの研究所を設立したのは事実です。しかし彼らは診断をするだけで、病気の真の原因にまで遡ってこれを解消しようとする努力はまったく行なっていません。つまり放射能汚染問題を解決しようとはしないのです。もちろんはっきり申し上げて、私はペクチンが普遍的な特効薬だとは思いません。しかし放射能汚染した土地の住民を全員避難させることができない場合、ペクチンは効果的な防護策となるのです。私たちはバンダジェフスキーの研究を目にし、子供たちは体重に対して体内に五〇ベクレル／kg以上の放射性物質を取り込んではいけないと確信しました。昨日も私たちは子供を計測しましたが、全員がこの数値を上回っていました。どの子も各種様々な病気を山のように抱え、被害を受けていない身体器官はありませんでした。この子たちは全員、チェルノブイリ事故後に生まれているのですよ。つまりこの子たちの体を除染しなければ、この世代は全員病気のまま大人になってしまうのです。

――しかしなぜリンゴペクチンをめぐってこのような論争が起こるのでしょう。

もちろん私はネステレンコがすでにこの問いに答えてくれていたことを承知していた。それでもしつこく尋ねたのだ。一九九〇年に、私たちが初めてこの地で取材を行なった時、スヴェトラーナ・サヴラソヴァが認めようとしなかったあの身の毛もよだつ疑念が、私の頭に再燃していた。実験のための人間モルモットは、手つかずのままである必要がある。変質させてはいけない。チェルノブイリの地には、ハンナ・アーレントの語る《凡庸な悪》がどっかりと腰を据えているのだ。愚鈍で、知性や道徳心、感情を欠いており、計算高く、列車の時刻表の如く特徴のない人物。それがアーレントが行なったアイヒマンの分析である。核の収容所でもまた、アイヒマンの同類たち、浅ましい悪魔どもが指揮を取っている。彼らを守るのは、世界最高の政治機関に承認された公式科学なのだ。世界人類は、自らの墓穴を掘りつづけている。そして反逆する国家は一国もない。

ネステレンコ　理由を知りたいですか。ペクチンを年に四回子供に投与すれば、本当に彼らの体内の放射性物質を二分の一〜三分の一まで減少させることが可能だと、私が知っているからです。子供の病気を減少させることが可能なのです。私たちが入手できる食品は汚染されています。万一不幸にも、フランスやドイツで原子力事故が起こったとしたら、汚染食品の流通は禁止され、みんなが汚染されていない食品を食べることができるだろうと思います。いや、そう願っています。けれどもわが国は、汚染されていない食品を供給できないのです。国民は汚染されていない食品を買うことができず、自分の手で栽培したものを食べるほかありません。

私は保健省に手紙を書きました。保健省がなぜ私に反対したのか理解できます。けれども彼らの義務は国民の安全を保証することでした。保健省はペクチンの製造環境を整えるべきだったのです。問題を提起し、実施すべきでした。それも一九八六年の段階でです。今は二〇〇〇年です。事故からは十四年が過ぎ去ってしまいました。[原注4]

副大臣オレホフスキーは次のように返信しました。「ペクチンは何の役にも立たない。体外から排出されるのは重金属だけだ。放射性物質に関しては何もわかっていない。生のリンゴを食べた方がいいだろう」。

彼らはこれが大規模な集団汚染であることを認めたくないのです。ホールボディカウンターに対する猛反対にも遭いました。けれどもプログラムを国際的に広めたおかげで、西側の組織から支援を受けることができました。アイルランドはアディ・ロッシュのイニシアチブがミニバス五台とホールボディカウンターを多数寄贈してくれました。ドイツやアメリカからも寄贈を受けました。私たちを支援してくれるのは非政府組織だけです。でもそのおかげで、すでに五万人の子供たちを計測し、一万五〇〇〇人の子供にペクチンベースのサプリメントを配布することができました。去年はオーストリアの国際基金「モイスブルグのエルフィ」から協力を得て、一〇〇〇人の子供を計測し、一年間ペクチンを服用させることができました。私たちの活動は軌道に乗りはじめています。レングフェルダーは出遅れました。彼に私たちを打ち負かすことはできないでしょう。

原注4：二〇〇六年現在、二十年が過ぎ去った……［著者による註］。

この対談が行なわれたのは二〇〇〇年だった。二〇〇六年初め、私が本書フランス語版の編集の最終段階にあった頃、ヴァシーリ・ネステレンコの置かれた状況は、このインタビュー時に彼が期待していたほど、バラ色ではなかった。レングフェルダーはペクチン使用に対する攻撃の手を緩めることはなかった。そしてついにその目的を達成したのである。ドイツ緑の党所属の議員で、二〇〇三年にはドイツ連邦環境・自然保護・原子炉安全省政務次官を努めたギラ・アルトマンによるイニシアチブで、ドイツ政府［社会民主党と緑の党の連合政権］は、ユーリッヒ核研究所（ドイツ）とベルラド研究所に、ベラルーシの子供たちを守るための財政支援を行なうことを決定した。これは二〇〇二年から二〇〇四年の間、三期にわたって実施されることになっていた。ところが、サナトリウムでの保養後、ペクチン療法を受けた家族に現われた効果を検査するための三期目が中止されてしまったのだ。ギラ・アルトマンによれば、もしドイツ政府がベラルーシの村でのペクチン投与に金を払い続けるのならば、ドイツ科学界でスキャンダルを起こすとレングフェルダーに脅迫されたそうだ。軌道に乗っていたはずの活動は、実際には絶えずブレーキを掛けられることになった。資金の欠乏から、時には停止してしまうことさえあった。

　多額の資金援助をし、ベルラド放射線防護研究所の安定運営をある程度保証していたアメリカ合衆国、マッカーサー基金[原注5]も五年前、ネステレンコを見放すことになった。エルフィ、またイギリスもそれに続いた。スイス緑十字は、一九九八年にゾロトゥルン（スイス）でのシンポジウムでフレンツェル氏から猛攻撃を受けた末、当時の会長ヴィーダーケア氏によって企画されていたプロジェクトを放棄せざるをえなくなった。イタリア人たちは夢のような約束をしながら、何一つ実行に移さないままコンタクトを絶った。

ベラルーシ当局と組むことを選んだのだ。その間にも年々、健康被害は悪化していく。二〇〇五年に八万ユーロものドイツ政府の援助を受けて実施されるはずだったユーリッヒ核研究所との大々的な計画も水泡と消えた。ドイツ連邦議会選挙で緑の党が敗戦したのが原因だという。[訳注5] その他にも国際援助の枠組みの中で、刻苦精励の末に準備された八件～一〇件のプロジェクトは、何の説明もないまま、または曖昧な理由によって拒絶された。そのうち五件は欧州議会に提出されたものだった。ヴァシーリ・ネステレンコの防護プロジェクトを今でも時おり、微々たる支援金[原注6]で支えてくれているのは、フランスやベルギー、ドイツ、オーストリア、アイルランドの数少ない律儀な団体だけである。最近ではスペインの一団体が加わった。ネステレンコが四〇名あまりの研究所職員に支払える給与は、ミンスクでも最低賃金の部類に入る。やむなく離れて行った者も何人かいる。ベルラド放射線防護研究所は、運営資金の欠乏からいつ何時閉鎖に追い込まれるかわからない。私がこの本を書き終えようとしているこの瞬間にも、非政府組織による支援は底をつき、新たなプロジェクトの契約は遅々として進まず、ネステレンコは来る三月、四月の人件費をどうやって賄ったらいいのかわからないとつぶやいている……。

セバスチアン・プフルークバイル博士が二〇〇三年三月十七日発行の『ツァイト・フラーゲン』誌上に

原注5：アメリカがルカシェンコ政権に反対するのはわかるが、そのために国民を粛清する必要があるのだろうか。

訳注5：二〇〇五年、シュレーダー首相率いる社会民主党と緑の党連合政権が敗れ、キリスト教同盟と社会民主党大連合によるメルケル政権が誕生した。

発表した記事[訳注6]は、犯罪的な結果をもたらしている権力者らのペクチンに対する一見バカげた攻撃の真意を、具体的に説明している。

三　人間モルモット

チェルノブイリの子供たちは米国のモルモットなのか？

放射線防護協会会長セバスチアン・プフルークバイル博士、ベルリン

ミンスク当局は、チェルノブイリ事故の被害を受けたベラルーシ国民の健康状態を継続的に診断するために米国が計画する三十年プログラムの内情を承知しているのだろうか。（中略）

一九九四年、アメリカ合衆国エネルギー省は、ベラルーシ保健省にベラム（ＢＥＬＡＭ）という名の三十年間にわたる共同科学プロジェクトの実現を呼びかけた。プロジェクトの目的は、チェルノブイリ事故によって放出された放射性ヨウ素をさまざまなレベルで被ばくしたベラルーシ住民の間で発生する甲状腺がん及びその他の甲状腺疾患の数を突き止めるために長期間調査を続けることである。三十年にわたる定期的な検診を行なうため、およそ一万三〇〇〇人の住民が選出された。（中略）

共同研究にあたって、ベラルーシ側からは研究機関や人員が選ばれた。大臣自身の指揮下で保健省に所属する著名な専門家連、また保健省所属の放射線医学・内分泌学研究所、同研究所ミンスク及びゴメリ支

部、そしてゴメリ無料診療所等である。アメリカ側の研究パートナーは、合衆国国立がん研究所（National Cancer Institute）である。財政問題はすべて調整され、契約が締結され、プロジェクトが開始してすで

原注6：ベルラドを支援している非政府組織一覧：
フランス：チェルノブイリ・ベラルーシの子供たち：Enfants de Tchernobyl Belarus-ETB, 65, quai Mayaud F-49400 SAUMUR etb@enfants-tchernobyl-belarus.org, http://enfants-tchernobyl-belarus.org　フランス・リベルテーダニエル・ミッテラン財団：France-Libertés-Fondation Danielle Mitterrand, 22 rue de Milan, 75009 Paris; contact@france-libertes.fr　ベラルーシとチェルノブイリの連帯協会：Association Solidarité de Biélorussie et de Tchernobyl, 74 rue de Falaise, 14000 Caen, assberalus@hotmail.fr　チェルノブイリの子供たち：Les Enfants de Tchernobyl, 1 A, rue de Lorraine, F-68840 PULVERSHEIM, lesenfantsdetchernobyl@gmail.com, www：lesenfantsdetchernobyl.fr.
ベルギー：チェルノブイリの子供たちのためのベルギー・ベラルーシ協会（ＡＳＢＬ）：Association belgo-biélorusse pour les enfants de Tchernobyl, 16 rue Marache, 5031 Grand-Leez, bel.asbl@belgique.com
ドイツ：青少年による環境と自然のための活動ネットワーク（ＪＡＮＵＮ）：Jungendaktions Netzwerk Umwelt und Naturschutz e.V.,（JANUN）Gr. Barlinge 58a, 3011 Hannover; ニーダーザクセン州ベラルーシ連絡場、Niedersächsische Kontaktstelle Belarus（NiKoBela）, Große Drakenburger Strasse, 3, 31582 Nienburg
オーストリア：チロル・チェルノブイリの子供を支援する会：Tirol hilft den Kinder von Tschernobyl, A-6521 Fliess 111a, Tirol
アイルランド：チェルノブイリ・子供プロジェクト：Chernobyl Children's Project, 8 Sidneyville, Bellevue Park, St Luke's, Cork, adiroche@indigo.ie

訳注6：セバスチャン・プフルークバイル「甲状腺がん——アメリカがチェルノブイリの子供たちを実験用モルモットにする懸念について」*Schilddrüsenkrebs, Sorgen um Tschernobyl-Kinder als Versuchskaninchen der USA*、http://www.strahlentelex.de/Stx_03_390_S02-04.pdf

に六年がたつ。（中略）
協約に従ってベラムプロジェクトが手掛けるのは、甲状腺疾患発生の診断と追跡、疫学調査に限定されている。一度がんが発見されると、アメリカはあらゆる関心を失い、後はベラルーシ側の問題だと言う。信じがたいことだが、ベラルーシはプロジェクト開始当初から自国の患者を助けるために、発見される甲状腺疾患に適切な治療を施すことも、またプロジェクトのパートナーとして治療を財政的に支援することもアメリカに対して要求しなかったのである。ベラルーシ国民は今、合衆国が科学的データを収集する巨大な放射線実験場のモルモットでしかない。（中略）
一九九六年四月一日、長い取材の成果としてイギリスで放送されたドキュメンタリー映画『チェルノブイリ事故、十年後』は、チェルノブイリで調査を行なっているすべての国々の中でアメリカこそが、放射性ヨウ素と甲状腺がんの因果関係を認めることを最も頑なに拒んでいることを語った。「アメリカ政府には警戒する理由がある。一九五〇年代にアメリカ・エネルギー省は、故意に放射性ヨウ素を大気圏に放出させ、どのレベルでまで放射線雲の軌跡を追跡することができるか実験した。この実験は、すでに数々の核実験で引き起こされていた汚染をさらに悪化させることになった」（中略）。
現在、実験の犠牲者たちはアメリカ政府に賠償金を要求しているが、放射性ヨウ素と甲状腺がん増加の因果関係を証明する科学的証拠がないとして、国はこれを却下してきている。
チェルノブイリにおける甲状腺がんの劇的増加こそが、アメリカで大気圏に故意に放出された放射性ヨウ素の悪影響を実証するものであるというのが、アメリカの犠牲者側の論拠である。アメリカの研究機関、その中でもまさにベラルーシ保健省と《ベラム》プロジェクトを共同で進めている国立がん研究所は、被害者らによるこの主張を否定し、まずは旧ソ連の共和国（独立国家共同体）内で長期間に及ぶ詳細な研究を実施しなければ、明らかな見解は得られないとしている。アメリカの法体制に従えば、ワシントン政府が支払うべき賠償額は何十億ドルにものぼる。一方でベラムプロジェクトのための支出はその一％にも満たない（一〇〇〇万ドル）。これこそがアメリカがベラルーシで「明らかな見解」を得るために何十年にも及ぶベラム計画を行なっている政治的、法的目論見であろう。同様の計画はウクライナでも実施されている（ウクラム計画）。いったい研究が終了する三十年後に、アメリカの犠牲者の中に未だ生存し、その権利を主張している者がいるだろうか。このような背景から、アメリカ合衆国の真の目的は、チェルノブイリ事故による甲状腺がん増加に関する科学調査、データ、情報を絶対的にコントロールすることにほかならないことが浮かび上がってくる。それではいったいなぜベラルーシはアメリカの陰謀に手を貸すのだろうか。

欧米諸国では、医学的道徳観念から、完全な治療を初めから保証することなしには患者の病理研究を行なうことは許されない。ベラルーシでアメリカの研究を実施する場合に、この道徳を無視して良い理由があるのだろうか。（中略）

原子力エネルギーを集中的に利用している西側国家は、さらに別の科学プロジェクトをベラルーシに押しつけることによって、甲状腺がんに関する医学情報の利用を絶対的にコントロールしようとしている。米国、日本、そして欧州原子力共同体という一種の国際原子力同盟は、ベラルーシ保健省（そしてウクライナ、ロシア保健省）に対してチェルノブイリ事故後の甲状腺がんの生体組織及びデータバンク設立プロジェクトを押しつけた。その際「発表が互いに交錯することを回避し（中略）」「首尾よく」結論をまとめられるように、どの科学者グループに生体組織の研究権を与えるかは、過半数を占める西側諸国によって決定されるとプロジェクトの概要に記されている。

この計画は、第一にチェルノブイリ事故後の甲状腺がんと放射性ヨウ素の因果関係探求を手掛けているが、推進者らの要望から、患者におけるその他の遺伝的要素や発がん性物質による環境汚染との関係も調査することになっている。[原注7] 従って最終分析において、甲状腺がんの劇的増加の原因が、チェルノブイリ事故によって放出された放射性ヨウ素ではなく、ベラルーシ人の特別な遺伝子や環境汚染によるものだという結論が出ることもありうるわけだ。ベラルーシとの契約にはまだサインがなされていないが、すでに何年も前からミンスク政府の同意のもと、計画は事実上始動している。そしてここでも原子力同盟国の関心は、科学データの収集のみにあり、そのほかの世話は自分で勝手に行なうようにと、患者もベラルーシも突き放されているのである。

さて二〇〇〇年に戻ろう。地上から今消えつつあるかもしれないものの証言に、最後まで耳を傾けたい。

ヴァシーリ・ネステレンコ　一九八八年九月、私たちはミンスクのそばのスィヴィツァ村に赴きました。ここの子供たちの被ばく量は三四〇Bq/kgでした。一年間に四回、彼らにペクチンが与えられました。毎回三週間服用を続けます。そしてその前後の被ばく量を測定しました。今ではどの子供たちも体内蓄積量は四〇Bq/kg以下です。私たちは一年の間に彼らの被ばく量を八分の一まで減らすことに成功したわけです。チェルノブイリ汚染地帯の中でも、もっと状況が厳しいポレーシエという村では、子供たちの被ばく量を半分までに減らすことができました。反論の余地のない確証があるわけです。重大な事実は、これと平行して、バンダジェフスキーの医科大学の医師たちも子供たちを検診したことです。彼らは子供たちの心電図や免疫システムを検査したのですが、その結果、ペクチンが抗酸化物質に似た作用を持つことを実証しました。ペクチンは身体器官のアレルゲンを除去し、鉛などの重金属を排出します。「ただのリンゴがそれほどまでの効力を持つなんてありえない」とみんな言いますが、「毎日リンゴを食べる者は病知らず」[訳注7]という諺があるではないですか。ペクチンは本当に唯一無二の自然物質で、その作用のメカニズムは実に興味深いものです。人間が摂取したペクチンは胃では消化されません。ペクチンは膨張して消化器官を通過し、大腸に達します。大腸では食物はアミノ酸に分解されます。溶解性の放射性セシウム１３７

原注７：ここで著者のプフルークバイルがチェルノブイリでの病理増加のもう一つの原因となっている主要な放射性核種について言及していないのは残念極まりない。それは甲状腺における慢性的な放射性セシウムの蓄積である。バンダジェフスキーの研究は、セシウム１３７は特に小児において、その他の器官や組織よりも甲状腺に多く蓄積することを実証している。それだけではない。西ヨーロッパでは、一九六〇年代、甲状腺の結節をスキャンするに当たって、その位置を確認するためにセシウムの放射性核種が使用されていた。ＩＡＥＡや専門家連は、ここでも例によって病理学や特に小児科医学におけるセシウム１３７の機能を忘れさせようとしている。一方、ＦＤＡ（Food and Drug Administration 米国食品医薬品局）はセシウム１３７を非常に危険視しており、チェルノブイリのような原発事故、あるいはセシウム１３７を放出する爆弾が使用された際に国民及び軍隊をセシウムから守るための調合剤を開発し登録するようアメリカの製薬会社に呼びかけている。

訳注７：リンゴの薬効はヨーロッパで古くから良く知られ、一九一三年、イギリスのエリザベス＝メアリー・ライトが『田舎の諺と民間伝承』Elizabeth Mary Wright, *Rustic Speech and Folklore* に収録した **An apple a day keeps the doctor away**「一日一個のリンゴ食べれば、医者いらず」という諺はヨーロッパ各地に広まっている。

はこの溶液の中に存在するのです。ペクチンは臓器に吸収されません。そしてセシウムを吸着し、消化管を通して体外に運び出すのです。

さらにもっと重要なメカニズムがあります。私たちは皆、体内に「貯蔵庫」と呼ばれるものを持っています。それは筋肉です。セシウムは筋肉に沈着します。化学的に見るとセシウムはカリウムとまったく等価です。心筋は、体内の他のどの筋肉に比べてもカリウムを二十倍多く含んでいることはよく知られています。そして化学的に等価であるセシウムも多く含有するのです。筋肉が活発であるほど、多量の放射性セシウムが蓄積します。ペクチンは五〇から七〇ミクロンという極めて微細な粉末ですので、血管の壁を通して血液に侵入し、こういった「貯蔵庫」に到達し、セシウムを吸着して腎臓を通して排出するのです。この二つのメカニズムはロシアとウクライナのクルィヴィーイ・リーフ[原注8]の臨床実験によって証明されました。鉛、カドミウム、水銀、そして放射性物質を吸着するペクチンの効力についてはもはや疑いはありません。一方ペクチンは新陳代謝に不可欠なミネラルである銅、亜鉛、鉄、マンガン、セレン、カリウム等には触れないのです。神のこの創造物に感謝をしなければなりません。

ミシェル・フェルネ博士による追加説明　栄養サプリメントとしてのペクチンは、汚染食物を摂取し続けた動物が、放射性セシウムやストロンチウムを吸収することを防止する働きがあります（コルズンによる研究[原注9]、キエフ）。同様の効果は、人間においても、ペクチンの服用と放射能汚染をしていない食事療法を併せて実施した場合に発揮されます。これは内部被ばくをした人の体内で、セシウムを胆汁または腸管においてペクチンが吸着するからです。効果的な吸着剤が存在しなければ、セシウム１３７は小腸によって吸収され、内分泌腺や心臓、胸腺といった大切な器官に傷害を与え続けます。経口摂取したペクチンによってセシウムが吸着されれば、体内器官のセシウム蓄積量は減少し、放射能を原因とする傷害は減少しまたは消失するのです。

ヴァシーリ・ネステレンコと共同研究者たちは、プラセボ［本物に似せた偽薬］グループを用いて、ゴメリ近郊の村で、内部被ばくをした同じ条件の子供たちを対象に、二重盲検法及び無作為抽出調査によってそれを証明するための実験を行ないました。サナトリウムで保養中の子供たちは、調査についての詳細な説明を受けた後に、調査への同意を表明しました。母親の同意は書状で確認されました。規定通り、倫理委員会によって調査は監視され、承認されています。調査結果は『スイス・メディカル・ウィークリー』紙上に発表されました。放射性セシウムを含まない「きれいな食事」を三週間取った場合、身体器官のセシウム１３７蓄積量は一四％減少していました。しかしこのグループの体内蓄積量は、体重に対して二〇

原注８：『濃縮リンゴをベースとしたペクチン調合剤《ヤブロ・ペクト》ＸＤ・一四・〇二・〇〇二・九七に関する科学研究及び臨床実験報告』、ウークルポムメド研究所、クルィヴィーイ・リーフ（ウクライナ）、一九九七年。*Otchet o naoutchno-isslédovatelskoï raboté po klinitcheskim ispytaniam pektinosoderjachégo préparata iz iablotchnogo chrota* "Yablopekt" XD.14.02.002.97,（*Compte rendu sur les recherches scientifiques et tests cliniques de la préparation pectique à base du marc de pommes "Yablo- pekt" XD.14.02.002.97*), Institut de recherche Oukrpommed, Krivoy Rog（Ukraine）, 1997.

原注９：「原子力大事故後の食料問題とその影響」、『放射線医学国際ジャーナル』、一九九九年、二（二）：七五～九一ページ、"Nutrition problems under wide-scale nuclear accident conditions and its consequences", *International Journal of Radiation Medecine*, 1999, 2（2）:75.91.

Bq／kgを下回ることはありませんでした。放射性セシウムを含まない「きれいな食事」に加えて、毎食茶さじ一杯の粉末ペクチンを摂取したグループにおいては、体内のセシウム137量は六三％減少し、全員の蓄積量が二〇Bq／kg未満にまで下がったのです。

ヴァシーリ・ネステレンコの研究チームは、さらに循環器専門医であるバンダジェフスキー夫人と協力して補完的な臨床研究を行ない、ガリーナ・バンダジェフスカヤを筆頭著者に、研究結果を発表しました。ここでのテーマは、セシウム137の体内蓄積量と心電図に現われる症候や変容の間の統計学的相関関係です。ペクチンによる食事療法は、体内セシウム蓄積量を減少させるだけでなく、いくつかの臨床症状を有意に緩和させていました。この研究もまた、査読委員会の厳しさで定評のある『スイス・メディカル・ウィークリー』紙上に発表されました。この二つの研究はインターネット上で誰でも閲覧が可能です。〈www.smw.ch〉

ドイツのユーリッヒ核研究所と共同で行なわれた研究は、ベルラド放射線防護研究所によるペクチン調剤の効力だけでなく、安全性も証明しました。それに先んじたベラルーシのニカ・グレスらによる研究は血漿の微量元素における安定性に重点をおいていましたが、結果は同様に好ましいものでした。

四　ドイツの教授、バンダジェフスキーを酷評する

一九九九年十二月六日、ユーリ・バンダジェフスキーが未だ予防拘禁の身であった頃[原注10]、ＩＰＰＮＷ（核

戦争防止国際医師会議）ドイツは、バンダジェフスキーを守るべくルカシェンコ大統領に宛てた手紙への署名を集めていた。この時、ＩＰＰＮＷドイツ内で強い影響力を持つレングフェルダー会員は、署名運動に抗議する手紙を組織に送ったのだ。彼はこの署名運動が、ソ連崩壊後のベラルーシ共和国に対する偏見から生まれた表面的で的外れなものだと批判した。レングフェルダーは、署名運動の提唱者であるミシェル・フェルネ（当時のＩＰＰＮＷスイス会長）とウルリヒ・ゴットシュタイン（当時のＩＰＰＮＷドイツ会長）が、バンダジェフスキー教授とその研究についても、ゴメリ医科大学における教授の人脈や、司法が捜査を行なわねばならなかった裏事情（*Hintergründe*）についてもまるきり無知であるとした。「考えてみればわかる」と彼は主張する。なぜソ連時代に、たった三十三歳の若造が、新設されたゴメリ医科大学学長の座に収まることができたのか。「バンダジェフスキーの投獄理由が、彼の原発に対する批判的態度にあると考えるのは非現実的だというのが私の所見だ」とレングフェルダーは書く。しかもそれで終わらない。ベラルーシ検察によるバンダジェフスキーの告訴状には次のように書かれているとレングフェルダーは主張した。「バンダジェフスキーの所属する学部と事務局は、定員よりも受験者数の方が常に大きく上回るため、学生を選抜するに際して、報酬と引き換えに定員を上回る受験者を受け入れていた。私は若い学生の親を数多く個人的に知っているが、子供に学びの機会を与えるためなら、何百、何千ドル支払うことに対して何の文句も言わなかった」。レングフェルダーのこの書面を読むと、もしや彼こそが、当時ゴメリの軍事裁判所が必死に探しながらどうしても発見できずにいた、バンダジェフスキーへの弾劾を唯一撤回

原注10：バンダジェフスキーは一九九九年七月十三日から十二月二十七日まで拘禁された後、二〇〇一年二月十九日の裁判まで自宅軟禁を命じられた。

しない証言者だったのではないかと疑いたくなる。

「真実を知り過ぎた」研究者に対する裁判が開かれもしないうちから、西側の「科学者」が、告訴理由を知っているということが、普通ありえるだろうか。ほかにも例がある。ある医学会の食堂で、レングフェルダーは、オケアノフ教授[訳注8]が公金を着服していると口にした。会食の場でこのような告発を行なうことに、フェルネ教授は少なからず驚いた[原注11]。オケアノフ教授は、ベラルーシ南部汚染地帯の住民やリクビダートルの間でがんが猛威をふるった後、研究所を失うことになった[訳注9]。レングフェルダーのような西側諸国の「科学者」は、自国では反原発派として通っている。彼らは裏と表の態度を使い分けることで、ベラルーシへの科学観光旅行費用を集め、研究所を運営するための寄付金にありついているのだ。そして汚染地域を訪れると、他人が集めたデータを失敬する。また科学的発表を行なうのにも、この二面的態度は大変に有効なのだ。出世は保証されたようなものである。この手段に誘惑された科学者は少なからず存在する。

レングフェルダー教授は、ＩＰＰＮＷドイツに宛てた書簡を、次のようなあっぱれな条件を提示しながら締めくくっている。「計画中の署名運動にＩＰＰＮＷが関与することについての責任は極めて大きいため、私が提案する（当初予定されていたものとは異なるが）法的罰則力（*volle Haftung*）を持つ次のような宣言を事務局が行なうことを提案する：

——ＩＰＰＮＷは、あらかじめレングフェルダー教授の合意なくしては、予定されている署名運動についていかなるコメントも、活動も行なわない（後略）」。この書状が本気で受け止められたのだとしたら滑稽極まりない。

二〇〇〇年秋、ドイツの女性ジャーナリスト、アレクサンドラ・カヴェリウスは、ベラルーシの二人の異端の科学者について自らの手で客観的に取材することを決意し、誰よりも先に、レングフェルダー教授[原注12]にインタビューを行なった。一方、ユーリ・バンダジェフスキーとヴァシーリ・ネステレンコには、私を介していくつかの質問を送った。ネステレンコから、次のように彼女に伝えるよう私は頼まれた。

原注11：ミシェル・フェルネをさらに驚愕させたのは、レングフェルダー教授が医者仲間の間にフェルネ先生が薬物中毒またはアルコール中毒ではないかと尋ね回っていたことだ。まったくこのレングフェルダー教授にとって誹謗中傷は天職らしい。

原注12：この記事は二〇〇一年四月二十六日「テディベアの死」*Tod dem Teddybär* というタイトルで『南ドイツ新聞マガジン』誌 *Süddeutsche Zeitung Magazin* に掲載された。

訳注8：Alexei E. Okeanov, チェルノブイリ事故当時はベラルーシ保健省メディカル・マネージメント・テクノロジー・コミュニケーションセンター所長。現在、ミンスク国際サハロフ環境大学教授。チェルノブイリ原発事故前後の統計、また異なる地域の罹患率を比較して、事故後あらゆる器官における悪性腫瘍の発生率が一般的に有意に増加したことを発見した。*A national cancer registry to assess trends after the Chernobyl accident*, Swiss Medical Weekly, 2004; 134: 645–649.

訳注9：オケアノフ教授は、一九九五年、当時のWHO事務局長中嶋宏氏の主導で開かれた『チェルノブイリ事故及びその他の放射線事故が健康に及ぼす被害について』と題するジュネーヴ国際会議において、ベラルーシが所有し、WHOにも認知されている一九七二年来の公式がん記録と対比させながら、チェルノブイリ事故後、リクビダートルにおける白血病やがん発症率が上昇している事実を報告した。さらに翌年のウィーン会議においても「チェルノブイリから十年後、事故による被害がもっとも大きかった三国において、放射能による顕著な健康被害は現われていない」とする結論に反論し、がんの発症率上昇を再び報告した。その直後、オケアノフ教授が所長を勤める研究所は解体された。ミシェル・フェルネによれば、このようながんの公式記録を所有する国は少なく（フランス、ドイツ、スイスには同等の記録は存在しない）、データベースを抹殺することが目的だったと考えられる。

ヤーコフ・ケーニグスベルグは保健省付属放射線医学研究所の副所長です。私は彼とは交際していません。子供たちの放射線防護とペクチンの使用に対するケーニグスベルグの見解は、レングフェルダー氏のものと同様に非人間的だからです。二〇〇〇年五月十二日に行なわれた非常事態省主催の会議中、ヤーコフ・ケーニグスベルグはホールボディカウンターを用いた子供の内部被ばく測定とペクチンベースのサプリメントを用いた子供の防護に徹底して反対しました。この件についてドイツのエドムント・レングフェルダー教授の支持を得ていることを彼はその場で明言しました。これら諸氏はいずれも原子力ロビーの一員で、子供たちの健康を守る活動から遠ざける必要があります。私は驚いてしまいましたが、そのジャーナリストの方は、こうした人物からバンダジェフスキーや私たちの仕事について客観的な評価を得られるとほんとうに思ったのですか。

一九八五年と現在のゴメリ地方における死亡率については、ユーリ・バンダジェフスキーがお答えできるでしょう。彼は医者であり、ベラルーシの年度ごとの公式統計を所有しています。

二〇〇〇年十月一日、私はアレクサンドラ・カヴェリウスから届いたユーリ・バンダジェフスキー宛てのロシア語の手紙をファックスで本人に転送した。

ご面倒をお掛けして恐縮ですが、取材の上で、私は西側諸国からの批判（レングフェルダー氏と仲間たち）を考慮に入れないわけにはいかないのです。彼らが部分的に不正確な情報を用いていることはよくわかりました。反駁するためには、あらゆる手段を尽くすことが非常に重要なわけです。そのためにはいくつかの補足情報が必要です。

一　次のような申し立てが存在します：「バンダジェフスキー教授が出世することができたのは、彼の妻が何人かの政治家と仲が良かったからである。若いバンダジェフスキーの輝かしいキャリアを可能にしたのは、彼の能力ではなく、政治家との交友関係に過ぎない」。この件に対してはどのような弁明をされますか。当時あなたは共産党党員でいらっしゃいましたか（このことは私自身にとっては何の意味も持ちませんが）。

二　また次のようにも申し立てられています：「バンダジェフスキー氏が用いる証拠は、放射能測定のパラメーターを部分的に誤用している。この事実のために彼は母国でも専門家から批判を浴びている」。第二の批判：「バンダジェフスキーの統計結果は誤っている。低レベルの数学だ」。この件に関して、フランスでのあなたのアシスタントの名前と住所を教えていただけますか。彼らのほかに、あなたの研究のオリジナルを知っていて、簡単な評価を与えてくれる証人をご存知ですか。氏名、住所を二件、教えていただければ幸いです（ファックス番号がベストです）。アメリカ人、または日本人の証人はいますか（《記章の金、太陽》[原注13]賞との関係から）。

原注13：放射線病理学分野における科学研究に与えられるアメリカの国際賞。

三　同僚の多くが、あなたを非難したせいで解雇されたというのは事実ですか。事実だとしたら、その数は何人ですか。虚偽の告訴を取り下げたというのは副学長のことですか。これは正確な情報ですか。

ユーリ・バンダジェフスキーは二〇〇〇年十月二日に返信した。

一　私の妻、ガリーナ＝セルゲイエヴナ・バンダジェフスカヤには、私が現在のキャリアを築きはじめた時代、一人として政界または国家要人の知人はいませんでした。彼女の両親は生まれた村を生涯離れたことのない農民です。妻が政治家と交流していたという貴書の情報源を手元にお持ちでしたら、法的に訴えるため、私に送付していただけるようお願いします。

一九九一年まで私はグロドノ医科大学で科学研究を行ない、多くの成功を収めました。同大学の科学研究中央実験室に所属する多数の専門家が、当時の私の仕事をよく知っています。この期間、私の指導下で六名の科学博士研究が用意され、一九九〇年には私たちのチームは実験病理学における研究成果のためにベラルーシのレーニン・コムソモール［共産党青年組織］賞を受賞しました。当時刊行された私の科学研究は旧ソ連の主要紙上に広く公表され、特許により保護されています。私の研究方向はまったく新しいもので、先人はほとんどありませんでした。ソ連、またベラルーシではなおのこと、奇形学や実験病理学を扱った学者はほぼ皆無だからです。

一九九〇年、私はゴメリのまだ存在しない医科大学学長に任命されました。私はこの大学をすべて自分の手で作らなければいけませんでした。まったく人脈もなく、頼りになるのは自分の科学知識だけでした。このことはあらゆる専門家の協力を失った時代にも、私が不十分な環境で技術的に複雑な実験（放射性セシウムの胎児への影響に関する研究）を実践したという事実からも明らかです。この九カ月間、私は三冊の本と一連の記事や論文を執筆しました。原注14

私は一九八八年に共産党の党員になり、一九九一年に離党しました。

二　研究の中で私は、放射能に対する複雑な計算に基づくパラメーターはまったく使用していません。住民の被ばく量計算は行なっていないからです。私が使用するのは身体器官に蓄積した放射性核種の量で、ベクレルで表示されるものです。統計データが使用されている場合、特にスチューデント訳注10の定めたもののように信頼できる方法で確立された基準に厳格に則っています。

モスクワの歯科口腔科研究所や人民友愛大学、モスクワ医大科学評議会の科学顧問の人たち、またロシア科学アカデミーのアレクセイ・ヤブロコフ教授、フェルネ教授や彼の協力者たちが、私の科学研究に精通しています。

原注14：バンダジェフスキーは自宅軟禁時代、裁判の準備もそっちのけに、これらの研究を完成させた。彼は自分の無実釈放を信じていたのだ。

訳注10：William Sealy Gosset イギリスの統計学者、ウィリアム・シーリー・ゴセット（一八七六年～一九三七年）のペンネーム。推計統計学の開拓者。

私が同僚と共に得た科学情報の大部分は博士論文の形で発表され、ロシアとベラルーシの各種科学センターで審査に合格していることを再度確認しておきたいと思います。そのうちの多くは形態学に関する章と標本プレパラートを含んでいるので、これは私たちの結論が実在するという説得力に満ちた下地であります。

三　学長として医大を指揮する立場から、私は義務を果たさない者を罰することもありました。副学長を一度罷免したことがあります。職務義務に反する行為が認められたためです。彼は復職を求めて告訴しましたが、法廷では認められませんでした。

レングフェルダー教授は、私が逮捕される一週間前に学長室を訪れ、私の研究を賞賛しました。その教授が、そのように主張しているとは驚くばかりです（彼は私にチェルノブイリ事故収束に関するアメリカの科学者の役割を取材したフィルムをプレゼントしてくれたほどです）。

レングフェルダー教授が、わが国の科学者たちと同様、われわれの医大が開催した数多くの科学セミナーやシンポジウムに参加しながら、その場では私の公表した科学データに対して一度も異議を唱えたことがないのは、奇妙極まりないことです。

一九九八年の科学アカデミー生医学問題会議では、私の紹介した科学データは承認され、この方向をさらに発展させる提案がなされました。同様の支持が著名なアメリカの科学者、ジョン・W・ゴフマンから届きました。彼は私の研究を熟知しています。

フェルネ教授はドイツの学会で、ベラルーシの二人の科学者、バンダジェフスキーとネステレンコに対するバッシングが行なわれているのを目の当たりにして帰国した後、次のように発言した。

「ベラルーシ共和国は、西側から高価な器具や医薬品、あるいは金そのものを手土産にやってくる人たちが叩く陰口に惑わされることなく、何が自国にとって本当にためになるのかをいいかげん見極めなければいけない。ベラルーシには非常な才能に恵まれた研究者や医師がいる。彼らの言葉に耳を傾け、祖国のために情熱的に仕えている彼らに支援の手を差し伸べるべきである。国際社会もまた、彼らを認めなければならない。西側諸国の研究者たちは、学会やシンポジウムを通してこうしたベラルーシの科学者を認知させる責任を負っている。現在のように彼らに代わって発言を行なうのではなく、彼ら本人を西側に招待するべきだ。そして最高レベルの科学書に研究を発表できるよう手助けするべきである。アメリカの教授たちがやっているように、そのために科学部の編集者に金を支払わなければならなかったとしてもだ」。

医学者としての倫理的立場から、食物に多量のセシウム137を検出しながら、つまり子供たちに高い内部被ばくを負わせながら、（継続的な避難が不可能な場合）ペクチン療法を施さないのは許しがたい。まるで子供の痰からコッホ菌を検出しながら、その子の結核を治療しないようなものだ[原注15]」。

原注15：ミシェル・フェルネ『なぜリンゴ・ペクチンなのか?』*Pourquoi la pectine de pomme ?* 二〇〇四年六月三十日、七月一日にスイス及びフランス大使館に提出された文書からの抜粋。

第四部　民主主義の顔をした収容所の看守

第一章　嘘つきヨーロッパ

なぜネステレンコ教授は、ベラルーシの原子力産業によって被ばくした子供たちの健康を守るためにヨーロッパから一度も資金援助を受けることができなかったのだろうか。

サプリメントであるビタペクトを使用することで子供の体から放射性物質を除去できるかどうか、その効果を判断するためのＴＥＳＴプロジェクトの原案は、二〇〇〇年十月、ヴァシーリ・ネステレンコが緑の党の招きでストラスブールにある欧州議会にやってきた時、イヴ・ピエトラサンタ議員に提案して生まれたものである。

ピエトラサンタは、バリー・マックスィーニーに一筆書いた。マックスィーニーは、イタリアのイスプラ［北イタリア、ロンバルディア州］にあるＪＲＣ[訳注1]の所長を当時つとめていた。ＪＲＣは、欧州委員会[訳注2]に帰属しているセンターだが、マックスィーニーはペクチンが重金属を吸着する性質を持つことを知っていたので、セシウム１３７に対する効果を調査することを喜んで受け入れた。二〇〇一年六月にイスプラで作業会議が開かれ、そこには、私自身のほかに、Ｖ・ネステレンコ、そして汚染地域にある一二の村でビタペクトを使用する対策及び予防キャンペーンを提案したミシェル・フェルネが同席した。この提案は承諾され、ミシェル・フェルネは、二重盲検法の手引書を書くこととなった。

私たちは、財政援助が二〇〇一年の九月には得られるものと単純に期待していた。というのも、ベルラド放射線防護研究所の資金状態が苦しくなりつつあることが当時すでにわかっていたからである。しかしながら、ビタペクトのサンプルを分析した研究結果が出て、JRCによる「テクニカルアセスメント」が書かれたのは、二〇〇二年一月になってからのことだった。

二〇〇二年二月二十二日、JRC所長の研究助手をつとめていたサリジアニスは、提案が通ったという結論を連絡するとともに、私たちの分析がプロジェクトにとってためになるように、とりわけベラルーシの子供たちのためになるようにプロジェクトを練ってほしいと伝えてきた。

私は、JRCの報告書にコメントするようにネステレンコに依頼した。ネステレンコはJRCの提案と変更にすべて同意した。ただその際、JRCが例として挙げているフランスのグループ、エートスの仕事に関してはコメントを加えた。当時エートスは、ベルラド放射線防護研究所のチームが調査している村の一つですでに活動をしていた。

訳注1：EUに所属する組織 **Joint Research Center**（共同研究センター）の略称。欧州五カ国（ベルギー、ドイツ、イタリア、スペイン、オランダ）の七つの研究機関が結成している共同研究組織であり、当初は原子力開発を目的にしていたが、現在ではエネルギー、環境、安全、情報など幅広い分野に展開している。
訳注2：欧州連合（EU）の政策執行機関。

JRCの報告書：ベラルーシ、ブレスト州のストーリン地区にあるオルマニー村で行なわれているエートス・プロジェクトは、住民にリスク軽減のための方法を教育すれば効果的に被ばく量を減らせること、また個人でのリスク管理のレベルをある程度向上させられることを示す模範的な活動である。

これに対するネステレンコのコメント：

エートス・プロジェクト（もしくは同等のプロジェクト）に関して以下所見を述べる。

エートスは、地域住民にさまざまな放射能防護法を教え、これを積極的に活用するよう促すことをほとんど行なっていない。同様に、年間被ばく線量を軽減させるための多岐に渡る方策を住民に知らせる努力も乏しい。従って以下の対策が必要である。

・汚染地域に住む住民が化学肥料を使って畑を改良することで地中にある放射性物質の食物連鎖への移行を軽減できるように、住民に資金提供をするよう努めること
・汚染されていない《きれいな》牛乳と肉を生産できるよう、カリウム、リン、カルシウムなどの化学肥料を使って牧草地などを改良すること。
・キノコ類やベリーが《きれい》になるよう、八〜一〇キロ圏内の地域にある森の土に対してカリウムや褐炭などの化学肥料を使用すること。
・住民が家庭菜園で栽培している野菜や果物、及び森で採集してくる食物の放射能を定期的に測定することが習慣化するように住民たちに働きかけること。

・ホールボディカウンターを用いて臓器に取り込まれたセシウム137の被ばく量を定期的に検査し、また体内に累積した被ばく量及び年間被ばく量を減らすためにペクチンを含んだサプリメントを住民に定期的に摂取させること。
・食品に含まれる放射性核種を減らすために、牛乳の分離、キノコ類と肉類の漬け込みなどの処理方法を教育者、親、子供たちに教育すること。

この日をさかいに事態は停滞した。この年の終わり、欧州委員会の対外関係総局[訳注3]（DG RELEX）でマックスウィーニーの助手をしているピエール・フリゴラ氏は、「誰もがこのプロジェクトに賛成というわけではない」と非公式に伝えてきた。詳細は明記していないものの、タシス（TACIS）[訳注4]プログラムの一環として、一つないし二つの「環境」プロジェクトに対して、とりあえず欧州委員会の対外関係総局（DG RELEX）が一〇〇万ユーロの資金を出資するということを、JRCの執行部は取り付け、またJRCは、欧州委員会に対して科学的な査定援助を行なうが、「別の部署」がJRCとは違った方策を持っているということも伝えられた。

その後、さらに強い要請があったようで、以下のようなやりとりが交わされたことが、四月二十二日、ピエトラサンタの協力者で緑の党の代議士であるマリー＝アンヌ・イスレー＝ベガンの事務所からソラ

訳注3　二〇一〇年に欧州対外行動局に統合された機関。
訳注4　Technical Assistance to the Commonwealth of Independent States の略称。ソ連崩壊の後に新たに独立した国への原子力安全技術の援助プログラムで一九九一年より実行された。

ンジュ・フェルネに伝えられた。その内容をかいつまんで言えば、ネステレンコがどこかの官庁に支援を頼むように——これが欧州委員会から資金援助を頼むときには必要な手続きなのだが——またただちに在キエフ欧州委員会代表であるノルベール・ジュスタン[訳注5]に連絡するように、私からネステレンコに助言しなければならないということだった。

ピエトラサンタ殿

私どものキエフ支局の代表から、タシス原子力プログラムの財政支援担当者宛てに書かれた内部文書のコピーを受け取った次第です。

この文書には、「チェルノブイリ原発閉鎖に伴う社会的影響」に対して六〇〇万ユーロが二〇〇三年の予算に盛り込まれ、しかもそのうちの一〇〇万ユーロはウクライナとベラルーシでの事故後の被害対策に割り当てられなければならないと明記されています。(中略)ただちにネステレンコ教授がキエフの私どもの代表と連絡を取っていただきますようお願い申し上げます。また、在キエフ欧州委員会のノルベール・ジュスタン代表にも一筆書いていただきますれば幸いです。

P・フリゴラ

在キエフ欧州委員会代表責任者
ノルベール・ジュスタン殿

拝啓

チェルノブイリ原子力発電所に関連した社会的及び健康的な影響を欧州連合が管理するにあたって、また一九九七年に開始された地域プロジェクト TAREG 7/03/97 を継続する中で、六〇〇万ユーロの予算が二〇〇三年度計上されます。

欧州委員会の共同調査センターは、昨年、私が後ろ盾となり、ネステレンコ教授がミンスクで率いるベルラド放射線防護研究所と協力することに署名しました。ベルラド放射線防護研究所は、ベラルーシの放射能汚染が健康にどのような影響を与えるかを研究、且つ予防するための専門機関であります。昨今、この協力事業に対して一〇〇万ユーロが予算として支給される旨連絡を受けました。

ベラルーシは政治的に難しい状況におかれ、またチェルノブイリ事故後、健康、医療、経済の点で想像を絶するような問題に直面し苦しんでいますが、その中、ベルラド放射線防護研究所が行なう科学的、且つ人道的な活動には欧州連合からの援助があらゆる方面で必要であり、そういった意味でも、このような協定に署名をしていただけたことを心から喜んでおります。とりわけ、研究と活動に関して独立した姿勢を貫いているベルラド放射線防護研究所が今日非常に厳しい財政状況に置かれているがゆえになおさら喜ばしいことであります。

この協力関係を実現させ、EU予算から一〇〇万ユーロがネステレンコ教授の研究所に迅速に交付されるためには貴殿の協力がぜひとも不可欠であります。ご協力のほどどうぞよろしくお願い申し上げます。

イヴ・ピエトラサンタ

訳注5　ノルベール・ジュスタンについては、第四部第三章五五二ページを参照。

欧州議会議員
欧州議会科学研究委員会副代表

この書簡は当時の混乱した状況に一筋の光明を当ててくれた。JRCが「EU予算」の一〇〇万ユーロをベルラド放射線防護研究所のTESTプロジェクトに対して獲得したことがここには明確に書かれている。少なくともこの点だけは、文字通りに受け取ることができるように私には思われた。それは、プロジェクトを政治的に推し進めたイヴ・ピエトラサンタへの敬意でもあり、またチェルノブイリの惨事がもたらしている被害を一時的にでも抑えるためにヨーロッパの公的資金が使われるよう監視しなければならない市民精神から考えたことでもあった。

二〇〇二年四月二十二日、私はネステレンコにミシェル・フェルネの提案を伝え、予算全体を構成する一連の項目を、ジュスタン氏に対して臆せず提示するように言った。JRCに割り当てられたのは、そのうちの科学分野に関するものに過ぎず、予算の最終目的は子供たちを救うことになるはずだった。

ベルラド放射線防護研究所は一〇〇万ユーロ程度かかるプロジェクトを、TESTプロジェクトを中心に四つのステップに分けて準備し、ネステレンコはその詳細をジュスタン氏に四月二十四日付で書き送った。しかし、この進捗については、「舞台裏で」直接膝を突き合わせて検討すべきだったのだろう。というのも、このプロジェクトは消滅してしまうことになるからだ。

二〇〇二年六月三十日、ネステレンコはピエトラサンタに次のように書いている。

貴殿の勧めに従い、二〇〇二年五月二十七日、キエフのタシス代表部局宛で、ウクライナ欧州委員会代表責任者ノルベール・ジュスタン氏に対して、ミンスクのタシス代表部局のラウル・デ・ルッツェンベルガー氏を介して、四つのプロジェクトに関して、一筆書きました。どのような結果になったのかわかりません。

私自身は、スペイン首相であるホセ＝マリア・アスナール氏、欧州委員会委員長であるロマーノ・プローディ氏、同委員会委員であるクリストファー・パッテン氏らが、イスレー＝ベガン氏に対して、二〇〇二年の一月から四月にかけて宛てた書簡に目を通しました。これらにはすべて、チェルノブイリ事故による人的被害を抑えるためのプログラムがタシスによって支援され、また非政府組織［NGO］の企画するプロジェクトを支持することで市民社会を応援することを望んでいると書かれてありました。

ベラルーシの政府と行政機関は、国家機構に所属する研究機関が提示する国際プロジェクトを優先しています。従って、独立組織である私たちが出したプロジェクトは、初めから不利な立場にあるのです。

ピエトラサンタ議員にぜひ知っていただきたいことは、私たちが最初に出したプロジェクトTESTも、欧州委員会のJRCからすでに認可を得ているにもかかわらず、未だに全く財政支援を受けていないということです。

提示しました四つのプロジェクトが早急に実現できるようご尽力いただけますれば、幸甚に存じます。

二〇〇二年七月七日、ベラルーシ・チェルノブイリ政府委員会（Com Tchernobyl）の委員長であるヴラディーミル・ツァルコ[訳注6]は、以下の四つのプロジェクトに関して、ミンスクにある欧州委員会の代表に支援の手紙を送った。

1「TESTプロジェクト」

2「復興プロジェクト」：子供たちを放射能から守り、ゴメリ地方ナロヴリア地区の居住地域を復興する。

3「食品の放射能測定プロジェクト」：放射能管理センターを地域に二〇ほど開設し、チェルノブイリ事故の結果汚染されたベラルーシの土地で採れた食品の放射能を検査すると同時に、必要な放射能防護法を住民に知らせる。

4「子供の健康を守るプロジェクト」：子供の健康状態を調査する。フランスのミシェル・フェルネ教授と共同で準備。

城は沈黙したままだ[訳注7]。

それから一年以上も過ぎた二〇〇三年四月四日、私はイヴ・ピエトラサンタの協力者で緑の党の代議士であるマリー＝アンヌ・イスレー＝ベガンに概要を暫定的にまとめた手紙を送った。イスプラの会議からはかれこれもう二年近くも経っていた[原注1]。

二〇〇〇年十月うけたまわったイヴ・ピエトラサンタ氏からの勧めに従い、ベルラド放射線防護研究所は二〇〇二年の春、四つのプロジェクトの準備を精力的に行ないました。このプロジェクト案については、二〇〇三年すでに手続きに則った形で、タシスの資金援助を受けられる期限内にデ・ルッツェンベルガー氏にお渡ししていますが、今日現在、ブリュッセルの欧州委員会では依然として登録されていません。

この事実は、シャルル・ドゥルーズ氏によって最近明らかにされたことです。ドゥルーズ氏は、ベルギー在住で、ベルラド放射線防護研究所とともにベラルーシの被ばくした子供たちの受け入れに協力しています。ネステレンコ氏は、予定していた資金援助がなぜ未だに来ないのか理解に苦しむとドゥルーズ氏に説明を求めています。ドゥルーズ氏は、コジレフ氏に連絡を取りましたが、コジレフ氏が調査した結果、拒否されたプロジェクトのリストの中にも、また委員会で受理した書簡記録の中にも何も見い出せないとのことでした。しかしながら、十二月にミンスクのフランス大使

原注1：以降の展開の理解を助けるために確認しておきたい：ヴラディーミル・コジレフはブリュッセル、欧州委員会のタシス事務局の人間。ノルベール・ジュスタンは欧州委員会の在キエフ代表であり、且つタシスに関してロシア、ウクライナ、ベラルーシ三カ国を代表している。ジュスタンにはコンスタンチノフなる協力者がウクライナにいる。ラウル・デ・ルッツェンベルガーはミンスクのタシスの代表であり、彼のベラルーシでの協力者はミフネヴィッチ。

訳注6：ヴラディーミル・ツァルコについては、第四部第三章五五五ページを参照。
訳注7：チェルトコフはここで欧州委員会を、官僚主義の不条理を象徴するカフカの『城』と重ねている。

館で開かれたパーティーの席で、ジュスタン氏は、ベルラド放射線防護研究所のプロジェクトについて聞かれた際、書類は九月以来欧州委員会にあり、彼の私見ではまもなく返事が来るとのことだったのです。

プロジェクトのアブストラクトは、規定の手続きに則り、ミフネヴィッチ氏からキエフのコンスタンティノフ氏にしかるべく送られ、コンスタンティノフ氏が、ブリュッセルの欧州委員会に送ったはずです。承認された後、受付番号が書類に付けられ、それがベルラド放射線防護研究所にも連絡され、それを受けて研究所がプロジェクトに関する完全な書類を委員会に直接送ることになっていました。アブストラクトが最終目的地に到着していない以上、ジュスタン氏はおそらくピエトラサンタ氏に何らかの説明をしなければならないと思われます。ヨーロッパからの資金援助はチェルノブイリ事故によって汚染された三つの国に関与していますが、書類の配信はキエフで滞っています。一年が無駄になりました。この時点で、問題は政治的なものとなりました。

ヴァシーリ・ネステレンコ氏は、日々資金面での問題と戦っています。協力者の中には、給与が安いと言ってやめざるを得ないものも出てきました。ネステレンコ氏は、ヨーロッパからのこの財政支援に非常に期待していました。これがあれば一息つけるからです。ネステレンコ氏自身、心臓の病気を抱えていますが、この資金面での心配と恒常的な緊張が、健康面にも影響を与えています。

マリー＝アンヌ・イスレー＝ベガンのアシスタントをしていたジェフ・リヴァランは、二〇〇三年四月二十二日、フェルネ夫妻と私の三人に返事をよこした。

先ほどブリュッセルの欧州委員会にある公衆衛生部門のユーロエイドA3　タシス事務局のコジレフ氏に電話をしました。

コジレフ氏は、ネステレンコ氏の四つのタシスプロジェクトについては知っていましたが、どうなったかは全く知らないと言っています。この点について電話で確認した際、コジレフ氏は、ネステレンコ氏が提出したプロジェクトが、タシスをつかさどる非常に厳格で透明性のある形式を遵守していなかったようだったと言っていました。欧州委員会は、どの分野のどのプロジェクトを優先させるかを決定する際に、入札を募ります。コジレフ氏によれば、ネステレンコ氏は、ピエトラサンタ氏へ手紙を書いたり、欧州議会の会議に出席するなど、むしろ欧州議会からの政治的支援を得ようとしたようですが、本来タシスプロジェクトが公募すべき正式な入札に関しては対応できなかったようであるとのことです。

またコジレフ氏は、欧州委員会がタシスを使うのは、国の政府機関と組む時のみで、市民団体とは直接組まないということも私に強調して言いました。ベルラド放射線防護研究所は政府とはいい関係にはありません。またEUもベラルーシとはいい関係にはありません。この国に対するEUからの財政支援はすでに少ないところにもってきて、さらに減ることになるでしょう。今後予定されている入札で、ネステレンコ氏の活動に合致するものはほとんどないでしょう。一番可能性がありそうなのは、すでに郵便で送ったように《コール》プロジェクトで、これにはベルラド放射線防護研究所がすでにパートナーとして明記されています。

コジレフ氏と、来たる二十四日の木曜日に欧州議会で会う約束をしています。コジレフ氏は、ベルギー生まれのロシア系ウクライナ人で、EUと旧ソ連諸国の間の交流やプロジェクトの発展に献身的に働きかけていますが、欧州委員会の中枢部がこのような心情を共有していないことは彼自身十分感じています。

これに対して私はEメールで返事を送った。

親愛なるジェフ

ネステレンコ氏は、タシスの役人がやれと言ったことを厳格に職務上の立場から行なったまでです。必要な形式に則り、また締め切りに間に合うように全研究所を挙げて仕事を集中して進めました。誰もタシスの入札のことをネステレンコ氏に伝えた人はいません。ジュスタン氏はフランス大使館でネステレンコ氏に会った際、四つのプロジェクトの合法性及び適合性について何も問題はないと言いました。それどころか、ジュスタン氏は、書類はキエフの自分の事務所からブリュッセルの委員会に送られたと言ったのです。しかし、コジレフ氏は、書類はブリュッセルに届いていないと今言っています。ジュスタン氏の事務所からネステレンコ氏の書類が消えたのですから、三カ国が関与するキエフのタシスの真の責任者、つまりジュスタン氏を問い質す必要があると思われます。ネステレンコ氏が「政治的な支援」を得ようとしたことはありません。タシスが言うがままのことをやっただけのことで、その上で、ピエトラサンタ氏の政治的な支援も得ているとは考えていましたが、この事実のためにキエフから書類が消えてしまったのではないでしょう。バカも休み休みにしてください。

欧州委員会がタシスを、国の公の機関と組む場合にしか使わず、市民社会とは直接に提携しないということについてですが、アスナール首相がそれとは全く逆のことを書いていたと記憶しています。「チェルノブイリ原発事故の惨事がもたらす影響を抑えるためにタシスプログラムを利用するという点で、私は貴殿と同意見です。ただ現在欧州連合とベラルーシ間にある関係では、ベラルーシ政府ないし行政機関が関与する協力プログラムや活動の実施は不可能であるため、こうした活動は市民社会を通じてともかく実現しなければならないでしょう。（マリー＝アンヌ・イスレー＝ベガン大臣殿、二〇〇二年四月三十日　マドリッド、ホセ＝マリア・アスナール拝）」

いったいどれだけの人をバカにすれば気がすむのだろうか。アスナール、プローディ[原注2]、パッテン、ピエトラサンタ、マリー＝アンヌ・イスレー＝ベガンなどの「政治家」、それにネステレンコ。

この闇に包まれた話の中で一つだけ明らかなことは、欧州委員会を前にすると「政治家」は実体のない二枚舌の存在でしかなくなるということだ。政治家は、自分の行動と発言があたかも成果をもたらすよう

原注2：二〇〇二年四月八日、ロマノ・プローディは、二〇〇二年二月七日付のM・A・イスラー＝ベガンの手紙に対して次のように返答している。「（前略）私はイスラー＝ベガン先生のご意見に全く賛成です。チェルノブイリの悲劇がもたらした人的被害に対して支援プログラムを維持し、また市民活動を支援することは不可欠であります」。

にふるまうが、現実には政治を決定するのは政治家ではない。政治家はそのことを知らないのか。それとも知らないふりをしているだけなのか。ド・ゴールが国際連合のことを「例のあれ」と呼んだことが欧州連合についても思い起こされる。

ラウル＝マルク・ジェナール博士[訳注8]の研究は、二〇〇〇年冬に発刊された『エコロジスト』一巻の二号に「欧州委員会：圧政は覆されるか？」というタイトルで掲載されているが、「市民から切り離された権力の新たな中枢」の不透明性について明快に説明している。ジェナール博士の論文をここに少しばかり引用して、この章を終えることにしよう。これを読めば、ネステレンコが多くの子供たちとあてどもなく歩かなければならなかったカフカ的な森の様相が見えてくるだろう。

> 特定の政策を担当する［ＥＵの］二三の総局は、政策の影響がまるで互いに無関係であるかのようにそれぞれの政策を黙々と展開する。（中略）反論される恐れなしに言えることだが、たとえば、開発援助を担当している総局によって作られた計画が、企業・産業総局に壊されることがある。しかも可能とあれば、何度でも壊される。企業・産業総局は、多国籍企業に熱心に仕え、アメリカの世界的競合相手なのだが、大がかりな政治工作を通して、類を見ないようなレベルに達した反論さえも覆す力があるのだ。開発援助の分野では欧州連合が一番の出資者であることを知っていれば、世界の飢餓や後進国がなくならないことなど、誰も驚きはしないのである。（中略）実際、それぞれの総局から提出された提案を調整する部門は決定プロセスの上流には存在しない。従って、複数の総局の利害対立を巧みに利用した圧力団体にとって有利ということになる。（中略）ブリュッセルの欧

州委員会では三〇〇〇人の「ロビー活動家」が働いていること、またそのうちの大半が産業界に仕えていることは周知の事実である。彼らの仕事は、委員会が提出した書類を褒めちぎったり、委員会が採択しようとしている修正案を示唆したりすることでしかない。（中略）

欧州委員会の選択を決定する本当の立役者は、われわれが全く予期していないようなところに委員会自身によって隠ぺいされている。事実、世界を代表するような産業界の圧力団体が、NGO、つまり非政府組織の名の下に分類されているのだ。NGOというラベルが、一般的には、人道的な組織、開発を支援する団体や、利潤追求を一番後回しにするような活動を連想させると皆わかっているからである。

次の章で話題にするCEPNは、まさにそんなNGOの一つである。

訳注8　ヨーロッパを中心とした国際政治の専門家、随筆家。

第二章　現場を占拠した無能なフランス人たち

一九八六年、エートスという名のフランス人研究者グループが、ヴァシーリ・ネステレンコの管理していたオルマニー村のCLCR[原注1]（地域放射線防護センター）を目当てにやってきた。チェルノブイリの結果汚染された土地は彼らにとって世界で唯一の巨大実験室であり、そこで放射能測定のデータを収集して、放射線防護についての技術を習得するつもりだった。そもそもエートスという連合は、EDF（フランス電力）とCEA（フランス原子力・代替エネルギー庁）によって創設されたCEPN（核分野における防護評価研究センター[訳注1]）の流れを汲むもので、いうなればフランスの原子力ロビー活動が見事に集約されているのである！　エートスの規約には、住民の健康は全く盛り込まれていない。それでは、ここにいったい何をしに来たのか。

エートスの目的の一つは、「放射能の質及び社会的信頼の持続的管理体制[原注2]」を定めつつ、原子力事故処理と事故後長期にわたって放射能に汚染された地域に関する報告書をEUのために編纂することである。

一九九六年から九八年の二年間、エートスは、オルマニー村にあるＣＬＣＲの測定データをすべてわがものにし、女性技術者の仕事の超過分に対して残業代を支払うことなどこれっぽっちも考えずに、ネステレンコが牛乳をはじめ食品の放射能測定を行なうために教育し、チームとしてまとめあげた人員を働かせた。実り多き幸福な共存関係は、エートスがベラルーシ政府を使ってオルマニー村を含むストーリン地区の五つの村からネストレンコを追いだす二〇〇一年一月まで続いた。

今日エートスは、健康問題に全く対処できていないにもかかわらず、チェルノブイリ一帯の放射能防護に関する科学的基準として見なされ、《コール》プログラムの調整を担当している。コールプログラムが批判の対象になったことは、二〇〇三年六月、私たち自身が欧州委員会の役員と欧州議会に対して伝えた。[原注3]

ベルラド放射線防護研究所は、深刻な財政状況に陥っており、存続のために四苦八苦していた。というのも、その資金源は、環境や健康を守るためにＮＧＯに参加しているヨーロッパの慎ましい市民たちだったからである。これらのＮＧＯ団体からエートスの陰謀に対して批判が出た結果、放射能防護の専門家と

原注１　ＣＬＣＲの創設については、本書の第二部第三章二二九ページで言及した。
原注２　二〇〇一年四月十七日のエートスの議事録より抜粋。
原注３　第四部第三章五三七ページを参照。

訳注１　一九七六年に設立された非営利団体で、放射線からの防護法を技術的、衛生的、社会的な観点から評価する団体とＨＰには謳われている。二〇一四年時点での活動メンバーはフランス電力（ＥＤＦ）、放射線防護・核安全研究所（ＩＲＳＮ）、フランス原子力・代替エネルギー庁（ＣＥＡ）、アレヴァなどである。

してヴァシーリ・ネステレンコがコールプログラムに組み込まれることになったが、ペクチンを成分とした予防吸着剤を被ばくした子供たちに配布することはできなかった。なぜならば、コールプログラムはこの分野におけるエートスの「無能さ」をそのまま引き継いでいるからである。欧州委員会の対外関係総局（DG RELEX）でマックスィーニーの助手をしているフリゴラ氏が私に打ち明けてくれたところによれば、イスプラの共同研究センターではペクチンの効果に対して賛意を得られたにもかかわらず、ブリュッセルのお屋敷にある廊下（「ロビー」のこと。英語で「廊下」と「ロビー」は同じ単語）では、皆が賛成しているわけではないとのことだった。

コールプログラムの予算は、推定四〇〇万ユーロで，それは、ベラルーシ政府、UNDP（国際連合開発計画）、ユネスコ、OSCE（欧州安全保障協力機構）、欧州委員会、スイス開発協力庁、そしてフランスからは外務省、IRSN（放射線防護・核安全研究所）から出資される。欧州委員会からは、二〇〇三年五月八日、二〇〇万ユーロをコールプログラムに充てることを決定したとベラルーシの関係者に連絡があった。

一　二〇〇一年三月のPSR／IPPNW[原注4]文書より抜粋

IAEAに代表される国連における原子力ロビーは、チェルノブイリの真実を知らせようとする研究者の評判をことごとくおとしめ、その信用を失墜させて闇に葬る。その一方で、チェルノブイリ放射能降下物による健康被害の重大さを伝える研究結果を否定したり、反論するような学者を支持する。後者の研究者は、ドイツ、スイス、フランスなどの学者だが、原子力産業推進派が望む通りの結果を提示し、それとは逆の説明を信頼させないように仕向ける。そうかと思えば、時として彼らは反原発団体にもぐりこんで活動を共にし、反原発派からの支持を集める。時代が望む世論に自らの意見をうまく適応させる術をよく知っているのである。こういった外国の研究者たちは、論文のネタをチェルノブイリ被災地で捜し、それと同時に、隠しても隠し切れない惨事の爪痕から人々の目を逸らせたいと切に願う者たちと現地で結託するのである。

フランスでは、ある特定の倫理観を唱える大学研究者たちが、エートスの名のもとに集められ、チェルノブイリに関する研究を計画している。これらの研究には、旅費、給与、設備投資、研究成果の出版など、かなりの額の資金が必要になるので、参加する研究者や大学教員は資金援助を呼びかけるためにプロジェクトをＮＧＯに提出し、資金提供をしてもらうＮＧＯにありがたく審査してもらうのである。このようなＮＧＯの一つがＣＥＰＮである。

ＣＥＰＮの背後には何が隠されているのか？

ＣＥＰＮ（核分野における防護評価研究センター　Centre d'étude sur l'Évaluation de la Protection dans le domaine Nucléaire）は、一九〇一年のアソシエーション法[訳注2]に基づいた非営利団体である。多岐に渡った活

原注4　ＰＳＲは社会的責任を果たす医師団（Physiciens for Social Responsibility）、ＩＰＰＮＷは、核戦争防止国際医師会議（International Physicians for the Prevention of Nuclear War）の略語。ともに一九八五年にノーベル平和賞を受賞。

動に資金援助をしており、そのインターネットサイト（www.cepn.asso.fr）によれば、所長及び財務担当はフランス電力（EDF）、副所長はコジェマ（アレヴァ）と明記されている。つまり、この気前のいいNGOを創設した組織は、世界の原子力ロビー屈指の強力な企業に数えられる。これらの企業は、チェルノブイリ原発付近に住む約九〇〇万の人々が二十年にわたって被害に苦しんだことからそれなりに影響を受けていた。そのため、自分たちの商売を今後も繁栄させるために、まずはチェルノブイリを消し去ることが急務だった。

従って、CEPNから資金援助を受けて（任務に対する手当ては一日四〇〇ユーロ［約五万六〇〇〇円］）ベラルーシにやってくるグループが、まず手始めに、放射能降下物で汚染された地で住民を救援する人々、なかでも放射能に一番影響を受けやすい子供たちを守るために現地でチェルノブイリ環境汚染の影響を研究している人々を、厄介払いするための行政上の手続きに着手することは、特に驚くには値しないのである。

二　私がエートスを知った経緯

二〇〇〇年四月、ストーリン地区にあるオルマニー村を撮影しているとき、私は、フランス人のグループが散発的に仕事に来ていることを知った。その時初めてエートスという言葉を耳にした。ネステレンコによれば、このグループはCLCRで食品の放射能測定をしているパシャ・ポリクシュコさんから測定結果をもらい、それを収集していたということだった。

数カ月後、カーン大学の社会学者である友人たちからより正確な形でエートスという団体について聞くことになる。その友人たちは、当初二〇〇〇～二〇〇一年に予定されていたプロジェクト（エートス2）の枠組みのなかで協力をしていた。彼らに会ったのは、二〇〇一年一月二十日、ブリュッセルで、チェルノブイリに関連した映画上映やパネルディスカッションを取り混ぜた舞台上演が行なわれたときのことだった。劇場の壁に展示されていたオルマニー村の農民を映したカラー写真を眺めながら、私は友人の話に聞き耳を立てた。社会学者の友人の一人が言うことには、エートスプロジェクトを率いるジャック・ロシャールは、CEA（フランス原子力・代替エネルギー庁）の人間であり、彼らの仕事は「現場を占拠する」というなんとも驚くべき一文に集約されると言うのだ。ロシャールは原子力技術官僚ではなく、汚染地域の人々にとって有益な仕事をしているのだと友人は請け負ってはくれたものの、私の好奇心はそこでおさまらなかった。一九九六年から一九九九年にかけてオルマニー村でエートスが行なった仕事は、光沢紙にカラーで印刷されたアルバムに収められていたが、そのアルバムを電車の中で読もうと私は持ち帰った。農民の写真には短い詩と紹介文が書き添えられており、「チェルノブイリで生きること、それは生きることを再び学びなおすこと、別の生き方を学ぶこと、また生きていく上で放射能の存在を新たな要素として日常生活に受け入れることである……」という文章で結ばれていた。CEAが書いた「放射能の存在を新たな要素として日常生活に」という表現は到底受け入れることはできなかった。このとき感じた違和感が後

訳注2　正式名称は「アソシエーション契約に関する一九〇一年七月一日法」（Loi du 1er juillet relative au contrat d'association）この法律により、公的自由としての「結社を結成する自由」及び「結社に加入する自由」が宣言、保証され、非営利団体（アソシエーション）に関する規定が設けられた。

に、ネステレンコがエートスの提案によりストーリン地区の村々（オルマニーも含む）から追放されることになったという知らせを受けて、たちまち激しい怒りに変わることになろうとは、当時私はまだ知らずにいた。ネステレンコはこの村々で、CEAから一銭も援助を受け取ることもなく、被ばくの最もひどい子供たちを選んで、細々とペクチンの配布を続けていたのだ。

不思議なことに、その一月末、一連の出来事が偶然立て続けに起こった。ブリュッセルから戻ってみると、まさにエートスの活動に関するドキュメンタリー制作の申し出を検討していたテレビ局アルテ[訳注3]が、チェルノブイリの汚染地域で活動をしている慈善団体のエートスを知っているかと私に聞いてきた。自分が持っている情報を確認しようとミンスクにいるヴァシーリ・ネステレンコに電話をしたところ、エートスに関する最新情報を教えてくれた。なんと、エートスは、オルマニー村を含むストーリン地区にある五つのCLCRからそこで十年も活動をしていたネステレンコを追放することを要求し、それに従ってチェルノブイリ政府委員会[原注5]が彼の追放を決定したということだった！　そして、それに対してネステレンコはチェルノブイリ政府委員会の委員長に抗議の手紙を書いたばかりだというのだ。

三　二〇〇一年一月二十三日アルテ宛てに書いた手紙

エートスは、ボランティア団体ではなく、フランスの学際的機関で、主として欧州委員会の放射能防護研究プログラムから資金援助を受け、フランス原発ロビーのCEA（フランス原子力・代替エネルギー庁）の代表が最高責任者として運営をしています。

オルマニー村で動いていたこのプロジェクトには当初四つの研究機関が関係しました。私は、昨年の四月にオルマニー村に赴き、撮影をしましたが、のちに七つの研究機関が関係しました。私は、まったくいい結果を目にすることはできませんでした。[原注6] 現地で取り残されたいくつかの農家の家族を取材しました。彼らの子供は皆許容値（二〇Bq／kg）を超える高い被ばく量を示していました。体重が一二kgで八〇〇Bq／kgの被ばく量を示す子供も撮影しました。この値は体内で一秒間に一万回核崩壊が起こることを示しています。彼らはエートスの代表に会ったことはないそうです。だからといって、ほかの家族もエートスから面倒を見てもらっていないということにはなりませんが、いったい何を基準に子供を選別しているのでしょうか。エートスは、中央権力および地方権力の両方を通して活動をしています。

原注5　ComTchernobyl　正式には、チェルノブイリ事故影響関連調査委員会（Comité Tchernobyl）。本委員会は、事故の影響を処理する上での政策調整を担当する委員会で、ベラルーシ各省庁にまたがった機関である。

原注6　オルマニー村で採取された三一種類の牛乳サンプルに対して二〇〇一年一月に測定を行なったが、そのうちの二二種類から一〇〇Bq／ℓの許容値を大幅に超える数値が検出され、二六〇〇Bq／ℓに達するものまであった。なお、医者の立場からすれば、一〇〇Bq／ℓの許容値とは、長期にわたって摂取する場合、子供には過剰な量であるとのこと。ちなみに、ロシアでの許容値は五〇Bq／ℓである（下巻第五部第一章一・「基準値の幻想」を参照のこと）。

訳注3　アルテ（Arte）　Association Relative à la Télévision Européenne の略称。一九九二年に開局した独仏共同出資のテレビ局。

おまけに、エートスは、政府機関から独立して活動をするベラルーシの科学者や放射能防護の専門家たちを追放するためにチェルノブイリ政府委員会に協力しています。しかし、独立して活動する科学者たちこそが、三カ月ごとに汚染状況を正しく公表し、途方もなく大きな障害をかかえている人々をほとんど資金がないにもかかわらず助けているのです。この件に関して書類を同封しました。これに加えて、つい一週間前ネステレンコ教授がチェルノブイリ政府委員会に宛てて抗議の手紙を書きましたので、その翻訳ができ次第、それもそちらにお送りいたします。

四　敵と接触を図る

またしても私はたった一人で衝撃的なニュースと向き合わねばならないことになった。一度目はユーリ・バンダジェフスキー氏の逮捕を聞いた時だったが、今回のエートスに関する情報もそれと同じくらいショックだった。テレビ局アルテにこの事態をただ伝えるだけでは足りない、もっとそれ以上のことを真剣にやらなければいけないと思った。しかしネステレンコやバンダジェフスキーを支援してくれている人々やNGOの中でエートスについて知っている人間は誰一人としていない。いったいどうすればいいのだ。私はロビーを通さずにエートスの人間そのものに直接当たってみることにした。しかし、どのような機会に、どのようなやり方でやるべきか、またそのような行動にどのような意味があるのかなど、迷いはあった。最も近しい友人たち、妻のミレッラや、ソランジュ・フェルネ、エマヌエラ・アンドレオリは私に賛同し、応援してくれた。チェルノブイリ政府委員会とヴァシーリ・ネステレンコとの間のやりとりを翻訳したのち、私はカーン大学の社会学者たちにエートスメンバーのメールアドレスを尋ね、次のメールを送った。

二〇〇一年二月八日エートス一六人の代表に宛てたメール

拝啓

ノーベル文学賞を受賞したフランスの大作家アルベール・カミュは、簡潔な文体で有名ですが、「生きることは確かめること」と簡明に手帳に記しています。またある時、カミュを罠にかけようとして「真実とは何か?」という質問をされますが、それに対して「嘘の反対」と答えています。カミュは、人間に対して悲劇的なほどまでに信頼感を抱いていました。[原注7]

貴殿に一筆書く決心をしましたのは、まさにカミュの言うところの真実の精神と「それでもやはり」信頼は存在するという考えからです。[訳注4]

貴団体は、その活動のためにエートスと言う素晴らしい名前を選びました。ですから、私は貴団体が持つ倫理的なヒューマニティに対して呼びかけをしています。それは、貴団体自身が行なってい

原注7　ヴァシーリ・ネステレンコは、十五年もの間、ペストのような原子力の災いと御用学者の嘘と闘ってきたのだが、その姿は、アルベール・カミュの著作『ペスト』の主人公であるリュウ医師を私に思い起こさせる。

る悪行を自ら承知しているのか、あるいは原発事故によって傷ついた国の腐敗官僚たちがエートスという名前を貴殿のあずかり知らぬうちに勝手に使っているだけなのかを確かめるためであります。

このメールに添付した書類に暴かれている事実にもかかわらず、妨害を行なうような明確な意図がエートスの名のもとに隠されているということが、私にはいまだに信じがたいのです。

ネステレンコ教授が独自に行なっている研究は、チェルノブイリ汚染地帯で保護され、支援され、展開されなければなりません。にもかかわらず、エートスは教授の行く手を阻み、追い出そうとしています。

ネステレンコ教授の研究は今現在最も知的で効果を上げている研究です。エートスが有する経済力、政治力、人材をもってすれば、彼の研究を十分援助することができます。ネステレンコ教授とは日常的にコンタクトを取っており、彼がかかえている困難は私自身よく知っています。

ネステレンコ教授の運命は貴殿に託されています。教授はベラルーシに身も心も捧げています。今ならばまだ名誉を挽回できます。ご返事をお待ち申しあげています。

このメールには、私がアルテに宛てた二通の手紙とネステレンコがチェルノブイリ政府委員会との間で行なったやりとりを添付したが、これはジャック・ロシャールに衝撃を与えた、ということを翌日、彼自身から電話で言われた。ロシャールは、ネステレンコ教授を好意的に思っていることを何とか私に信じ込ませようとした。ロシャールによれば、エートスの活動とベルラド放射線防護研究所は相補う関係にあるのだが、「ネステレンコ教授が管理する国レベルの観測所と、住民を対象に線量計を使った地域向けのエートス」には違いがあるようなことを漠然と不正確に主張した。しかしそれこそがまさに、ネステレンコがたちあげ、発展させた[原注8]直接的かつ客観的な測定方法の独自性ではないか。彼はたった一人で、保健省が何も防護策を講じないのに対抗して、ドイツのユーリッヒ核研究所が測定を避けた村[原注9]で調査をはじめたのである。実際には、エートスは、ネステレンコから学び、ネステレンコのデータを入手し、その後それをわがもの顔で占有し、そして今では彼を押しのけようとしているのだ。しかも、ネステレンコのパクリであるエートスは、根本的な欠陥を伴っていた。というのも、フランス原子力ロビーによって編成されたエートスの任務には規約上の限界があったからだ。それは、健康面を排除していることである。エートスには、住民の健康を扱う権限はないのだ。それでは権限もなしに何をしにチェルノブイリに来たのか。ここで「放射能の存在を新たな要素として日常生活に受け入れる」という状況において「現場を占拠する」という表現が不気味にもその意味を発揮するのである。原子力ロビーから政治的にも金銭的にも支援を受けているエートスは、チェルノブイリ事故が起こした問題に対処しているように見せかけておきながら、その実、ヴァシーリ・ネステレンコやユーリ・バンダジェフスキーのように独自に研究をしている科学者が幾多の障害を乗り越えながらも明らかにしようとしている健康上の影響を隠ぺいしようとしていた。加え

原注8　これに関しては、フェルネ医師がルカシェンコに宛てた内容を参照のこと。この章の後半で触れるアルテに宛てた手紙の中で引用した。

原注9　本書の第二部、第九章三一九ページを参照のこと。

訳注4　古代ギリシア語でエートス（ἦθος, ethos）は、「習慣・習俗」を意味する。倫理学（ethics）は、この語に由来する。

て、欧州委員会が資金援助を拒否した結果、吸着剤ペクチンによって体内に蓄積した放射性核種を排出していない、生物学的に手つかずのままの人間モルモットが、興味がある者にとっては、観察用にそのままの状態で残されることになった。プフルークバイル氏が警鐘を鳴らしたアメリカのＢＥＬＡＭプログラム[原注10]と同じである。それぞれが一見独立しているように見えるが、まるでパズルのピースのように世界規模で妨害をしているのだ。ジャック・ロシャールは、エートスとベルラド放射線防護研究所が協力し合うことが望ましくかつ重要であると言い、またネステレンコがヨーロッパから資金援助を受けられるだろうと請け負った。具体的には一五〇〇万ユーロの資金援助が予定されており、そのうちの八〇％が現地で使われなければならないと言った。しかし、数々のプロジェクトが提案されたものの、今日に至るまでこの天からの恵みは、一度も具体的に与えられたことはない。また、ネステレンコを村から外す決定は、ストーリン地区の五つの村でベラルーシの政府関連団体とフランスチームが行なうエートス第二プロジェクトに関連して、ベラルーシ政府が下したものであるとロシャールは私に伝えた。つまり、エートスからの要望ではないと言うのだ。しかしながら、次に示すチェルノブイリ政府委員会からの手短な回答に見られる真実は、明らかなものだった。

二〇〇一年一月二十五日

ベルラド放射線防護研究所

Ｖ・ネステレンコ所長殿

チェルノブイリ事故関連影響調査委員会の決定により、ストーリン地区のオルマニー村、ゴロドナヤ村、ベルーシャ村、レチーツァ村、テレベゾフ村にある五つの地域放射線防護センター（CLCR）を「放射線研究所」のブレスト支部の管轄に移管することが決まりました。

この決定は、欧州委員会プロジェクト「エートス2」の枠組みにおいて、フランス人研究者の協力のもとに活動するチェルノブイリ政府委員会が、前者の要請に基づき、勧告に従って下したものであります。

チェルノブイリ事故影響関連調査委員会（チェルノブイリ政府委員会）

副委員長　V・E・シェフチュク[原注11]

二〇〇一年二月九日

電話で話し終わった後、私は確認の意味でロシャール氏に次のメールを送った。

昨日電話でお話ししましたが、以下の点について私たち二人の間で明確にしておきたいと思います。

一　電話で理解したこととしては、エートスは、独自に活動するベラルーシの科学者たちとの間の衝突を望んでいない、それどころか、彼らと好意的で協調的な関係を望んでいらっしゃるという

原注10　本書の第三部、第六章四七四ページを参照のこと。

原注11　シェフチュクは、チェルノブイリ政府委員会における保健省のアパラチキ（共産党幹部）である。

ことです。

www.cepn.asso.fr のサイトを訪れてみましたが、エートスがCEPN（核分野における防護評価研究センター）によるプロジェクトであることを知りました。CEPNは、EDF（フランス電力）、CEA（フランス原子力・代替エネルギー庁）、コジェマの三者によって設立されました。

エートスは、チェルノブイリ事故で犠牲になった人々を支援することを表明していますが、そもそもこの事故はCEPNを構成する三つの機関が推進、運営している産業によって引き起こされたものです。事故被害の実相を伝える独立性の高い情報開示がなければ、支援は不可能ですが、この類の情報はエートスが依存する産業にとっては脅威であります。従って、ここに利害の衝突があるわけですが、エートスは肝心な点について自由に意見を述べることができるのでしょうか。

貴団体が何を意図しているかは、今後貴団体がとる政治的活動が明らかにしてくれるでしょう。

さらに言えば、独立した立場にある件のベラルーシの科学者たちを迫害している人間とCEPNの間にはすでに何年も前から関係があります。

ネステレンコ教授からの手紙の中にも触れられていましたが、I・V・ロルヴィッチがチェルノブイリ政府委員会の副会長をしていた数年の間に、ネステレンコが管轄していた三七〇カ所の測定所のうち二八五カ所が閉鎖されました。閉鎖の決断をロルヴィッチ個人が下したと、ネステレンコ教授から聞きました。また、ロルヴィッチの名は、一九九六年から一九九九年の間CEPNが出版した刊行物にもあります。外から傍観する者にとっては、エートスが原子力に仕える団体で、その意図が何であれ、本意は、チェルノブイリ事故に関する科学的情報に決定的な箝口令をしくことにあるように見えます。フェルネ教授の論考「チェルノブイリ事故と健康問題」がその事実を例証していますし、また私たちが電話で話したばかりのネステレンコの追放も、エートスという名の下で行なわれており、まさにこの事実を裏打ちしています。

チェルノブイリ政府委員会がエートスの名前を悪用したということですが、仮に貴殿ご自身が決定を見直すようにと委員会に介入すれば、官僚であるシェフチュクは自分の失策を隠すために、「ネステレンコをストーリン地区の五つの村から追放する決定はエートスとはまったく無関係に行なわれた」と手紙に書いてくることが予想されます。

しかし、誰もそれを信じないでしょう。なぜならば、エートスは、ネストレンコと協力しようと思えばできるところを、ネストレンコを押しのけて現場を占有しているからです。

しかしながら、何もまだ決まったわけではありません。歴史をつくるのは人間です。エートスの政治的及び組織的スポンサーは十分に力と威信を持っており、ベラルーシ人をしてこの五つの村での話を全く存在しなかったものとして白紙に返させることなど何でもないでしょう。そうすれば、ひょっとすると放射線防護という名にふさわしい政策への協力を示す信頼すべき門出ともなるかもしれません。

二　チェルノブイリ汚染地域での放射線防護は、子供一人一人の体や子供が摂取する食品に適合した科学がなければ不可能ですが、ベラルーシ保健省はそれを行なおうとはせず、誤った統計資料を発表し続け、かつネステレンコ教授の活動に異を唱えています。ネステレンコ教授はホールボディカウンターを用いて直接内部被ばく量を計測しているので、計測値は実際の被ばく値を示しています。

実測結果は、子供たちの病気予防や体内に取り込まれた放射性核種の量と多くの疾病の相関関係を明らかにするために必要不可欠です。後者に関しては、解剖病理学者バンダジェフスキーが研究しています。他方、これらのデータは、チェルノブイリ大惨事の実際の規模を明らかにするものでもあります。この大惨事は今始まったばかりなのです。従って、科学的に対応せずに、ただ単に教育を行なって社会学的なサポートだけをすることは、単なる支援のアリバイに過ぎず、結果として「無知と不安」の中に現状を放置することになりかねません。

私は、エートスを知ったばかりにすぎませんが、オルマニー村の汚染に関するデータは、すでに三年も前から知っています。貴殿がお書きになり、またおっしゃっていることは、私が観察し、データとして保持している現実とは合致しません。オルマニー村で生産された牛乳の販売を認可すれば確かに地域経済の助けにはなるでしょうし、現地を支配する権力階級は安心するでしょう。エートスはさぞかし感謝されることでしょうが、その結果ひき続き国中に病気がまき散らされることになるでしょう。なぜならば、エートスは、時おりほんの十日間だけ現地に姿を見せるだけなので、汚染されていない《きれいな》牛乳のみが販売されることを保証できないからです。

ベラルーシ人自身が自分たちの運命を決めると貴殿が願うことは正しいことです。しかし、ベラルーシ人とは、まずネステレンコのような科学者のことです。つまり、ベラルーシ人科学者が持つ知識によって、きちんとした放射能防護政策が要請されなければ、放射能防護がベラルーシで実施されることはありえない状況なのです。このような科学者がいなければ、手段も知識もない哀れな農家の人間たちは自分たちの運命に直面する力を持つことは決してできません。三七〇カ所の測定所は必要なのです。

電話での会談を踏まえ、貴殿に対して、また私自身、そしてこれを読む人たちにとってできるだけ簡潔に書いたつもりです。

ロシャールは、すでに私が彼に送っていた文書の中でエートスが驚くべき形で紹介されていたと、私のメールと行き違いになったメールに書いて寄こした。エートスプロジェクトの本質と目的に関して誤解があること、また「エートスはネステレンコ氏と将来協力していく用意がある」ことを書いてきた。

五　ネステレンコ教授の抗議

ネステレンコは、二〇〇一年一月十五日チェルノブイリ政府委員会委員長であるヴラディーミル・ツァルコに宛てた抗議の手紙の中で、以下のように現状を明らかにした。

財政援助をカットすることで、チェルノブイリ政府委員会は放射能防護研究所が運営する地域放射線防護センター（ＣＬＣＲ）の数を年々定期的に減らしています。

仮に、オルマニー村、ゴロドナヤ村、ベレノエ村のＣＬＣＲを放射能防護研究所が運営するＣＬＣＲのリストから外してしまえば、これまで毎年チェルノブイリ政府委員会に対して行なっていたブレスト州の食品に関する汚染の報告が途絶えることになります。また、汚染傾向を観察するために行なわれていた毎年三カ月ごとの比較もできなくなり、放射能防護対策のための推奨措置を構築することがより困難になります。

加えて、オルマニー村、ゴロドナヤ村、ベレノエ村には、それぞれ一五〇〇人から二五〇〇人の人々が今なお住んでおり、人口の点からも重要な拠点です。これらの村の食品汚染の情報がなくなってしまうと、ホールボディカウンターを使った住民のセシウム137による内部被ばくの値と家庭で消費される地元食材のセシウム含有値との間の相関関係のフォローができなくなります。

また、チェルノブイリ政府委員会の前委員長だったI・V・ロルヴィッチが独断で、ベルラド放射線防護研究所管理下からレリシシー地区の二四のCLCRを外した、ということをお伝えする必要があるでしょう。

レリシシー地区は、ゴメリ地方の中でも最も汚染のひどい地区の一つですが、二四のCLCRは、まず地域行政に、次いでゴメリの放射線科学研究所に委託されました。私たちの考えでは、このような決断は、食品汚染に関する重要な情報の消失以外のなにものでもありません。

以上のことを踏まえ、オルマニー村、ゴロドナヤ村、ベレノエ村のCLCRをベルラド放射線防護研究所から取り上げる決断を撤回することを切にお願い申し上げます。

実際には、決断は撤回されなかった。二〇〇六年現在、ベラルーシ政府から財政支援を受けているCLCRはもはや一つも存在していない。

六　テレビ局アルテ宛ての手紙とエートスの懸念

アルテフランス　ドキュメンタリー番組部部長チエリー・ガレル殿

二〇〇一年一月三十一日

先日、ネステレンコ教授がベラルーシのチェルノブイリ政府委員会に宛てて書いた抗議の手紙の翻訳をお送りするとお約束しました。この手紙には、チェルノブイリ事故影響管理におけるエートスの役割が明らかにされています。

ヴァシーリ・ネステレンコ氏のメッセージは、欧州委員会にも送りました。というのも、委員会は独自に活動する研究者の境遇に興味を示しているからです。このメッセージを理解するためには、チェルノブイリ政府委員会が、ポスト共産主義の民主化の波に後押しされ、一九九一年から九三年までネステレンコ教授のベルラド放射線防護研究所が設立した三七〇もの地域放射線防護センター（CLCR）を支援し、資金援助してきたという事実を知っておく必要があります。これらのCLCRは、ベラルーシの中でもかなり大きな村落にありますが、いずれも放射性物質に汚染された場所に位置しています。CLCRは、これまで地域住民に情報を与え、危険に立ち向かう手助けをしてきました。また、計測機器を使って測定を行ない、地域ごとに医師、教師、看護師が管理し、人々に衛生面について教え、放射性物質を取り込まないための食物の扱い方についても指示を与えていました。

これについては、ベラルーシ非常事態省の大臣からの要請で監査がなされた際、フェルネ教授がルカシェンコ大統領にあてて書いた手紙の中に次のように記されています。

（フェルネ教授の手紙からの引用）

「今日、ペストや天然痘と同じくらい注目に値する新たな伝染病があります。それは多くの地域に影響を与えている放射能汚染です。人々は、主として放射性物質を含んだ食品によって被ばくします。

ベルラド放射線防護研究所では、移動式放射能測定器を使って、汚染地域に位置する村の人々が持ってきた食品サンプルを何十万回と測定しました。この測定器は、ミンスクで比較的安価に生産され、非常に高精度のものでした。人々は、検査結果を受け取るだけでなく、食べ物に関する助言を受け、また放射性物質を除去するための調理の仕方（肉を塩水に漬ける、牛乳を脱脂するなど）も教えてもらっていました。つまり、公共への情報提供の場であり、あらゆる年代の人たちを対象とした市民教育の場であったわけです。ネステレンコ教授は、セシウム137によって汚染された食物を摂取した子供たちが苦しむ新たな疾患の原因を病因学的につきとめるために寄与されました。

最も汚染がひどい地域に住む子供たちをつきとめて優先的に対処しなければなりません。ベルラド放射線防護研究所では、高性能の可動式椅子タイプのホールボディーカウンターを使って体内の放射能を測定することができます。当研究所では、六万を超える検査がすでになされました。

（次のパラグラフはガレル氏のために私が加えた補足説明である）。

しかし、ベラルーシの財政上の問題に加えて、経済的に恵まれた西欧諸国が無関心であったために、原子力ロビーがこの状況をただちに正常化することになりました。ベルラド放射線防護研究所は、原子力ロビーによる科学情報の占有を脅かし、事故の真の規模を隠そうとする原子力ロビーのもくろみを危うくする可能性を持っていたのです。原子力ロビーは、国家の権力構造にアドバイザーを送り込み、研究を介して、ベラルーシの公式医学界を誤った結論へと導きました。

（以下再びミシェル・フェルネ氏の手紙からの引用）

「環境に存在するセシウム137やストロンチウム90の値と食物との関係、またこれまでなかった病気や既存の病気である糖尿病やアテローム性動脈硬化症などによる高血圧や心筋梗塞が子供を含む非常に若い年代にも起こるという現象との相関関係を知るためには、医師や病理学者が必要でした。バンダジェフスキー教授とゴメリにおける彼のチームの功績は、第一に知識を深め、このような相関関係及び統計分析を確立したこと、第二に病巣である器官（心臓、肝臓、消化器系など）におけるセシウム137の異常集積と一連の病との関連性を生理病理学的に明らかにするために必要とされる実験的証明を確立したことでした」（引用終わり）。

西欧諸国のNGOからの支援及び財政援助を受けて、ヴァシーリ・ネステレンコはチームのメンバーとともに、アイルランドの支援者から支給された実験室を兼ねたミニバスを使って汚染された村を駆け回り、リンゴから抽出されたペクチンが放射能吸着効果を持ち、健康にいいことから、それを定期的に与えて治療することで、子供たちの体内にある放射性物質を減らそうとしました。つい数カ月前まで、ベルラド放射線防護研究所は、汚染地域で健康管理を担う役所と契約を結び活動をしていたのですが、最近になって保健省が、被ばくした子供たちを犠牲にしてまでも、ベルラド放射線防護研究所と行なっていた予防プログラムを続けることを禁止したのです（ベルラド放射線防護研究所は非政府組織であり、省庁には属していません）。

この市民団体は、西欧諸国からの支援のおかげで今日まで活動を持続することができていました。仮に支援が減ってしまえば、科学に基づいたこれらの活動は消えてしまいます。

これはすべてエートスとどのような関係があるのでしょうか。

エートスは、原子力ロビーの政策を問題視せずに、人々を事故の影響下にとどめ置き、あらゆる手段を使って真の情報とその科学的研究を妨害しています。エートスは、ベルラド放射線防護研究所が行なっていたようなシステマティックなやり方で一人一人を検査し、予防医学の点から治療をフォローしていくのではありません。にもかかわらず、ベルラド放射線防護研究所が現地で得たデータを使うのです（いったい何のために?）。エートスは、食品内の放射能が住民の人体において放射性核種の蓄積という結果を招くことを教えません。これらの情報は本来、国際社会からの具体的かつ効果的な援助政策につながらなければならないのです。

実際、エートスの援助とは見せかけでしかありません。

世界でただヴァシーリ・ネステレンコ一人だけが、チェルノブイリが人体に及ぼす影響を三カ月に一回国際社会に向けて発信しています。それを、エートスは、原子力ロビーとベラルーシ政府双方の利益のために、善意の人々を使ってもみ消すことに貢献しているのです。

私がアルテにこの手紙を書いたという事実を知ってエートスは心配した。しかし無用な心配だった。二カ月後、アルテは、私が提案したドキュメンタリーの製作計画を見送ると言ってきた。それは、WHOの活動を麻痺させ、チェルノブイリの科学的及び医療的な研究を妨害する利害関係や紛争についてのドキュメンタリーだった。そのかわりに、アルテはエートスに関するドキュメンタリーを制作することになった。[原注12]

七　エートス本部、メンバーに釈明文書を送る

ネステレンコ教授を参加させるかについてのエートスの立場

ヴラディーミル・チェルトコフ氏が、先の二月八日、エートスプロジェクトのさまざまな協力者、フランスおよびスイスの関連団体のメンバー、フランスのジャーナリストに書類を送った。この書類には、エートス第二プロジェクトが関与する村の地域放射能防護センター（CLCR）からネステレンコ教授を追放することに対して抗議がしたためられている。エートス側としては、これまでチェルトコフ氏について耳にしたこともなく、また氏とネステレンコ教授との関係についても正確に把握していない。いずれにせよ、チェルトコフ氏によるエートスの理解は間違っており、エートス

原注12　「ここで暮らせるの？」フランスアルテ、二〇〇二年制作。

の関係者にとっては受け入れがたいものである。

私のエートス批判を「不完全で間違った情報と誤った解釈に基づいたもので、悪意が感じられる」とみなすこの手紙には、エートスプロジェクトの一九九六年から九九年までの経緯が示されていると同時に、エートスがネステレンコ教授とはほとんど関係を持っていないこと、そのかわりにオルマニー村の線量計測者との共同作業が実り多かったことなどが書かれている。さらに、エートスの歩みや哲学の変遷にも触れているが、実際この考え方が具体化されるのは、エートス第二プロジェクトにおいてであるとのことだった。しかし、エートス第二プロジェクトは日の目を見ることはなく、欧州委員会が財政的に支援し、フランスの核分野における防護評価研究センター（CEPN）が運営するコールプログラムに取ってかわられることになる。そしてコールでは、放射能防護が取りあげられることはなく、「放射能の質」（第四部第三章を参照）なる曖昧かつ怪しげな文言が重要とされるのである。エートスのメンバー宛ての手紙にあるように、まだ仮定段階の新たなエートス第二プロジェクトでは、地域の役所との連携のもと「それぞれの町で住民が利用できるような放射能の質を示す指針を構築する」ため、また「町ごとに放射能の現状を把握するためにグラフや表を現地で作成する」ために、「検討が始まった」ということだ。この考案のなかで、「チェルノブイリ政府委員会に従属するプロジェクトは、この決定がネステレンコ教授の活動に対してどのような影響をもたらすかについては全く考慮していなかった」ことが認められた。しかし、この計画は何の役にたつのか。「質を示す指針」や「グラフ」や「表」はいったい何のために必要なのか。というのも、フェルネ医師率いるチームのメンバーであるオラニョン氏[訳注3]は次のように打ち明けているのだ。「いい仕事はしているのですが、子供たちはますます病気になっていっているのです」。この手紙の中で唯一明らかなことは、エートスは現地を牛耳り、ネステレンコがはじめた地域の教育と情報収集を横取りし、自分たちの手柄のように宣伝をしていることだ。そしてネステレンコはといえば、存在もしていない架空の「国立観測所」の「建設と管理」に追いやられることになるのである。これは、出資者たちへのマーケティングおよび印象操作としては十分で、この結果、出資者はコールプログラム管理の模範的専門家としてエートスにお墨付きを与えることになるだろう。

実際、エートスの人々が汚染地域にいることで住民の役にたっているかというと、全くそうではない。なぜならば、エートスは住民の健康を守るためにいるのではないからである。食品の汚染は低くならず、それどころか、ネステレンコの計測データによれば、エートスが来てからは数値が上がる傾向にさえある。

このロビー活動の倫理的な側面は、ミシェル・フェルネが「原子力ロビーが犠牲者に襲いかかる時」の中で分析している。[訳注4] フェルネは「鍵となる嘘」と名付け、序章で次のように述べている。

農学、社会学、技術、物理学の教員及び博士課程の学生が、エートスプロジェクトによって集められ、汚染地域で働いた。彼らは、ロビーに要請され、自分ではおそらく意識していなかったこと

訳注3　アンリ・オロニョンについては、第五部第三章五五五ページを参照。
訳注4　全文の日本語訳は『国際原子力ロビーの犯罪』（コリン・コバヤシ著、以文社刊行、二〇一三年）の中に掲載されている。また下記のサイトでも閲覧可能。http：//echoechanges-echoechanges.blogspot.de/2012/07/blog-post_16.html

だろうが、これまで住民の放射能防護として機能していた構造を排除する役割を担わされた。実際、地域汚染の深刻さや住民の健康への影響について注意を喚起するような測定結果は、原子力ロビーにとっては受け入れ難い事実だった。

第三章　効果のない援助：コールプログラム

二〇〇三年十二月六日、仏フィガロ紙は、コールプログラムが始まったことを「国際援助の転機」という期待を抱かせる名のもとに伝えていた。

木曜日パリで、チェルノブイリ政府委員会ベラルーシ責任者、ＰＮＵＤ[原注1]代表、ユネスコ代表、及びコール（「復興への協力事業」）プログラムに参加するフランスの諸団体の代表が一堂に会し、会議が開催され、多いに盛り上がった。ウクライナにあるチェルノブイリ原発が爆発して十七年がたった今、ベラルーシで初めて国際的な開発プログラムが始まった。

本プログラムは、放射能の危険性を専門とする一握りのフランス人によって一九九〇年代末に始

原注１　国連開発計画（Programme des Nations unies pour le développement、ＷＮＤＰ）の略称。

められたエートスを継承している。

昨年の十二月二日、欧州委員会においてフランス、ドイツ、イタリア、イギリスがベラルーシを支援することを正式に決めた。それは、独裁政治を行なっていたベラルーシのアレクサンドル・ルカシェンコ大統領がようやく人道支援に対する税金を廃止したことにも端を発する。コールプログラムは、最も汚染がひどい地区であるブラーギン、ストーリン、スラヴゴロド、チェチェルスクで行なわれ、チェルノブイリ政府委員会の指揮下におかれる（責任者のヴラディーミル・ツァルコ氏は知事）。その取り組みは、健康、放射線、経済、社会、教育、文化の観点から展開される。

健康面については、ＩＲＳＮ（フランス放射線防護・核安全研究所）が、〇歳から十五歳までの子供たちの調査結果をまとめる。これは重要な課題である。なぜならば、通常では起こりえないような疾患が若年者に恒常的に見られるからである。子供たちはいったい何が原因で苦しんでいるのか？「ベラルーシの医者たちによる病気の定義の仕方は私たちのものとは異なるため、私たちも実のところよくわからないのです」とＩＲＳＮのカトリーヌ・ルッチオーニは説明する。

今後は、チェチェルスクの病院でヨーロッパの専門家たちの管理のもと、医師たちが結果を集計することになる。この作業に対しては、ＩＲＳＮから五万ユーロが割り当てられることになっている。一年もたてば、これらの疾患が日常的な低線量被ばくによるものなのかどうかが見えてくるだろう。ＮＧＯ団体「世界の医療団」[訳注1]もまた独自に乳幼児や妊娠中の女性に対していくつかの活動を行なう予定である。

投獄されていたバンダジェフスキー教授の勝利

「私は、収監されていたバンダジェフスキー教授に面会することができました。汚染地域における子供たちの健康調査は、氏が始めたものですが、これを続けることができないとすると、バンダジェフスキー氏本人が一番がっかりすることになります」と、コールプログラムの参加者への励ましにかえて、在ベラルーシのフランス大使であるステファーヌ・シュムレヴスキーは語った。

コールプログラムについて私はすでに知っていた。というのも、欧州委員会に属する欧州援助協力局から欧州議会を通じてその草案をもらって読んでいたからだ。二〇〇三年六月十八日、私は自分が幹事長をしている「チェルノブイリ・ベラルーシの子供たち」という団体の名前でコールプログラムに対する批判を、次のようなメモをつけてヨーロッパ各国の議員や政治機関、関係各所に送った。

一九八六年以前は、全体の二割しか病気の子供がいなかったのに対して、チェルノブイリ事故が原因で、今日八割以上の子供が何らかの病気にかかっています。しかしながら、このコールプログラムは、地域の健康問題を無視しています。プログラムは世界の一三の参与団体[原注2]によって署名されましたが、その有効性を評価するために、これまでの活動とは全く独立した監査を五年間行なうつ

訳注1　Médecins du Monde　一九八〇年にフランスで設立されたNGOで、医療ボランティアを世界各国に派遣し、人道医療支援に取り組んでいる。

もりでいます。ぜひ私たちの批判をコールプログラムに取り掛かる前に考慮に入れてください。なぜならば、汚染地域での健康被害は疫病が大流行するかのように日増しに広がり、深刻化しているからです。国際社会から十七年もの間見捨てられた汚染地域は、質の高い医療サポートを伴わないプロジェクトの結果をさらに五年間も待つことはできません。

コールプログラムに対する批判の引用は必要最低限にとどめた。コールへの批判を綴ったこの手紙を出した時点では、プログラムに関与していた何人かがその後別の人間に取って代わられた。二〇〇三年に書いた文書に詳細を付け加えたが（五六八ページ〔二〇〇三年三月の話〕を参照）、二〇〇四年から二〇〇五年にかけてベルラド研究所が出した総括によれば、子供たちの放射能防護に対してコールプログラムがとった戦略が不十分であったことが示されている。

エートスがコールの形で再びよみがえる

資料

コール——チェルノブイリ事故により汚染されたベラルーシの地域を復興・回復するための協力プログラム（二〇〇二年十一月十五日付の資料、以下「コール文書」と表記）

コールプログラムはEUが財政支援をしている。以下、本プログラムに対する私のコメントを読むにあたって、バンダジェフスキー教授がベラルーシ政府宛てに書いたかの有名な報告書を念頭に置くと良いだろう（第三部第三章三バンダジェフスキーによる監査報告書を参照）。

コールプログラムに記載されていることはすべて、エートスがストーリン地区の五つの村からネステレンコを追い出す前に彼から学んだものである。ネステレンコは、ストーリン地区に自ら設立した地域放射線防護センター（ＣＬＣＲ）で十年以上も活動していた。実際、最も汚染がひどい村に食品の放射能検査をする三七〇もの地域放射線防護センターを一九九〇年に作ったのは、ネステレンコである。村の専門家（医者、看護師、教師など）に放射能防護を教育したのも、子供たちに放射能防護策を教えたのもネステレンコである。子供たちは、えてして大人よりも話を素直に聞いてくれるので、ネステレンコから話を聞いた後で、今度は自分たちが親に食品の調理前の処理法を伝授しくれたのである。また、ネステレンコは、初めて子供たちの内部被ばくを組織立てて計測し、そのデータを保健省とバンダジェフスキー教授に報告したただ一人の人間である。そして、それをもとにバンダジェフスキー教授は自分が研究していた病理学との関係づけを行なったのである。

しかし、ネステレンコの活動とエートス - コールプログラムが似ているのはこの段階までである。エートス - コールプログラムには肝心な所に抜け落ちがあり、イデオロギーも異なるために、活動の性質

原注２　世界の一三の参与団体とは、具体的には以下を指す。ベラルーシチェルノブイリ政府委員会、国連開発計画（ＰＮＵＤ）、フランス大使館、ドイツ大使館、欧州委員会、スイス開発協力庁、ユネスコ、世界銀行、ヨーロッパコールプログラム準備参画委員会、ブラーギン地区執行委員会、スヴェトロゴルスク地区執行委員会、ストーリン地区執行委員会、チェチェルスク執行委員会である。

は、ネステレンコのものとはまったく別物になるのだ。エートス‐コールプログラムは、ヴァシーリ・ネステレンコとユーリ・バンダジェフスキーが試み、奨励した放射能防護活動のようには、有益な効果をあげられないものなのだ。この二人の学者は、日常的にセシウムを細胞及び組織内に取り込むとどういう悪影響を及ぼすのかを証明すると同時に、ペクチンを経口摂取することで放射能の毒が排泄される可能性を示したことで科学に大きく貢献した。しかし、コールプログラムでは、汚染食品を介して体内に取り込まれたセシウム137をどうやって取り除くかについては全く考慮されなかった。それどころか敵対視されていた。実際、ネステレンコが提唱したように、ペクチンをベースとした吸着剤を予防法として正式に採用していたのならば、ヨーロッパが主導したこのプログラムの性質はがらりと変わっていたことだろう。リンゴ由来のペクチンが体内の放射能除去を促す天然素材の吸着剤として現実に有効であり、健康に寄与することを認めてしまえば、「ストレス」で体調を崩したのではなく、チェルノブイリの事故によってセシウム137がばらまかれ、その結果、実際に住民の集団被ばくの原因となっている事実を認めざるを得なくなってしまうことになる。またそれと同時に、汚染地域の子供たちを避難させる必要性、少なくとも緊急にこれ以上被害を増やさないためにペクチンを配る必要性をも認めなければいけなくなっただろう。しかし、エートス‐コールプログラムは、地域の復興に携わりながらも、ペクチンを財政的に支援することを拒否した。彼ら自身はこの復興プログラムを褒めたたえているが、どうやったら地域の復興が病気の子供たちを守ることにつながるのかについては説明がない。保健省の公式資料によれば、一九八六年以前、病気の子供はわずか二割だったのに対して、チェルノブイリの事故後は八割もの子供たちが病気になったのである。[原注3]

コールプロジェクト文書に対する著者による質問とコメント[原注4]

コール——前提：なぜコールプロジェクトなのか？（コール文書の三ページ）

コールプロジェクトを設立した復興協力案は、チェルノブイリ事故の後、汚染地域に住むことになった住民の状況を把握し復興への道を探ることが、ベラルーシの国と地域にとって、また国際社会において必須であるという同プロジェクト参与者の共通認識に基づいている。

これは、大規模な放射能汚染に直面した際、人間も社会も脆弱であるという共通認識に端を発する。この問題は、原子力をエネルギー供給源として採用した国々及びその隣国において現存する問題である。このような状況及びそれに関連した事項を認識しなければ、人間とその環境に影響を与えうるエネルギー政策をつくることはできない。

原子力の問題を超えて、この状況が技術と科学の発展及び技術と科学が人間に与える影響という倫理的な問題の中核に位置しているという確信に基づいて、コールプロジェクトは行なわれる。

原注3　一九九九年十二月、ベラルーシの科学アカデミーの所長から出された資料であり、かつ二〇〇〇年四月チェルノブイリ事故の影響について国会喚問がなされた際、ベラルーシの保健省副大臣が認めた数字である。

原注4　コールプログラムに関する文書の中で、私自身が強調したキーワードに関して以下コメントをする。

コメント――問題の本質がすぐさま巧みにごまかされ、薄められている。

なぜ、原発事故が「原子力の問題を超えて」位置づけられなければいけないのか。これ自体支離滅裂であり、論理性を欠いている。あまりにもばかばかしいために却ってそのばかばかしさが姿を消し、あたかも真剣に多面的なアプローチをしているような幻想を抱かせ、同時に、プロジェクトそのものをすべて凍結してしまう。原子力を除外したうえで、「人間に与える影響」に対するモラルを引き合いに出す。しかしそれならいったい「何による影響」だと言うのだろうか。技術と科学の発展という倫理的問題をここで取り上げるのは、まさにチェルノブイリに関してではないのか。この文書で使われている文言にはかなり注意をする必要がある。オーウェル[訳注2]は「行動を決定するのは言葉だ」と言ったが、ちょっとしたニュアンスの差や意味のごまかし、言葉による言い逃れによって、何百万もの人たちの生命が左右されることになる。公式学説によれば、低線量内部被ばくは健康に影響を与えない。従って、コールは、地域を復興させようと懸命になっているのである。「専門家」の指示に従いさえすれば、そこではちゃんと暮らすことができる。つまり、事故被害者は、二重の被害を被っていることになる。放射能汚染による被害と、権威による被害である。病気になったのは、指示にきちんと従わなかったからで、病気になった人が悪い。こうして被害者は被害を自分の落ち度だと思い込まされる。このシナリオでは、ペクチンは全く役に立たず、邪魔になるだけだ。なぜならば、ペクチンは隠したい放射能を表に出してしまうからである。コールが作った「新たな世界」で人々がどのように暮らし、どのようなことになったかを次に社会学的な分析から見てみよう。

コール――復興事業の実現は、汚染地域の被害に直面している集団および個人の選択決定とは完全に無関係である。

セシウム137が浸透した土地の「復興」とは、具体的に何を意味するのだろうか。汚染地域に住み続けなければいけないのに、どんな「選択」の自由があり得るのか。何と何の間の選択が可能なのだろうか。コールプロジェクト及びヨーロッパの援助団体による復興という具体的な選択は、あらかじめ誰をどのような条件で支援するかを、住民自身が選択できる以前に、すでに決定されているのではないか。

ユーリ・バンダジェフスキーによる科学的研究とネステレンコ教授の放射能防護策を検閲し、しかもEUの財政支援を受けて事故被害に対して架空の管理を行なっていること自体、プロジェクトが築くこの新たな世界が「無知と曖昧」に支配されることを確実にする。その新たな世界では、人々は死を宣告され、しかもそれを「甘受」しなければいけないのである。

コール――コールプロジェクトの取り組みは、地域住民が様々な選択の幅を持ち、情報を得ながら自立した生活環境で暮らすことができるように、状況を整えることを目指している。そのため、コールプロジェクトで展開されるアプローチは何よりもまず人が第一であり、また個人及び集団のイニシアチブ能力を重要としている。この取り組みには、地域の率先した協力、そして教育の実施が

訳注2　ジョージ・オーウェル、『一九八四年』。徹底した監視システムによる全体主義体制が支配する近未来世界の恐怖を描いた小説。

まず必要である。

自立とは何を示すのか。この災害の規模に対処し得る個人的及び集団的なイニシアチブとは何なのか。国家が住民の健康に対する責任を放棄する政策を決定した時、まだ収監されていなかったバンダジェフスキーは「各自の自己責任で！」と書いていた。なぜならば、国家――豊かな国家であるヨーロッパの国々――こそが責任を負っているからである。ネステレンコはすぐさま原発から七〇キロ圏内、ついで一〇〇キロ圏内の子供たちを避難させることを要求した。そのネステレンコを、エートスはコールプロジェクト準備委員会に参加させることを約束はしたものの、実際には準備委員会から外してしまったのである。ネステレンコはドイツ大使とフランスの大使が要請した後にようやく、正式の権利はなかったが、事実上コール準備段階に参加することができた。

コール――このような視野のもと、コールプログラムは、チェルノブイリ事件及びそれに対する人類の対応を認識、理解、記憶し、地域、国、国際レベルで共通遺産を作るという目的を持つ。

過去の事件を記録する博物館か？　新たな疾患、中絶、現在および将来現われる奇形は「チェルノブイリ事件」という概念には含まれない。汚染地域、また被ばくをした人々の体内で進行中の現実に対して必要とされる医療措置の緊急性を理解するには、ミシェル・フェルネ医師の記述を読んでほしい。[原注5]

「準備」「プロジェクト」「パートナーシップ」の章には、コールプログラムに関与した人々のリストがあり、そのうちの何人かは私たちがすでに知っている面々である。

コール――

準備段階に参加したメンバー　（コール文書の四ページ）

準備委員会

ヴァレリー・ベレストフ氏（スラヴゴロド地区執行委員会委員長）、ニール・ブーナ氏（国連開発計画（PNUD））、ヴラディーミル・シェフチュク氏（ベラルーシチェルノブイリ政府委員会副委員長）、ジル・エリアール＝デュブルイユ氏（エートスグループ）、ノルベール・ジュスタン氏（ベラルーシ・ウクライナ欧州委員会委員長）、セルゲイ・クリュク氏（世界銀行）、ギヨーム・カスペルスキー氏（駐ベラルーシフランス大使館）、シルヴィ・ルマソン氏（駐ベラルーシフランス大使館）、ジャック・ロシャール氏（エートスグループ）、ヴァシーリ・マクシメンコ氏（チェチェルスク地区執行委員会委員長）、アンリ・オラニョン氏（エートスグループ）、ヴラディーミル・パシュキビッチ氏（ストーリン地区執行委員会委員長）、リシャルド・ステファノヴィッチ氏（ブラーギン地区執行委員会委員長）、ヴラディーミル・ツァルコ氏（ベラルーシチェルノブイリ政府委員会委員長）、マチアス・ヴァインガート氏（在ベラルーシスイス領事及び人道支援コーディネーター）

原注5　本章の終わりに挙げたミシェル・フェルネが書いた覚書の引用を参照のこと（五七六～五七八ページ）。

追加情報

・ヴラディーミル・シェフチュクは、ベラルーシチェルノブイリ政府委員会のツァルコ氏のもと保健省に在籍。ネステレンコをストーリン地区の村から追放したのはエートスにそそのかされたからだとネステレンコ自身に通達したのはシェフチュクである。

・ジル・エリアール＝デュブルイユは、エートスグループの人間で、ムタディスの所長。ムタディスとは、リスクの社会管理を専門とする調査団体で、コールプロジェクトのコーディネーションを担当している。その立場上、エリアール＝デュブルイユ氏はネステレンコが要求したペクチン財政支援の決定におけるキーパーソン。目下、彼は支援に反対の意見。

二〇〇三年五月二日から四日まで、ネステレンコはドイツのブリュールで行なわれた会議に参加したが、「チェルノブイリ事故の被害に関するＩＡＥＡ、欧州委員会、国際連合における討論」の会場において非常に興味深い議論が繰り広げられた。議長は、エドムント・レングフェルダー医師とパリのコールプロジェクトのエリアール＝デュブルイユ氏で、彼らは議論にも参加した。

エリアール＝デュブルイユ氏は、オラニョン教授を伴ってパリからやってきたのだが、ドイツの人々にコールプログラムに参加するようにと呼びかけた。オラニョン教授が発言した後、レングフェルダー医師は、これは好機とばかり、原子力ロビーに対する反感を公に表明するために次の質問をした。「エートスは欧州原子力共同体（Euratom）によって財政援助を受けましたが、コールプログラムも同じように原子力ロビーのプロジェクトではないのでしょうか」。

議論が始まる前、エリアール＝デュブルイユ氏とオラニョン氏は、在ベラルーシ仏大使であるシュムレウスキー氏が、ベルラド研究所の会報二三号を送ってきたことをネステレンコに伝えた。そこでは、子供たちにペクチンを与える治療法を拒否していることを理由にコールが批判されていた。エリアール＝デュブルイユ氏は、「将来フランスの専門家はペクチン配布に賛同するだろう」と言明した。ネステレンコは、今現在子供たちはすでに病気で、フランスの専門家を待っている時間はないと答えた。

ネステレンコが何年も活動した村から追放されたことに対してわれわれが抗議したところ、ネステレンコとエートス側の二人の委員との間で話し合う機会が持たれ、ベルラド研究所と協力して共同でプロジェクト（タシスプログラム）を欧州委員会に出してもかまわないと二人はネステレンコに告げた。[原注6] ミンスクのホテルの部屋で行なわれたこの話し合いの中、二人の委員はネステレンコがエートスと協力したいのであれば、フェルネ教授との関係を断つようにとネステレンコに通達したが、これを聞いたネステレンコが話を途中で遮り、部屋を出ていこうとしたので、彼らは前言を撤回せざるを得なかった。

実は、すでにコールプロジェクトを準備していたためにエートスはこっそりと消えつつあった。しかし、二〇〇一年の四月のあたま、ネステレンコはエートスに次の手紙を書いていたのだ。

四月十七日お目にかかる際に、次の可能性を検討していただくことを提案したいと考えています。

一　エートスプロジェクトの資金を使ってストーリン地区で閉鎖された地域放射線防護センター（CLCR）二〇カ所を再び現地の学校校舎内に開設する。CLCRの設備に必要な費用は一カ所あ

原注6　W・チェルトコフはJ・ロシャールと二〇〇一年二月八日電話で話をした。また、同年六月にミンスクで直接面会し、話す機会を持った。

たり一八〇〇から二〇〇〇ドル、CLCRの運営には一カ所あたり年間約九〇〇ドルが必要。
二　ストーリン地区の三〇の村に住む住民の乳牛に対して哺乳期の間、吸着剤を混ぜた秣《まぐさ》の定期的な配布を再開する。
三　これらの三〇の村の学校と幼稚園の調理場にクリーム分離機を購入し、設置する。
四　エートスプロジェクトの財政支援で、ペクチンベースの予防剤をストーリン地区の子供たちに年に四回与える。またホールボディカウンターを使って子供たちの内部被ばくを年に五、六回計測する（年間費用は子供一人当たり二五ドル）。
五　教育者、医療関係者八〇人に対して放射線測定の技術を習得する講座を開設し、CLCRでの作業の仕方と放射能防護の原則を学校で教育する方法を教える。
六　現在、ベラルーシの子供たちの健康を回復させるために、ドイツ、イギリス、アイルランド、スペイン、イタリアに保養に出しているが、ストーリン地区の子供たちを年に一回一カ月フランスへ保養に行かせる。
七　ストーリン地区の三六の高校、一二の中学校、一二の小学校に通う子供たちの健康調査を特殊国際プログラムの一環として三年間行なう。
以上、チェルノブイリ事故の被害を受けたストーリン地区の子供たちの放射能防護プロジェクトについて話し合いを持ちたいと思います。

私たちの共同科学作業が功を奏し、ストーリン地区の子供たちが正しく効果的に放射能から身を守ることができるよう祈っています。

ネステレンコ教授によるこれらの提案は、「エートスが活動を続けるための新たな資金を獲得できなかったので」四月十七日の会議において議論されなかった。実際には、エートスは「社会的な信頼及び放射能の質を長期にわたって管理」する活動をコールという新たな名前で行なうべく準備をしていた。この「放射能の質」を謳った宣伝コピーは、エートス戦略の中心思想でもあるが、コールでさらに増幅されることになる。コールは、現実を忘れさせ、肝心な点を無視し、無策を策に見せ、何も言わずに何かを言っているふりをし、最終的には現実を隠ぺいする。これがどういうことかもう少し説明しよう。

撞着語法とは、ロベール辞典[訳注3]によれば、「《優しい暴力（douce violence）》という表現のように、意味が矛盾した二つの語を組み合わせて表現効果を際立たせる言葉の彩」と定義されている。しかし、現実にはより巧妙で悪意のある操作もある。たとえば、よく知られる《グリーンウォッシュ》と呼ばれる表現を考えてみよう。これは、時代遅れだったり、評判の芳しくないコンセプトを、実際は根本的には何も変わっていないにもかかわらず、全く新しい様相や価値を表しているかのような印象を与えるようにうわべを塗り替えて提示するマーケティング上の巧みな操作のことを指す。「放射能の質」もまさにこの一種である。いったいこれは何を意味するのか。

この表現が示唆するように、原発事故によって土地にまき散らされた放射能には、良質と悪質なものがあるのだろうか。放射能の危険がたいしたことではないかのように思わせ、本来の意味を抹殺しようとし

訳注3　一九五一年に設立された出版社 Dictionnaires Le Robert から出版されているフランス語の国語辞典。

ているのだろうか。人体に直接接触する人工放射能それ自体には害はなく、問題はただその質の良し悪しなるものにあるとでも言うのか。それでは「近接効果」[原注7]における「放射能の質」とはどんなものになるのだろうか。それとも、ムタディスーエートスーコールの三者によって仕掛けられたこのグリーンウォッシュというマーケティング操作には私には理解できない何か別の意味があるのだろうか。

ジャン＝フィリップ・ジャカールによれば、「政治家が嘘をつく際、言葉は最も大きな役割を担っている。権力は、言葉を使って世界を命名し、定義し、表現するが、それは、実際の世界の姿を描写しているのではなく、このように国民に世界を見てほしいと権力が望む姿を描いているのだ。これは、あらゆる体系システムにおいて、またすでに語彙レベルにおいて認められている。たとえば、旧ソ連では、最も劣悪な強制収容所を『労働による再教育キャンプ』と呼んでいた。（中略）言語学者は、それを不透明であるとし、つまり、言葉と事物の間の関係が失われ、人為的に造られた言語、つまり間違った言語だとした」[原注8]。

このような撞着語法の最も典型的な実例は、ナチスがアウシュヴィッツ収容所の入り口に掲げたかの有名な「労働は自由をもたらす（Arbeit macht frei）」という標語だが、ＥＵがチェルノブイリ収容所における「放射能の質」というプロパガンダに対して行なった財政支援も、それと何ら性質は変わらない。欧州議会の代表は、それを意識していただろうか、それともこの科学上の《グリーンウォッシュ》にすでに取りつかれているのだろうか。

・ノルベール・ジュスタンは、二〇〇二年七月十二日にミンスクで行なわれたコール会議で矛盾した議論が展開された際、ケーニグスベルク教授に異を唱えながら、地域のイニシアチヴを発展させ、独立した放射能検査システムを作るべきだと強調した。つまりヴァシーリ・ネステレンコの論を援護したのだ。ジュスタン氏が、ベルラド研究所の四つのプロジェクトを担当していたことを思い起こそう。しかし、ネステレンコのプロジェクトは受理されているという主張があったにもかかわらず、二〇〇二年の時点では、それら四つのプロジェクトはタシスによって審理されていなかった。二〇〇二年十二月、ミンスクのフランス大使館で会った時、ジュスタン氏はEUの返事を心待ちにしていると言っていたが、その返事が来ることは決してなかった。いったい誰の責任だろうか。

・ジャック・ロシャールはCEPN（フランス核分野における防護評価研究センター）の所長。二〇〇二年七月十二日、同じ場の議論において、ロシャールは、ベラルーシ保健省代表の意見に反論し、次のように強調した。「提案されたプロジェクトはすべて、CLCRとホールボディカウンターによる計測に基づいて行なわれるべきである。市民は、国家機関が出す食品汚染に関する情報も信用していなければ、子供が通う施設のセシウム137の汚染レベルの公式測定も信用していない。これらの地区に住む住民は、独立した非政府の放射能検査システムが設置されることを望んでいるのである。

ロシャールはこうも言った。「CLCRのネットワークを構築し、ミニバスで移動できるホールボディカウンターを備えた移動実験室を八つ導入するためにもベルラド研究所の役割が重要である」。従って、

原注7　第一部第五章一一八ページに記した。
原注8　ジャン＝フィリップ・ジャカール教授、ジュネーブ大学、『ルクリエ』紙二〇〇三年六月七日付より抜粋。

ここには、ヴァシーリ・ネステレンコにポジションを与え、ベルラド研究所の能力を引き継ごうという意志が見てとれる。しかしいったいどんな方向で？　というのも、ロシャールは、エリアール＝デュブルイユとともに、ペクチンベースの吸着剤を配布するための資金援助に反対したのである。ペクチン吸着剤に予算を与えてこそ、汚染地域の子供たちは、コールのような国際プログラムから真に恩恵を受けられるはずなのに。

エートスは、オルマニー村のＣＬＣＲの線量計責任者を何年もの間こき使い、その間ネステレンコの計測結果をわが物にし、それをベルラド研究所の目的とは全く逆の目的のために利用した。つまり、人々に原子力の危険性はないと安心させ、人体への影響を過小評価し、無視したことで、住民が汚染地にとどまることを正当化したのだ。コールプロジェクトの予算をちらりと見てその額を比較すれば、どのような支出に活動資金が割り当てられているかがよくわかる。住民医療と放射能検査は二五％のみで、残りの七五％は社会経済及び文化事業に充てられている。この十七年間慢性的な汚染環境にある人々への緊急医療に割り振られた額と社会経済及び文化事業への額の割合が本来あるべき姿とは逆転しているのである。健康面をここまでないがしろにしているのは、明らかにあらかじめ定まった政治的な意図があり、「当事者」である個人及び集団の選択がエートスーコールが望むように方向づけられているからである。ロシャールは、ベルラド研究所に協力すると明言したのだから、それが少しは信用されるように、ＣＬＣＲの再建に対して見せた熱意と同じくらいの熱意をペクチン吸着剤に対する財政支援にも見せるべきだろう。カーン大学の友人から聞いた「現場を占有する」という表現はロシャールのものではなかったか。いったい何の目的でと、彼に聞いてみたいものだ。

・アンリ・オラニョン：パリ－グリニョン国立農学院所属でエートスグループ。子供の健康状態の悪化を報告する彼の発言は、二〇〇一年十一月ストーリンでの会議で現状報告を行なった小児科医によって、まざまざと裏づけられることになった。オラニョン氏は、復興を確実に進めるためには、汚染地域での持続的な発展が必要であると推奨した。しかし、子供たちは、一九八六年以前は持続的な発展などなくとも、この素晴らしい自然の中、幸せに暮らしていたのだった。ところが今日、子供たちは、体の中から蝕まれ、衰弱し、生気を失っている。それは、私たち自身が実際この目で確かめたことであり、私たちがインタビューを行なった子供たちの親やスコロドノイエの年老いた農婦も、医師たちも証言したとおりである。[原注9]

・ヴラディーミル・ツァルコは、ベラルーシチェルノブイリ政府委員会の委員長であり、ノーメンクラトゥーラ[訳注4]のメンバー。チェルノブイリの被害を小さく見せようとしたケーニグスベルク教授が擁護した保健省の見解には、与しない様子を見せる。

コール――

原注9　ヴラディーミル・チェルトコフの映画 Controverses nucléaires「真実はどこに？　ＷＨＯとＩＡＥＡ、放射能汚染を巡って」。詳細は **Feldat Film** 6945 Origlio, Suisse まで。もしくは e-mail：eandreoli@vtx.ch.　下巻の第五部第二章を参照のこと。

訳注4　旧ソ連・東欧諸国における政府の特権的幹部。

コールプログラム準備に関するプレゼンテーション（コール文書七ページ）

人口の八〇％はセシウム１３７による土壌汚染レベルが比較的低い土地に住んでいるが、多くの理由から放射能によるリスクが引き続き現存するという事実はないがしろにできない。実際、放射能が複雑な過程を経てふたたび高濃度に集積してしまうと、時には、住民、とりわけ子供たちにとって被害を及ぼす被ばくレベルに達しかねない。また、放射能汚染が拡散している環境において人間が長期にわたって暮らした場合、どのような影響が現われるかについては、未だに解明されていないため、予防原則に基づいた対応が必要である。

事実がねじ曲げられている。

食品による内部被ばく説を否定したいものの、子供の罹患率の増加を否定できないために、コール文書は、汚染レベル（おそらく外部被ばく）によっては、「被ばくリスク」が「無視できない」と説明している。しかし、これは公式学説ではあり得ないことである。なぜならば、実際の外部放射線量は非常に低いからである。そこでそれを、「放射能が複雑な過程を経てふたたび高濃度に集積する」せいだとしているのである（しかしどこに集積すると言うのだろう。空気中、地中、それとも体内？）。

「拡散した放射能汚染」とは、見当違いも甚だしい。ネステレンコとその協力者たちの調査が示したように、まさに放射能汚染とは、一様に拡散するものではなく、局部的に集中するものである。また放射能汚染は、ユーリ・バンダジェフスキーとその協力者たちの調査結果が示したように、均一ではない。とりわけ食物連鎖、組織、臓器においては、それぞれ蓄積の度合いが異なる。

コール――　この放射能汚染は、主として農業で生計を立てているこれら地域の経済に多大な影響を与えている。これは、健康、とりわけ子供の健康に影響があるのではないかという人々の深い懸念の原因となっている。同様に放射能汚染の存在は、生活環境に根ざした自然資源、文化、象徴、民族の価値を低下させてしまう。加えて、チェルノブイリ後の大規模な避難と移住のために、これら地域の人口バランス及び社会的均衡が乱された。

見事な攻撃のかわし方である。農業問題について触れてはいるが、すぐさま議論の方向を変え、「深い懸念」を人々に与えるのは、農業問題であって、食品を介してセシウム137が取り込まれた結果生じた内部被ばくではないとしている。

なぜ農業が懸念材料になるのかは全く説明をしていない。IAEA、WHO、UNSCEARなどの公式科学機関が禁じているゾーンに踏み込まないために、「文化、象徴、民族の価値」をやたらに思いやって、とりあげる。エートス―コールプログラムは農民たちに新しい文化を教えるつもりなのだ。それは楽観的に、イニシアチブや生活の規律のもとに生きることだが、実際に危険や緊急性が認められても助けようとはしない。つまりあらゆる体内システムや生命維持に必須である臓器の病気に対して予防策を取ることを拒否しているのだ。そうした病理は、知ることが禁じられているために治療を施すこともほとんどしない。

スラヴゴロド地区のソージュ川の東に位置する村がある。[原注10]その村は、ドイツのユーリッヒ核研究所による追跡調査の対象となっているが、彼らは測定を行なうだけで、防護策は全くとっていない。私たちは二

○○二年九月ここの住民にインタビューをし、映像に収めたのだが、実際、彼らは自分たちが何を食べているか全く知らなかった。ソ連の国民の常であるように、彼らは不幸を耐え凌ぎ、多かれ少なかれ不調に悩まされながら、早死にしていくことに慣れてしまっているのだ。子供の場合は、大人よりも深刻だった。最初、見ためは元気で、病は目に見えない。しかし、不調を訴えるようになる頃にはすでに手遅れなのだ。心臓、目、消化器官など、どの臓器も、すでに遅いのである。この地域の八〇、九〇、もしくは一〇〇%の子供たちが病気である。人々の生活は、ソ連というシステムに耐えることから、目に見えない放射能に耐える生活に変わった。どちらの生活にも諦観、無力感がある。また情報の欠如もそうだ。インタビューをしていると「深く心配している」様子は見受けられず、むしろ無知、情報不足、きちんとした検査や質の高い医療の欠如を感じた。親たちは子供たちの体の兆候にあまり注意をしていない。なぜならば彼らは、しつこい頭痛や息切れ、疲労などを目にしても、それが何だかわからないからである。それが心臓の病の兆候であることなど彼らには知る由もないからである。

「今日、ベラルーシの人々は、豊かな西洋の国々がデータを取るための巨大放射能研究所のモルモットでしかない。（中略）本来アメリカ合衆国やヨーロッパ諸国の医療倫理の観点からすれば、完全な治療が最初から保証されていないかぎり、患者を利用した疾病の科学研究は認められていない。なぜベラルーシで研究が行なわれる際には事情が異なるのか？[原注11] しかも、エートスーコールプログラムの場合、科学研究の名にさえ値しないことが行なわれているにもかかわらずだ[原注12]」。

コール――　ここ数年エートスプロジェクトの一環として資金を受けてこの地域で行なわれた大

> 規模な実験を鑑み、複雑さに適応できるような調整と協力体制に重きを置いたイニシアチブをストーリン地区で展開することが重要であると考える。従って、健康、経済発展、放射能防護の統合を強化するプロジェクトを展開する。さらに、地域、国、国際レベルを巻き込んだ協力活動をプロジェクトに盛り込む。

いったい複雑さとは何のことだろうか。

生きている人体より複雑なものはない。「放射能を新たな構成要素として日常生活に取り込む[原注13]」ことを明言するコールプログラムは、汚染地であっても持続可能な経済発展の方を優先させ、人間の健康に背を向けた。健康という言葉は、ここではむなしく響くだけである。バンダジェフスキー教授が、子供のセシウム137の被ばく値と臓器及び体内システムや必須臓器の疾患の間には数値的にも比例関係が見られることをゴメリの研究所で実証したが、これは全く無視された。このような状況では、放射能防護という言葉もまたむなしい。なぜならば、被ばくした体の中で何が起こっているのかを知らずに、また知ろうとせずに、何をいつどうやって防護するというのだ。ペクチンに資金援助をしないことは、すべてを無視しよ

原注10　下巻第五部「ネステレンコの村」、第七章～一二章を参照のこと。

原注11　『ツァイト・フラーゲン』一一巻、二〇〇三年第一〇号（二〇〇三年三月十七日発行）、*Zeit-Fragen*, 11. **Jahrgang no.** 10, 17 **mars** 2003, 及び本書の第三部第六章、四七三ページ。

原注12　これについては本章の最後（五七八ページ）にあるミシェル・フェルネの記述を参照のこと。

原注13　ジャック・ロシャールが作ったオルマニー村の農民たちを映した写真入りのアルバムに書かれていた一節。本書第四部、第二章五一五ページを参照のこと。

うとするバカげた意思の表れである。

GSIEN[訳注3]のベラ・ベルベオークは、二〇〇二年二月二十日に在パリのベラルーシ大使に宛てて書いた手紙の中で次のようにまとめている。

ゴメリ医科大学では、チェルノブイリの放射性降下物で汚染された地域の人々に対して、世界第一級の臨床検査が数多く行なわれ、バンダジェフスキー教授とその協力者が免疫、血液、生化学検査の結果を解析した。厳しい調査の対象となったのは、多くの大人と子供たちの健康状態である。臨床データ、研究所でのテスト、子供を含む死亡解剖、動物実験の結果から、セシウム137のような放射性核種を長期にわたって日常的に体内に取り込むと、それが疾患を生むきっかけの役割を果たすことをバンダジェフスキー教授は突き止めた。体内に取り込まれたセシウム137は発病因子となり、細胞膜の構造を破壊し、代謝プロセスを機能不全においやり、相互依存する機能や形態を変質させ、それが、心臓、肝臓、腎臓、内分泌腺などの生命に必須な臓器や体内システムをすべて狂わせてしまうのである。疾患の程度は、集積されるセシウム137の量に比例して増加する。というのも、臓器は、放射能の毒によって慢性的に影響を受けるからであり、またその蓄積の分布は、解剖時の測定が示すように臓器によって異なる。

コール――2　コールアプローチの方法論的選択肢

「放射能の現状における広がりを受け入れる：コールの取り組みにおいては、放射能の質とは、それひとつだけを切り離して考えるべきものではなく、汚染地域の健康、食品、環境、農業などの分野における継続的な発展を推進した結果として追求されるのが望ましいと考える」

つまり、持続可能な発展がチェルノブイリの土地を除染できるというのだろうか。チェルノブイリの事故後、人々の健康が悪化したこの状況において、「放射能の質」という文言が、高慢で倫理観を欠いていることは言うまでもなく、良識に対する侮辱とも受け取られる。権力と金があれば、何を言ってもいいということか。ＵＮＳＣＥＡＲのゲントナー氏は、二〇〇一年六月キエフで行なわれたシンポジウムで、チェルノブイリ事故による健康への影響について「信じる者にとっては、何の説明もいらない。信じない者にとっては、どんな説明も不可能だ（原文のまま）」[原注14]と述べている。つまり、金で買い、権威で潰すのである。バカげた説明や嘘を原理に仕立て、そこから都合のいい結論を導くのである（原理とは証明不可能な真実で、その意味を理解できるものであれば誰にとっても明らかだが、それを理解しないものは蚊帳の外に置かれる）。早い話、できないことをできると断言するのである。チェルノブイリ事故後の放射能は、持続可能な発展をもたらす原動力になれば、質が良いことになる。そして発展が失敗した場合には、それは人々のせいということだ。コールプログラムの骨子に含まれる科学的真実とは、一言で言えば、ＧＤＰを上げればセシウ

原注14　下巻第六部第二章を参照のこと。

訳注5　原子力に関する情報のための科学者集団（Groupement des scientifiques pour l'information sur l'énergie nucléaire）の略称。

ム137が食物連鎖から消えることになるということになろう。ベラルーシはひざまずく。チェルノブイリ政府委員会は金がない。被ばくさせられ、さらに辱められた人々に、放射能の質とやらの嘘を、経済発展を約束する資金援助と引き換えに売りつけ、その責任を人々に取らせるのである。

コール――エートスの経験に基づくコールプログラムは、汚染地域に住む人々が日常生活で役立つ放射能文化を発展させ、またそれを世代を超えて伝達することを援助する。さらに回想録を編纂し、それを世代および国を超えて伝える企画も用意している。

このコールのテクストは、実は、最も懸念されるチェルノブイリ事故の真の規模について、駆け足で間接的に仄めかしているのだが、あまりにさらりと触れているために、ほとんど認識できなくなっている。それは健康上の影響が放射性核種によって被ばくした人々の子孫にもあり得るということである。ここでまたこの援助プログラムは健康問題を完全に無視しているわけではないというそぶりをみせながらも、それに対して有効に立ち向かうことを避けているのである。何が将来の世代に脅威であるかを言わずして、また将来待ち受けているかもしれない不幸を予防するために必要なアクションも起こさずに、なぜ将来の世代に興味を持つのだろうか。

なぜ「文化」や「世代を越えた回想録」などと言うのか。

一九五六年、ノーベル賞を受賞したH・J・ミュラーも参加する遺伝子の専門家グループは、「来る世代の健康が原子力産業の拡大と放射線源の増大によって脅かされていることを、ここに専門家として断言する」と、かの有名な警告を発した。
チェルノブイリ事故後、比較的汚染が見られる地域に棲む齧歯類に関する調査が数多く行なわれた。齧歯類は、人間とよく似ていて、しかも繁殖のサイクルが速い。R・J・ベイカーとその協力者たちは、ハタネズミのDNAが親から子にどのように受け継がれるかを研究し、動物界においてこれまで観察されてきた変異と比較しても、世代による変異の割合が数百倍も高いことを発見した。[原注15]これらのネズミが住む環境では、セシウム137が雨によって流れ、地中奥深くに染みこんでいるので、空間線量自体は下がっている。この好ましい条件がネズミにとってプラスの方向に作用しているのではないかと考えられていたが、遺伝子変異と遺伝子の不安定な状態がなんと二十二世代にもわたって確認され、しかも影響が強まっていた。まさに放射能への適応とは逆の現象をゴンチャローヴァ[訳注4]とリャボコンはそこに発見したのだった。[原注16]
人間と齧歯類は、遺伝子レベルで似た反応が見られることからも、テキサス大学のヒリス教授は、一九九六年四月二十五日付のネイチャー誌の論説をこの問題にふれながら次のようなコメントで結んだ。[訳注5]「今日、原発事故による遺伝子変異は、これまで考えられてきたよりもずっと深刻であること、また真核生物の遺伝子変異がこれまで予想されてきた以上に高い割合を示していることがわかった」。[原注17]
しかし、このような最先端の科学研究には興味がないコールプログラムは、汚染地域の人々の予防措置を取らず、運命論的に、放射能文化の世代を超えた継承に活動をとどめる。また回想録のプロジェクトにも取り組む。チェルノブイリはすでに過去のものだからである。放射能汚染と健康に対するその影響は、もはや自然界のデータとみなされ、「専門家」が教えてくれる、放射能文化なるノウハウのおかげで世界中に伝達され、すべての人間がそれと共に生きていく術を習得しなければならないのである。「逃げられるものは逃げよ！　国はもはや人々の健康の責任など取らないのだから」（ユーリ・バンダジェフスキー）。

見せかけの援助に資金を提供することは、ＰＮＵＤや欧州委員会、スイス開発協力庁、ユネスコ、世界銀行などの機関にふさわしい行為なのだろうか。むしろ、人々を現在襲い、子孫を脅かす災難に的を絞り、それに見合ったプログラムをコールに対して要求するべきではないだろうか。

コール――このような展望のもと、コールによるアプローチは、地域の人々や専門家が効率的な作業手段や計測手段及び放射能の現状評価にアクセスすることをとおして行なわれる。

きちんとした予防対策と医療措置が取られなければ、放射能の現状を知っていったい何の役に立つのだ。健康改善のためではなく、論文に載せるためだけに統計データを集めて、それで経費を正当化しようというのか[原注18]。人々を守るための効率的な作業手段は、ネステレンコ教授のベルラド放射線防護研究所とバンダジェフスキー教授率いるゴメリ医科大学が約十年にわたってこれまで行なってきたものであり、彼らの現地における活動は、人々の健康のためにどのような手段を取ることができるかを示してきた。健康問題は、欧州委員会から財政支援を受けているコールにとっては口先だけの問題で、実際には目には見えない問題なのだ。

コール――コールプログラムの重要な選択肢の一つは、まず第一に汚染地域に住む住民のイニシアチブ能力に基づいた復興活動を応援することである。

バンダジェフスキーが告発した「各自が自己責任を！」の論理通り、セシウム１３７とストロンチウム９０による体内被ばくによって密かに起きている傷の責任は「まず第一に」農民であるということになる。ネステレンコとベルラド研究所、加えてゴメリ医科大学のバンダジェフスキーとその研究者たちこそ、まさにこの災いに立ち向かおうとイニシアチブを取った汚染地ベラルーシの住民ではなかったのか。それなのに、彼らのイニシアチブを支援して援助するどころか、活動停止に追い込むとはいったいどういうことか。

コール——地域住民の自立を促し、かつ各個人が能力を発揮できることにまず重点が置かれなけ

原注15　*R.J.Baker etal,*「チェルノブイリの齧歯類における遺伝子変化の高いレベル」High levels of genetic change in rodents of Chernobyl,.*Nature* no.380 , 707-708, 1996.4.25.

原注16　R.I. Goncharova & N. I. Ryabokon「ベラルーシ汚染地域における野生のハタネズミの世代間におけるガンマーエミッターの動力」（"Dynamics of gamma-emitter content level in many generations of wild rodents in contaminated areas of Belarus"）2nd Intern, 25-26 octobre, 1994. 原発事故の放射線被害に関するシンポジウムにて。

原注17　ミシェル・フェルネの「チェルノブイリ事故と健康」（二〇〇〇年五月）より抜粋。

訳注４　ローザ・ゴンチャローヴァとナデージダ・リャボコンはベラルーシ科学アカデミー遺伝学研究所メンバー。本書第二部第八章及び第三部第二章にゴンチャローヴァのインタビューが掲載されている。

訳注５　細胞内に細胞核を持つあらゆる生物のこと。動物、植物、菌類、原生生物など。細胞核を持たない生物は原核生物（真性細菌と古細菌）。

ればいけない。老若男女問わず汚染地域の人々が基本的に必要としていることに自らこたえられるような能力を与え、それぞれの生活環境に対応できるように能力を強化してやることが重要である。コールプログラムは、家族や地域の中心において、革新のためのプロジェクトが「クリティカル・マス」[訳注6]に達することを促し、持続可能な発展の推進力としていくことを目指す。

何世代にもわたって汚染される土地で、こんなプログラムとは……

コール――3・1　健康追跡調査と健康状態

汚染地域に住む人々は、とりわけ子供の健康状態を懸念している。地域の医療従事者は、実際に問題があることを認めている。しかし収集されている情報は断片的で、不完全な形でしか得られていない。その結果、人々の間では、棄民されているという意識が強まり、諦めから危険を伴った行動に走る可能性がある。従ってこのような健康問題に関するプロジェクトを実施する必要がある。

コールプロジェクト支援国の援助金が、断片的で不完全にしか得られていない情報の分野に対してより効果的に投資されるためには、ユーリ・バンダジェフスキーを再び学長にしてゴメリ医科大学を復活させ、予算の不足するなか、バンダジェフスキーの九年に及ぶ厳密な科学研究によって集められた、チェルノブイリを原因とする膨大な量の疾患データと知識を散逸させないようにベラルーシ政府に頼むのが一番である。

コール――子供の個別健康調査

子供の個別健康調査を行なう本プロジェクトは、人々が懸念する子供の健康状態の客観的な総覧を作成することを目的とする。本プロジェクトでは、地域の医療従事者が子供たちの健康状態の総括ができるように手段を整えてあげること、その際、ヨーロッパ諸国の専門家と協力させることを目指す。この健康調査は、チェチェルスクやブラーギンの汚染地区と同じ社会経済的な特質を備える非汚染地域（未定）を比較対照の基準として、相互に比較することによって行なわれる。

再びゼロからやり直すことになった。

事故から十七年（今や二十七年となったが）、ゴメリ医科大学での調査を中断させ、バンダジェフスキー学長を投獄して以来、健康調査は地元の医療従事者に任されているが、彼らはなんらかの症状を目の当たりにしても決して放射能という言葉を口にしようとはしない。

ガリーナ・バンダジェフスカヤは、汚染地域の婦人科長になったバンダジェフスキーのかつての教え子だった女性について話してくれたが、患者の中に奇形、中絶、死産の数があまりにも多いことに驚き、胎

原注18：コールプログラムに参加するフランス人専門家の日当は四〇〇ユーロだが、それはベルラド研究所で働く協力者の月給よりも高い。

訳注6：物事の流れを急激に変える力を持つある一定の量や分岐点のこと。原子力分野で「臨界」を意味するCritical Masseから派生した。

盤の放射能の値を測り始めたところ、地域の上層部から次のような訓告を受けた。「バンダジェフスキーがどうなったか知っているだろう。症例を書きたいだけ書くのは自由だが、セシウム137との関連づけはやめておけ」。彼女はまだ若く、養わなければいけない子供もいたので、仕事を失うわけにはいかなかった。その結果、分析を諦めたのだった(二〇〇三年三月の話)。

それだけではない。この地域の医療従事者は、ヨーロッパ諸国の専門家から指示を受け、監督されることになるというのだ。しかし、ヨーロッパの専門家の誰がここでの問題を知っているというのか。給料ばかり高く、チェルノブイリで医療調査などしたこともなく、高線量外部被ばくのみが疾患を起こすとする広島の数式モデルを持ってくる彼らにいったい何がわかるというのだ。誰が彼らの旅費とシンポジウムとパーティーの費用を払うのか。そして、最終的に誰が利益を受けるのか。コールプロジェクト予算から「現地人」に対して与えられる報酬と「専門家」に割り当てられるものに差があることは、無論言うまでもない。

ベラルーシはチェルノブイリ以来ヨーロッパの中でも最貧国の一つだが、原則として貧困国に技術協力をする場合には、地域の組織を強固にしてやるのが常で、強国が乗っ取ることはしない。しかし、原子力ロビーは、バンダジェフスキーの医科大学を解散させ、そして今度はネステレンコ教授を追放しようとしている。

『フィガロ』紙が「一年もたてば、これらの疾患が日常的な低線量被ばくによるものなのかどうかがみえてくるだろう」と書いてから二年が過ぎた。「ベラルーシの医者たちの病気の定義の仕方は私たちとは異なるので、私たちも実のところよくわからないのです」と言ったＩＲＳＮのルッチオーニ氏は、今日何か新しいことを学んだのだろうか。

二〇〇五年十月第一総括：コールには効果がない

二〇〇五年十月、『広報』*Bulletin d'information* 二八号がベラルーシ政府、フランス大使、ドイツ大使、イギリス大使、スイス開発協力庁、及びペクチンをベースとした吸着剤の効果を鑑査していたＩＲＳＮに対して送られた。この雑誌の中で、ネステレンコ教授はコールのスイスプロジェクトの一環としてブラーギン地区で活動した最初の一年の調査結果を報告した。

ブラーギン地区の同じ村でペクチンを使わずに行なったコールプログラムにおける測定結果とペクチンベースのビタペクトを使ってベルラド研究所が四年前に行なった際の結果を比較すると、コールプログラムのやり方が失敗したことは明らかで、結果としてコールが資金援助を拒否したために被ばくした子供たちは放射能から身を守ることができず、時間を無駄に使うという、被ばくをしている子供たちにとって許されざる結果を生むことになった。

ベルラド研究所の報告書によれば、以下のようになっている。

コールプロジェクトの医療プログラムは、今のところ住民の健康状態と低線量被ばくの健康に対する影響のデータを収集するにとどまっている。

ベラルーシの専門家が、プロジェクトの第一段階として、住民（とりわけ子供）の放射能防護のためにペクチンをベースにした食料の配布など実践的な方法を申し入れたにもかかわらず、それがコールプロジェクトに却下されたことは甚だ遺憾である。

ベルラド研究所がスイス開発協力庁との契約のもと、コールプロジェクトのために行なった測定分析によれば、二〇〇四年の春から二〇〇五年の春にかけて子供の体内のセシウム137の蓄積量は、ブラーギン地区のコマリン村、ミクリッチ村、フラコヴィッチ村では変化が見られず、ブルキ村では上昇さえしていた。ところが、ブラーギン地区の同じ村において、二〇〇〇年から二〇〇一年にかけてベルラド研究所がペクチンベースのサプリメントであるビタペクトを服用させ、子供たちのセシウム被ばく量を測ったところ、一カ月で体内のセシウム137の値は、平均して二七％も減った。また、ブルキ村、ミクリッチ村、フラコヴィッチ村では三二％、コマリン村では三五％も減ったのである。

V・ネステレンコ「チェルノブイリ大惨事」
『会報』*Bulletin d'ïnformation* 二八号
二〇〇五年八月二十九日　ミンスクにて

無視できない問題だ。副作用のない効果的な薬があるというのに、それを与えずに目の前の子供たちをそのままに放置する権利が誰にあるのだろうか。

コール——妊婦の健康に対する教育

本プロジェクトは、ストーリンの病院で検査を受けている妊婦にリスク管理を教育することで、食品摂取による被ばくリスクを減らすことを目的とする。妊婦自身を環境に再適応させるために、本プロジェクトは、エートスプログラムで構築かつ実施された取組みに則って行なわれる。この最適応化は、主として実践的放射能文化のモジュール及びすでに妊婦に対して行なわれている線量計のモジュールを取り入れることで行なわれる。

チェルノブイリは、自然界における生命と環境の間に存在していた生物学的関係を汚染によって断ち切った。そして今や、パリで教育を受けた専門家の指導のもと、この汚染された環境に人間自身が再適応せよと命じ、若い妊婦にこの汚染された収容所のような土地で自立するように教育するのである。そして、この障害に加えて、さらに自分は悪い母親だという罪悪感を妊婦に植え付けるのである。なぜならば、悪い教師に教えられた彼女たちは、否が応でも不肖の弟子にならざるを得ないからである。被ばくをしている母親は、自分の中で宿った新たな生命も被ばくさせることになる。幸福な共生がおそろしい悲劇に変わるのである。このプログラムの当事者たちは、嘘ばかりついて事実を見ようとしない。いったいどんな再適応化があると言うのだろうか。

若い母親たちは、妊娠中と授乳期間は汚染地域から避難しなければいけないし、胎盤の被ばく量はきちんと計測されなければいけない。また、胎盤の被ばく量と先天的奇形及び死産の相関関係は科学的に検証されなければならない。[原注19]

コール——過去にさかのぼって線量計での測定結果の調査を行なう。セシウムによる日常的な汚染が、人々にみられる疾患に何らかの役割を果たしているのかを見極めるために、それぞれの子供の健康調査のデータと線量計のデータの関係づけを行なう。

コメント――　関係づけを行なうことは進歩ではあるが、いったい誰が、どのような方法で行なうのか。バンダジェフスキー教授の研究は考慮されるのだろうか。どの研究でもそうだが、誰が始めた研究なのか、またプロジェクトの主要メンバー及び協力メンバーの素性を知っておく必要がある。他方、過去にさかのぼって線量計の計測結果を見直すという計画は茶番でしかない。今直接行なっている測定こそ見直す必要がある。子供たちは今現在病気なのであり、セシウム137は子供たちの体内に今現在、存在しているのである。

コール――3・2　農業、農村の発展、生命の管理

チェルノブイリの影響を受けて経済が停滞した農村地域において世帯収入を改善するプロジェクト（英語）原稿からの要約

放射能は、主として食物連鎖、すなわち農作物を通して広まる。また、もう一つの経路は、森林開発（木材、火、果実、野生動物）である。

本プロジェクトでは、ジャガイモ、野菜、乳製品などに含まれる人工放射能を減らす農業技術を教育する。これには費用がかなりかかる。

この援助の恩恵を誰が受けるのだろうか。

このプロジェクトを管理するのは難しい。新たな役人が必要になる。

こうしたプロジェクトの実現が可能かどうかを示すことが重要である。例えば、安全性は確保できるのか、価格を低く抑えることができるか、雇用が生まれるかなど。この地域のバイオマスを有効利用し、また木材の残りを工場で使うことになるだろう。

しかし、木こり、製材所での作業者、暖房設備を取り付ける作業者、煙突掃除夫など作業者の防護については何も示されていない。どのような森林開発が行なわれるのか、すべての木材が「再生可能」とすべきなのかが明記されていない。セシウム137、ストロンチウム90や超ウラン元素を防ぐフィルターについても記載がない。森林に堆積していた放射能を都市部に移動させてしまう危険はないのだろうか。埃や煙によって、比較的汚染されていなかった都市部の人々に影響を及ぼすことにはならないか。

コール――3・4　放射能文化プロジェクト、世代と国を超えた回想録と教育

これは文化に関する項目だが、「世代と国を超えた回想録と教育」のためにチェルノブイリ博物館を作ることが問題となっている。

どうやらヨーロッパ諸国はこの似非イデオロギーに最も多くの投資を行なっているようだ。

しかし健康問題を前にして、プロジェクトのこの企画の空疎さは火を見るよりも明らかである。なぜならば、チェルノブイリの現実を無視し、唯一こうしたすべての取り組みに意味を与える事実、つまり、被

原注19　本章の最後に記したフェルネ教授の覚書を参照のこと。

ばく、とりわけ内部被ばくによる影響、子供、妊婦、将来健康や遺伝子に問題をもった子孫を生む人々を無視しているからだ。

コール——3・4・1　背景

ベラルーシ共和国の汚染地域に住む人々は経済的に困窮しており、そのため日々の糧を得るために、家庭菜園で野菜を栽培したり、森で果実などを摘んだり、釣り、狩りなどに頼らざるを得ない。しかし、これらの産物はすべて汚染されており、汚染の値は地域環境によってはかなり高い。放射能に関する知識や食品及び環境に対する勧告は、日々の暮らしの中で広まっておらず、また実施もされていない。

低線量被ばくが主として内部被ばくであり、しかもそれは食品を介して起こること、また被ばく量はかなり高くなりえることを、コールプロジェクトは認めているということになるのだろうか。もしそうならば、なぜ内部被ばくに関する研究や放射能防護に全く着手せず、それどころか、逆にそれを邪魔するのか。

エートス——エートスの取り組み

これまで行なわれてきた取り組みとは一線を画す独創的なイニシアチブである。というのも、復興プロセスに地域の人々を関与させる分散型の取り組みだからである。その取り組みは、汚染地域に住む人々が自分自身で生活レベルを立て直し、かつ汚染地での活動の結果生じる放射能のリスク管理を自ら引き受けるようにするために、この枠組みの中で最適な条件を整えることを目的としている。とりわけ子供を中心とした健康問題、環境問題、国内の安全、生活レベル、職業活動、社会的及び文化的活動、個人及び集団としてのアイデンティティなど、汚染によって影響を受けた日常生活のあらゆる面を立て直すことを目標としている。

素晴らしい！　放射能のリスクは、爆発した原発のせいではない。悪いのは、住民のせいなのだ。

傍点で強調した部分は、文章そのものが解説を兼ねている。これは、真実であり、また真実をすべて告白しているという点においては賞賛に値する。今後は、住民自身は自分たちの行動という罠に掛かり（つまりは人生の罠とも言えるわけだが）、彼らに降りかかる被害は自業自得ということになるのだ。一方、土地の汚染は、今後コールプロジェクト推進者にとっては、自然界のデータということになる。住民は専門家に教えられ、土地汚染に適応することを学ばなければならない。責任を持つのはあくまで住民であり、仮にうまくいかなければ、悪いのは住民だけということになる。

コールプロジェクトによって、またコールプロジェクトを通して問題になっているのは、ＥＵとわれわれすべての政治、倫理観であることを意識する必要がある。われわれは、この犯罪的傲慢さとも言える嘘に金を出してきたし、また今でも金を出していることを忘れてはいけない。そこには、原子力に責任がある国連機関のうぬぼれ、何も知ろうとしないその態度、そしてヨーロッパ市民の金が関与しているのだ。

この章を終えるにふさわしい人物は、フェルネ教授においてほかにいない。フェルネ教授は医師であり、

WHOで働いていた。彼はチェルノブイリで何をすべきかをリストにしている。

事故から十七年もたってからこのプロジェクトに取りかかる以上、調査はすべて明確な目的の下で行なわれなければならない。いったい誰のためか。病気の子供たちを守るためか。商業的原子力産業を守るため（つまり、この産業による被害者を切り捨てるということ）か。もし、被害者に関心を抱いているのが原子力産業推進者の代表ならば、このプロジェクトはWHOのIPHECA[訳注7]プロジェクト（チェルノブイリ事故の健康影響に関する国際プロジェクト）と同じ運命をたどることになろう。IPHECAプロジェクトは、IAEAが作ったものだった（それはちょうど、たばこ産業界がたばこによる疾患を調査するのと同じようなものだ）。IAEAは、虫歯の研究を優先するが、遺伝学の研究はないがしろにしている。

チェルノブイリの人工放射能を原因とする放射線が住民の健康被害の大きな原因であるかどうかを知ることがプロジェクトの目的ならば、多くの仮説と確固たる目的を立てなければいけない。それぞれの仮説に対しては、あらかじめ調査を始める前に、正確な答えを求める正式な質問票を作成したうえで二重盲検法のプロトコルを設ける必要がある。また、調査にはどれだけの数の被験者を必要とするのかを見極める統計学者も必要である。放射線測定者は、ホールボディカウンターを使って現地村落の住民を測定し、集めた結果をコンピュータでデータベース化する必要がある［データは伏せておく］。

医師は、それぞれの専門に応じて症例を研究しなければならない。

—眼科：白内障、子供の水晶体内の陰影の数、網膜炎。

—心臓：患者の既往症について、運動能力、痛み、疲れなど。

血圧：子供、高血圧患者、低血圧患者、正常値の住民。合併症。

ＥＣＧ（心電図）：不整脈、ＱＴ延長症候群、再分極の異常など。

—臨床所見での異常。心臓奇形。

—内分泌及び婦人科：女子の思春期におけるホルモン異常
病理学的検査のために胎盤を収集する。またそれとは別にセシウム１３７による胎盤の被ばく値を記録する。地域住民の過去五年間の受胎率。先天的奇形の割合。周産期の症例。

—甲状腺抗原もしくはランゲルハンス島に対する自己抗体の割合。

—甲状腺腫、甲状腺機能欠陥、橋本病、糖尿病Ｉ型。

—感染症科：抗生物質を服用した子供の数、適応症の指示、入院。慢性気管支炎、再発性泌尿器感染などの再発しやすい疾病。

—外科：骨折の治療、回復の質と速さ、傷の治癒力。

—心療科：子供の年齢に応じた学業の達成度、ＩＱ、欠席日数など。

—アレルギー科：気管支ぜんそく、年齢、程度。アレルギー性皮膚炎など。

—消化器科：胃炎、十二指腸炎、食物アレルギー。

訳注７　International Programme on the Health Effects of the Chernobyl Accident の略称。ＷＨＯがベラルーシの汚染地域及び非汚染地域で実施した子供たちに対する健康調査を指す。

—腫瘍学科：脳腫瘍、他の悪性新生物、貧血、リンパ球減少症、白血病。
これらの症状とは無関係にセシウム137の値を計測（試験後公開）。
全てのデータがコンピュータに入力された後、統計学者のみが両方のデータベースを受け取り、あらかじめ定められ、要項に記載されていた通りのやり方に基づいて計算を行なう。

IAEAが作成したIPHECAプロジェクトにおけるWHO、エートスプロジェクト、コールプロジェクト、IRSN、これらのどれひとつとっても健康に関する科学プロジェクトの概要が全く見てとれない。ここには、一番大切な問題を無視し、隠ぺいしようとする意図がある。チェルノブイリの農村地域に住む子供たちが病気であること、またこれらの地域で収穫された農産物、森で捕れた産物が危ないことを人々は知っている。これらを商品として売ることはできないのだ。

ミシェル・フェルネ医師

これは、西側諸国が金を出して作った核の収容所なのである。

【用語解説】

放射能の量を示す単位：

ベクレル（Bq）とキュリー（Ci）

生命体及び非生命体に存在する放射能量を測る単位で、原子核が一秒あたりに崩壊する数をあらわす。一ベクレル（Bq）は一秒に原子核が一つ崩壊することを示す。

ベクレルは、原子炉の炉心内の放射能量や原発事故が起こったときに放出された放射能量を推算する際には小さすぎる。その場合、昔ながらのキュリー（Ci）を単位として使う。一キュリーは、三七〇億ベクレルに相当する。チェルノブイリでは、数千万キュリーもの放射能が大気中に放出された。福島では、広域にわたる土地の汚染を測定する場合には、一平方キロ当たりのキュリー（Ci／km²）を単位として測定する。（本書三七九ページを参照のこと）。しかしながら、放射能の生体への影響を考えるにあたっては、キュリーという単位は大き過ぎるためベクレルを使い、汚染地で産出された食品中の放射能量および汚染食品をとおして人体に取り込まれた放射能量（内部被ばく）は、一キロあたりのベクレル量（Bq／kg）で計測する。

ＩＣＲＰによる二〇〇七年の勧告では、一年間の被ばく限度となる放射線量を平常時は一mSv未満、緊急時には二〇～一〇〇mSv、緊急事故後の復旧時は一～二〇mSvと定めている。ＷＨＯは飲料水中の放射性物質の指標値を一〇ベクレル／kgとしている。またベラルーシでは年間有効線量が一－五mSvを、ウクライナでは年間有効線量が一mSvを超すと移住権が認められている。チェルノブイリ事故後、ウクライナ、ロシアでは食品に関するベクレル規制値は特に設けられなかった。ベラルーシでは、食品基準値が設定されたが、年月とともに変化し、二〇一四年現在では下記の通り：

ベラルーシ国民のための食品・農作物・飲料水内における放射性核種セシウム１３７濃度許容基準値（RDU－99）：単位はBq／kg, Bq／l

飲料水一〇、牛乳一〇〇、コンデンスミルク二〇〇、カッテージチーズ五〇、チーズ五〇、バター一〇〇、牛肉五〇〇、豚肉・鶏肉一八〇、パン四〇、ジャガイモ八〇、穀物一八〇
干草一三〇〇、小麦粉・荒挽きの穀類六〇、砂糖六〇、植物性油脂 四〇、動物性油脂一〇〇
野菜一〇〇、果物四〇、栽培されたベリー七〇、野生のベリー一八五、乾燥キノコ二五〇〇
野禽 五〇〇、牧草一六五

ウクライナにおける食品のセシウム１３７許容限度値（二〇〇六年改定）：単位はBq／kg,

ジャガイモ六〇 、野菜四〇、牛乳一〇〇、卵一〇〇、果物七〇、肉二〇〇、穀類 五〇

ロシアにおける食品のセシウム一三七許容限度値（二〇一一年改定）：単位はBq／kg,

肉二〇〇、魚一三〇、牛乳一〇〇、野菜（ジャガイモを含む）八〇、野生のベリー類一六〇

生キノコ五〇〇

日本では厚生労働省の定める放射性セシウムの食品に含まれる基準値は、二〇一二年四月からの新基準値により、一般食品一キログラムあたり一〇〇ベクレル、飲料水一〇ベクレル／kg、また牛乳・乳製品は子どもへの配慮から五〇ベクレル／kgとされている。

ちなみにEUの食品における放射能許容基準値は福島事故後ネコの目のように変化をした。事故発生地が遠い極東アジアであったのにもかかわらず、チェルノブイリ事故後に制定された緊急時暫定基準値がまずただちに採用された。しかし二〇一四年四月に日本国内の基準値が大幅に引き下げられると共に、それに合わせて修正が行なわれ、二〇一二年十月以来、以下のような概要の基準となっている。

日本からの輸入品に関してのみ日本国内と同じ厳しい基準値を設けているために、EU国内の食品よりも日本からの輸入品の方が汚染の少ない可能性があるという矛盾した現状がある：

乳児用食料、及び乳製品の第三国からの輸入品：三七〇Bq／kg

乳児用食料、及び乳製品の日本からの輸入品：五〇Bq／kg

その他の食品：六〇〇Bq／kg

日本からのその他の輸入食品：一〇〇Bq／kg
日本から輸入する飲料水：一〇Bq／kg

吸収される放射線量を示す単位：

ラド（RAD）とグレイ（Gy）
放射線が物質を透過するとエネルギーが減少することを利用して、物質を透過する際に吸収されるエネルギー量から放射線量を推算する。単位としてはラド（RAD）とまたはグレイ（Gy、一グレイ＝一〇〇ラド）が使用される。

放射線の人体への影響を示す単位：

レム（rem）とシーベルト（Sv）
人体への放射線の影響は、吸収される放射線量と放射線（α、β、γ）の性質によって定まる。放射線の人体への影響を推算するためには、吸収される放射線量に放射線の破壊効率を特徴づける組織荷重係数をかけ、次いで放射線の種類に応じた補正係数をさらに掛け算する。ベータ線やガンマ線は一をかけ、アルファ線は破壊効率が高いので補正係数二〇をかける。
このようにして人体への影響を示す「線量当量」を示す値が得られる。単位は、レム（rem）またはシーベルト（Sv）を使う（一シーベルト＝一〇〇レム）。「線量当量」は、特に曖昧さを引き起こす可能性がなければ、一般に「線量」と呼ばれる。「線量」（シーベルト（Sv）、年間あたりの線量（mSv／年）、時間あたりの線量（μSv／h）と通常呼ばれるものは、エネルギー量そのものを示すのではなく、ある組織に吸収されるエネルギーの有機的影響、つまり人体へのダメージを示す。

「生涯線量」とは、汚染地域で暮らす人間がその地に七十年間とどまった場合に受ける線量を指す（イリーン医師が提唱する「生涯三五レム」理論についての論争は以下のページを参照のこと。本書八五～八七、一四六～二九二、二一二、四五四ページ）。

日本では福島第一原発事故後、それまでの年間被ばく基準値一mSvから、「避難については、住民の安心を最優先し、事故直後の一年目から、ＩＣＲＰの示す年間二〇～一〇〇mSvの範囲のうち最も厳しい値に相当する年間二〇mSvを避難指示の基準として採用」している（経済産業省）。これを生涯（七〇年）線量として計算すると二〇×七〇＝一四〇〇mSv／生涯　または一四〇レム／生涯になる。

いくつかの指標

国際放射線防護委員会（ＩＣＲＰ）が原子力産業従事者に対して一九九〇年以来提唱している年間被ばく限度量は、二〇ミリシーベルト（二レム）である。一九九〇年以前は、五〇ミリシーベルト（五レム）だった。

一般市民に対して推奨される年間被ばく限度量は、一九八五年以前は五ミリシーベルト（〇・五レム）

だったが、一九八五年以降は一ミリシーベルト（〇・一レム）である。ＩＡＥＡの基準に従えば、年間一ミリシーベルト以下であれば、放射能防護対策は全く必要ないとされている。ヴァシーリ・ネステレンコは、子供には年間〇・三ミリシーベルトを限度とすることが望ましいとしている（本書三三〇〜三三二、四六二ページ参照）。また二〇〇一年のベラルーシの法律によれば、たとえ年間線量が一から〇・一ミリシーベルトに減少したとしても、防護対策は依然として取り続けるべきだとしている。

限度量が定められているからといって、人体に無害な線量と有害な線量の間に確固たる境界があるわけではない。たとえ少ない線量でも危険は伴う。国際専門家が提唱する限界値とは、原子力産業の発展を完全に妨害しないための経済的配慮に基づいているにすぎない（下巻第五部第一章の「「基準値」という幻想」を参照のこと）。

国際基準値は、健康上のリスクが被ばく量に比例すること、またあらゆる被ばくががんの危険と遺伝上の危険を伴うという原則に基づいている（ＩＣＲＰ一九九〇年）。人工放射線による被ばく（核実験も含む）が世界中で多くのがん患者を生んだ。国連の公式データによれば一九四五年以降一一七万人が死亡、また欧州放射線リスク委員会（ＥＣＲＲ）は、六一一〇万人が死亡したと伝えている。本書三七四〜三七五ページのユーリ・バンダジェフスキーの意見を参照こと。

半減期

半減期とは、放射能が持つ原子数の半分が消滅するまでに必要な時間を指す。半減期が過ぎれば、当初の放射能の半分しか残っていないことになる。また半減期が二回過ぎれば、当初の四分の一に……という具合に、一〇回半減期が過ぎれば、約千分の一にまで下がるとされている。どこまで下がれば放射能がもはや人体に影響を与えないかを示す閾値は存在しない。

半減期は、核種によって異なり、数秒程度の核種から数百万年、数十億年に至る核種まで様々である。ヨウ素一三一（八・〇四日）、セシウム一三四（二・〇六年）、セシウム一三七（三十年）、ストロンチウム九〇（二十九・一年）、プルトニウム二三九（二万四千六十五年）。

従って、数週間で減少する短い半減期を持つ核種については、大量の放射線を出す期間は数カ月である。半減期が数年から数十年の中期間の核種の場合、数十年から数世紀にわたって放射能が効力を発揮する。非常に毒性の高いプルトニウムに関しては、数十万年もの間放射線を出し続ける。

（参考文献：ベラ＆ロジェ・ベルベオーク『チェルノブイリの惨事』緑風出版、一九九四年）

ミフネヴィッチ M. Mikhnevitch 503,504
ミフニョック Dimitri Mikhnyouk 464
ミュラー Hermann Joseph Muller 39, 562

【め】
メドヴェージェフ Grigori Medvedev 42, 43, 50, 53, 55

【も】
モイセイエフ A. Moïsseev 144
モルガン Karl Z. Morgan 132, 134, 135

【や】
ヤーゾフ D. Yazov 149
ヤブロコフ Alexei V. Yablokov 20, 23, 167, 197, 215, 426, 489
ヤホードヴィック M. Yahodvik 381
ヤルモネンコ Samouil P. Yarmonenko 154
ヤロシンスカヤ Alla Yarochinskaya 141

【ら】
ラクロニック Jean-François Lacronique 357, 358, 361, 364
ラコスト André-Claude Lacoste 355
ラジウク G. I. Laziouk 307
ラゾコ A. Lazouko 245, 246, 247, 248
ラフコフ Vladimir Ravkov 335
ランティニ，ミレッラ Mirella Lentini 518

【り】
リヴァラン Jeff Rivalain 504
リガチェフ E. Ligatchev 149
リセンコ T. D. Lyssenko 84
リャボコン N. Ryabokon 565

【る】
ルイシコフ N. I. Ryjkov 83, 84, 142, 212, 309
ルードニョフ M. I. Roudnev 441
ルカシェンコ，アレクサンドル Alexandr G. Loukachenko 38, 328, 331, 340, 388, 389, 400, 401, 403, 406, 407, 426, 444, 445, 447, 451, 473, 483, 521, 530, 538
ルカシェンコ，ユリア Youlia Loukachenko 54, 55, 56
ルッチオーニ Catherine Luccioni538, 568
ルノワール Yves Lenoir 137, 304
ルマソン Sylvie Lemasson 547
ルピュサール Jacques Repussard 356

【れ】
レーニン V. I. Lénine 141, 253,
レーピン Gueorgui Lepine 291, 292, 401
レガソフ Valeri Legassov 50, 51, 52, 85, 114, 142, 146, 157, 187, 188, 189, 221, 314, 315
レングフェルダー Edmund Lengfelder 449-451, 455-457, 460-469, 471, 472, 483-486, 490, 548,

【ろ】
ローゼン M. Rosen 142, 143
ロシャール Jacques Lochard 39, 464, 515, 520, 522, 523, 527, 549, 553, 554, 559
ロランジェ François Rollinger 356
ロルヴィッチ I. V. Rolevitch 524, 528

220
ブーラコヴァ E. Bourlakova 198
フェルネ，ソランジュ Solange Fernex 39, 333, 336, 463, 464, 466, 498, 504, 518
フェルネ，ミシェル Michel Fernex 40, 41, 203, 282, 333, 335, 336, 426, 460, 463, 480, 483, 484, 485, 489, 491, 495, 500, 502, 504, 521, 525, 530, 531, 534, 535, 546, 547, 549, 559, 565, 573, 575, 578
ブグロヴァ V. Bouglova 393, 394, 398, 399
ブーナ Neil Buhne 547
プフルークバイル Sebastian Pflugbeil 460, 473, 474, 475, 479, 522
プラトノフ Y. P. Platounov 428
プラトノフ V. Platonov 222, 383,
プラノヴィッチ Dima Pranovitch 268
フリゴラ Pierre Frigola 497, 498, 512
ブリックス Hans Blix 88, 108, 109, 194
プリマチェンコ M. Primatchenko 60
フルシチョフ Nikita Khrouchtchev 84
フレンツェル Christine Frenzel 449-451, 453, 454, 456, 461- 464, 472
ブレジネフ Leonid Brejnev 223, 254
プローディ Romano Prodi 501, 507,

【へ】
ベアール Abraham Béhar 336, 337
ベイカー R. J. Baker 563
ヘッカー Martin Hecker 464
ペトリアエフ E. Petriaiev 155, 319
ベック Daniel Beck 270, 274
ベニンソン Dan Beninson 138, 142, 143, 146, 151, 153
ベベシュコ V. Bevechko 154
ベルベオーク，ベラ Bella Belbéoch 32, 33, 75, 141, 153, 155, 306-309, 336, 426, 560, 585
ベルベオーク，ロジェ Roger Belbéoch 33, 75, 336, 585
ペルラン Pierre Pellerin 138, 151, 306, 354
ベレストフ Valéry Berestov 547

【ほ】
ボイコ B. Boïko 51
ボイコフ M. Boïkov 205, 213, 214
ボース Susan Boos 317
ポシェホトニー M. Pchékhotny 241,
ボトキン S. Botkine 372, 373
ホリオ （堀尾正雄） 117
ポリクシュコ Pacha Polikouchko 514
ボリセヴィッチ Nikolaï Borissevitch 221
ボロフスキー Anatoli Borovsky 143, 211-213, 217, 285, 297, 301

【ま】
マクシメンコ Vassili Maximenko 547
マクシモフ M. Maximov 241
マコヴスカヤ Irina Makovetskaya 334, 336, 386-388
マスカレフ M. Mascalev 373
マックスィーニー Barry Mc Sweeney 494, 497, 512
マツコフスキー N. Matoukovsky 155

【み】
ミッテラン Danielle Mitterrand 336, 475
ミネンコ V. F. Minenko 427

デミーチック E. Demidchik 306, 460,
デ・ルッツェンベルガー Raoul de Luzenberger 501, 503
テルノフ V. I. Ternov 427

【と】
トゥーロヴェッツ Dima Tourovetz 277
ドゥルーズ Charles Deleuse 503
トゥルシーロ V. I. Troussilo 427
トーリック Tolik 68, 71
ド・ゴール Charles de Gaulle 508
ドレジャル Nikolaï Dollejal 46
トレフィロフ M. Trefilov 227, 228
トロツキー (Lev) Trotski 141

【な】
中嶋宏 485

【ね】
ネイファフ M. Neifach 381
ネステレンコ , アリョーシャ Alexei (Aliocha) Nesterenko167, 173, 188, 225
ネステレンコ , イリザ Ilsa Nesterenko 167, 182,185
ネステレンコ、ヴァシーリ Vassili B. Nesterenko 4, 23, 43-45, 50, 53, 58, 59, 112, 114, 145, 150, 151, 153, 156, 162-169, 171-183, 185-200, 215, 218-233, 276, 307, 308-313, 315-319, 326-334, 337, 339-353, 364, 366-368, 373, 378-384, 388-393, 396-403, 405, 422-456, 460-463, 465- 473, 478-482, 485, 491, 494-500, 503-508, 510-522, 524-535, 541, 542, 545, 546, 548, 549, 551, 553, 554, 556, 559, 564, 565, 568-570, 584,
ネフメーノヴァ Lara Nevmenova 334

【は】
バーテル Rosalie Bertell 124, 125, 131, 333, 371
パヴロフ Ivan Pavlov 372,373,
パヴロフスキー O. Pavlovsky 145, 146
パシュキビッチ Vladimir Pachkevitch 547
パステルナーク Boris Pasternak 139
パットン B. Paton 227, 228
バトゥーラ B. V. Batoura 431-433, 433, 445, 447
パラフィニアク＝ガノーフスカヤ Ludmila Porokhniak-Ganovskaia 426
パリャトコフスキー Alexandre Poliatkovsky 269
バンダジェフスカヤ Galina S. Bandajevskaya 236, 329, 366, 404, 408, 413, 414, 482, 488, 567,
バンダジェフスキー Youri I. Bandajevsky 3, 23, 112, 132, 133, 153, 199, 215, 230, 231, 233, 235, 326-399, 403-405, 407, 410-412, 414, 415, 418-421, 423-425, 439, 446, 451, 461, 465, 466, 467, 469, 479, 482, 483, 485-491, 518, 521, 526, 531, 539, 541, 542, 545, 546, 556, 559, 560, 564-568, 572, 584

【ひ】
ピエトラサンタ Yves Piétrasanta 494, 497-507
ヒリス D. M. Hillis 563

【ふ】
ファリャ G. Failla 132
ブーダコフスキー M. Boudakovsky

コンドラシェンコ Kondrachenko 200,

【さ】
サヴラソヴァ Svetlana Savrasova 67-78 470,
ザッヘイ Rostislav Zatkhei 60-65, 191
ザトラーノフ Lionka Zatouranov 295
サハロフ Andreï Sakharov 23, 35, 43, 150, 151, 156, 162, 165, 227, 455, 485
サフキン Mikhail N. Savkine 154
サフチェンコ M. Savtchenko 142, 176, 212,
サラガヴェッツ Anatoli Saragovets 4, 210-215, 294-301
サラガヴェッツ夫人 Mme Saragovets 298-301
サリジアニス D. Sarigiannis 495

【し】
シェドロフスキー M. Chedlovsky 379
ジェナール Raoul-Marc Jennar 508
シェフチュク Vladimir E. Chevtchiouk 523, 525, 547, 548
重松逸造 157
シチェルバク Youri Chtcherbak 80-92, 148, 156, 237, 314, 365
シチェルビナ B. Chtcherbina 57, 83
ジャカール Jean-Philippe Jaccard 552, 553,
シャシコフ Piotr Chachkov 204-207, 216, 284-288, 297, 301
ジュスタン Norbert Jousten 498-501, 503, 504, 506, 547, 552, 553
シュメレヴスキー Stéphane Chmelewsky 464

【す】
スターリン (Joseph) Staline 84,
ステファノヴィッチ Richard Stefanovitch 547
ストジャロフ A. Stojarov 328, 389, 391, 425
スモリアール Ivan Smoliar 229, 401
スラフスキー E. Slavski 47,
スリューンコフ Nikolaï N. Sliounkov 49, 172, 174, 177, 180, 186, 190

【せ】
セリョージャ Serioja 27, 71,
ゼレンケヴィッチ I.B. Zelenkevich 391, 422, 426, 428, 438

【た】
ダヤン Dagmar Dailliant 422

【ち】
チェブリコフ M. Tchebrikov 149
チャーゾフ E. Tchazov 103
チュビアナ M. Tubiana 39

【つ】
ツァルコ Vladimir Tsalko 503, 527, 538, 547, 548,555

【て】
ティーヒ Volodymyr Tykhyy 42, 258, 373
ティピアコヴァ Alla Tipiakova 4, 26-32 58, 138
テイラー Lauriston Taylor 133, 134, 135
デヴォイノ A. Devoïno 222, 227
デボルド Jean-Philippe Desbordes 117

オレホフスキー V. Orekhovsky 434, 435, 471

【か】
カーナプリャ E. Konoplia 276
カヴェリウス Alexandra Cavelius 484, 486
カスペルスキー Guillaume Kaspersky 547
カミュ Albert Camus 21, 519,
カラシオフ M. Karassiov 188
カルポフ Anatoli Karpov 227, 229, 316, 455
ガレル Thierry Garrel 529, 530

【き】
キクチ（菊池正士）117
ギダスポフ M. Guidaspov 52
キム A.M. Kim 315, 316
ギルヴィッチ Nil Gulévitch 174

【く】
グスコヴァ Anguelina K. Gouskova 154
クズミーン M. Kouzmine 174, 223, 224
クプニー Valentin Koupny 93
グラ女医 Mme Goula 298
クリコフスキー Victor Koulikovsky 207-210, 212, 213, 215, 216, 290-293, 301
クリモヴィッチ Migorok Klimovitch 295
クリュク Sergeï Kulyk 547
グールディーノ Alexandre Groudino 205, 208, 209, 214, 216, 217, 288-290, 297, 301
クルチェンコフ A.S. Kourtchenkov 427
グレス Nika Gres 482
グロジンスキー Dmitri M. Grodzinski 93, 94
クロンプ Wolfgang Kromp 370

【】
け】
ケーニグスベルグ Yakov E. Kenigsberg 389, 391,393, 398, 402, 423, 461, 462, 486
ケビッチ V. Kebitch 226,
ゲントナー N. Gentner 126, 402, 561

【こ】
コジレフ Vladimir Kozyreff 503, 505, 506
コスチゥケヴィッチ M. Kostioukevitch 97
コスロヴァ Lioudmila Koslova 244-245
コスロフ Semion E. Koslov 245, 248-249
ゴットシュタイン M. Gottstein 483
ゴドヴァールニコフ G.V. Godovalnikov 427
ゴフマン John W. Gofman 159, 331, 490
コラン Jean-Marie Collin 125
コルズン Korzun 480
ゴルバチョフ Mikhaïl Gorbatchev 83, 84, 92, 94, 139, 140, 149, 154, 177, 220, 224, 228,253, 254, 308, 313, 315, 399, 453
コロミエッツ Natalia D. Kolomiets 426, 441, 461,
ゴンサーレス A. Gonzales 88, 89
コンスタンティノフ M. M. Konstantinov 504
ゴンチャローヴァ Rosa Gontcharova 311-313, 378-384, 563, 565,

【人名索引】

【あ】
アーレント Hannah Arendt　80, 81, 470,
アイヒマン Adolf Eichmann 81, 470,
アスターポフ Valeri Astapov 461, 462
アスナール José María Aznar 501, 507,
アダモヴィッチ Ales Adamovitch 156, 226, 227, 229, 455
アッケルマン Galia Ackerman 45, 463,
アディソン Joseph Addison 40
アナン Kofi A. Annan 36, 148,
アルティオム Artiom 267, 268
アルトマン Gila Altman 472,
アレイニコヴァ Olga Aleinikova 266-277, 280, 281
アレクサンドロフ Anatoli Alexandrov 46, 182, 194
アレクシエーヴィッチ Svetlana Alexievitch 331, 332
アンスポー Lynn R. Anspaugh 158,
アンドレ Maurice E. André 119, 123
アンドレオリ Emanuela Andreoli 3, 19, 282, 518

【い】
イグナトヴィッチ Nikolaï Ivanovitch Ignatovitch　166
イスレー＝ベガン Marie Anne Isler-Béguin 502, 507
イズラエル Y. A. Israel　84, 165
イムバッハ P. Imbach 271-275
イリーン Leonid Iline　83-86, 89, 95, 97, 102,　103, 137, 145-147, 151, 154, 165, 176, 212, 247, 314, 453, 457, 458, 462, 464, 465, 583

【う】
ヴァイシュ Peter Weish 370,
ヴァインガート Matthias Weingart 547
ヴィーク Hans Georg Wieck 424, 430, 448
ヴィーダーケア Roland Wiederkehr 472
ウェイト P. Waight 138, 151, 153
ヴェルビツキー Kolka Verbitsky 295,
ヴォイトーヴィッチ A. Voitovitch 433
ヴォダラスキー M. Vodolajsky 295, 300
ヴォールコフ Anatoli Volkov 94-113, 138, 153, 439
ヴラディーミル王子 Prince Vladimir 254

【え】
エリアール＝デュブルイユ Gilles Hériard-Dubreuil 547-549, 554
エレーラ Gérard Errea 144
エンドレス Hans Ulrich Endress 462

【お】
オートレ Jean-Claude Autret　464
オケアノフ A.E. Okeanov 484, 485
オスタペンコ V.A. Ostapenko 391, 437
オラニョン Henry Ollagnon 547, 548, 555
オランゴ André Aurengo 359-361, 364

ムルロア環礁 Moruroa 125

【も】
モギリョフ Moguilev 49, 95, 97, 165, 219, 229, 237, 241, 244, 247, 249, 267, 405, 406, 407, 416, 417, 418, 455
モスクワ Moscou 49, 53, 57, 76,77, 78, 86, 92, 95, 97, 137, 146, 148, 149, 153, 156, 164, 165, 171, 176, 194, 198, 219, 221, 222,236, 309, 314, 315, 350, 352, 374, 397, 403, 453, 457, 462, 465, 489,

【ゆ】
ユーゴスラビア Yougoslavie 35

【よ】
ヨーロッパ Europe 22, 31, 38, 45, 48, 52, 74, 92, 109, 112, 128, 143, 146, 164, 257, 264, 275, 330, 336, 362, 368, 369, 376, 467, 479, 494～509, 511, 522, 538, 539, 541, 542, 545, 546, 558, 567, 568, 573, 575

【ら】
ラコフ Rakov 193

【る】
ルガーノ Lugano 163
ルチツァ Retchtsa 228
ルドゥニシチュ Roudnichtche 321
ルニネツ Louninetz 379, 439

【れ】
レニノ Lenino 321
レニナカン Leninakan 78
レニングラード Leningrad 76,
レリシシー Leltchitsy 528

【ろ】
ローザンヌ Lausanne 270, 271
ロシア(連邦)(Fédération de Russie) 18, 20, 22, 23, 37, 38, 42, 43, 52, 57, 60, 67, 73, 75, 93, 95, 97, 103, 108, 128, 141, 149, 156, 163, 164, 193, 221, 227, 233, 236, 252, 254, 276, 290, 307, 309,312, 315, 316, 317, 319, 331, 341, 352, 378, 380, 381, 403, 422, 426, 436, 447, 454, 457, 458, 459, 462, 477, 480, 486, 489, 503, 506, 517, 580, 581
ロヴニシチェ Rovnichtché 238

【わ】
ワルシャワ Varsovie 424

ブルキ Bourki 570
ブレスト Brest 94, 194, 229, 320, 379, 496, 523, 528

【へ】
北京 Pékin 149
ベシアッド川 Bessiad 98
ベラルーシ Biélorussie 18, 21, 22, 23, 32, 38, 39, 41, 43, 44, 48, 49, 51, 52, 53, 57, 67, 68, 78,79, 82, 86, 88, 93, 94, 96, 100, 108, 110, 112, 141, 142, 145, 148, 149, 151, 153, 155, 156, 162 ～ 166, 168, 170, 172, 174, 179, 180, 182, 190, 193 ～ 196, 199, 200,213, 218 ～ 222, 225, 226, 228, 229, 231, 232, 235, 236, 237, 249, 251, 265, 266, 274 ～ 277, 281, 284, 288, 299, 305, 307, 308, 310, 311, 315, 317, 319, 320, 322, 323, 327, 328, 332,333, 335, 336, 338 ～ 341, 351, 353, 358, 366,367, 373, 378, 379, 380, 382, 385, 386, 387, 390, 392 ～ 396, 399, 401, 402, 403, 405, 422 ～ 426, 428 ～ 431, 433 ～ 436, 438, 439, 441, 449, 450, 456, 460,463, 465, 466, 468, 472, 474 ～ 478, 482 ～ 486, 488, 490, 491, 494 ～ 496, 498, 499, 501, 503, 505, 507, 511, 512, 514, 517, 518, 520, 522 ～ 526, 528 ～ 532, 537 ～ 541, 543, 547, 548, 550, 553, 555, 558, 560, 562, 565, 566, 568, 569, 574, 577, 580, 584,
ベルーシャ Beloucha 523
ペルヴォマイスク Pervomaisk 321
ベルギー Belgique 119, 473, 475, 495, 503, 506,
ベルン Berne 271, 282
ベレジアキ Bereziaki 241, 244
ベレノエ Berejnoé 527, 528,

【ほ】
ホイニキ Khoïniki 51, 68, 74, 173, 180, 191, 211
ポーランド Pologne 68, 70, 74, 77, 100, 397
ポカト Pokat 322
ポコート川 Pokot 98
ボパール Bhopol 45, 151
ホメンキ Khomenki 321
ボリソヴシチナ Borisovchtchina 322
ボリソフ Borissov 228
ポレーシエ Polessié 69, 86, 95, 100, 105, 322, 374, 377, 478
ポレスコエ Polesskoyé 26, 29, 57, 58, 60, 61, 64, 65
ボロヴカ Borovka 321
ボロヴライアニー Borovliany 216

【ま】
マジィル Mosyr 173, 312
マドリッド Madrid 507
マルコヴスコイェ Markovskoyé 321
マンチツィー Mantchitsy 321

【み】
ミクリッチ Mikoulitchi 570
ミュンヘン Munich 450, 453
ミンスク Minsk 48, 49, 50, 59, 67, 78, 149, 151, 166, 172 ～ 175, 180, 203, 211, 215, 218, 219, 221, 231, 247, 266, 269, 271, 273, 279, 293, 306, 307, 315, 317, 319, 320, 337, 339, 343, 349, 357, 360, 361, 383, 391, 407, 413, 418, 419, 422, 424, 428, 451, 452, 464, 469, 473, 474, 478, 485, 499, 501, 502, 503, 516, 530, 549, 552, 553, 570

【む】

308, 311, 318, 327, 334, 365, 400, 424, 430, 443, 444, 445, 446, 448, 452, 477, 484, 486, 491, 578
西山 Nishiyama 117
日本 Japon 41, 89, 115, 116, 117, 124, 126, 131, 138, 149, 154, 157, 170, 225, 317, 379, 380, 381, 382, 389, 477, 487, 535, 581, 582, 583
ニューヨーク New York 81, 336

【ぬ】
ヌグリューブカ Neglioubka 321

【ね】
ネスヴィッチ川 Nesvitch 98

【の】
ノヴァヤ・イェリニア Novaya Iélnia 238
ノヴァヤ・ゼンコヴィナ Novaya Zenkovina 321
ノヴォザハルポリイェ Novozakharpolié 322
ノルウェー Norvège 249

【は】
バーゼル Bâle 41, 271, 282, 333
パール Pare 321
バシコルトスタン Bachkirie 192
ハノーヴァー Hanovre 81, 170
バハマ Bahamas 140
バブルイスク Babrouisk 312
パリ Paris 33, 67, 148, 336, 351, 352, 353, 361, 439, 463, 537, 548, 555, 560, 571,
ハルコフ Kharkov 383
パルージュ Palouje 243, 245
パルチザンスカヤ Partizanskaya 322

【ひ】
東ヨーロッパ Europe de l'Est 362
ピクリハ Pikoulikha 322
ビキニ環礁 Bikini 89, 125
ヒルチハ Khiltchikha 321
広島 Hiroshima 48, 115 ~ 119, 122, 124, 125, 126 129, 138, 154, 157, 177, 288, 360, 361, 366, 367, 379, 568

【ふ】
ブダ Bouda 321
ブダ・ゴロヴチツカヤ Bouda Golovtchiskaya 321
ブディシチェ Boudichtché 322
ブラーギン Braguine 51, 173, 180, 205, 211, 214, 276, 309, 464, 538, 541, 547, 567, 569, 570
ブラヒンカ川 Braguinka 98
フラコヴィッチ Khrakovitchi 570
プラハ Prague 220
フランス France 22, 29, 33, 38, 39, 43, 45, 75, 80, 89, 103, 126, 138, 144, 151, 162, 163, 194, 221, 225, 243, 257, 264, 317, 329, 331, 332, 336, 337, 351, 353 ~ 365, 374, 422, 426, 464, 466, 467, 470, 472, 473, 475, 485, 487, 491, 495, 502, 503, 506, 510 ~ 517, 519, 521 ~ 535, 537, 538, 539, 541, 546, 547, 549, 550, 553, 567, 569
プリピャチ Pripiat 53 ~ 58, 65, 213, 236
プリピャチ川 Pripiat 93, 98,
ブリャンスク Briansk 95, 236
ブリュール Brühl 548
ブリュッセル Bruxelles 310, 503 ~ 506, 508, 512, 515, 516
ブリョゾフカ Beriozovka 321
ブルガリア Bulgarie 29,

171
スリャニネ Selianiné 322
スロボドカ Slobodka 321

【せ】
セラフィールド Sella Field 86, 106

【そ】
ソージュ川 Soje 98, 236, 557
ソスニー Sosny 50, 166, 174, 218, 452
ソビエト連邦 or ソ連 (USSR) Union soviétique (URSS) 35, 37, 38, 43, 44, 45, 51, 53, 54, 57, 60, 63, 65, 73, 78, 80, 82, 83, 84, 88, 92, 94, 99, 106, 108, 109, 112, 113, 114, 124, 137, 138, 139, 140, 141, 142, 143, 144, 145, 146, 148, 149, 150, 152, 153, 156, 157, 162, 165, 166, 167, 170. 172, 173, 179, 187, 189, 193, 194, 201, 202, 203, 204, 205, 212, 216, 218, 220, 221, 223, 227, 234, 250, 252, 253, 263 ～ 267, 271, 273, 275, 305, 308, 309, 311 ～ 317, 319, 349, 373, 374, 435, 437, 442, 452, 453, 454, 455, 457, 465, 477, 483, 488, 497, 506, 552, 555, 558
ゾロトゥルン Soleure 472

【た】
ダニルヴィッチ Danilevitchi 321
タラッシー Tarassy 64

【ち】
チアニイェ Tchianié 321
チェチェルスク Tchetchersk 538, 541, 547, 567
チェリアビンスク Tcheliabinsk 171, 173, 196
チェリコフ Tcherikov 97, 247
中央アジア Asie centrale 220, 227
中国 Chine 38, 128
チューリッヒ Zurich 271

【て】
ディ Die 331
テレベゾフ Terebezhov 523
天安門 Tienanmen 149

【と】
ドイツ Allemagne 29, 44, 78, 79, 81, 123, 170, 189, 192, 194, 225, 249, 257, 264, 274, 317, 319, 320, 321, 322, 401, 403, 405, 448 ～ 451, 455, 456, 457, 460 ～ 464, 466, 468 470 ～ 473, 475, 482 ～ 486, 491, 495, 513, 521, 538, 541, 546, 548, 550, 557, 569
ドゥハノフカ Doukhanovka 321
ドゥブロヴァ Doubrova 322
ドゥミドフ Demidov 321
ドゥレヴナヤ Derevnaya 321
ドナウ川 Danube 125,
ドネス Donbass 49
ドニエプル川 Dniepr 93, 98, 254
トビリシ Tbilissi 150
ドブリャヤ・ヴォリャ Dobraya Volia 320
トロント Toronto 125, 371

【な】
長崎 Nagasaki 117, 124, 129, 154, 288, 360, 361, 366, 367
ナロヴリア Narovlia 51, 52, 173, 180, 226, 502
ナロチ Narotchi 310

【に】
西側諸国 Occident 22, 32, 52, 65, 79, 80, 81, 82, 106, 112, 113, 114, 139, 143, 203, 249, 266, 271, 274, 284,

【く】
クズミッチ Kouzmitchi 321
グラズキ Glazki 321
クラスニー・ベレク Krasny Bereg 322
クラスナポーリエ Krasnopolié 95, 234 ～ 235, 237, 238 ～ 243, 245 ～ 251
グリチノヴィッチ Gritchinovitchi 321
クルィヴィーイ・リーフ Krivoï Rog 481
グルシェフカ Grouchevka 321
クルトイエ Kroutoié 322
グロズヌイ Grozny 205
グロドノ Grodno 338, 349,412, 488

【こ】
コート・ダジュール Côte d'Azur 140
黒海 Mer Noire 98
コノトプ Konotop 321
コマノフ Komanov 321
コマリン Komarine 570
ゴメリ Gomel 44, 49, 68, 156, 192, 196, 199, 219, 220, 228 ～ 231, 233, 309, 321, 322, 326, 327, 328, 332 ～ 335, 337, 339, 340,344, 348, 349, 351, 352, 353, 357, 360, 361, 383, 386, 387,397, 404 ～ 407, 416, 418 ～ 420, 437, 439, 455, 460, 469, 474, 481, 483, 486, 488, 502, 528, 531, 559, 560, 564, 565, 566, 567
コルチュヴァトカ Kortchevatka 321
コルピタ川 Kolpita 98
ゴロドナヤ Gorodnaya 321, 523, 527, 528
コロニア Colonia 321

【さ】
ザヴォイット Zavoït 321
ザヴォドク Zavodok 238
ザストゥノク Zastenok 320
サプリキ Sapriki 322
ザボロティエ Zabolotié 321
サンクトペテルブルグ Saint-Péters-bourg 372, 459

【し】
ジェルジンスク Dzerjinsk 321
ジトコヴィッチ Jitkovitchi 321
シドニー Sydney 146
シャレイキ Chareiki 321
ジュネーヴ Genève 19, 37, 40, 41, 234, 253, 336, 485
ジュレズニキ Jelezniki 321

【す】
スイヴィツァ Sivitsa 478
スイス Suisse 31, 41, 140, 163, 189, 244, 245, 249, 257, 263 ～ 281, 282, 317, 332, 333, 366, 424, 464, 466, 481, 482, 483, 485, 491, 512, 513, 533, 541, 547, 564, 569, 570,
スヴェチロヴィッチ Svetilovitchi 196, 197, 320
スヴェトロゴルスク Svetlogorsk 541
スコロドゥノイェ Skorodnoyé 321
スタラヤ・ゼンコヴィナ Staraya Zenkovina 321
スタラヤ・ブダ Staraya Bouda 239
ストーリン Stoline 379, 439, 496, 511, 514, 516, 522, 523, 525, 538, 541, 547 ～ 549, 550, 555, 570
スペイン Espagne 473, 495, 501, 550
スモルゴフ Smolegov 321
スラヴゴロド Slavgorod 538, 547, 557
スラボジャンカ Slabojanka 322
スリーマイル島 Three Mile Island

【地名索引】

【あ】
アーラウ Aarau　271,
アイルランド Irlande 471, 473, 475, 531, 550
アウシュヴィッツ Auschwitz　368, 552
アナパ Anapa 249
アフガニスタン Afghanistan 205
アメリカ（合衆国）Amérique, Etats-Unis 29, 35, 38, 58, 75, 81, 89, 104, 117, 123, 124, 125, 128, 129, 131, 133, 157, 171, 194, 203, 312, 317, 329, 330, 336, 363, 369, 382, 424, 452, 460, 471, 472, 473, 474, 475, 476, 477, 479, 487, 490, 491, 508, 522, 558

【い】
イギリス Angleterre　40, 50, 86, 106, 134, 149, 194, 299, 317, 369, 472, 476, 479, 489, 538, 550, 569,
イスプラ Ispra 494, 502, 512
イタリア Italie 17, 22, 29, 257, 263, 265, 317, 332, 472, 494, 495, 538, 550,
イプチ川 Ipout（ドニエプル川支流）98

【う】
ヴァラフスク Valavsk 321
ヴィアゾヴォイエ Viazovoyé 321
ウィーン Vienne 106, 113, 115, 125, 139, 142, 144 〜 146, 153, 157, 158, 203, 310, 369, 370, 380, 399, 423, 434, 435, 485
ヴィルジュイーフ Villejuif　39
ヴェトカ Vetka 197 〜 230, 233, 347
ヴェルボヴィッチ Verbovitchi　321
ヴォリンツィー Volyntsy 321
ウクライナ Ukraine 17, 18, 21, 26, 32, 42, 43, 44, 52, 57, 60 〜 63, 80, 82 〜 88, 93, 94, 95, 100, 103, 108, 141, 144, 154, 156, 164, 193, 262, 264, 265, 305, 307, 308, 309, 315, 317, 319, 322, 332, 341, 378, 380, 403, 426, 436, 441, 447, 477, 480, 481, 498, 501, 503, 506, 537, 547
ウドムルト Oudmourtie 192,
ヴラディミロフカ Vladimirovka 60
ウラル Oural 173, 192
ヴルカ Voulka 320

【お】
オーストリア Autriche 249, 257, 267, 274, 370, 471, 473, 475,
オデッサ Odessa 61,
オトヴェルジッチ Otverjitchi 321
オブホフシティナ Oboukhovchtchina 321
オブニンスク Obninsk 437
オルマニー Olmany 184, 194, 321, 496, 510, 511, 514 〜 517, 523, 526 〜 528, 534, 554, 559

【か】
カナダ Canada 317

【き】
キーロフ Kirov 320, 459
キエフ Kiev 31, 37, 61, 80, 85, 98, 115, 126, 129, 154, 192, 200, 227, 253 〜 255, 257,261 〜 262, 312, 373, 383, 402, 480, 498, 501, 503, 504, 506, 507. 561
キューバ Cuba 29

ONU/UN：Organisation des Nations Unies ／ United Nations：国際連合

OPRI：Office de protection contre les rayonnements ionisants：電離放射線防護局（フランス）

OSCE：Organization for Security and Co-operation in Europe：欧州安全保障協力機構

OTAN ／ NATO：Organisation du traité de l'Atlantique Nord ／ The North Atlantic Treaty Organization：北大西洋条約機構

RERF：Radiation Effects Research Foundation：公益財団法人　放射線影響研究所（広島）

SCPRI：Service central de protection contre les rayonnements ionisants：電離放射線防護中央局（フランス）

TSI：Televisione Svizzera di lingua Italiana イタリア語スイステレビ局

UE/EU：Union euroéenne /European union：　欧州連合

UNDP/ PNUD：United Nations Development Programme ／ Programme des Nations Unies pour le développement：国連開発計画

UNESCO：United Nations Educational, Scientific and Cultural Organization：ユネスコ。国連教育科学文化機関

UNSCEAR：United Nations Scientific Committee on the Effects of Atomic Radiation：原子放射線の影響に関する国連科学委員会

ラルーシ協同プロジェクトで、CEPNによって発案された。欧州委員会から財政援助を受けた。

EURATOM：<ユーラトム>。欧州原子力共同体

EUROSCIENCE：European Association for the Promotion of Science and Technology：科学とテクノロジー振興ヨーロッパ協会

FDA：Food and Drug Administration：医薬品局（アメリカ合州国）

FRANCE—LIBERTE：<フランス・リベルテ> - ダニエル・ミッテラン財団。正式呼称：France-Libertés Fondaton Danielle Mitterrand。ミッテラン前大統領夫人ダニエル・ミッテランが創設した財団（フランス）

GSIEN：Groupement de scientifiques pour l'information sur l'énergie nucléaire：原子力に関する情報のための科学者集団（NPO, フランス）

GNC：Gosoudarstvennyi naoutchnyi centr：ロシア科学センター

IPPNW/ International Physiciens for the prevention of Nuclear War（Association internationale des médecins pour la prévention de la guerre nucléaire）：核戦争防止国際医師会議

IPSN：Institut de protection et de sûreté nucléaire：核防護安全研究所（IRSNの前身、フランス）

IRSN：Institut de radioprotection et de sûreté nucléaire ：放射線防護・核安全研究所、（フランス、政府資料では<放射線防護・原子力安全研究所>）

Forschungszentrum JÜLICH：　ユーリッヒ核研究所。原子炉を所有する核研究所で、廃炉や核廃棄物輸送など、また近年は太陽エネルギーなどの研究、また放射線防護の研究も多少行なっている。企業体として登録されているが、国から90%、州から10%の資金を得ているので、国策企業である。（ドイツ）

LOS ALAMOS：LANL：Los Alamos National Laboratory：ロス・アラモス国立研究所（アメリカ合州国）

MINZDRAV：Ministry of Health Russia：ロシア保健省

MSU：Ministère de la situation d'urgence：ロシア緊急省

MUTADIS：<ミュタディス>。リスクの社会運営、またリスクを伴う業務におけるガヴァナンスの領域、とりわけ核リスクの研究コンサルタント会社、（フランス）

NCRP：National Counsil for radiation Protection & Measurements：米国放射線防護審議会（アメリカ合州国）

NRPB：National Radiological Protection Board（England）：国立放射線防護委員会（イギリス）

OCHA：Office for the coordination of Humanitarian Affairs（Bureau de la coordination des affaires humanitaires）：国連人道問題調整事務所

OMS/WHO Organisation mondiale de la santé ／ World Health Organization：世界保健機関

／European Committee on Radiation Risk：欧州放射線リスク委員会。ベルギーに本部を置く市民団体。

CESNT：Comité d'Etat pour la science et les nouvelles technologies：科学と新テクノロジー委員会（ベラルーシ政府内に設けられた委員会）

CEU：Comité d'experts unifiés：統合専門家委員会（ベラルーシ、ウクライナ、ロシアの代表的な専門家二百名を集めた委員会）

CFDT：Confédération française démocratique du travail (French Democratic Confederation of Labour)：フランス民主労働総同盟

CIPR ／ ICRP：Commission internationale de protection radiologique ／International Commission on Radiation Protection：国際放射線防護委員会

CLCR：Centres locaux de contrôle radiologiques des produits alimentaires：地域放射線防護センター（英語定訳なし）

CNPR：Commission nationale de protection radiologique：放射能防護委員会（ベラルーシ政府の閣議内に設置された）

CODHOS：Comité de défense des hommes de science de l'Académie des sciences de Paris：パリ科学アカデミー科学者擁護委員会

COGEMA：Compagnie générale des matières nucléaires：コジェマ社＝旧核燃料公社（AREVA の前身、フランス）

ComTchernobyl：Comité du gouvernement biélorussue sur les problèmes liés aux conséquences de la catastrophe de Tchernobyl：チェルノブイリ事故影響関連調査委員会。本文では「チェルノブイリ政府委員会」と表記。

CONTRATOM：＜コントラトム＞。ジュネーヴに本部を置く反核市民団体（ヨーロッパ全域に支部がある）

CORE：＜コール＞。Coopération pour la Réhabilitation des conditions de vie dans les territoires contaminés par l'accident de Tchernobyl：チェルノブイリ事故で汚染されたベラルーシの汚染地帯における生活条件の再建のための協力事業

DVTH：Deutscher Verband für Tschernobyl-Hilfe (Fédération allemande d'aide à Tchernobyl)：チェルノブイリ支援ドイツ連盟

EDF：Electricité de France：フランス電力

ELFI：Fondation internationale autrichienne：オーストリア国際財団

ENS：European Nuclear Society：原子力欧州協会

ENVIRHOM：2001 年 1 月に IPSN によって作られた計画で、放射性核種を定常的に蓄積することによって起こりうる生態系や公衆への最良のリスク評価をするための知識を得るための計画

ETHOS：＜エートス＞。語の意味は初源的には「いつもの場所」。それが転じて一般的には「道徳」を指す。チェルノブイリ事故によるベラルーシの汚染地帯の復興のために行なわれた同名の学際的組織連合体のフランス／ベ

JANUN：Jungendaktions Netzwerk Umwelt und Natur: ＜青少年による環境と自然のための活動ネットワーク＞（ドイツ）
Les enfants de Tchernobyl：＜チェルノブイリの子供たち＞（フランス）
LIFPL/WILPF：Ligue internationale des femmes pour la paix et la liberté／Women's international league for Peace and Freedom：婦人国際平和自由連盟
Médecins de Tchernobyl：＜チェルノブイリの医師団＞（キエフ、ウクライナ）
NIKOBELA：Niedersächsische Kontaktstelle Belarus e.V.：ニーダーザクセン州ベラルーシ連絡所協会（ドイツ）
Réseau Sortir du nucléaire：脱原発ネットワーク（反原発市民団体の連合体、スイス、ドイツの団体も含む、本部はリヨン、フランス）
Solidarité de Biélorusse et de Tchernobyl：＜ベラルーシとチェルノブイリの連帯＞協会（カーン、フランス）
Women Against Nuclear Power：核エネルギーに反対する女性たち（フィンランド）
Women for Peace, Amandamaji：平和のための女性たち（フィンランド）

BEIR：電離放射線の生物学的影響に関する委員会（米国科学アカデミーの委員会の一つ）
BELRAD：The Institute of radiation safety (Institut de radioprotection indépendant)：ベルラド放射線防護研究所。ヴァシーリ・ネステレンコが創設した研究所。ベラルーシでは市民団体として研究所を設立することはできないので、定款は企業だが、収入は赤字状態で、欧州の市民団体から経済的支援を受けている。（ミンスク、ベラルーシ）
CCMIT：Commission médicale internationale de Tchernobyl (International Medical Commission of Chernobyl)：チェルノブイリ国際医療委員会
CCR /JRCEC：Centre commun de recherche de la commission européenne／Joint Research Centre of the European Commission：欧州委員会共同研究センター
CEA：Commissariat à l'énergie atomique et aux énergies renouvelables (Atomic Energy and Alternative Energies Commission)：フランス原子力・代替エネルギー庁
CEI：Communauté des Etats indépendants (Commonwealth of Independent States)：独立国家連合
CEPN：Centre d'étude sur l'évaluation de la protection dans le domaine nucléaire（核分野における防護評価研究センター（CEA, EDF, AREVA, IRSN によって創設された。形体は NPO）（フランス）
CERI／ECRR：Commission européenne sur le risque de l'irradiation

【組織名略称】

ACAT：Action des chrétiens pour abolition de la torture：拷問廃絶キリスト者行動委員会

AEC：US Atomic Energy Commission：(Commission de l'énérgie atomique des Etats-Unis)：アメリカ原子力委員会

AIEA ／ IAEA：The International Atomic Energy Agency ／ L'Agence internationale de l'énergie atomique：国際原子力機関

PACE ／ APCE：Parliamentary Assembly of Council of Europe (Assemblée parlementaire du Conseil de l'Europe)：欧州評議会議員会議

AREVA：＜アレヴァ＞社。特に原子力を中心とするエネルギー分野における仏企業グループで世界最大。旧コジェマ、フラマトム ANP、AREVA T&D とその系列会社で成り立っている。CEA が株の 61,52%、フランス政府が 21,68%所有しているので、ほぼ国策企業と見て間違いない。

Arte：ヨーロッパ文化に基礎をおいた仏独 TV 放送局

ASN：Autorité de sûreté nucléaire (Nuclear Safety Authority)：核安全局（フランス、政府資料では、原子力安全機構）

ASN RSSB (Académie des sciences nationale de la République socialiste soviétique de Biélorussie)：ベラルーシソ連社会主義共和国国立科学アカデミー

ASPEA：Association suisse pour l'énergie atomique：スイス原子力協会

NPO　（市民団体）：ACRO：Association pour le contrôle de radioactivité dans l'Ouest：西部放射能監視協会（NPO, カーン、フランス）

ASBL：Association belgo-biélorusse pour les enfants de Tchernobyl：チェルノブイリの子供たちのためのベルギー・ベラルーシ協会

Chernobyl Children's Project ＜チェルノブイリ・子供プロジェクト＞（アイルランド）

CRIIRAD：放射能に関する独立調査・情報委員会。チェルノブイリ事故のときに、フランスには放射能雲は来なかったとする国の報告を不満として科学者と市民が集まって一九八六年に設立された団体。(NPO, フランス)

Enfants de Tchernobyl Belarus ＜チェルノブイリ・ベラルーシの子供たち＞（フランス）

FIDH：Fédération Internationale de Droits de l'Homme：国際人権連盟

Gesellschaft für Strahlenschutz, Association de radioprotection：＜放射能防護協会＞（ベルリン、ドイツ）

【下巻】

中尾和美（なかお　かずみ）

東京生まれ。2000年東京外国語大学博士課程修了。博士（学術）。東京外国語大学非常勤講師。専門は、言語学、フランス語学。著書に『フランス語を探る』（共著）、三修社、2005年。『フランス語をとらえる』（共著）、三修社、2013年。『フランス語学の最前線 3』（共著）、ひつじ書房、2015年、など。

コリン・コバヤシ（本名：小林實　こばやし・みのる）

1949年東京生まれ。1970年以来フランス在住。著述家、ジャーナリスト、美術・映像作家。2011年11月、ヴラディーミル・チェルトコフ監督作品『核論争』（邦題：『真実はどこに？』）の和文字幕作成に参加。2012年5月ジュネーヴ「市民と科学者の放射線防護のためのフォーラム」参加。主著に『ゲランドの塩物語』（岩波新書、2001年）。編著『市民のアソシエーション』（太田出版、2003年）。『国際原子力ロビーの犯罪』（以文社、2013年）など。

新郷啓子（しんごう・けいこ）

1950年福岡生まれ。1980年～1999年までパリ在住。以後、現在に至るまでグラナダ（スペイン）在住。仏語、西語実務翻訳業・通訳業。ＴＶドキュメント番組コーディネーター。
著書に『蜃気楼の共和国？』現代企画室、1992年。

【全体訳の監修・調整】

中尾和美、新居朋子

[訳者略歴]

【上巻】

新居朋子（あらい・ともこ）

早稲田大学人文学科卒、東京大学仏文学科博士課程中退。元青山学院大学フランス語非常勤講師。2002年から南ドイツに住み、環境保護運動・反原発運動に携わる。訳書（共訳）：Kyôka Izumi « *La femme ailée* » , Dominique Danesin Komiyama, Piquier 2003年、アラン＝ジル・バスチード『永遠のチェルノブイリ』、フォトモルフィスム出版、2015年 。

髭　郁彦（ひげ　いくひこ）

1961年生まれ。パリ第5大学人間社会学部言語学専攻博士課程修了。中央大学など講師、フリーライター。主要著書：(単著) ***Dialogue, interprétation et mouvement discursif,*** 2 volumes, 2001, Presses universitaires du Septentrion.（共著）『フランス語学概説』、2008年、三恵社.『多言語多文化学習のすすめ』、朝日出版社、2008年。『フランス語学概論』、駿河台出版社、2010年。『フランス語学小事典』、駿河台出版社、2011年。『超釈日本文学の言葉』、学研教育出版、2013年。

中尾和美（なかお　かずみ）

東京生まれ。2000年東京外国語大学博士課程修了。博士（学術）。東京外国語大学非常勤講師。専門は、言語学、フランス語学。著書に『フランス語を探る』（共著）、三修社、2005年。『フランス語をとらえる』（共著）、三修社、2013年。『フランス語学の最前線 3』（共著）、ひつじ書房、2015年、など。

[著者略歴]

ヴラディーミル・チェルトコフ（Wladimir Tchertkoff）

ジャーナリスト、ドキュメンタリー作家。1935年ロシア移民の子としてセルビアで生まれる。イタリア国籍。

現在、スイスはルガーノ近郊に在住。79歳。

パリで勉学した後、60年代初頭にイタリアに定住。その後、30年以上、イタリア放送協会(RAI)、そしてルガーノ・スイス・イタリア放送局と仕事をする。70本近いドキュメンタリー番組を制作し、社会、政治、経済分野のテーマを取り上げ、とりわけ権力構造を分析的に表現した。

最初の制作は「秋のはずみ」で、1969年のイタリアでの＜熱い秋＞の出来事を5つのエピソードで構成されたドキュメンタリーとして制作。＜真実の映画＞手法で撮影、編集された。この番組は＜キリスト教民主主義＞〔1942年から1994年まで存在した政党〕に牛耳られていたこの国営放送と政治的問題を生じたが、この番組が扱った社会闘争の当事者である労組の圧力によって、放送せざるを得なかった。

1974年、「仕事死」はモスクワ短編映画祭で第一位に入賞。

ペレストロイカの到来と共に、ロシア語を話すチェルトコフは旧ソ連圏で12回ほど仕事をする。ロシア、アルメニア、グルジア、アゼルバイジャンなど。1990年から、チェルノブイリの汚染地帯に定期的に行くことになる。そこで6本のドキュメンタリーを制作した。

「チェルノブイリの私達」、54 min. TSI 1991年

「原子の罠」、47' min. TSI 1999 年(日本では1996年にNHK-BSで「チェルノブイリ——癒されぬ傷跡」として放映)

「ユーリとガリーナ・バンダジェフスキー」、30' min. 2000CHR

「サクリファイス」、24' min. Feldat Film 2003年、パリ環境映画賞受賞

「核論争」（邦題：「真実はどこに？——WHOとIAEA　放射能汚染を巡って——」）50' min. - Feldat Film 2004年

「ヴァシーリ・ネステレンコ」、19min. – Feldat Film 2008年

本書は、「核論争」制作のための撮影取材時に取ったノートを元に、それらの記録と資料を集大成したもの。2006年、『チェルノブイリの犯罪——核の収容所』と題されて、ACTES SUD社から出版された。本書によって感化されたエコロジスト、知識人、また複数の原子力問題に取り組む市民団体が集まって創設されたのが、市民団体連合体「IndependentWHO」である。

チェルノブイリの犯罪《はんざい》【上巻】――核の収容所

2015年5月10日　初版第1刷発行　　定価3700円＋税

著　者　ヴラディーミル・チェルトコフ
訳　者　中尾和美、新居朋子、髭　郁彦
発行者　高須次郎
発行所　緑風出版 ©
〒113-0033　東京都文京区本郷2-17-5　ツイン壱岐坂
［電話］03-3812-9420　［FAX］03-3812-7262［郵便振替］00100-9-30776
［E-mail］info@ryokufu.com［URL］http://www.ryokufu.com/

装　幀　斎藤あかね　　カバー写真　Alain-Gilles Bastide
制　作　R企画　　印　刷　中央精版印刷・巣鴨美術印刷
製　本　中央精版印刷　　用　紙　大宝紙業・中央精版印刷　　E1000

Printed in Japan　　ISBN978-4-8461-1505-0　C0036

◎緑風出版の本

■全国どの書店でもご購入いただけます。
■店頭にない場合は、なるべく書店を通じてご注文ください。
■表示価格には消費税が加算されます。

終りのない惨劇
チェルノブイリの教訓から
ミシェル・フェルネクス、ソランジュ・フェルネクス、ロザリー・バーテル著／竹内雅文 訳
A5判並製
二七六頁
2600円
チェルノブイリ事故で、遺伝障害が蔓延し、死者は、数十万人に及んでいる。本書は、IAEAやWHOがどのようにして死者数や健康被害を隠蔽しているのかを明らかにし、被害の実像に迫る。今同じことがフクシマで……。

チェルノブイリ人民法廷
ソランジュ・フェルネクス編／竹内雅文訳
四六判上製
四〇八頁
2800円
国際原子力機関（IAEA）が、甚大な被害を隠蔽しているなかで、法廷では、事故後、死亡者は数十万人に及び、様々な健康被害、畸形や障害の多発も明るみに出た。本書は、この貴重なチェルノブイリ人民法廷の全記録である。

チェルノブイリの惨事［新装版］
ベラ＆ロジェ・ベルベオーク著／桜井醇児訳
四六判上製
二二四頁
2400円
チェルノブイリ原発事故では百万人の住民避難が行われず、子供を中心に白血病、甲状腺がんの症例・死亡者が増大した。本書はフランスの反核・反原発の二人の物理学者が、一九九三年までの事態の進行を克明に分析し、告発！

原発閉鎖が子どもを救う
乳歯の放射能汚染とガン
ジョセフ・ジェームズ・マンガーノ著／戸田清、竹野内真理 訳
A5判並製
二七六頁
2600円
平時においても原子炉の近くでストロンチウム90のレベルが上昇する時には、数年後に小児ガン発生率が増大すること、ストロンチウム90 のレベルが減少するときには小児ガンも減少することを統計的に明らかにした衝撃の書。